Kerstin Klaus

**Banken und Erlebnisorienti**

# WIRTSCHAFTSWISSENSCHAFT

Kerstin Klaus

# Banken und Erlebnisorientierung

Verhaltenswirkungen aus
umweltpsychologischer Perspektive

Mit einem Geleitwort von Prof. Dr. Cornelia Zanger

Deutscher Universitäts-Verlag

Bibliografische Information Der Deutschen Nationalbibliothek
Die Deutsche Nationalbibliothek verzeichnet diese Publikation in der
Deutschen Nationalbibliografie; detaillierte bibliografische Daten sind im Internet über
<http://dnb.d-nb.de> abrufbar.


Dissertation Technische Universität Chemnitz, 2006


1. Auflage Juni 2007

Alle Rechte vorbehalten
© Deutscher Universitäts-Verlag | GWV Fachverlage GmbH, Wiesbaden 2007

Lektorat: Frauke Schindler / Anita Wilke

Der Deutsche Universitäts-Verlag ist ein Unternehmen von Springer Science+Business Media.
www.duv.de

Umschlaggestaltung: Regine Zimmer, Dipl.-Designerin, Frankfurt/Main
Gedruckt auf säurefreiem und chlorfrei gebleichtem Papier
Printed in Germany

ISBN 978-3-8350-0675-1

# Geleitwort

Die Bankenlandschaft befindet sich seit Jahren im Umbruch. Zunehmender Wettbewerbsdruck durch etablierte und neue Anbieter, neue Technologien und Vertriebswege sowie verändertes Kundenverhalten und abnehmende Loyalität erfordern neue Marketingkonzepte im Bankenbereich. Im Privatkundensektor ist die Suche nach neuen Wegen der Neukundengewinnung und insbesondere der Kundenbindung eine zentrale Aufgabenstellung. Seit Ende der 1980er Jahre werden Erlebniskonzepte diskutiert, die auf eine emotionale Bindung des Kunden an das Unternehmen orientieren und beispielsweise in Handel, Gastronomie und Tourismus mit großem Erfolg umgesetzt werden. Basis der Erlebniskonzepte ist die Erkenntnis aus der Käuferverhaltensforschung, dass Kaufentscheidungen nicht nur auf kognitiven Prozessen der Informationsaufnahme und -verarbeitung beruhen, sondern – teilweise unbewusst für den Konsumenten – durch emotionale Prozesse positiv beeinflusst werden.

Für den Bereich der Bankdienstleistungen, in dem bisher eher ein rein kognitiv gesteuertes Kaufverhalten der Kunden unterstellt wurde, ist die Erlebnisorientierung ein wissenschaftlich nicht erforschtes Feld. Mit der Frage nach der Übertragung des erlebnisorientierten Marketingansatzes auf den Bankenbereich stellt sich die Autorin einer sowohl für die Marketingwissenschaft als auch für die Marketingpraxis von Kreditinstituten innovativen Thematik.

Der Autorin gelingt es, den schillernden Erlebnisbegriff aus interdisziplinärer Sicht zu beleuchten. Sie meistert die Herausforderung Erlebnisorientierung im Bankenbereich zu definieren, da eine einfache Übertragung bisheriger Erkenntnisse zum Erlebnismarketing mit Blick auf die Spezifik von Bankdienstleistungen nicht sinnvoll erscheint. Des Weiteren entwickelt die Autorin ausgehend von dem wissenschaftlich etablierten emotionspsychologischen Verhaltensmodell von Mehrabian/Russell einen originären Modellansatz zur Beschreibung der Kundenreaktion auf das Angebot von Finanzdienstleistungen in erlebnisorientiert gestalteten Filialen von Kreditinstituten, der sowohl den emotionalen als auch den kognitiven Reaktionen der Bankkunden Rechnung trägt. Dieses Modell der Erlebnisorientierung im Bankenbereich wird einer gründlichen empirischen Überprüfung unterzogen. Das gibt der Autorin die wissenschaftliche Sicherheit für umfangreiche Handlungsempfehlungen für das Erlebnismarketing im Bankenbereich, die erstens helfen, bisherige – nicht wissenschaftlich fundierte – Konzepte kritisch zu bewerten, und die zweitens aufgrund der intensiven Auseinandersetzung der Autorin mit dem Bankenbereich unmittelbar praktische Relevanz besitzen.

Die entstandene Monographie ist deshalb nicht nur wissenschaftlich interessierten Lesern zu empfehlen, sondern sie ist auch eine Fundgrube an Ideen für Verantwortliche im Bankenmarketing.

Ich wünsche dem Buch deshalb eine interessierte Leserschaft sowohl aus dem Kreise der Marketingwissenschaftler als auch der Praktiker im Banken- und Erlebnismarketing.

Univ.-Prof. Dr. Cornelia Zanger

# Vorwort

Die vorliegende Arbeit wurde im Frühjahr 2006 von der Fakultät für Wirtschaftswissenschaften der Technischen Universität Chemnitz als Dissertation angenommen. Obwohl die überwiegend hohe Bedeutung von Emotionen für das Marketing allgemein bekannt ist, finden sich bisher nur wenige Arbeiten, die sich mit Emotionen im speziellen Kontext des Finanzdienstleistungsmarketing beschäftigen. Im Bereich des Einzelhandels sind erlebnisorientierte Gestaltungskonzepte etabliert, der Einfluss von Emotionen auf das Kauf- und Entscheidungsverhalten weitgehend anerkannt. Die Frage der Übertragbarkeit des erlebnisorientierten Marketingansatzes auf den Bankenbereich steht im Mittelpunkt der Arbeit.

Natürlich ist eine solche Arbeit auch immer mit dem Dank an all jene verbunden, die einen auf diesem Weg auf unterschiedliche Weise begleitet und unterstützt haben.

Mein besonderer Dank gilt Frau Prof. Dr. Cornelia Zanger für ihre fachliche Unterstützung bei der Entstehung der Arbeit. Ihre inhaltlichen Anregungen, der „schärfende" Blick für das Wesentliche und nicht zuletzt der immer währende Ansporn – vor allem in der Endphase – haben zum erfolgreichen Abschluss der Arbeit geführt. Prof. Dr. Gundolf Baier danke ich für das schnelle und konstruktive Gutachten sowie die inhaltliche und persönliche Unterstützung zu Beginn der Projektarbeit an der Professur Marketing und Handelsbetriebslehre. Mein Dank geht nicht zuletzt an Prof. Dr. Karlheinz Wöhler für die Übernahme des weiteren Gutachtens.

Danken möchte ich auch allen an der Untersuchung beteiligten Kreditinstituten, die durch ihre Bereitschaft zur Zusammenarbeit, das Interesse an der Thematik sowie die interessanten und hilfreichen Erfahrungsberichte das Projekt von Anfang an begleiteten.

Ebenso danke ich meinen Kollegen für die inhaltliche Unterstützung und Aufmunterung. Dies gilt insbesondere für Dr. Hansjörg Gaus für wertvolle Hinweise und die anregenden Diskussionen bei der empirischen Prüfung des entwickelten Modells und Sandra Kaminski für ihre Anregungen und aufbauenden Gespräche in den richtigen Momenten.

Ganz besonderer und herzlicher Dank gilt meinen Eltern Elke und Christian, die mich in jeglicher Hinsicht unterstützt haben und mir den notwendigen familiären Rückhalt gaben. Meinem Freund Lutz danke ich einfach dafür, dass er da ist.

Gewidmet sei diese Arbeit meiner Oma Elisabeth.

Kerstin Klaus

# Inhaltsübersicht

# Inhaltsverzeichnis

# Abbildungsverzeichnis

# Tabellenverzeichnis

# Abkürzungsverzeichnis

| | |
|---|---|
| AGFI | Adjusted Goodness of Fit Index |
| Amos | Analysis of Moment Structure |
| bzw. | beziehungsweise |
| DEV | durchschnittlich erfasste Varianz |
| df | Freiheitsgrade |
| d.h. | das heißt |
| ed. | Editor |
| eds. | Editors |
| f | folgende |
| ff | fortfolgende |
| GFI | Goodness of Fit Index |
| I | Emotionale Reaktion (intervenierende Variable) |
| i. S. v. | im Sinne von |
| Jg. | Jahrgang |
| H | Hypothese |
| Hrsg. | Herausgeber |
| KMO | Kaiser-Meyer-Olkin-Kriterium |
| ML | Maximum Likelihood-Methode |
| MSA | Measure of Sampling Adequacy |
| n | Anzahl der ausgewerteten Befragten |
| NFI | Normed Fit Index |
| o. g. | oben genannt |
| P | Persönlichkeit |
| PAD | Pleasure – Arousal – Dominance |
| PoS | Point of Sale |
| R | Verhaltensreaktion |
| RFI | Relative Fit Index |
| RMR | Root Mean Square Residual |
| S | Stimulus (Informationsrate) |
| SB | Selbstbedienung |
| S-O-R | Stimulus-Organism-Response |
| SPSS | Statistical Package for the Social Sciences |
| ULS | Unweighted Least Squares-Methode |
| vgl. | vergleiche |
| Vol. | Volume |

z. B.     zum Beispiel

ZFP       Zeitschrift für Forschung und Praxis


$\alpha$     Cronbachs Alpha

$\chi^2$     Chi-Quadrat

$R^2$     quadrierte Korrelation

# 1 Einleitung

## 1.1 Problemstellung und Zielsetzung

Seit Anfang der 90er Jahre befindet sich die deutsche Bankenlandschaft in einer Umbruchsituation. Die Ertragslage der deutschen Kreditinstitute hat sich stetig verschlechtert. Dabei sind von dieser Entwicklung nicht nur einzelne Institute, sondern die gesamte Finanzdienstleistungsbranche betroffen. Die Ursachen dieser Schwierigkeiten sind insbesondere die Folge struktureller Verwerfungen und weniger vorübergehender, konjunkturbedingter Natur.[1]

Insgesamt lassen sich die Ertragsprobleme auf zwei wesentliche Ursachen zurückführen: einen grundlegenden **Wandel der Marktbedingungen** sowie die **Struktur des deutschen Bankenmarktes** selbst.[2] Verstärkt wird die Situation dadurch, dass die Entwicklungen erst relativ spät erkannt und teilweise unterschätzt wurden. Die Folgen der o. g. Entwicklung – der Einbruch im traditionellen Kerngeschäft der Banken – wurde dabei lange Zeit durch die positive Entwicklung der Aktienmärkte und den allgemeinen Boom der New Economy ab Mitte der 90er Jahre überlagert bzw. kompensiert.[3]

Insgesamt sind die Ursachen für die derzeitige Entwicklung des Bankenmarktes vielschichtig. Nachfolgend werden wesentliche Faktoren, die die Trends auf den Finanzmärkten charakterisieren, dargestellt:[4]

- Politische Entscheidungen (Deregulierung), die die europaweite Öffnung sowie die weitgehende Liberalisierung des Bankenmarktes hervorbrachten
- Zunehmende Globalisierung der Wirtschaft, die die Notwendigkeit der Schaffung leistungsfähiger und global agierender Bankensysteme nach sich zieht
- Technischer Fortschritt in der Informations- und Kommunikationstechnologie, die zu weit reichenden Veränderungen der Vertriebswegestruktur führten
- Überkapazitäten und daraus folgende Unternehmensfusionen führen zu einer Konsolidierung im stationären Vertrieb über Filialen
- Zunehmende Austauschbarkeit des Leistungsspektrums, die sowohl das Angebot an Finanzdienstleistungsprodukten als auch die Vertriebswege (z.B. Internet, Filialgestaltung) betrifft
- Tiefgreifender Wandel des Verhaltens von Bankkunden, der zu Veränderungen im Anlageverhalten als auch der Kunde-Bank-Beziehung selbst führt.

---

[1]  Vgl. Bundesverband deutscher Banken, 2004, S. 8.
[2]  Vgl. Bundesverband deutscher Banken, 2004, S. 9.
[3]  Vgl. Kühlmann et al., 2002, S. 26.
[4]  Vgl. Bundesverband deutscher Banken, 2004, S. 9f; Kühlmann et al., 2002, S. 26; Kaufmann, 2002, S. 18; Maier, 1999, S. 42ff.

Damit lassen sich zusammenfassend vor allem drei Trends anführen, die den Wandel der Rahmenbedingungen kennzeichnen: die **technologische Entwicklung**, die veränderte **Markt- und Wettbewerbssituation** sowie das veränderte **Kundenverhalten**.[5] Dennoch sind diese Faktoren nicht losgelöst voneinander zu betrachten, vielmehr beeinflussen sie sich in starkem Maße wechselseitig. So verändern die Tendenzen zunehmend auch die Beziehung zwischen Kunde und Bank. Der Wandel der allgemeinen Rahmenbedingungen kann damit auch als Ursache dafür gesehen werden, dass für das Kundenmanagement von Kreditinstituten gänzlich neue Anforderungen entstehen.[6]

Ausgangspunkt für den Problemkreis der vorliegenden Arbeit bilden die Veränderungen des **Kundenverhaltens** im **Privatkundensektor**, das in besonderer Weise von den aktuellen technologischen Möglichkeiten (z.b. Internet-Banking) geprägt wird. Dabei gelten diese Entwicklungen vielfach als wichtigste Kraft des Wandels im Retailbanking und stehen im engen Zusammenhang zu Veränderungen persönlicher Kunde-Bank-Beziehungen.[7] So ziehen die Entwicklungen eine Reihe von Trends nach sich, die sich auf die langfristige Bindung von Kunden auswirken. Vor allem die Loyalität von Bankkunden hat infolgedessen in den vergangenen Jahren stetig abgenommen.[8]

Nicht zu vernachlässigen sind gleichermaßen Verschiebungen der Bedürfnisse und Wertestrukturen der Konsumenten, die für Banken weit reichende Veränderungen nach sich ziehen. Dabei spielen vor allem **individuelle Erwartungen** und Wünsche der Kunden heute eine weitaus größere Rolle. Werte wie Selbstbestimmung, Selbstentfaltung, Unabhängigkeit sowie persönliche und finanzielle Sicherheit gewinnen an Bedeutung[9] und gehen mit der Veränderung von Lebenszielen und Lebensstilen einher. Für Banken ergibt sich daraus die Notwendigkeit, diese Lebensziele von Kunden zu erkennen und in der Ansprache und Betreuung der Kunden entsprechend zu berücksichtigen. Dies spielt insbesondere im Hinblick auf den heute meist derivativen Nutzen[10] von Finanzdienstleistungen eine entscheidende Rolle. Darüber hinaus entstehen aufgrund vielfältiger Lebensstile neue Bedürfnisse, die aus der zunehmenden Freizeit- und Erlebnisorientierung von Konsumenten resultieren und die Notwendigkeit einer

---

[5]   Vgl. Swoboda, 1997, S. 11; Walter, 2003, S. 44; Moormann, 2001.
[6]   Vgl. Walter, 2003, S. 43f.
[7]   Vgl. Kaufmann, 2004, S. 22; Bernet, 2000, S. 36.
[8]   Vgl. Swoboda, 1997, S. 11; Demiri, 2004, S. 3; Lohmann, 1997, S. 1ff.
[9]   Dennoch kann nicht generell von einem Wertewandel gesprochen werden, da traditionelle Werte nach wie vor von Bedeutung sind. Gerade bei jüngeren Generationen kann eine Verknüpfung von Werten der Selbstentfaltung mit Werten der Selbstkontrolle beobachtet werden. In diesem Zusammenhang wird auch von einer Wertesynthese gesprochen (vgl. Drengner, 2003, S. 10, Kihm, 2004, S. 137).
[10]  Finanzdienstleistungen dienen meist nicht der unmittelbaren Bedürfnisbefriedigung, sondern sind Mittel zur Erreichung originärer Bedürfnisse (vgl. Büschgen, 1998, S. 313).

**emotionalen Ansprache** von Kunden begründen, da sie das Kauf- und Entscheidungsverhalten wesentlich determinieren.[11]

Mögen gerade Bankbeziehungen zunächst ohne Emotionen beginnen, so hängt die Entscheidung, die Beziehung zu einer Bank fortzusetzen, häufig von der Einstellung zur Bank und von persönlichen Beziehungen zum Kundenberater ab.[12] Die Bedeutung von Emotionen wird dabei gerade im Zusammenhang mit den oben genannten gesellschaftlichen Entwicklungen (z.B. Individualisierung; Erlebnisorientierung) zusätzlich verstärkt.[13]

Obwohl die überwiegend hohe Bedeutung von Emotionen für das Marketing allgemein bekannt ist, finden sich bisher nur **wenige** Untersuchungen, die sich mit **Emotionen im speziellen Kontext des Finanzdienstleistungsmarketing** beschäftigen. Griese (2002) untersuchte den Einfluss von Emotionen auf die Kunde-Bank-Beziehung und deren Auswirkungen auf Kundenzufriedenheit und Kundenloyalität bei 18- bis 25jährigen Bankkunden. Anhand einer empirischen Untersuchung auf der Grundlage des Diskonfirmationsmodells wird die These gestützt, dass Kundenzufriedenheit und Loyalität bei dieser Zielgruppe eher über emotionale Prozesse zustande kommen.[14] Auch allgemein spielen emotionale Beziehungsstrukturen zwischen Unternehmen und Kunden eine wichtige Rolle, um intensive Kundenbeziehungen aufzubauen und zu festigen.[15] Insbesondere im Einzelhandel sind seit langem entsprechende Erlebniskonzepte etabliert, um die Möglichkeiten und Chancen des Aufbaus emotional determinierter Kundenbeziehungen zu nutzen.

Besondere Bedeutung bei der Vermittlung von Erlebnissen wird der räumlichen und atmosphärischen Ladengestaltung beigemessen, die Gröppel als Schlüsselinstrument des Erlebnishandels einordnet.[16] Durch den Einsatz von Musik, Bildern, Düften und Farben im Einklang mit Produkten bzw. der Warenpräsentation entstehen neuartige und abwechslungsreiche Ladenumgebungen als emotional aktivierendes Gesamtkonzept, die bei den Konsumenten positive Einkaufserlebnisse generieren. Mit der Umsetzung von Erlebnis-Konzepten wird aus Sicht der Händler vor allem eine höhere Kundenfrequenz sowie in der Folge eine höhere Rentabilität der Verkaufsflächen angestrebt.[17]

---

[11] Vgl. Kroeber-Riel/Weinberg, 2003, S. 239; Walter, 2003, S. 48; Kihm, 2004, S. 135ff.
[12] Vgl. Piontowski, 1982; Lohmann,1997, S. 29. Zur hohen Bedeutung von positiven Emotionen bei serviceintensiven Dienstleistungen siehe auch Mattila/Enz, 2002, S. 269; Jayanti, 1996; Johnson/Zinkhan, 1991.
[13] Zur Bedeutung von Emotionen und emotionalen Bindungen siehe Lohmann, 1997, S. 29f.
[14] Vgl. Griese, 2002.
[15] Vgl. Diller, 1994, S. 211ff.
[16] Vgl. Gröppel, 1991, S. 55f.
[17] Vgl. Kroeber-Riel/Weinberg, 2003, S. 119ff; Gröppel, 1991, S. 58.

Im Einzelhandel ist für den **Nachweis von Erlebniswirkungen**, die über emotionale Reize der Umwelt ausgelöst werden, das umweltpsychologische **Verhaltensmodell von Mehrabian/Russell** (1974) weitgehend etabliert. Zahlreiche Untersuchungen orientieren sich an einem ganzheitlichen Ansatz und erfassen die Wirkungen der gesamten Reizkonstellation eines Geschäftes auf das Verhalten von Konsumenten.[18] Zudem hat sich eine Forschungsrichtung herausgebildet, die vor allem die Wirkung einzelner Aspekte der Umweltgestaltung untersucht. Gegenstand des Forschungsinteresses sind beispielsweise die Wirkung von Licht und Farben[19], Musik[20] oder Düften[21] auf emotionale Reaktionen und das Verhalten von Kunden.

Im Hinblick auf den Untersuchungsgegenstand der Finanzdienstleistungen wird häufig davon ausgegangen, dass insbesondere rationale und damit stark kognitiv determinierte Aspekte das Verhalten prägen.[22] Aus der Literatur lassen sich vor allem das **Involvement** und das wahrgenommene **Risiko** bzw. die Unsicherheit, die mit einer Entscheidung verbunden sind, als entscheidende Faktoren ableiten, die die Entscheidung für Finanzdienstleistungen determinieren.[23] Dem ist jedoch nicht uneingeschränkt zuzustimmen. Vielmehr ist davon auszugehen, dass das Ausmaß des Involvements von der konkreten Entscheidungssituation abhängt. Demnach motivieren vor allem komplexe Finanzdienstleistungen (z.B. Altersvorsorge) stärker zu einer intensiven Auseinandersetzung mit dem Entscheidungsgegenstand als die Nutzung standardisierter, alltäglicher Leistungen (z.B. Transaktionen beim Girokonto).[24] Somit ist im Fall standardisierter Transaktionen oder weitgehend habitualisierter Bankgeschäfte gleichermaßen vom „Standardfall" des Low-Involvement-Kunden[25] auszugehen. Zudem ist der Einfluss persönlicher Prädispositionen nicht zu vernachlässigen.

Vor diesem Hintergrund ist zu vermuten, dass aufgrund der insgesamt stärkeren Bedeutung einer emotionalen Kundenansprache auch in diesem Bereich die Wirkung emotionaler Prozesse zur Beeinflussung des Konsumentenverhaltens sinnvoll eingesetzt werden kann. Während der Einfluss von Emotionen für den Bereich des Einzelhandels weitgehend anerkannt ist und in zahlreichen Untersuchungen empirisch bestätigt werden konnte, ist der Weg, **erlebnisorientierte Gestaltungskonzepte** umzusetzen, für den Bereich der Finanzdienstleistungen

---

[18]  Vgl. Donovan/Rossiter, 1982, 1994; Wakefield/Baker, 1998; Wakefield/Blodgett, 1999; Baker et al., 1992, 1994; Spies et al., 1997; Sherman et al., 1997; Kenhove/Desrumaux, 1997; Eroglu et al., 2003; Bost, 1987; Gröppel, 1991; Terlutter, 2000; Diehl, 2002. Zu einer vollständigen Übersicht vgl. Turley/Milliman, 2000.
[19]  Vgl. Bellizzi et al., 1983; Bellizzi/Hite; 1992; Crowley, 1993; Areni/Kim, 1994.
[20]  Vgl. Milliman, 1982, 1986; Holbrook/Schindler, 1989; Herrington/Capella, 1994, 1996; Yalch/Spangenberg, 1990, 1993; Areni/Kim, 1993.
[21]  Vgl. Spangenberg et al., 1996; Mitchell et al., 1995; Teerling et al., 1992; Stöhr, 1998; Ebster/Jandrisits, 2003.
[22]  Vgl. Foxall/Pallister, 1998, S. 186, 192.
[23]  Vgl. McKechnie, 1992; Harrison, 1997; Ennew/McKechnie, 1998; Beckett et al., 2000; Lohmann, 1997.
[24]  Vgl. Schramm, 2002, S.75; Lohmann, 1997, S. 23.
[25]  Vgl. Esch, 2005, S. 723.

noch gänzlich **unerforscht**. Die Frage der Übertragbarkeit des erlebnisorientierten Marketingansatzes auf den Bankenbereich steht im Mittelpunkt der vorliegenden Arbeit.

Vor allem in der Marketingpraxis wird der Einfluss – teilweise auch wenig bewusster – emotionaler Vorgänge auf kognitive Prozesse[26] der Informationsaufnahme und -verarbeitung vielfach unterschätzt. Dies trifft insbesondere auf augenscheinlich kognitiv determinierte Prozesse im Dienstleistungsbereich zu. Gerade hier wird häufig noch in ganz besonderem Maße von der idealisierten Vorstellung eines ausschließlich nach Informationen suchenden Käufers ausgegangen, dessen Verhalten über „vernünftige Gründe" erklärt werden kann.[27] Die empirischen Ergebnisse sozialpsychologischer Studien sowie der Konsumentenforschung verweisen hingegen auf den erheblichen Einfluss von Emotionen auf kognitive Prozesse.[28]

Dabei gehen die Erkenntnisse soweit, dass selbst bei gedanklich überlegten Entscheidungen die spontan entstehenden emotionalen Eindrücke gegenüber dem Angebot, dessen rationale Bewertung entscheidend determinieren.[29] Emotionale Prozesse beeinflussen demnach die Beurteilung und Akzeptanz von Angeboten und Leistungen und bestimmen damit das Verhalten diesen gegenüber.[30] Um das Verhalten gezielt zu beeinflussen, werden daher Instrumente eingefordert, die insbesondere an **emotionale Bedürfnisse** von Kunden **appellieren**.

Vor dem Hintergrund ebenso den Finanzdienstleistungsbereich betreffender Veränderungen des Konsumentenverhaltens sowie der Wettbewerbsbedingungen insgesamt, scheint es gegeben, die **Wirkung erlebnisorientierter Gestaltungskonzepte** auch für den Anwendungsbereich im Finanzdienstleistungssektor zu **prüfen**. Dabei wäre das **Ziel** der Umsetzung von Erlebnisbank-Konzepten darin zu sehen, den Einfluss **emotionaler Aspekte** der Entscheidung zu erhöhen. Diese Prozesse haben deshalb besondere Relevanz, da emotional determinierte Informationsverarbeitungssysteme eine positivere Bewertung des Angebotes sowie spontane Kaufentscheidungen bewirken.[31] Insgesamt kann den Kunden in der Entscheidungssituation ein besseres „Gefühl" für die Richtigkeit der Entscheidung dadurch vermittelt werden, dass sie der Erledigung von Bankgeschäften in einer angenehmen Basisatmosphäre (z.B. durch erlebnisorientierte Ausrichtung) mehr Vertrauen und Sympathie entgegen bringen können.

---

[26] Kognitive Vorgänge sind rationale Prozesse, die das Verhalten gedanklich kontrollieren und willentlich steuern. Sie beinhalten stets auch aktivierende Komponenten (vgl. Kroeber-Riel/Weinberg, 2003, S. 225ff).
[27] Vgl. Weinberg/Nickel, 1998, S. 62f.
[28] Vgl. Kroeber-Riel/Weinberg, 2003, S. 239; Weinberg/Nickel, 1998, S. 63.
[29] Ist die gedankliche Auseinandersetzung mit einem Gegenstand dagegen gering, spielt der emotionale Eindruck oft die dominierende Rolle (vgl. hierzu Kroeber-Riel/Weinberg, 2003, S. 241 und Shiv/Fedorikhin, 1999).
[30] Vgl. Weinberg/Nickel, 1998, S. 63; Kroeber-Riel/Weinberg, 2003, S. 240ff.
[31] Vgl. Behrens, 1988, S. 66f; Isen/Means, 1983.

Zwar werden auch in der Bankenpraxis vielfach bereits erlebnisorientierte Gestaltungskonzepte entwickelt. Eine wissenschaftlich fundierte Analyse der Wirkungen steht jedoch nach wie vor aus. Gerade im Hinblick auf die spezifischen Besonderheiten von Finanzdienstleistungen (z.b. Vertrauensempfindlichkeit und notwendige Beratungsintensität) werden vor allem bank- und dienstleistungsspezifische Konzepte eingefordert.

Aufbauend auf den Forschungslücken, die im Hinblick auf den Einsatz und die Wirkungen einer emotionalen Kundenansprache im Bereich von Finanzdienstleistungen identifiziert wurden, leiten sich für die vorliegende Arbeit die folgenden drei Zielstellungen ab.

Das **theoretische Ziel** besteht darin, ein Verhaltensmodell zur Erklärung von Erlebniswirkungen für den Bereich der Finanzdienstleistungen zu entwickeln. Dabei wird das im Einzelhandel weitgehend anerkannte emotionspsychologische Verhaltensmodell von Mehrabian/ Russell (1974) zugrunde gelegt, das für den Anwendungsbereich der Finanzdienstleistungen modifiziert und ergänzt wird. Im Kern der Modifikation bzw. Erweiterung des Verhaltensmodells wird auf die Integration kognitiver Größen (Involvement, Bewertungsprozesse) abgestellt, da diese den erwarteten rationalen Aspekten des Nutzungsverhaltens Rechnung tragen können.

Dies bedeutet, dass sowohl die **emotionalen** als auch die **kognitiven** Reaktionen der Bankkunden, die durch eine positive Basisatmosphäre – in Folge erlebnisorientiert ausgerichteter Gestaltungsmaßnahmen – ausgelöst werden und das (Annäherungs-)Verhalten gegenüber Banken bestimmen, im Modell erfasst werden. Als Verhaltensreaktionen, die letztlich die Wirkung von Erlebnisbank-Konzepten abbilden, sind in Bezug auf den Untersuchungsgegenstand, vor allem die tatsächliche Nachfrage nach **Beratungsleistungen** sowie **allgemeine Annäherungsabsichten**[32] relevant, da diese vor dem Hintergrund abnehmender persönlicher Kunde-Bank-Beziehungen für Kreditinstitute besondere Bedeutung erlangen.

Das erweiterte Modell analysiert damit wesentliche Einflussfaktoren, die die Wirkung emotionaler Reize der Umwelt auf das Verhalten von Bankkunden erklären.

Um das entwickelte Modell empirisch zu prüfen, ist zunächst das **methodische Ziel** der Arbeit darin zu sehen, ein Instrument zur Messung der Erlebniswirkungen im Bankenbereich auf der Grundlage des emotionspsychologischen Ansatzes von Mehrabian/Russell zu entwickeln. Dabei muss das Messinstrument grundlegende Güteanforderungen (Objektivität, Reliabilität, Validität) erfüllen.

---

[32] Allgemeine Annäherungsabsichten können beispielsweise die Verweildauer, das Bummeln, Schauen oder Stöbern in der Umgebung sein.

Schließlich sollen als **praxisorientiertes Ziel** auf Basis der theoretisch und empirisch gewonnenen Erkenntnisse konkrete Handlungsempfehlungen für Kreditinstitute abgeleitet werden, die eine erlebnisorientierte Ausrichtung von Bankfilialen ermöglichen.

## 1.2 Gang der Untersuchung

Bevor die theoretische Aufarbeitung des Forschungsproblems im Sinne der Modellentwicklung geleistet werden kann, steht im **Kapitel 2** zunächst eine kurze Einführung zur Bedeutung von Erlebnissen im Marketing sowie eine interdisziplinäre Betrachtung des Erlebnisbegriffs im Vordergrund. Dies ist insbesondere deshalb notwendig, da der Vermittlung von Erlebnissen im bisher überwiegend rational determinierten Kontext mit Finanzdienstleistungen bis heute kein geeigneter marketingtheoretischer Ansatz zugrunde liegt. Die generelle Option der Umsetzung eines erlebnisorientierten Marketingansatzes für Finanzdienstleister begründet sich bisher ausschließlich aus Konzepten des Einzelhandels und verschiedener Branchen der Freizeitindustrie. Nicht berücksichtigt werden dabei unterschiedliche schematheoretische Verankerungen des Erlebnis- und Bankbegriffs, die insbesondere aus den mit Banken assoziierten Wertvorstellungen Vertrauen, Kompetenz und Seriosität resultieren.

Das Ziel der interdisziplinären Betrachtung ist es, eine Definition des Erlebnisbegriffs im finanzwirtschaftlichen Kontext zu entwickeln, die die Entwicklung von Erlebnisbank-Konzepten konzeptionell und inhaltlich stützt. Für die Ableitung einer geeigneten Definition des „Bankerlebnisses" werden finanzdienstleistungsspezifische Überlegungen einbezogen (z.B. Vertrauensempfindlichkeit, Beratungsintensität), die sich aus der allgemeinen Dienstleistungsdefinition erschließen. Abschließend werden in diesem Kapitel Dimensionen von Erlebnisbank-Konzepten abgeleitet, die die Grundlage für die Vermittlung von Erlebnissen bilden.

Im **Kapitel 3** wird mit Blick auf das Ziel der Wirkungsmessung erlebnisorientierter Gestaltungskonzepte im Bereich der Finanzdienstleistungen ein verhaltenswissenschaftliches Erklärungsmodell entwickelt. Dazu wird im Abschnitt 3.1 ausgehend von einem Überblick zu Grundlagen der kognitiven und emotionalen Umweltpsychologie das zugrunde liegende Verhaltensmodell von Mehrabian/Russell ausführlich dargestellt. Dieses bildet in seinen Grundzügen die modelltheoretische Basis, in dem es die wesentlichen Konstrukte der *Informationsrate*, der *emotionalen Reaktion*, der *Persönlichkeit* und der *Verhaltensreaktion* im Modell manifestiert. Der wissenschaftliche Erkenntnisfortschritt wird schließlich über die Modifikation des Modells und seine daraus folgende Anwendbarkeit auf den vorliegenden Untersuchungsgegenstand erreicht. Dabei werden theoretische Erkenntnisse der Käuferverhaltensforschung diskutiert, die die Erklärung von Erlebniswirkungen im finanzwirtschaftlichen Kontext tragen. Dabei handelt es sich im Abschnitt 3.2 zunächst um Erkenntnisse der Emotions- und Kognitionsforschung, da sich aus der Interaktion zwischen Emotionen und Kognitionen wertvolle Hinweise für das Verständnis der Wirkung emotionaler Umweltreize auf das Verhalten von Bankkunden ableiten. So wird nicht nur die Berücksichtigung kognitiver Elemente der Umweltpsychologie *(Orientierungsfreundlichkeit)* begründet. Vielmehr erscheinen außerhalb der kognitiven Umweltpsychologie Indikatoren relevant, die eine kognitive Bewertung *(Gesamteindruck/Gefallen)* eines erlebnisorientierten Gestaltungskonzeptes in Kreditinstituten erlauben. Abschnitt 3.3 führt schließlich Erkenntnisse der Involvementforschung in das zu entwickelnde Modell ein. Dies ergibt sich insbesondere über die mit Finanzdienstleistungen vielfach einhergehende höhere Risiko- und Unsicherheitswahrnehmung, aus der sich zumindest für komplexe Entscheidungen ein besonderes Interesse für den Entscheidungsgegenstand begründet. Die Involvementforschung legt dabei vor allem zwei theoretische und empirisch geprüfte Ansätze zugrunde, deren Übertragung auf das Untersuchungsobjekt interessant erscheinen. Das damit in das Modell integrierte Konstrukt des *bankspezifischen Involvements* beinhaltet dabei sowohl prädispositionale als auch handlungsspezifische Züge, die sich aus der spezifischen Bedeutung der jeweiligen Entscheidungssituation für den Bankkunden ergeben. Emotionale Aspekte des Entscheidungsverhaltens, die mit einem höheren emotionalen Involvement einhergehen, lassen sich dagegen vor allem über persönliche Prädispositionen *(Persönlichkeit)* begründen.

Aufgrund vorliegender theoretischer Erkenntnisse werden zwischen den diskutierten Konstrukten Beziehungsstrukturen hergestellt. Damit ergibt sich im Abschluss dieses Gliederungspunktes ein Verhaltensmodell zur Erklärung von Erlebniswirkungen im Bereich der Finanzdienstleistungen, dessen theoretische Zusammenhänge in ein empirisch zu prüfendes Hypothesensystem überführt werden.

Im **Kapitel 4** erfolgt die empirische Prüfung des modifizierten Verhaltensmodells. Dabei wird zunächst die Konzeptualisierung und Operationalisierung der Modellkonstrukte vorgenommen. Da zur Messung der Konstrukte jeweils verschiedene Messansätze angewendet werden können, werden diese mit Blick auf ihre Anwendbarkeit für die hier vorliegende Untersuchung analysiert. Ausgehend von einem Überblick über verschiedene empirische Studien sowie eigener exploratorischer Untersuchungen werden geeignete Indikatoren abgeleitet, die eine Operationalisierung der Konstrukte ermöglichen. Im Abschnitt 4.2 wird der Untersuchungsgegenstand – erlebnisorientiert gestaltete Bankfilialen – und das zur Analyse der Erlebniswirkungen eingesetzte Forschungsinstrument näher beschrieben. Anschließend erfolgt die kausalanalytische Prüfung des Modells mit Hilfe des Programmpaketes Amos 5. Auf Basis einer vorbereitenden Modellprüfung werden Kriterien geprüft (Item-Gesamtwert-Korrelationsanalyse, Cronbachs Alpha, explorative Faktorenanalyse), die die Eignung der für die Operationalisierung der latenten Konstrukte eingesetzten Indikatoren sicherstellen.

Das abschließende **Kapitel 5** greift die Ergebnisse der empirischen Analyse mit Rückblick auf die formulierten theoretischen, methodischen und praxisorientierten Ziele auf. Gleichermaßen erfolgen eine kritische Betrachtung der vorliegenden Ergebnisse sowie die Ableitung weiteren Forschungsbedarfs.

Abbildung 1 verdeutlicht den Aufbau der Arbeit nochmals graphisch.

**1 Einleitung**

1.1 Problemstellung und Zielsetzung
1.2 Gang der Untersuchung

**2 Erlebnisse als Instrument des Marketing**

2.1 Bedeutung von Erlebnissen im Marketing
2.2 Interdisziplinäre Betrachtung des Erlebnisbegriffs
2.3 Erlebnisse im finanzwirtschaftlichen Kontext

**3 Entwicklung eines Verhaltensmodells zur Erklärung von Erlebniswirkungen**

3.1 Erkenntnisse der Umweltpsychologie
3.2 Erkenntnisse der Emotions- und Kognitionsforschung
3.3 Erkenntnisse der Involvementforschung
3.4 Ableitung eines modifizierten umweltpsychologischen Verhaltensmodells

**4 Empirische Prüfung des Verhaltensmodells**

4.1 Konzeptualisierung und Operationalisierung des Verhaltensmodells
4.2 Beschreibung des Untersuchungsgegenstandes
4.3 Empirische Modellprüfung

**5 Kritische Würdigung sowie Implikationen für die Gestaltung von Erlebnisbank-Konzepten**

5.1 Theoretisches Forschungsziel
5.2 Methodisches Forschungsziel
5.3 Praktisches Forschungsziel

*Abbildung 1: Aufbau der Arbeit*

## 2 Erlebnisse als Instrument des Marketing

### 2.1 Bedeutung von Erlebnissen im Marketing

Einleitend soll zunächst kurz auf die allgemeine Bedeutung von Erlebnissen für das Marketing eingegangen werden. Dabei spielen insbesondere gesellschaftliche Entwicklungen eine maßgebliche Rolle und sollen innerhalb dieser Einführung im Mittelpunkt der Betrachtung stehen.

Der Begriff des Wertewandels, mit dem verschiedene gesellschaftliche Entwicklungstrends beschrieben werden, markiert häufig den Ausgangspunkt der Diskussion um Veränderungen des Konsumentenverhaltens. Während die Richtung des Wertewandels in der Literatur durchaus kritisch diskutiert wird, besteht in Hinblick auf die Zuwendung der Gesellschaft zu erlebnisorientierten Werten weitgehend Einigkeit.[33]

Das Phänomen der Erlebnisorientierung ist dabei mit der Orientierung des Individuums am eigenen Subjekt verbunden. Durch die zielgerichtete Beeinflussung von Situationen versuchen Individuen, gewünschte subjektive Erlebnisse auszulösen. Schulze hat in diesem Zusammenhang den Begriff der Erlebnisrationalität geprägt. Menschen versuchen demnach, Produkte oder Dienstleistungen als Mittel zu nutzen, um innere Prozesse auszulösen. Das heißt, durch den Kauf bestimmter Produkte sollen Erlebnisse konstruiert werden.[34]

Dieser Trend zur Erlebnisgesellschaft ist dabei beinahe unabhängig von der Wertestruktur[35] von Personen. Vielmehr lässt sich für jedes Individuum eine mehr oder weniger stark ausgeprägte Erlebnisorientierung feststellen.[36] Dabei manifestiert sich dieser Trend in nahezu allen Bereichen des gesellschaftlichen Lebens.[37] Bedeutung erlangte der Erlebniskonsument zunächst in der Freizeitforschung.[38] Der Wandel von der Arbeits- zur Erlebnisgesellschaft wurde besonders in diesem Bereich frühzeitig vorhergesehen.[39] Eine wesentliche Begründung für den Trend wird dabei vor allem in dem in den vergangenen Jahrzehnten gestiegenen Freizeitbudget und der dementsprechend gestiegenen Wertschätzung der Freizeit gesehen.[40] Zunächst hat sich insbesondere das Handelsmarketing an den veränderten Wertvorstellungen der Kun-

---

[33] Vgl. Drengner, 2003, S. 10; Müller, 2001, S. 66ff.
[34] Vgl. Schulze, 2005, S. 40f.
[35] Grundsätzlich können materielle vs. postmaterielle Werte (vgl. Inglehart, 1977, 1998), Pflicht- und Akzeptanzwerte vs. Selbstentfaltungswerte (vgl. Klages, 1984) unterschieden werden.
[36] Vgl. Drengner, 2003, S. 10.
[37] Damit steht auch zunehmend die wissenschaftliche Auseinandersetzung mit dem erlebnisorientierten Marketing im Zentrum der Konsumentenforschung (vgl. Weinberg, 1992; Gröppel, 1991).
[38] Vgl. Wiswede, 1990, S. 28.
[39] Vgl. Opaschowski, 1998, S. 26.
[40] Vgl. Opaschowski, 2001, S. 53.

den orientiert.[41] Erlebnisstrategien berücksichtigen dabei die abnehmende Bedeutung von funktional sachlichen Produktmerkmalen und richten sich konsequent an den emotionalen Bedürfnissen aus. Im Ergebnis werden mit dem erlebnisorientierten Marketing für den Konsumenten Erlebniswelten geschaffen und inszeniert. Damit erfährt das Produkt eine Attraktivitätssteigerung – der emotionale Zusatznutzen wird zu einem ganz wesentlichen Produktbestandteil.[42] Für den Handel hat diese Entwicklung zu einer Aufspaltung in den Versorgungs- und den Erlebniskonsum geführt.[43] Im Erlebnishandel steht nicht mehr der Kauf als solcher im Vordergrund[44], sondern das Einkaufserlebnis avanciert beinahe zum Hauptnutzen eines Produktes oder einer Dienstleistung.[45] Durch den Einsatz unterschiedlicher Reize wird eine abwechslungsreiche, neuartige Ladenatmosphäre geschaffen, die den Konsumenten in seinem Bedürfnis nach emotionaler Anregung anspricht und positive Einkaufserlebnisse stimuliert. Der Trend zur „Versinnlichung" verstärkt sich dabei umso mehr, je mehr das Umfeld rational und technologisch dominiert wird.[46]

Betrachtet man weiter die insbesondere für die Handelsforschung vielfach in empirischen Untersuchungen nachgewiesenen Wirkungen emotional-aktivierender, das heißt erlebnisorientierter Gestaltungskonzepte, so liegt die Überlegung nahe, ähnliche Wirkungen auch für den Bereich der Finanzdienstleistungen zu unterstellen. Dies ist besonders deshalb interessant, da der positive Einfluss von Emotionen auf das Kauf- und Entscheidungsverhalten heute allgemein anerkannt ist.[47] Eine vermehrte emotionale Ansprache von Bankkunden kann deshalb – nach bisherigen Überlegungen vorwiegend kognitiv determinierte Dienstleistungen – gleichermaßen positiv beeinflussen.

## 2.2   Interdisziplinäre Betrachtung des Erlebnisbegriffs

Um sich dem Erlebnisbegriff, wie er im finanzwirtschaftlichen Kontext definiert werden kann, nähern zu können, soll zunächst eine interdisziplinäre Betrachtung des Erlebnisbegriffs vorgenommen werden. Dabei werden Entwicklungslinien des Erlebnisbegriffs aufgezeigt und deren Bedeutung für das Begriffsverständnis im Marketing sowie für die Konsumentenverhaltensforschung dargestellt.

---

[41]   Erste Untersuchungen zu Wirkungen von Erlebnisstrategien im Handel legen Donovan/Rossiter, 1982; Diller/Kusterer, 1986 sowie Gröppel, 1991 vor.
[42]   Vgl. Stihler, 1998, S. 115f; Kroeber-Riel, 1986, S. 1143; Esch/Meyer, 1995, S. 288.
[43]   Vgl. Ahlert/Schröder, 1990; Gröppel, 1991, S. 14ff; Opaschowski, 1993, S. 30.
[44]   Dagegen ist der Versorgungskonsum ausschließlich auf die Versorgung mit Waren gerichtet und zeichnet sich durch eine funktionale Gestaltung der Geschäftsräume aus, die rein auf die Deckung des Bedarfs gerichtet ist und Preisaspekte stark in den Vordergrund rückt (vgl. Liebmann/Zentes, 2001, S. 546).
[45]   Vgl. Esch/Meyer, 1995, S. 288.
[46]   Vgl. Opaschowski, 1993, S. 143; Gröppel, 1991, S. 14f und S. 55ff.
[47]   Vgl. Kroeber-Riel/Weinberg, 2003, S. 239; Weinberg/Nickel, 1998, S. 63.

Dass die Wurzeln der Erlebnisgesellschaft bereits im 18. Jahrhundert zu finden sind, unterstreicht ein häufig angeführtes Zitat von Rousseau (1762): *„Nicht wer am ältesten wird, hat am längsten gelebt, sondern wer am stärksten erlebt hat. Mancher wird mit hundert begraben, der bei seiner Geburt schon gestorben war. "*[48]

Als *„lebensphilosophische Kampfansage an den Rationalismus der Aufklärung"* kam dem Erlebnisbegriff zur Jahrhundertwende in Deutschland eine große Bedeutung zu. Schon damals war er mit der Frage verbunden, wie das eigene Leben erlebnisintensiv zu gestalten sei. Ebenso entstanden auch zu diesem Zeitpunkt erste Kontroversen um dessen psychosoziale Implikationen. Bemerkenswert ist, dass bereits um 1920 die Problematik der *„Lebensführung in der modernen (...) zunehmend rationalisierten Gesellschaft"* eine zentrale Rolle in der Auseinandersetzung mit dem Erlebnisbegriff spielte.[49] Der geschichtliche Einblick legt nahe, dass der Diskurs – damals wie heute – um die stetige Verbreitung erlebnisorientierter Lebensentwürfe geführt wurde und wird und dass sich Konfliktlinien, die den Gebrauch des Begriffs bestimmen, bis heute gleichen.[50]

Mit der wachsenden Erlebnisorientierung hat sich auch eine intensive Diskussion um die Abgrenzung des Begriffs entwickelt, die interdisziplinär geführt wird. Überlegungen aus philosophischer, psychologischer, soziologischer Sicht sowie Elementen der Erziehungswissenschaften prägen das heutige Verständnis.

Im Hinblick auf das Forschungsziel der vorliegenden Arbeit ist es insbesondere notwendig, aus diesen verschiedenen Perspektiven ein Begriffsverständnis zu entwickeln, das zunächst im Marketing allgemein Anerkennung finden kann und geeignet ist, gleichermaßen als Ausgangspunkt für das Verständnis bankspezifischer Erlebnisse zu fungieren. Damit soll der Option, auch im Bankenbereich stärker emotional bzw. erlebnisorientiert ausgerichtete Angebote zu entwickeln, ein marketingtheoretischer Ansatz zugrunde gelegt werden, auf dessen Basis die Wirkung emotionaler Erlebnisse im Bereich der Finanzdienstleister erklärt werden kann.

### 2.2.1 Philosophische Betrachtung

In der Philosophie fand die Auseinandersetzung mit dem Erlebnisbegriff schon frühzeitig ihren Ausgangspunkt. Aus der Kritik der Philosophen am Rationalismus, wonach die Welterkenntnis ausschließlich durch Verstand und Denken greifbar sei und sich die Wirklichkeit auf empirische Daten reduzieren lasse, entstand im 19. Jahrhundert der Zweig der Lebensphilosophie.[51] Lebensphilosophische Betrachtungen stellten Sinn und Ziel des Lebens in den Mittel-

---

[48] Rousseau, 1991, S. 16.
[49] Vgl. Hartmann/Haubl, 1996, S. 7.
[50] Vgl. ebenda, S. 11.
[51] Vgl. Schöndorf, 1995, S. 28.

punkt und wandten sich dem unmittelbaren Erleben zu. Erleben ist zunächst ein Begriff für
das Erfassen der Wirklichkeit – die Suche nach dem Erkennen, der Erkenntnis. Gleichermaßen werden über das Erleben Bewusstseinszustände fassbar. Erkennen schließt jedoch meist
nur die Bewusstseinsinhalte ein, die über Informationen die Wirklichkeit vermitteln – subjektive Inhalte wie Gefühle oder Emotionen können nicht erfasst werden. Das Erfassen der Wirklichkeit ist daher über die Erkenntnis nicht ausreichend erklärt. Der Mensch erkennt nicht nur
– sondern er erlebt. Somit wird deutlich, dass der Begriff **Erleben** weit reichender gefasst
werden muss, weil er zur **Objektivität** (Erkenntnis) die **Subjektivität** (Erleben) einbezieht.[52]

Demnach ist das Erleben mit zwei Bedeutungen verbunden.[53] Einmal wird unter Erleben all
das verstanden, was für das Individuum bewusst ist. Dabei liegt die Gegenständlichkeit des
Erlebnisses außerhalb des Subjektes.[54] Dagegen umfasst die engere Interpretation des Erlebens all jenes, was Erlebnissen im umgangssprachlichen Verständnis zugeschrieben wird –
„…*nämlich nicht alles und jedes, dessen wir uns bewusst sind, sondern bestimmte Widerfahr-
nisse, die wir als sehr eindrücklich erfahren, die sich uns tiefer als anderes einprägen, die
einen höheren gefühlsmäßigen emotionalen Beiklang besitzen als andere Bewusstseinszustände.*"[55] Wenn also heute von Erlebnissen die Rede ist, betreffen sie ausschließlich Erfahrungen, die Individuen besonders beeindrucken oder prägen. Damit wird hervorgehoben, dass das
Erleben nicht allein von außen kommt, sondern in gleicher Weise das Innenleben eines Individuums umfasst.[56] Beim Erleben kann folglich nicht zwischen innerer Wahrnehmung des
eigenen Seelenzustandes (Gefühl) und äußerer Wahrnehmung getrennt werden.[57]

### Exkurs: Diltheys Begriffsverständnis

Ein bedeutender Vertreter dieser Richtung ist ohne Zweifel **Wilhelm Dilthey** (1833-1911)[58],
dessen Werk zuvorderst in der erkenntnistheoretischen Grundlegung der Geisteswissenschaften[59] sowie in der Aufarbeitung des Zusammenhangs von Erleben und Verstehen[60] zu sehen
ist. Durch Dilthey erfährt die Lebensphilosophie eine entscheidende Um- bzw. Neuorientie-
rung – sie bedeutet nicht mehr nur Philosophie über das Leben, sondern wird vielmehr durch
eine strenge methodische Ausrichtung geprägt.[61]

---

[52]  Vgl. Schöndorf, 1995, S. 23; Funderburk, 1971, S. 11f.
[53]  Vgl. Schöndorf, 1995, S. 25f; Rodi, 2003, S. 109.
[54]  Vgl. Rodi, 2003, S. 109.
[55]  Schöndorf, 1995, S. 25/26.
[56]  Vgl. Schöndorf, 1995, S. 27.
[57]  Vgl. Bollnow, 1955, S. 104.
[58]  Vgl. Bollnow, 1955, S. 11/12.
[59]  Vgl. Rodi, 2003, S. 17.
[60]  Vgl. Schott, 2000, S. 4; Funderburk, 1971, S. 13; Bollnow, 1955, S. 12.
[61]  Vgl. Bollnow, 1955, S. 12; Neubert, 1990, S. 19.

Die Arbeiten Diltheys sind für das Verständnis des Erlebnisbegriffs vor allem deshalb so relevant, weil hier erstmals eine Theorie des Erlebnisses entwickelt wurde.[62] Seine Aufzeichnungen zum Erlebnisphänomen enthalten wichtige Anhaltspunkte zur inneren und äußeren Gestalt eines Erlebnisses, sind aber dennoch überwiegend ungeordnet in verschiedenen Schriften verstreut.[63] Zahlreiche Sammlungen und Interpretationen der Erkenntnisse seines umfassenden Gesamtwerkes entstanden später in Arbeiten zum Gesamtwerk Diltheys.[64]

Ausgehend von Aufbau und Bedeutung des menschlichen Seelenlebens beschreibt Dilthey die Funktion des Erlebens für das Seelenleben. Dieser Bezug charakterisiert die **äußere Struktur des Erlebens**.[65] Leben bedeutet für ihn dabei zunächst den Ausgangspunkt aller psychischen Prozesse und bildet gleichermaßen *„die Grundlage für alle einzelnen Gestalten und Systeme, die an ihm auftreten, für unser Erleben, Verstehen, Ausdrücken [...]".[66]* In einem Wirkungszusammenhang zwischen dem Selbst und dem Milieu[67] ist das Leben Voraussetzung allen Wissens. Aus dem Verhältnis von Mensch und Umwelt leitet Dilthey den Begriff des Strukturzusammenhangs des Seelenlebens ab, der zugleich Umrisse innerer Zustände des Menschen zeichnet.[68] In dem Dilthey schließlich eine zeitliche Dimension einbindet, werden als Strukturzusammenhang die im Verlauf des Lebens auftretenden Momente zu einem Ganzen verbunden.[69]

Hingegen wendet sich die **innere Struktur des Erlebens** der im Erleben gegebenen „Gliedertheit" zu. Aus dieser Struktur lassen sich Merkmale des Erlebens herausarbeiten, die Dilthey dem Erleben bzw. dem Erlebnis zuschreibt.[70] Zur Strukturierung der Merkmale des Erlebnisbegriffs, wie sie Dilthey formuliert hat, empfiehlt es sich, dem Vorgehen von Neubert zu folgen, die in ihrer Arbeit sieben Momente des Erlebnisses skizziert hat.[71] Zu betonen ist nochmals, dass Dilthey selbst keine vollständige Analyse des Erlebnisbegriffs entwickelt hat, vielmehr also auf Einzeluntersuchungen zurückgegriffen werden muss, um ein Gesamtbild des Diltheyschen Begriffsverständnisses zu beschreiben.[72]

### Sieben Momente des Erlebnisbegriffs bei Dilthey

Die **Unmittelbarkeit (1)** stellt zunächst eine wesentliche Grundeigenschaft des Erlebnisses dar. *„Erleben ist eine unterschieden charakterisierte Art, in welcher Realität für mich da ist.*

---

[62]  Vgl. Neubert, 1990, S. 19; Schott, 2000, S. 3; Beckers, 1993, S. 20.
[63]  Vgl. Schott, 2000, S. 4; Beckers, 1993, S. 21.
[64]  Eine bedeutende Arbeit wurde beispielsweise von Neubert, 1990 vorgelegt. Weitere Arbeiten von Bollnow, 1955; Schmitt, 1917; Sauerland, 1972; Rodi, 2003.
[65]  Vgl. Schott, 2000, S. 4.
[66]  Dilthey, Gesammelte Schriften, Band VII, 1961, S. 229; Rodi, 2003, S. 22.
[67]  Als Milieu wird die Beziehung zu Einzelnen und zur gesamten Umwelt verstanden (vgl. Rodi, 2003, S. 22).
[68]  Vgl. Dilthey, Gesammelte Schriften, Band VI, 1978, S. 304; Rodi, 2003, S. 22; Schott, 2000, S. 4.
[69]  Vgl. Dilthey, Gesammelte Schriften, Band VI, 1978, S. 313; Rodi, 2003, S. 22.
[70]  Vgl. Schott, 2003, S. 65.
[71]  Vgl. Neubert, 1990, S. 19ff.
[72]  Vgl. Neubert, 1990, S. 20.

*Das Erlebnis tritt mir nämlich nicht gegenüber als ein Wahrgenommenes oder Vorgestelltes; es ist uns nicht gegeben, sondern die Realität Erlebnis ist für uns dadurch da, dass wir ihrer innewerden, dass ich sie als zu mir [...] zugehörig unmittelbar habe.*[73] Erleben ist demnach eine besondere Form, in der man „Realität hat". Wesentlich ist dabei, dass die Realität nicht als fremdes Objekt dem Subjekt gegenübersteht, sondern innewird.[74] Die Trennung von Subjekt und Objekt gilt für das Erlebnis nicht, sondern die Realität Erlebnis ist unmittelbar da.[75] *„Das Erlebnis steht nicht als ein Objekt dem Auffassenden gegenüber, sondern sein Dasein ist für mich ununterschieden von dem, was in ihm für mich da ist. "*[76] Die Art und Weise, wie der Mensch das Erlebnis als eine Wirklichkeit vorfindet, bezeichnet Dilthey mit den Begriffen „innewerden" oder „gewahren". Gegenständlich wird das Erlebnis durch das Denken, wobei die Gegenständlichkeit kein Wesenszug des Erlebnisses an sich ist, vielmehr ist sie als „nachträgliche Zutat" zu deuten.[77] Die Unmittelbarkeit des Erlebnisses wird auch nochmals dadurch deutlich, dass es nicht der Relativität der Gesichtspunkte unterliegt, sondern *„verschiedene Gesichtspunkte [...] können nur nachträglich durch Reflexion entstehen und berühren es selber in seinem Erlebnischarakter nicht ".*[78]

Der zweite Aspekt des Diltheyschen Erlebnisbegriffs betrifft nach Neubert die **gegliederte Einheit (2)** eines Erlebnisses. Dilthey sieht Erlebnisse als Einheit. Unterschiedliche Einzelerlebnisse können für sich selbst genommen als Einheiten bestimmt werden. Gleichermaßen werden diese zu einem Ganzen verknüpft, ohne ihren eigenen (einzelnen) Charakter zu verlieren. Einzelerlebnisse sind demnach integrativer Teil eines Ganzen.[79]

Mit diesem Aspekt verbindet sich sodann auch das dritte Merkmal eines Erlebnisses – das des **mehrseitigen Spannungsgefüges (3)**. Neubert differenziert den Totalitätscharakter, den Subjekt-Objekt-Bezug sowie das Spannungsverhältnis zwischen Allgemeingültigkeit und Individualität.[80] Totalitätscharakter jedes Erlebnisses meint, dass „alle geistigen Grundrichtungen" in ihm vertreten sind und zudem in jedem einzelnen Erlebnis die Totalität des Seelenlebens des Menschen nachgewiesen werden kann. Im Erlebnis werden die einzelnen Bestandteile bzw. Vorgänge des Seelenlebens eingebettet – Vorstellen (Empfindung, Wahrnehmung, Denken), Fühlen (Lust, Unlust) und Wollen (Begehren, Streben) finden im Erlebnis ihre Einheit

---

[73] Dilthey, Gesammelte Schriften, Band VI, 1978, S. 313.
[74] Das Innewerden als Verschmelzen von Subjekt und Objekt beschreibt Dilthey an vielen Stellen seines Gesamtwerkes (vgl. hier Dilthey, Gesammelte Schriften, Band VI, 1978, S. 314).
[75] Vgl. Bollnow, 1955, S. 102f.
[76] Dilthey, Gesammelte Schriften, Band VII, 1961, S. 139.
[77] Vgl. Bollnow, 1955, S. 103.
[78] Dilthey, Gesammelte Schriften, Band VII, 1961, S. 139; Bollnow, 1955, S. 103.
[79] Vgl. Schott, 2003, S. 75; Neubert, 1990, S. 21.
[80] Vgl. Neubert, 1925, S. 21f.

und das Erlebnis wirkt gleichsam auf diese zurück. Alle diese Bestandteile bzw. Vorgänge bestimmen den Erlebnisprozess. Demnach kann es sowohl ein „Erkenntniserlebnis" als auch ein „einen Zweck realisierendes Willenserlebnis" geben.[81] Ein weiteres Spannungsgefüge wird im Subjekt-Objekt-Bezug deutlich. Subjektiv erlebt jeder Einzelne das Erlebnis als etwas Besonderes, obwohl sich objektiv – im persönlichen Erlebnis – nur ein weiterer „Zug des Lebens" erschließt.[82] Das dritte Spannungsgefüge beschreibt die Wechselwirkung von Allgemeingültigkeit und Individualität. Gemeint ist damit, dass ein Erlebnis allgemeingültige Merkmale aufweist, die in allen Individuen wiederkehren, zugleich aber jedem Erlebnis auch individuelle Züge eigen sind. Im Erlebnis sind Allgemeinheit und Individualität vereint.[83]

Ein weiteres Merkmal des Erlebnisbegriffs nach Dilthey sieht Neubert im **historischen Charakter (4)** eines Erlebnisses. So ist bei Dilthey belegt, dass „*jeder einzelne Bewusstseinsakt in seinem Auftreten und seinem Charakter vom ganzen erworbenen seelischen Zusammenhang*"[84] abhängig sei. Demnach werden gegenwärtige Erlebnisse von vergangenen Erlebnissen beeinflusst und bilden insofern das Fundament für spätere Erlebnisse.[85] Damit verbunden ist auch die Überzeugung, das Erleben eines eigenen bzw. eines fremden Zustandes wären „*im Kern des Vorgangs einander gleichartig*".[86] Dieses wiederum impliziert, der Mensch wäre in der Lage, durch seine eigenen Erlebnisse, fremde Erlebnisse zu verstehen und somit wiederum die eigenen Erlebnisse zu vertiefen.[87]

**Entwicklungsfähigkeit (5)** als weiteres Kennzeichen, schreibt Erlebnissen „*die Fülle früherer Erlebnisse*"[88] zu, d.h. sie beinhalten eine Tendenz zur Weiterentwicklung oder Entfaltung.

Ein entscheidendes Merkmal von Erlebnissen ist zudem der **Objektivationsdrang (6)**. Damit findet das Erlebte seinen Ausdruck – auf diese Weise wird das der Beobachtung „*Verborgene des Seelenlebens*", sein „*ganzer Verlauf*" und seine „*ganze Tiefe*" offenbar.[89] Dilthey selbst gebraucht den Begriff des Objektivationsdrangs nicht. Dennoch vertritt er die Auffassung, dass sich das Erlebnis den Weg „nach außen" bahne und es als durch den Ausdruck vollständig und ohne Abzug vergegenständlicht und somit sichtbar werde.[90]

---

[81] Vgl. Neubert, 1990, S. 21; Schott, 2000, S. 12f; Schott, 2003, S. 76f.
[82] Vgl. Neubert, 1990, S. 21; Schott, 2000, S. 13f; Beckers, 1993, S. 21.
[83] Vgl. Schott, 2000, S. 16; siehe auch ausführlich Dilthey, Gesammelte Schriften, Band V, 1990, S. 226-240.
[84] Dilthey, Gesammelte Schriften, Band V, 1990, S. 177.
[85] Vgl. ebenda, S. 178; Schott, 2000, S. 16.
[86] Dilthey, Gesammelte Schriften, Band V, 1990, S. 276.
[87] Vgl. Beckers, 1993, S. 21.
[88] Dilthey, Gesammelte Schriften Band VI, 1978, S. 316; Neubert, 1990, S. 15.
[89] Dilthey, 1957, S. 126; Schott, 2000; S. 18.
[90] Vgl. Neubert, 1990, S.23; Schott, 2000, S. 18. Zum Erlebnisausdruck siehe auch Bollnow, 1955, S. 186f; Rodi, 2003, S. 121ff.

Letztes Merkmal des Erlebnisbegriffs ist die **Einbindung des Erlebnisses in den Gesamtzu-
sammenhang von Erleben, Ausdruck und Verstehen (7)**. Dilthey betont insbesondere die
Bedeutung des Erlebens für den Erkenntnisprozess. Das Erlebnis bildet in diesem Sinne die
Basis für Ausdruck und Verstehen. Für das Verstehen bedarf es jedoch zwingend der Objekti-
vation eines Erlebnisses. Dabei ist es gleichgültig, ob es sich um das Verstehen des eigenen
Selbst oder um das *„Verstehen fremder Lebensäußerungen und Personen"*[91] handelt.[92] Erst
über das Verstehen wird es möglich, die Umwelt zu begreifen. Zugleich befähigt das Verste-
hen zum Nacherleben von Erfahrungen anderer und gewährt Einblick in das eigene Erleben.
Gerade dieses Nacherleben stellt nach Dilthey einen entscheidenden Schritt zum *„Erwerb
geistiger Dinge"* dar – Fremdes kann verinnerlicht und nachvollzogen werden.[93]
Der Erlebnisbegriff bei Dilthey umfasst damit wesentliche Merkmale, die für ein allgemeines
Begriffsverständnis von Erlebnissen relevant sind. Insbesondere die **Unmittelbarkeit** des
Erlebens, die **Verbindung** (innere Deckung) von **Objekt und Subjekt**[94] im Erleben sowie
der **Drang nach Handlung und Ausdruck** sind von besonderer Bedeutung. Zudem kann die
Subjektabhängigkeit von Erlebnissen herausgestellt werden, die die Individualität von Erlebnissen betont. Das heißt, in jedem Erlebnis sind Bestandteile enthalten, die individuell verschieden sind.[95] Dilthey vertritt mit der Lebensphilosophie eine Strömung, die gegen die
alleinige Vorherrschaft des Rationalen auftritt.[96]

Für das weitere Verständnis ist es bedeutend, dass das individuelle **Gefühl** neben dem **objek-
tiven Erkennen** entscheidend für Erlebnisse ist. Das Gefühl wird dabei als unmittelbare Reaktion auf Situationen oder Umwelten verstanden und beeinflusst das Verhalten von
Individuen, wobei das Ausmaß individuell verschieden ist und durch Reflexion gesteuert
werden kann. Gefühle leiten in diesem Sinne, häufig nur wenig bewusst, das Erleben.[97]
In dieser Interpretation zeigt sich zugleich die Verbindung zur Psychologie, die den Zusammenhang von Gefühlen, Emotionen und Erleben herzustellen und zu begründen sucht – dies
jedoch nicht ohne Einvernehmen mit dem rationalen, verstandesmäßigen Aspekt des Erlebnisses. Vielmehr bezieht das Erlebnis, über das „Vernünftige" hinaus auch den Bereich von
Stimmungen und Gefühlen ein.[98]

---

[91]  Dilthey, Gesammelte Schriften, Band VII, 1961, S. 205.
[92]  Vgl. Schott, 2000, S. 19.
[93]  Vgl. Schott, 2000, S. 20f; ausführlich dazu siehe Dilthey, Gesammelte Schriften, Band VII, 1961, S. 205ff.
[94]  Die Wechselbeziehung zwischen Subjekt und Objekt wird zum Teil auch in neueren Arbeiten zum Erlebnis-
     begriff aufgegriffen (vgl. beispielsweise Schöndorf, 1995, S. 31f; Schulze, 2005, S. 44f und 52ff).
[95]  Vgl. Neubert, 1990, S. 22; Dilthey, Gesammelte Schriften, Band V, 1990, S. 225.
[96]  Vgl. Schöndorf, 1995, S. 29.
[97]  Vgl. Schöndorf, 1995, S. 29.
[98]  Vgl. Schöndorf, 1995, S. 30f.

## 2.2.2 Psychologische Betrachtung

Aus psychologischer Perspektive sollen gleichermaßen wesentliche Richtungen zur Beschreibung des Wesens von Erlebnissen herangezogen werden. Dabei bildet zunächst Lerschs Schrift zum „Aufbau der Person", an der Schnittstelle zu philosophischen Perspektiven, den Ausgangspunkt der Überlegungen. Dies scheint vor allem deshalb zielführend, da Lersch – wie Dilthey – anfangs das Leben als Ausgangspunkt des Erlebens kennzeichnet. Er analysiert Lebenskriterien, aus denen er folgend Kriterien des Erlebens ableitet.[99]

### 2.2.2.1 Funktionskreis des Erlebens

Lerschs Hauptanliegen besteht darin, Merkmale zu definieren, die das menschliche Seelenleben kennzeichnen. Dafür entwickelt er ein System von Lebenskriterien. Neben zahlreichen weiteren Kriterien, sind insbesondere drei Kriterien für die Systematisierung des Erlebnisbegriffs von zentraler Bedeutung. Zum einen ist Leben die Voraussetzung für Erleben, zum anderen stellt er fest, dass das Leben durch das Erleben eine neue Dimension erreicht und letztlich, im dritten Punkt resümiert er, dass seine Kriterien des Lebens, gleichsam für das Erleben Gültigkeit besitzen.[100]

Mit dem „Funktionskreis des Erlebens" legt er schließlich aus den Kriterien des Lebens vier Grundmerkmale des Erlebens vor. Dabei liegt die Frage zugrunde, *„was denn gegeben sein muss, damit der Tatbestand des Erlebens zustande kommt"*[101].
Grundlegend geht Lersch davon aus, dass sich Erleben als ein Geschehen darstellt, das sich im Dialog zwischen der **Umwelt und dem Individuum** vollzieht (eben diesen Dialog untergliedert Lersch vierfach). Voraussetzung der Kommunikation des Individuums mit der Umwelt ist das Bemerken, das **Innewerden (1)**[102] des Umfeldes. Dabei reicht Bemerken im Sinne des rein rationalen Erkennens jedoch nicht aus, vielmehr ist damit ein Innewerden von Ausschnitten der Umwelt im Sinne – teilweise diffuser – Bedeutungskomplexe, die primär der Orientierung in der Umwelt dienen, gemeint. Elementare Wahrnehmungsprozesse über die Sinnesorgane steuern diesen Vorgang. Dieses Weltinnewerden beschreibt ein wesentliches Konstituens des Erlebens.[103] Das Weltinnewerden entsteht durch die Übersetzung von Reizen der Umwelt, welche im (beseelten) Individuum zum Erleben führen. Erleben wird dabei nicht als quantitativ erklärbar, sondern als Empfindungsqualitäten von Licht, Farben und Tönen

---

[99] Vgl. Schott, 2003, S. 45 und 90ff; Lersch, 1966, S. 28ff.

[100] Vgl. Schott, 2003, S. 46.

[101] Lersch, 1966, S. 28.

[102] Dilthey kennzeichnete das Innewerden als Verschmelzen von Subjekt und Objekt (vgl. Dilthey, Gesammelte Schriften, Band VII, 1961). Dagegen setzt Lersch das Bemerken mit der Wahrnehmung der Umwelt gleich (vgl. Lersch, 1966, S. 350ff).

[103] Vgl. Lersch, 1966, S. 28f.

gesehen, die der qualitativ, sinnlichen Welt, die wir erleben, eigen sind (diese Welt ist nicht gleich der rational wahrnehmbaren Umwelt). Die menschlichen Sinnesorgane und Verarbeitungsfähigkeiten versetzen ein Individuum in die Lage, seiner Umwelt inne zu werden.[104] Dabei werden insbesondere Reize selektiert[105], die bestimmte **individuelle Bedürfnisse** befriedigen.[106] Dies steht in Verbindung zum zweiten Element des Erlebens, den **dranghaften Regungen (2)**, die jedem Bedürfnis entspringen. Bedürfnisse, Triebe oder das Streben führen dazu, dass das, *„was [...] in die Wachheit des Bemerkens gehoben wird, für das Erleben getönt ist, als Wert oder Unwert"*. Demnach haben nur Reize, die *„mit dem Charakter der Bedeutsamkeit [behaftet]"* sind, für das Erleben eine Valenz. Die Gewohnheit wertet jedoch die Bedeutsamkeit von Vorgängen ab. Diese **Bedeutsamkeit** kann im Inneren auch als Gefühlsregung im Sinne von Lust oder Freude empfunden werden. Lersch definiert dieses **Angemutetwerden (3)** als drittes Merkmal des ganzheitlichen Vorganges des Erlebens. Mit dem Vollzug des Angemutetwerdens verbindet sich zugleich die vierte Dimension des Erlebens – **das wirkende Verhalten (4)**, was sich als Handlung niederschlägt. Für das Erleben stehen diese vier Elemente nicht nebeneinander, sondern greifen ineinander und führen im Zusammenwirken zum Erleben. Ergänzend kommt die **Gestimmtheit** hinzu. Damit erfasst Lersch die Subjektivität, die im Erleben gegeben ist, in dem die beschriebenen Funktionselemente vor dem Hintergrund der individuellen Gefühlszustände gesehen werden müssen.[107]

Obwohl Lersch auch auf der Grundlage der vier Elemente des Erlebens zwischen **Innenbereich** (Gefühlsregungen, individuelle Zustände) und **Außenbereich** des Erlebens (Wahrnehmen – Bemerken – und wirkendes Verhalten) unterscheidet, kann das Erleben im engeren Sinne im Bereich der Gefühlsregungen gesehen werden. Der Bereich der menschlichen Gefühlsregungen wird damit auch als *Erlebnis*-Bereich beschrieben – Erlebnis in jenem engeren Sinne verstanden, wonach umgangssprachlich Situationen („Etwas") zum Erlebnis werden können.[108]

Lersch bezieht dabei die individuelle Erlebnisfähigkeit in seine Betrachtungen ein und berücksichtigt damit, dass *„der Vollzug von Gefühlsregungen nicht nur äußerer Anlässe bedarf, sondern dass er immer auch eine gewisse Fähigkeit [...] zur Voraussetzung hat"*[109]. Die Erlebnisfähigkeit stellt darauf ab, inwiefern ein Individuum fähig ist, gefühlsmäßig zu reagieren,

---

[104] Vgl. Lersch, 1966, S. 351.
[105] Der Biologe v. Uexküll unterscheidet explizit zwischen Umgebung und Umwelt. Umgebung ist das Gesamte, das Individuum Umgebende. Die Umwelt umfasst nur das, was im Erleben in die Wachheit des Bemerkens gehoben wurde (vgl. Lersch, 1966, S. 29).
[106] Vgl. Lersch, 1966, S. 29f.
[107] Vgl. ebenda, S. 31f.
[108] Vgl. Lersch, 1966, S. 143/295/348.
[109] Lersch, 1966, S. 295.

d.h. beispielsweise auch in Dingen oder Ereignissen „*Werte oder Unwerte zu erleben*".[110] Gleichermaßen sind individuelle Prädispositionen dahingehend zu konstatieren, dass Gefühlsregungen zum einen differenzierter und unterschiedlich intensiver Anlässe bedürfen (Ansprechbarkeit des Erlebens) und zum anderen unterschiedliche Erlebnistiefen beinhalten.[111] Gleichwohl die Schrift von Lersch wertvolle Hinweise zur Interpretation des Erlebnisbegriffs gibt, werden auch hier Probleme offenbar. So bleibt etwa eine klare Abgrenzung der Begriffe Erleben und Erlebnis aus.[112] Vielmehr finden sich Anhaltspunkte dafür, dass Lersch beide Begriffe einmal synonym verwendet, dann jedoch auch wieder Differenzierungen vornimmt. So weist er z.b. dem Erleben eher einen Gegenwarts-, dem Erlebnis jedoch einen Vergangenheitsbezug zu.[113]

Weiterführend ist jedoch der Ansatz von Lersch vor allem auch deshalb, weil hier insbesondere **Gefühlsregungen** für das Erleben verantwortlich scheinen. Zudem wird die **subjektive Komponente** von Erlebnissen zum einen dadurch deutlich, dass die **individuelle Erlebnisfähigkeit** in das Begriffsverständnis einbezogen wird. Zum anderen sieht Lersch das Erleben im Zusammenhang mit **individuellen Stimmungen** und **Gefühlszuständen**. Auch darin finden sich relevante Hinweise, die das Verständnis des Erlebnisbegriffs und dessen Bedeutung für das Marketing tragen.

Den Ansatz von Lersch aufgreifend und fortführend, werden im folgenden Abschnitt emotionspsychologische Interpretationen des Erlebnisbegriffs in den Mittelpunkt gestellt.

### 2.2.2.2 Emotionen und Erleben

In der emotionspsychologischen Literatur liegt derzeit kein einheitliches Begriffsverständnis für das Erlebnisphänomen vor.[114] Um sich dem Begriff aus emotionspsychologischer Sicht zu nähern, erscheint es sinnvoll, das **subjektive Erleben** als Komponente von Emotionen[115] ins

---

[110] Vgl. Lersch, 1966, S. 295f.
[111] Vgl. Lersch, 1966, S. 299.
[112] Vgl. Schott, 2003, S. 90/95.
[113] Vgl. Lersch, 1966, S. 619/622; Schott, 2003, S. 91f. Die zeitliche Differenzierung zwischen Erleben und Erlebnis findet sich gleichermaßen bei Dilthey. Er weist dem Erleben ebenfalls einen Gegenwartsbezug zu. Im Erlebnis kann jedoch sowohl ein Gegenwarts- als auch ein Vergangenheitsbezug liegen (vgl. Dilthey, Gesammelte Schriften VII, 1961, S. 231).
[114] Vgl. Weinberg/Nickel, 1998, S. 61.
[115] Allgemein anerkannte Reaktionsebenen von Emotionen sind die neurophysiologische Ebene, die Ebene des Ausdrucksverhaltens sowie die subjektive Erlebnisebene (vgl. Schmidt-Atzert, 1996, S. 13ff und 86ff; Meyer/Schützwohl/Reisenzein, 1997, S. 27ff; Ulich/Mayring, 1992, S. 35).

Zentrum der Betrachtung zu stellen.[116] Das heißt, innerhalb dieser Perspektive spielen insbesondere bewusste Zustände, die das eigene emotionale Befinden abbilden, eine Rolle.[117] In der Alltagssprache lässt sich das **Erleben** einer Emotion gemeinhin als „Gefühl" (z.B. Freude, Angst) auffassen.[118] Auch in der wissenschaftlichen Auseinandersetzung findet diese Sichtweise ihren Niederschlag, indem das subjektive Erleben (Gefühl), als subjektive Komponente von Emotionen, Eingang in die begriffliche Abgrenzung von Emotionen findet.[119] So werden **subjektive Gefühlsregungen** als vorübergehende **emotionale Zustände** gekennzeichnet, die durch ein bestimmtes Ereignis oder eine Situation ausgelöst werden.[120] Insbesondere die **Qualität**[121] von Emotionen ist durch das **subjektive Erleben (Gefühl)** und damit durch die **Wahrnehmung** der eigenen emotionalen Befindlichkeit bestimmt.[122] Intention emotionstheoretischer Betrachtungen ist, Erklärungen dafür zu finden, **was** diesen Gefühlen (als Komponenten von Emotionen) seine spezifische Qualität verleiht und **wie** diese entstehen. Auch hier finden sich verschiedene Ansätze der Theoriebildung, die bis heute zu keiner einheitlichen Sichtweise geführt haben. Zum einen setzt das Erleben von Gefühlen das Vorhandensein spezifischer – nicht näher zu bestimmender – Bewusstseinselemente voraus. Diese können sich beispielsweise in Empfindungen von Lust oder Unlust äußern.[123] Zum anderen werden physiologische Veränderungen[124] oder das Wahrnehmen von Handlungsimpulsen als Merkmale emotionalen Erlebens angeführt.[125]

Als Ausgangspunkt des emotionalen Erlebens lassen sich personenspezifische Bedeutungen ausmachen, die eine Begegnung des Individuums mit einer Situation oder einem Ereignis hat. „**Erlebt**" wird demnach die **emotionale Bedeutung** eines Ereignisses. Zudem können Faktoren abgeleitet werden, die im Zusammenwirken Gefühlsregungen hervorrufen.[126]

-    Eines oder mehrere Ereignisse, die eine Änderung der „inneren" oder „äußeren" Situation bewirken.

---

[116] Auch Pekrun (1988) schlägt vor, Emotionen vor allem auf das subjektive, emotionale Erleben zu beziehen (vgl. Pekrun, 1988, S. 99; Ulich/Mayring, 1992, S. 51).
[117] Vgl. Ulich/Mayring, 1992, S. 50.
[118] Vgl. Meyer/Schützwohl/Reisenzein, 1997, S. 29; Ulich/Mayring, 1992, S. 50; Ewert, 1983, S. 399.
[119] Vgl. Meyer/Schützwohl/Reisenzein, 1997, S. 28; Schmidt-Atzert, 1996, S. 18; Trommsdorff, 2004, S. 68; Kroeber-Riel/Weinberg, 2003, S. 100f.
[120] Vgl. Ulich/Mayring, 1992, S. 29.
[121] Allgemein gelten die Erregung, die Richtung, die Qualität und das Bewusstsein als Merkmale von Emotionen (vgl. Kroeber-Riel/Weinberg, 2003, S. 105).
[122] Vgl. Kroeber-Riel/Weinberg, 2003, S. 105.
[123] Vgl. Meyer/Schützwohl/Reisenzein, 1997, S. 29.
[124] Grundlage des Erlebens von Gefühlen sind nach James (1890) körperliche Veränderungen, deren bewusstes Erleben (Summe aller aufgenommenen Informationen und deren Interpretation) als Emotion bezeichnet wird (vgl. Meyer/Schützwohl/Reisenzein, 1997, S. 154; Csikszentmihalyi, 1991, S. 30).
[125] Vgl. Meyer/Schützwohl/Reisenzein, 1997, S. 29f.
[126] Vgl. Ulich/Mayring, 1992, S. 49ff.

- Die aktuelle Situation selbst (z.b. nicht vertraute Umgebung) bestimmt die Entstehung von Gefühlsregungen.
- Der aktuelle Gemütszustand der erlebenden Person unter Einbezug vorheriger Gefühlszustände wirkt auf die Entstehung von Gefühlsregungen.
- Emotionale Schemata beeinflussen dabei die Wahrnehmung der Situation und verleihen einem Ereignis individuell eine bestimmte Bedeutung.

Gefühle resultieren damit aus dem „**Innewerden**" der emotionalen Bedeutung eines Ereignisses.[127] Wie bei Lersch kommt im „Innewerden" das Wahrnehmen der Umwelt zum Ausdruck, wobei Lersch in diesem Zusammenhang gleichermaßen den „Wert" oder „Unwert" einer Situation für das Individuum hervorhebt. Nur Reize, die für das Individuum eine Bedeutung haben, besitzen eine Relevanz für das Erleben.[128] Damit in Verbindung steht, dass ein Individuum in die Situation **involviert**, von der Situation **berührt** bzw. **betroffen** sein muss, um zu erleben. Für Frijda „*[sind] Ereignisse bedeutsam, wenn sie eine oder mehrere der Interessen der Person berühren*"[129]. Berührtsein fungiert in diesem Sinne als wesentliches Merkmal von Gefühlen (emotionales Erleben)[130] und resultiert zugleich aus der Kommunikation zwischen Person und Umwelt bzw. Gegenständen.[131]

Zusammenfassend lassen sich als Bestimmungsmerkmale von **emotionalen Gefühlsregungen** folgende Punkte anführen, wobei auch hier nicht gegeben sein muss, dass alle Merkmale immer gemeinsam vorhanden sind – das Berührtsein darf jedoch als notwendiges Merkmal[132] gelten.[133]

- Das Emotionale Erleben wird als **bewusster** Zustand des Individuums aufgefasst.
- Gefühle stehen mit Berührtsein bzw. Involviertsein einer Person im Zusammenhang. Darin kommen zugleich Werte und Einstellungen zum Ausdruck.
- Das Erleben von Gefühlen ist passiv, im Sinne von Widerfahrnissen. Damit verbindet sich das Merkmal der Unwillkürlichkeit.
- Zwischenmenschliche Beziehungen lenken das emotionale Erleben, da über sie die Maßstäbe des Bedeutenden bestimmt werden. Die Entstehung „bedürfnisrelevanter Wertmaßstäbe"[134] führt zum Aufbau emotionaler Schemata.

---

[127] Vgl. Ulich/Mayring, 1992, S. 52.
[128] Vgl. Abschnitt 2.2.2.1 (S. 19ff).
[129] Frijda, 1986, S. 479.
[130] Vgl. Mayring/Ulich, 1982, S. 54; Ewert, 1983, S. 405.
[131] Vgl. Ulich/Mayring, 1992, S. 54.
[132] Vgl. Groeben/Scheele, 1983, S. 4.
[133] Vgl. Ulich/Mayring, 1992, S. 55ff.
[134] Groeben/Scheele, 1983, S. 5; Ulich/Mayring, 1992, S. 56.

- Gefühlsregungen sind als solche unabhängig von Zwecken jenseits des Erlebens und haben demnach eine Existenz aus sich selbst heraus.[135] Das heißt, sie sind zu trennen von der Instrumentalisierung von Emotionen zu Erlebniszwecken.

Die mit dem emotionalen Erleben (Gefühlsregung) unterstellte subjektive Wahrnehmung des Erlebens geht von einer mehr oder weniger bewussten, kognitiven Auseinandersetzung mit der eigenen emotionalen Erregung aus. Dieser kognitive Prozess ist mit gedanklichen Assoziationen, insbesondere jedoch mit Imageryvorgängen verbunden.[136] Damit einhergehend können auch bestimmte Vorstellungen (z.b. innere Bilder), die subjektiv mit bestimmten Emotionen verbunden sind, erlebt werden. Innere Bilder entstehen dabei vor allem durch sinnliches Wahrnehmen des Umfeldes. Dass Emotionen häufiger bildlich verankert sind, denn verbal, hängt insbesondere damit zusammen, dass emotionale Vorgänge vielfach in der rechten Gehirnhälfte ablaufen. Gerade diese Vorgänge dringen dabei weniger ins Bewusstsein. Nicht zuletzt sind jedoch gerade diese unbewussten oder nicht klar bewussten Vorgänge im Individuum für die Konsumentenverhaltensforschung relevant. Wesentlich erscheint in diesem Zusammenhang auch, dass durch gezielte Reize der Umwelt eine innere Erregung ausgelöst werden kann, die gleichfalls die Intensität des emotionalen Erlebens bestimmt. [137]

Mit Rückblick auf den Funktionskreis des Erlebens weisen die gewonnenen emotionspsychologischen Erkenntnisse erhebliche Parallelen zu Lerschs Befunden auf. So deckt sich nicht nur der von Lersch gekennzeichnete *Erlebnis*-Bereich (Gefühlsregungen, individuelle Zustände) weitestgehend mit dem Verständnis von Emotionen (subjektives Erleben). Auch die Einbeziehung des Außenbereichs des Erlebens (Wahrnehmen, Bemerken), findet sich wieder.

Im Folgenden sollen weitere Perspektiven des Erlebnisbegriffs gezeichnet werden, die gleichfalls für das Verständnis des Erlebnisbegriffs relevant sind. Dabei handelt es sich zum einen um Erkenntnisse der Erlebnispädagogik, zum anderen um soziologische Interpretationen.

---

[135] Vgl. Zanjonc, 1980, S. 168.
[136] Vgl. Kroeber-Riel/Weinberg, 2003, S. 105; Plutchik, 1984; Meyer/Schützwohl/Reisenzein, 1997, S. 29.
[137] Vgl. Kroeber-Riel/Weinberg, 2003, S. 105f und S. 242. Emotionen sind jedoch nicht ausschließlich Reaktionen auf Reize der Umwelt. Vielmehr werden sie als Zustände beschrieben, die nicht zwingend eines externen Auslösers bedürfen (vgl. Schmidt-Atzert, 1996, S. 20).

## 2.2.3 Weitere Perspektiven des Erlebnisbegriffs

### 2.2.3.1 Erziehungswissenschaftliche Betrachtung

Auch in der Erlebnispädagogik finden sich Hinweise zum Verständnis des Erlebnisbegriffs. Die Auseinandersetzung mit dem Erlebnisbegriff bzw. die Bedeutung von Erlebnissen für den Erziehungsprozess hat hier frühzeitig ihren Ursprung. Die philosophischen Betrachtungen **Rousseaus**, der in diesem Sinne als Begründer der Erlebnispädagogik gelten kann, machen deutlich, welchen Einfluss das Erleben auf menschliche Erfahrungen durch eigenes Handeln hat. Dabei stellt Rousseau die Natur und die Natur des Menschen im Besonderen sehr stark in den Mittelpunkt. Da *„der Mensch von Natur aus gut"* sei, müsse die Erziehung von dieser Natur ausgehen.[138] Dabei spricht Rousseau **Erlebnissen** eine besondere Funktion im Erziehungsprozess zu. Er geht davon aus, dass die Natur in besonderer Weise geeignet sei, über Erlebnisse Erfahrungen und Kenntnisse zu vermitteln.[139] Dabei stellt Rousseau einen handlungsorientierten Ansatz in den Vordergrund. *„Leben ist nicht atmen; leben ist handeln [...]".*[140] Wichtig ist die Erkenntnis, dass im unmittelbaren Erleben durch die Sinne und im Lernen durch eigene Erfahrungen die Grundbausteine Rousseaus (Erziehungs-)Philosophie zu finden sind.[141] Er vertrat die Auffassung, dass *„[die] Welt nicht durch Sprache und Vernunft erlebt [wird], sondern durch die Sinne"*[142].

Mit **Thoreau**, **James** und **Dewey** sind weitere Vertreter der frühen erziehungswissenschaftlichen Perspektive zu berücksichtigen, die Erlebnisse in der Natur, durch praktische Erfahrungen und unmittelbares Erleben einer Situation, als zentrale Elemente der menschlichen Entwicklung und Erziehung und damit als erlebnispädagogische Ziele herausstellen.[143] Insbesondere Deweys Erziehungstheorie basiert darauf, dass Erfahrungen zunächst über die **Sinne aufgenommen** werden, in der Folge **kognitiv verarbeitet** werden und so die Entwicklung der individuellen Persönlichkeit befördern.[144] Mit **Hahns** pädagogischem Gesamtkonzept[145] finden schließlich Erlebnisse als pädagogisches Instrument Anerkennung in der modernen Erziehungswissenschaft.[146] Natur, Erlebnis und Gemeinschaft werden in handlungsorientierten Lernmethoden miteinander verbunden und bilden das Grundgerüst der Erlebnispädagogik – dies vor dem Hintergrund, Erfahrungen zu vermitteln, die Individuen unmittelbar selbst erle-

---

[138] Vgl. Fischer/Ziegenspeck, 2000, S. 102.
[139] Vgl. Reiners, 1995, S. 16.
[140] Rousseau, 1991, S. 15.
[141] Auch Konzept der „Negativen Erziehung" (vgl. Fischer/Ziegenspeck, 2000, S. 105).
[142] Heckmair/Michl, 2004, S. 20.
[143] Vgl. Thoreau, 1968, 1971; James, 1890; Dewey, 1900.
[144] Vgl. Reiners, 1995, S. 12.
[145] Konzept der Erlebnistherapie (vgl. Heckmair/Michl, 2004, S. 36ff; Fischer/Ziegenspeck, 2000, S. 232). Eine ausführliche Beschreibung der vier Kernelemente findet sich bei Schwarz, 1968.
[146] Vgl. Heckmair/Michl, 2004, S. 32; Reiners, 1995, S. 16.

ben (lassen).[147] Zudem ging Hahn von einer **unbewussten Wirkung** des **Erlebnisses** auf das **Verhalten**, die **Einstellung** und das **Wertesystem** des Menschen aus. Bemerkenswert erscheint gleichermaßen die Annahme, dass sich besonders starke (tiefgründige, außergewöhnliche) Erlebnisse stärker in das Bewusstsein einprägen und somit in der Erinnerung verankert bleiben. Durch **Reflexion** des Erlebten können in der Konsequenz verhaltensbeeinflussende Wirkungen erzielt werden.[148]

Ein bedeutender Ansatz geht auch auf **Neubert** zurück. Sie legt der Interpretation ihres pädagogischen Erlebnisbegriffs die Lebens- und Kulturphilosophie Wilhelm Diltheys zugrunde und orientiert sich an seiner „Phänomenologie des Erlebnisses". Dabei gelang es Neubert, den Standpunkt Diltheys gleichfalls für eine pädagogische Sichtweise fruchtbar zu machen. Sie konnte damit insbesondere den spezifischen Erkenntnisprozess beschreiben, der mit dem menschlichen Erleben in direktem Zusammenhang steht. Erleben ist demnach das **„Innewerden"** von Gegenständen, Situationen oder Umwelten, die für das einzelne Individuum **bedeutsam** geworden sind. Erfahrungen können von diesem Standpunkt gesehen, aus dem eigenen Erleben gewonnen werden.[149] Zusammenfassend gilt für die Arbeit von Neubert, dass bei ihr gleichfalls das **emotionale Erleben** als charakteristisches und bedeutendes **Merkmal** gerichteter **Emotionen interpretiert wird**.[150]

Weiterführend für ein allgemeines Verständnis des Erlebnisbegriffs ist zudem, dass nach Neubert *„die mit dem Geschenkcharakter gegebene Unberechenbarkeit"* von Erlebnissen dazu führt, dass ein Erlebnis *„nicht jederzeit willentlich verwendet werden kann"*[151]. Die Methode der Erlebnispädagogik eröffnet demnach nur die Möglichkeit einer **Anbahnung** des Erlebnisses – sie kann also nur „Hilfe zum Erlebnis" sein.[152] Durch die Gestaltung der Rahmenbedingungen kann der Erziehende jedoch Einfluss auf die Wahrscheinlichkeit eines Erlebnisses nehmen. Dabei muss die individuelle **Erlebnisfähigkeit** möglichst umfassend berücksichtigt werden. Das heißt, es sind Situationen zu schaffen, in der jedes Individuum – wenn auch in unterschiedlichen Intensitäten – betroffen oder erfasst wird.[153] Dieser Aspekt nimmt für die folgende, soziologische Betrachtung, einen hohen Stellenwert ein.

Insgesamt orientieren sich erlebnispädagogische Konzepte an der Erkenntnis, dass insbesondere **Erfahrungen**, welche mit **starken Erlebnissen** einhergehen, im Gedächtnis verankert

---

[147] Vgl. Fischer/Klawe/Thiesen, 1991, S. 37ff.
[148] Vgl. Reiners, 1995, S. 15; Heckmair/Michl, 2004, S. 40.
[149] Vgl. Fischer/Ziegenspeck, 2000, S. 233f.
[150] Vgl. Fischer/Ziegenspeck, 2000, S. 237.
[151] Neubert, 1990, S. 76.
[152] Vgl. Neubert, 1990, S. 71.
[153] Vgl. Schott, 2003, S. 226.

werden. Aus diesem Zusammenhang heraus begründet sich die Bedeutung von Erlebnissen für die Pädagogik.[154]

### 2.2.3.2 Soziologische Betrachtung

In diesem Abschnitt werden insbesondere die Erkenntnisse von Schulze[155] aufgegriffen, da hier wesentliche Impulse für die gesellschaftliche Einordnung des Erlebnisphänomens gegeben werden. Der Abschnitt 2.1 (S. 11ff) hat bereits thematisch auf die Bedeutung und die Konsequenzen der zunehmenden Erlebnisorientierung der Gesellschaft hingewiesen. Zudem finden sich in den bereits betrachteten Perspektiven des Erlebnisbegriffs eine Reihe von Hinweisen, die sich in Schulzes Verständnis des Erlebnisbegriffs widerspiegeln und damit Erklärungen „erlebnisgenerierender" Prozesse erlauben.

Zentrale Erkenntnis der Arbeit von Schulze ist, dass Individuen versuchen, Situationen zu Erlebniszwecken zu instrumentalisieren. Das bedeutet: durch die Beeinflussung äußerer Bedingungen oder den Kauf bestimmter Produkte sollen **Erlebnisse konstruiert** werden.[156] Im Folgenden soll Bezug auf Schulzes Theorie der Verarbeitung genommen werden. Dabei geht Schulze davon aus, dass Erlebnisse Vorgänge der inneren Verarbeitung sind und somit gleichfalls eine kognitive Perspektive von Erlebnissen berücksichtigen.

Im Rahmen der Erlebnistheorie der Verarbeitung sind Subjektbestimmtheit, Reflexion und Unwillkürlichkeit die entscheidenden Einflussfaktoren, um die Entstehung von Erlebnissen im Inneren eines Individuums zu erklären.[157] **Subjektbestimmtheit** eines Erlebnisses meint, dass eine bestimmte Situation erst durch die Einbindung in einen bereits vorhandenen individuellen Kontext zum Erlebnis wird, setzt aber keinen aktuellen Situationsbezug voraus, sondern kann sich gleichermaßen auf vergangene Ereignisse beziehen. Bereits Dilthey hat gleichermaßen auf die Subjektabhängigkeit von Erlebnissen hingewiesen.[158] Auch im Bereich der psychologischen und erziehungswissenschaftlichen Betrachtungen wird die Subjektivität als wesentliches Merkmal von Erlebnissen herausgestellt. Damit wird insbesondere erklärbar, weshalb Menschen die gleiche Situation unterschiedlich erleben können. In diesem Sinne findet eine Interaktion der Situation mit dem Subjekt statt, die sich in individuellen Erlebnissen niederschlägt. Dies stellt zunächst den Bezug zu den vorherigen Erkenntnissen her, wonach Erlebnisse aus dem Dialog von Umwelten und Individuen, d.h. aus dem Verschmelzen

---

[154] Vgl. Schöndorf, 1995, S. 30.
[155] Vgl. Schulze, 2005.
[156] Vgl. Schulze, 2005, S. 40f.
[157] Vgl. Schulze, 2005, S. 43ff.
[158] Vgl. Dilthey, Gesammelte Schriften, Band V, 1991, S. 225. Siehe dazu auch den Exkurs zu Dilthey im Abschnitt 2.2.1 (S. 13ff).

von Objekt und Subjekt im Erlebnis, entstehen. Dennoch sind nach Schulze auch intersubjektive Verknüpfungen[159] zwischen Situation und Subjekt möglich. Dies zeigt sich darin, dass Menschen bestimmte Situationen auch nahezu gleich erleben. Aufgrund der Komplexität menschlicher Prozesse beziehen sich diese Ähnlichkeiten jedoch nur auf wenige Bestandteile von Verknüpfungen. Infolgedessen bleibt das Erlebnis einzigartig.[160] *„Reflexion ist die Selbstverarbeitung des Subjektes".*[161] Durch **Reflexion** versucht ein Individuum seiner selbst habhaft zu werden. Ursprungserlebnisse gewinnen durch Erzählen, Erinnern, Interpretieren oder eine innere Bewertung einerseits festere Prägungen, andererseits erfahren sie durch die intensive Auseinandersetzung auch Veränderung. Insbesondere vor dem Hintergrund des Vergessens von Erlebnissen wird die Reflexion als Verfahren der Aneignung genutzt. Dabei scheint die Kommunikation mit anderen hilfreich – dies vor allem bei Kindern, da diese weniger zu stiller Reflexion fähig sind.[162] Aufgrund der Veränderung des Erlebnisses durch Reflexion, kann nur für das Ursprungserlebnis das Merkmal der **Unwillkürlichkeit** gelten.[163] In der Unwillkürlichkeit liegt die Unvorhersehbarkeit, die Überraschung, mit der Erlebnisse eintreten. Das heißt, Erlebnisse sind nur begrenzt planbar. Ob also in einer bestimmten Situation ein Erlebnis eintritt, lässt sich nicht voraussehen. Das Individuum kann jedoch zumindest versuchen, diese Unwillkürlichkeit zu umgehen, in dem äußere Umstände beeinflusst werden. Dazu kann auf individuelle Erfahrungen aus früheren Situationen zurückgegriffen werden, da wir *„glauben zu wissen, was uns gefällt und was uns abstößt"*[164]. Dennoch tritt das Erwünschte oft gerade nicht ein. Vielmehr *„[ergreift uns] etwas Unerwartetes, während das erwartete Ergriffensein ausbleibt"*[165]. Schulze sieht die Ursache hierfür insbesondere darin, dass eine Situation oft nur begrenzt kontrollierbar ist und zudem ein zusätzlicher Unsicherheitsfaktor im Subjekt selbst liegt – und zwar abhängig davon – in welcher Stimmung oder Verfassung ein Eindruck auf das Subjekt trifft. Die Unwillkürlichkeit eines Erlebnisses erweist sich damit sogar als Folge der Subjektbestimmtheit. Nur die Reflexion erlaubt eine nachträgliche „Bearbeitung" des Erlebten – es entsteht ein neues oder anderes Erlebnis, was unter Umständen dann zu den ursprünglichen Erwartungen passt.[166] Nach Schulze kann damit

---

[159] Gemeinsamkeiten im Erleben beziehen sich auf Verknüpfungen. Verknüpfungen wiederum sind nach Schulze aufeinander verweisende Bündel von Differenzierungen in Bewusstsein, Körper und Situation. Zeigt ein Individuum regelmäßig auf eine Situation die gleiche Reaktion, kann von einer stabilen Verknüpfung gesprochen werden. Ist dies bei vielen Menschen gleichermaßen zu beobachten, liegen „intersubjektive" Verknüpfungen vor. Verbindungen von Zeichen und Bedeutungen verweisen auf Gemeinsamkeiten. Alltagsästhetische Schemata sind Ausdruck dieser Zeichen-Bedeutungs-Verbindungen (vgl. Schulze, 2005, S. 53).
[160] Vgl. Schulze, 2005, S. 44f und 53f.
[161] Schulze, 2005, S. 45.
[162] Vgl. Schulze, 2005, S. 45.
[163] Vgl. Schulze, 2005, S. 46.
[164] Schulze, 2005, S. 46.
[165] Ebenda, S. 46.
[166] Vgl. Schulze, 2005, S. 46.

nach zwei Erlebnisformen – Ursprungserlebnissen und Reflexionserlebnissen – differenziert werden.[167]

Zusammenfassend ist für Schulze ein Erlebnis nicht nur ein Eindruck, sondern insbesondere ein Vorgang innerer Verarbeitung durch das Subjekt. Erlebnisrationalität des Individuums ist der Versuch, durch Manipulation einer Situation – als Instrument erlebnisrationalen Handelns – innere Prozesse auszulösen. Mit der Erlebnistheorie der Verarbeitung wird dagegen deutlich, dass sich Erlebnisse nicht allein durch „Situationsmanagement" steuern lassen.[168] Mit diesem Ansatz distanziert sich Schulze von der (alleinigen Betrachtung) der Eindruckstheorie[169] des Erlebnisses und wendet sich bewusst dem Subjekt[170] und damit der Subjektabhängigkeit von Erlebnissen zu. Dennoch wird davor gewarnt, die Eindruckstheorie vorschnell aufzugeben, vielmehr ist eine Verknüpfung beider Theorien sinnvoll, indem die zentrale Verarbeitungstheorie gleichfalls Raum für die Bedeutung der Situation lässt.[171] In diesem Zusammenhang sei aber nochmals betont, dass der Annahme der Eindruckstheorie widersprochen werden muss, es genüge, Situationen zu manipulieren, damit gewünschte Erlebnisse eintreten. Problematisch ist jedoch, dass gerade diese vereinfachte Annahme Grundlage erlebnisorientierten Handelns ist und insbesondere im Interesse von „Erlebnisanbietern"[172] aufrechterhalten wird. Eine, wenn auch gesteuerte oder beeinflusste Situation, kann damit lediglich das „Material für subjektbestimmte, reflexive und unwillkürliche Konstruktionen" liefern.[173]

Es wird deutlich, dass das Marketing nur „Erlebnisangebote" bereitstellen kann. Erst durch Verarbeitung und Reflexion werden diese zum individuellen Erlebnis. Folgt man der Auffassung von Schulze, kann zunächst nur davon ausgegangen werden, dass es möglich scheint erlebnisorientierte Rahmenbedingungen zu schaffen (z.B. durch Gestaltung räumlicher Umwelten), die förderlich sind, Ereignisse und Situationen nach subjektiver Interpretation zu Erlebnissen werden zu lassen. Nach diesem Verständnis kann eine erlebnisorientierte

---

[167] Vgl. Schulze, 2005, S. 559.
[168] Vgl. Schulze, 2005, S. 46.
[169] Nach der Eindruckstheorie ist vor allem die Situation, die das Subjekt beeindruckt, für das Erlebnis verantwortlich. Dem Subjekt wird für das Zustandekommen des Erlebnisses nur insofern Bedeutung zugesprochen, als es eine Mitverantwortung an der Situation selbst trägt (Kauf von Produkten, Reisen usw.). Mit der Eindrucktheorie des Erlebnisses kann jedoch beispielsweise nicht erklärt werden, weshalb gleiche Situationen zu unterschiedlichen Zeiten ganz unterschiedlich erlebt werden oder warum zwei Personen dieselbe Situation unterschiedlich erleben (vgl. Schulze, 2005, S. 42f). Weitere Kritik zur Eindruckstheorie siehe auch Schulze, 2005, S. 60.
[170] Das Subjekt wird dabei als „unauflösbare Verbindung von Bewusstsein und Körper" verstanden. Situation ist dagegen alles, was sich außerhalb von Bewusstsein und Körper befindet – jedoch damit in Beziehung steht (vgl. Schulze, 2005, S. 47f).
[171] Vgl. Schulze, 2005, S. 48.
[172] Erlebnisanbieter kann es vor dem Hintergrund der Verarbeitungstheorie nicht geben.
[173] Vgl. Schulze, 2005, S. 60 und zusammenfassend S. 559.

Unternehmensausrichtung gestützt werden, sie muss jedoch vor dem Hintergrund gesehen werden, dass sie ausschließlich Chancen auf Erlebnisse bietet.[174] Diese Erkenntnis kann auch die Grundlage für die weitere Arbeit bilden – das heißt, Erlebnisse bzw. Erlebnisangebote werden mit Sicht auf die Notwendigkeit einer subjektiven Verarbeitung interpretiert.

### 2.2.4 Zusammenfassung – Verständnis des Erlebnisbegriffs im Marketing

Folgt man den bisherigen Ausführungen so kann festgehalten werden, dass die interdisziplinären Erkenntnisse geeignet sind, das Verständnis des Erlebnisbegriffs aus der verhaltenswissenschaftlichen Sicht nachzuzeichnen und ein Verständnis des Erlebnisphänomens im Marketing zu entwickeln.

Ausgehend von lebensphilosophischen Betrachtungen Diltheys konnten bereits wesentliche Merkmale von Erlebnissen herausgearbeitet werden. Insbesondere Neubert[175] hat in diesem Zusammenhang eine bedeutende Arbeit vorgelegt, die der systematischen Analyse und Strukturierung der Erkenntnisse Diltheys wichtige Impulse verleihen konnte. Zentral für die philosophische Sichtweise ist zunächst, dass im Erleben nicht nur die **Objektivität** (Erkenntnis), sondern zugleich die **Subjektivität** des Individuums verbunden ist. Andersherum grenzt sich auch das Erleben vom bloßen Gefühl ab, indem die Gegenstände (Objekte) selbst eingeschlossen sind. *„Die äußeren Objekte [...] sind eben Bestandteile der Erlebnisse.“*[176] Indem Subjekt und Objekt eins werden, zeigt sich die Realität Erlebnis, der das Individuum innewird.[177] Die **Unmittelbarkeit** von Erlebnissen steht damit in engem Zusammenhang. In der **Subjektabhängigkeit** von Erlebnissen liegen zudem individuelle Züge, die jedem Erlebnis eigen sind. Bedeutend ist zudem, dass mit der Lebensphilosophie die Vorherrschaft des Rationalen genauso aufgegeben wird wie die Beschränkung auf die Innenwelt. Innen- und Außenwelt sind auf diese Weise in gleicher „Ursprünglichkeit" gegeben.[178]

Die Psychologie greift diese Auffassung auf, wendet sich jedoch stärker dem Aspekt des inneren Erlebens, d.h. dem subjektiven **Gefühl** im Erleben zu. Dennoch wird auch hier immer der Zusammenhang zur rational gegebenen Objektivität hergestellt. Lerschs Grundmerkmale des Erlebens gehen deshalb gleichermaßen vom Dialog zwischen Umwelt und Individuum aus, wobei das **Innewerden** (Wahrnehmen oder Bemerken) der Umwelt als Ausgangspunkt gilt.

---

[174] Vgl. Schulze, 1998, S. 307f.

[175] Der Erlebnisbegriff hielt zwar frühzeitig Einzug in der pädagogischen Literatur, seine systematische Verwendung und wachsende Bedeutung wird jedoch mit Diltheys Werk „Das Erlebnis und die Dichtung" in Verbindung gebracht (vgl. Neubert, 1990, S. 18).

[176] Vgl. Dilthey, Gesammelte Schriften VII, 1961, S. 334; Bollnow, 1955, S. 106.

[177] Vgl. Bollnow, 1955, S. 102 sowie ausführlich Abschnitt 2.2.1 (S. 13ff).

[178] Vgl. Bollnow, 1955, S. 106; Schöndorf, 1995, S. 27.

Das Innewerden beinhaltet dabei bereits eine – wenn auch häufig wenig bewusste – Interpretation von Umweltreizen. Für das weitere Begriffsverständnis ist vor allem interessant, dass Lerschs enge Interpretation, Erlebnisse insbesondere im Bereich der menschlichen **Gefühlsregungen**[179] ansiedelt, den er als **Erlebnisbereich** definiert. Der Vollzug von Gefühlsregungen bedarf dabei äußerer Anlässe (z.b. emotionale Reize der Umwelt) sowie einer gewissen Fähigkeit zu Erlebnissen (Subjektivität).[180] In diesem Zusammenhang steht das Merkmal der **Bedeutsamkeit**, denn nur Reize, die für ein Individuum bedeutsam sind, sind für das Erleben relevant. Die Subjektivität des Erlebens kommt zusätzlich durch die Berücksichtigung individueller Stimmungen und Gefühlszustände zum Ausdruck.

Vertieft wird dieser Ansatz durch Erkenntnisse der Emotionspsychologie, die Erklärungen dafür liefern, **wie** die oben beschriebenen **Gefühlsregungen** (Erleben) entstehen und welche Bedeutung dem Konstrukt der **Emotionen** dabei zukommt. Aktuelle emotionspsychologische Erkenntnisse lassen dabei wichtige Parallelen zu Lerschs Befunden erkennen, da sich gerade der von Lersch abgegrenzte Erlebnisbereich weitestgehend mit dem Verständnis von Emotionen deckt. Dabei wird in der emotionspsychologischen Literatur die Bedeutung des **subjektiven Erlebens (Gefühle)**, als Komponente von Emotionen[181], herausgestellt. Hervorgehoben wird speziell in diesem Zusammenhang die **emotionale Bedeutung**, die ein Individuum einer Situation oder einem Gegenstand beimisst. Die Kommunikation von Mensch und Umwelt spielt dabei gleichermaßen eine entscheidende Rolle. Danach entstehen Gefühlsregungen insbesondere durch individuell bedeutsame Veränderungen der inneren und äußeren Situation, durch bereits vorliegende (aktuelle) Gefühlszustände oder emotionale Schemata, die die Wahrnehmung der Situation beeinflussen. Die emotionale Bedeutung der Situation wird dabei dem Individuum inne und löst damit entsprechende Gefühle aus. Wesentliche Voraussetzung für das emotionale Erleben ist nach dieser Auffassung das persönliche **Berührtsein**. Auch hier zeigt sich die Wechselbeziehung zwischen **Subjekt und Objekt** im Erleben. Zudem werden nach der emotionspsychologischen Auffassung Erlebnisse als passiv, im Sinne von Widerfahrnissen, verstanden, was die **Unwillkürlichkeit** von Erlebnissen zunächst unterstreicht.[182]

---

[179] Lersch unterscheidet zwischen einem Innenbereich (Gefühlsregungen, individuelle Zustände) und einem Außenbereich (Wahrnehmen, Bemerken) des Erlebens. Der Innenbereich, als Bereich menschlicher Gefühlsregungen, wird auch als Erlebnisbereich definiert (vgl. Lersch, 1966, S. 348).

[180] Vgl. Lersch, 1966, S. 295/348 und Abschnitt 2.2.2.1 (S. 19ff).

[181] Gleichermaßen existieren Bedeutungsmuster (-inhalte) von Emotionen, die Emotionen ausschließlich auf das emotionale Erleben beschränken – in diesem Sinne erscheint es möglich, Emotionen mit Gefühlen gleichzusetzen. Eine umfassende Sichtweise schließt in den Emotionsbegriff physiologische Vorgänge und das Ausdrucksverhalten ein. Nach dieser Auffassung werden Gefühle (emotionales Erleben) als Teil von Emotion verstanden. Vgl. ausführlich Abschnitt 2.2.2.2 (S. 21ff).

[182] Vgl. Ulich/Mayring, 1992, S. 55ff.

Im erlebnispädagogischen Verständnis des Erlebnisbegriffs werden schließlich auch kognitive Prozesse (im Sinne von Lernprozessen), die mit dem Erleben verbunden sind, deutlich. Dabei wird in den Mittelpunkt gestellt, dass insbesondere Erlebnisse (in der Natur) geeignet sind, **Erfahrungen** und **Kenntnisse** zu vermitteln. Starken, einprägsamen Erlebnissen wird dabei eine besondere Bedeutung beigemessen. In diesem Sinne wird explizit die Notwendigkeit reizstarker (Lern-)Umwelten angeführt.[183] Vor allem in diesem Zusammenhang wird auch die Verbindung zu philosophischen und psychologischen Erkenntnissen herausgestellt, wonach das Erleben insbesondere aus dem Innewerden von Gegenständen, Situationen oder Umwelten, die für ein Individuum bedeutsam sind, hervorgeht. Das **emotionale Erleben** wird auch hier als wesentliches **Merkmal von Emotionen** betrachtet und markiert damit den bei Lersch explizierten Innenbereich von Erlebnissen.

Mit Schulze kommt eine gesellschaftliche Sichtweise ins Spiel, indem insbesondere Erklärungen dafür geliefert werden, welche Bedeutung Erlebnisse in erlebnisorientierten Gesellschaften haben, wie Erlebnisse entstehen, in welchen philosophischen bzw. psychologischen Zusammenhängen sie gesehen werden müssen, welche Bedeutung und Interpretation sie erfahren und welche Wirkungen sie entfalten. Dabei kommt der Subjektabhängigkeit, Reflexion und Unwillkürlichkeit von Erlebnissen eine besondere Bedeutung zu.

Danach erweist sich das psychologische Verständnis des Erlebnisbegriffs als unscharf, da mit Schulzes **soziologischer Betrachtung** die **Auffassung** der **inneren Verarbeitung** und somit notwendiger Eigenaktivität angenommen wird. Dies schränkt die Möglichkeit des Erlebnisangebotes ein, schließt aber vor dem Hintergrund der unterstellten Erlebnisnachfrage in der heutigen Gesellschaft nicht aus, erlebnisorientierte Konzepte erfolgreich zu etablieren. Schulzes Theorie der Verarbeitung stützt damit vielmehr die Notwendigkeit erlebnisorientierte **Rahmenbedingungen** zu schaffen, stellt aber heraus, dass sich Erlebnisse weder aus Nachfrager- noch aus Anbietersicht explizit steuern lassen.[184]

Der Blick auf das heutige, allgemeingültige Verständnis des Erlebnisbegriffs zeigt eine starke verhaltenswissenschaftliche Orientierung, die das subjektive Erleben als Grundlage für die Erklärung von Emotionen (im Sinne lust- bzw. unlustbetonter Gefühlsregungen) heranzieht.[185] Besonders in Lerschs enger Interpretation des Begriffs sowie der emotionspsychologischen Sichtweise kann damit ein Baustein für die Definition des Erlebnisbegriffs im Marketing gesehen werden.

---

[183] Vgl. Neubert, 1990, S. 71/78; Fischer/Ziegenspeck, 2000, S. 233; Reiners, 1995, S. 12.
[184] Vgl. Schulze, 2005, S. 431ff und 439ff sowie Abschnitt 2.2.3.2 (S. 27ff).
[185] Vgl. Weinberg/Nickel, 1998, S. 62.

Aus Sicht der Emotionspsychologie hat sich zwar bis heute kein einheitliches Verständnis darüber verfestigt, wie die Begriffe Erlebnis und Emotion zueinander stehen. Gleichwohl erscheint es nach allgemeiner Auffassung gegeben, subjektive Gefühlszustände (emotionales Erleben) nur als eine Komponente von Emotionen zu begreifen. Für das Vorhaben einer definitorischen Aufarbeitung des Erlebnisbegriffs ist es daher zunächst zielführend, diesen Einzelaspekt des Emotionsverständnisses herauszustellen. In diesem Lichte begründet sich schließlich auch die verhaltenswissenschaftliche Perspektive, **Erlebnisse** als **Bündel von Emotionen** zu beschreiben.[186] Damit erscheint es gegeben, wie beispielsweise auch Pekrun (1988) anführt, Emotionen vor allem auf die Ebene des subjektiven, emotionalen Erlebens zu beziehen und im Sinne von Gefühlsregungen zu interpretieren[187], die subjektiv als positiv oder negativ empfunden werden können.[188] Diese verhaltenswissenschaftliche Sichtweise kann somit als Kern einer definitorischen Abgrenzung aufrecht gehalten werden. Notwendig ist jedoch auch, den Außenbereich von Erlebnissen einzubeziehen, der im Wahrnehmen und Bemerken bzw. Erkennen der Bedeutung (Wert bzw. Unwert) von Ereignissen und Umwelten angesiedelt ist. Mit der Auffassung von Schulze entstehen Erlebnisse schließlich durch innere Verarbeitung und damit notwendiger Eigenaktivität. Damit wird der **Subjektabhängigkeit** von Erlebnissen eine entscheidende Bedeutung beigemessen. Erlebnisse sind somit Teil der subjektiven Wahrnehmung und Interpretation von Umweltstimuli durch eine Person.

In der verhaltenswissenschaftlichen Konsumentenforschung ist das hier dargestellte Begriffsverständnis weitgehend etabliert und soll daher auch für die weitere Arbeit Berücksichtigung finden. Die folgende Abbildung stellt die definitorische Verankerung des marketingtheoretischen Verständnisses des Erlebnisbegriffs im Licht interdisziplinärer Betrachtungen dar.

---

[186] Vgl. Weinberg/Nickel, 1998, S. 61.
[187] Vgl. Ulich/Mayring, 1992, S. 57.
[188] Vgl. Weinberg/Nickel, 1998, S. 61.

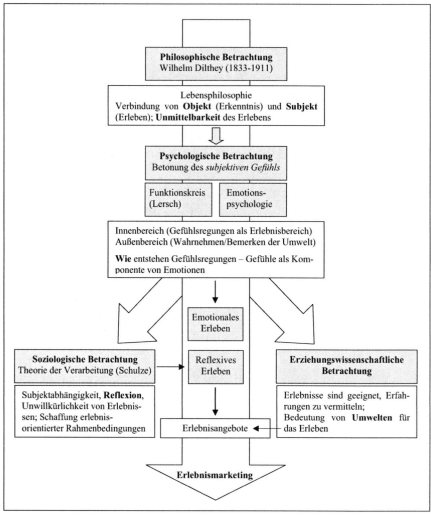

*Abbildung 2:*     *Zusammenfassung der interdisziplinären Betrachtung des Erlebnisbegriffs – Ableitung des marketingtheoretischen Begriffsverständnisses*

Zusammenfassend werden **Erlebnisse** im Marketing als **Bündel von Emotionen** im Sinne **subjektiver Gefühlsregungen** definiert, die als Folge **individuell bedeutsamer** Situationen und Ereignisse hervorgerufen werden und einer **inneren Verarbeitung** (Reflexion) durch das Individuum bedürfen. Demnach können insbesondere durch die Vermittlung von Emotionen, Erlebnisse generiert werden, die sich schließlich in der **Gefühls- und Erfahrungswelt** verankern.[189] Mit Blick auf Elemente des Erlebnismarketing wird dabei insbesondere auf die **Gestaltung von Umwelten** abgestellt, die emotionale Reaktionen bewirken.

Geht es aus Unternehmenssicht um das Angebot von Erlebnissen, haben sich in der wirtschaftswissenschaftlichen Literatur zwei verschiedene Ansätze etabliert, wie das Erlebnisphänomen abgegrenzt werden kann.

Zum einen wird das Erlebnis als Zusatznutzen gesehen. Diese Sichtweise versteht Erlebnisse als added-values[190] für ein Produkt bzw. eine Dienstleistung und bedient insofern zunächst die geänderten Kundenbedürfnisse und die damit zusammenhängende Erlebnisnachfrage. Durch das Angebot nachhaltiger (Konsum-)Erlebnisse versuchen Unternehmen verschiedenster Branchen, sich gegenüber anderen Anbietern zu differenzieren.[191]

Zum anderen können Erlebnisse gleichfalls als eigenständiges Angebot gesehen werden. In nahezu allen Bereichen des Alltagslebens werden deshalb Erlebnisse inszeniert, um die Konsumenten mit Sinnlichkeit zu erfüllen und sein Streben nach neuen emotionalen Eindrücken und Erfahrungen zu befriedigen. Gerade Freizeitbereiche wie Tourismus, Gastronomie, Kultur oder Sport werden zu Erlebnisbühnen.[192]

### 2.2.5 Implikationen für das Verständnis des Erlebnisbegriffs im finanzwirtschaftlichen Kontext

Ziel dieses Abschnittes war die Systematisierung interdisziplinärer Auffassungen zum Erlebnisbegriff, um daraus ein insbesondere für den Bereich der Finanzdienstleistungen gültiges Verständnis für die Vermittlung emotionaler Erlebnisse ableiten zu können. Dabei kann maßgeblich auf emotionale Wirkungen atmosphärischer Gestaltungselemente abgestellt werden. Das heißt, durch eine **erlebnisorientierte Gestaltung** der **Umwelt** können **Emotionen** (Gefühlsregungen) ausgelöst werden, aus denen **subjektiv** ein **Erlebnis** konstruiert werden kann. Dabei erscheinen vor allem individuelle Prädispositionen und die innere Verarbeitung für die Entstehung von Erlebnissen im finanzwirtschaftlichen Kontext relevant.

Somit kann das im Marketing gültige Begriffsverständnis von Erlebnissen grundsätzlich auch auf den Bereich der Finanzdienstleistungen übertragen werden. Um das Instrument des Erlebnismarketing jedoch gleichermaßen erfolgreich zu implementieren, scheint vor allem die Berücksichtigung schematheoretischer Verankerungen erforderlich, die sich aus (finanz-)

---

[189] Vgl. Weinberg, 1992, S. 3
[190] Added-Value wird häufig übersetzt mit Mehrwert. Es handelt sich damit um Sekundärleistungen, durch deren Angebot für den Kunden ein zusätzlicher Wert geschaffen bzw. zur Kernleistung ein zusätzlicher Nutzen angeboten wird (vgl. Bethke-Jaenicke, 2004, S. 120f; Laakmann, 1995, S. 22).
[191] Vgl. Schulze, 2005, S. 443ff.
[192] Vgl. Opaschowski, 2000, S. 19.

dienstleistungsspezifischen Besonderheiten ergeben. Die nachfolgenden Ausführungen verdeutlichen kurz die Schwierigkeiten einer einfachen Übertragbarkeit des erlebnisorientierten Ansatzes.

Mit Instrumenten des Erlebnismarketing wird angestrebt, über eine erlebnisorientierte Positionierung des Angebotes, eine Leistungsbeurteilung auf dieser Ebene zu erreichen. Ziel ist es, die Kognitionen (Bewertung des Angebotes) der Konsumenten über dessen Emotionen anzusprechen.[193] Ist dieser Ansatz für Themen des Sports bzw. in Freizeit- (z.B. Erlebnis- und Abenteuertourismus) und Konsumwelten bewährt, so schränkt sich seine Gültigkeit für bisher eher rational determinierte Konsumentscheidungen im Bereich der Finanzdienstleistungen ein. Demnach ist es hier in ganz besonderem Maße notwendig, die **„richtigen" Emotionen** anzusprechen bzw. auszulösen, um gewünschte emotionale Reaktionen und eine positive Bewertung des Leistungsspektrums von Kreditinstituten zu bewirken.

Aus dieser grundsätzlichen Problematik soll im folgenden Abschnitt eine Definition von Erlebnissen im finanzwirtschaftlichen Kontext (Bankerlebnisse) abgeleitet werden, die sowohl die Erkenntnisse der interdisziplinären Betrachtung, (finanz-)dienstleistungsspezifische Besonderheiten sowie schematheoretische Erkenntnisse zusammenfasst und die theoretische Grundlage eines erlebnisorientierten Marketingansatzes für Finanzdienstleister liefert.

## 2.3  Erlebnisse im finanzwirtschaftlichen Kontext

In der Einleitung wurde bereits darauf verwiesen, dass bisher mit Blick auf schematheoretische Verankerungen zwischen den Begriffen Erlebnis, Emotionen sowie Bank, Kreditinstitut oder Sparkasse in semantischen Netzwerken nur schwache oder keine übereinstimmenden assoziativen Strukturen vorhanden sind. Der Erfolg einer erlebnisorientierten Ausrichtung von Banken muss aber darin gesehen werden, durch geeignete Konzepte genau diese Verknüpfung zu erreichen. Gelingt diese Verknüpfung, lassen sich neue, erlebnisorientierte Eigenschaften von Finanzdienstleistern in bestehende Schemata einordnen.

Zunächst sollen in einem Überblick Merkmale von Dienstleistungen, im Speziellen von Finanzdienstleistungen, analysiert werden, um ein generelles Verständnis für die Besonderheiten im Umgang mit Finanzdienstleistungen und der damit in Beziehung stehenden Frage des „Angebotes von Erlebnissen" zu entwickeln. Diese begründen sich letztlich aus einem häufig rational determinierten Nutzungsverhalten, das sich auf die mit Finanzdienstleistungen vielfach verbundene Vertrauensempfindlichkeit und Beratungsintensität zurückführen lässt. Die

---

[193] Vgl. Weinberg, 1992, S. 3.

Veränderungen im Kundenverhalten lassen jedoch auch eine andere Sichtweise zu, aus der sich die Notwendigkeit stärker emotional ausgerichteter Konzepte ableitet, die dennoch den Erwartungen (im Sinne klassischer Schemata) der Kunden nach Vertrauen, Kompetenz und Seriosität gerecht werden.

## 2.3.1 Begriff der Dienstleistung

### 2.3.1.1 Abgrenzung des Dienstleistungsbegriffs

Bevor näher auf den Begriff der Finanzdienstleistungen eingegangen wird, soll zunächst eine allgemeine Abgrenzung des Dienstleistungsbegriffs erfolgen. Dies vor allem deshalb, weil sich aus der Definition und dem Verständnis des Kaufverhaltens von Dienstleistungen fundierte Aussagen zur Übertragbarkeit der Erkenntnisse auf vergleichbare Leistungen ableiten lassen.

Insgesamt vollzieht sich eine umfangreiche wissenschaftliche Diskussion hinsichtlich einer eindeutigen Begriffsdefinition von Dienstleistungen, die bis heute nicht zu einem konsensfähigen Ergebnis führte. Neben enumerativen (Aufzählung von Beispielen) Ansätzen und Negativdefinitionen haben sich aus betriebswirtschaftlicher Sicht insbesondere Ansätze bewährt, die Dienstleistungen anhand konstitutiver Merkmale beschreiben.[194]

Vor allem letztere scheinen für die Ableitung konkreter Marketingimplikationen geeignet und sollen im Rahmen dieser Arbeit aufgegriffen werden.

Innerhalb des konstitutiven Definitionsansatzes von Dienstleistungen lassen sich entsprechend der drei Phasen- bzw. Leistungsdimensionen von Dienstleistungen vier verschiedene Ansätze unterscheiden.[195]

- Tätigkeitsorientierte Ansätze
- Prozessorientierte Ansätze
- Ergebnisorientierte Ansätze
- Potenzialorientierte Ansätze

Um eine umfassende Betrachtung aller konstitutiven Merkmale vorzunehmen, empfiehlt sich eine inhaltliche Integration prozess-, ergebnis- und potenzialorientierter Ansätze.[196] Der Charakter von Dienstleistungen ist demnach nur vollständig zu erfassen, wenn Merkmale aller

---

[194] Vgl. Meffert/Bruhn, 2003, S. 27. Siehe dazu auch Scheuch, 2002; Meyer, 1994; Hilke, 1989.
[195] Vgl. Meffert/Bruhn, 2003, S. 27ff; Kleinaltenkamp, 1998, S. 34ff.
[196] Phasenbezogene Betrachtung aller drei Leistungsebenen, vgl. Hilke, 1989, S. 5ff. Grundsätzlich kann dieser Sichtweise auch im Zusammenhang mit Finanzdienstleistungen gefolgt werden (vgl. Kühlmann et al., 2002, S. 21).

drei Phasen in die Definition eingehen.[197] Dieser integrativen Sichtweise folgend werden
Dienstleistungen definiert als:

- „selbständige, marktfähige Leistungen, die mit der Bereitstellung [...] von
  Leistungsfähigkeiten verbunden sind (Potenzialorientierung).
- Interne und externe Faktoren werden im Rahmen des Erstellungsprozesses
  kombiniert (Prozessorientierung).
- Die Faktorenkombination des Dienstleistungsanbieters wird mit dem Ziel eingesetzt, an den externen Faktoren, an Menschen und deren Objekten nutzen-
  stiftende Wirkungen zu erzielen (Ergebnisorientierung)."[198]

Im Folgenden sollen aus diesem integrativen Verständnis der phasenbezogenen Definition
zwei wesentliche Ansatzpunkte herausgearbeitet werden, die vielen Definitionsansätzen gemein sind und im Hinblick auf den Untersuchungsgegenstand der Finanzdienstleistungen
gleichermaßen besondere Relevanz besitzen.

## 2.3.1.2 Ableitung konstitutiver Merkmale von Dienstleistungen

Die **Immaterialität** von Dienstleistungen stellt ein wesentliches Merkmal von Dienstleistungen dar, wird aber zugleich in der Dienstleistungsforschung, insbesondere mit Blick auf das
Dienstleistungsergebnis immer wieder stark diskutiert.[199] So wird die Immaterialität von
Dienstleistungen zunächst auf die mangelnde physische Greifbarkeit zurückgeführt, die gleichermaßen ein erschwertes kognitives Verständnis nach sich zieht.[200] Neben dem Begriff der
Immaterialität werden Dienstleistungen daher häufig auch als **intangibel** beschrieben. Dabei
tritt neben die physische eine intellektuelle Dimension. Somit lassen sich Sachverhalte erfassen, die zum einen nicht gesehen, gefühlt oder geschmeckt werden können.[201] Zum anderen
werden Phänomene berücksichtigt, die sich nicht beschreiben, definieren oder geistig fassen
lassen.[202] Die Kritik an der grundsätzlichen Immaterialität zielt auf die Tatsache, dass die in
den Prozess der Leistungserstellung einfließenden Vorleistungen sowie das Ergebnis der
Dienstleistung durchaus materieller Art sein können.[203] Die Abgrenzung von Dienstleistungen

---

[197] Vgl. Hilke, 1984, S. 17ff; Meffert/Bruhn, 2003, S. 28.
[198] Meffert/Bruhn, 2003, S. 30.
[199] Vgl. Corsten, 1998, S. 78; Meffert/Bruhn, 2003, S. 64.
[200] Vgl. Tomczak/Brockdorff, 2000, S. 488f.
[201] Vgl. Zeithaml et al., 1985, S. 33.
[202] Vgl. Corsten, 1998, S. 78.
[203] Vgl. Zeithaml/Bittner, 2000, S. 3; Meffert/Bruhn, 2003, S. 28; Meyer, 1994; Kleinaltenkamp, 1998, S. 35.

zu Sachleistungen allein anhand des Merkmals der Immaterialität stellt sich daher problematisch dar.[204]

Die Schwierigkeiten, die sich aus der Abgrenzung über das Merkmal der Immaterialität ergeben, begründen die Berücksichtigung des prozessorientierten Ansatzes innerhalb der phasenbezogenen Definition von Dienstleistungen. Damit sind Dienstleistungen zusätzlich dadurch charakterisiert, dass zur Erbringung der Leistung immer die **Integration eines externen Faktors** erforderlich ist. Dieser befindet sich stets außerhalb des Verfügungsbereiches des Dienstleistungsanbieters. Der externe Faktor grenzt sich von anderen, internen Produktionsfaktoren dadurch ab, dass er sich der freien Disponierbarkeit durch den Dienstleistungsanbieter entzieht.[205] Externe Faktoren können zum einen Personen selbst, zum anderen ihnen gehörende Objekte oder Informationen sein, die zeitlich begrenzt in den Prozess der Leistungserstellung eingebracht werden.[206] Damit hängt zugleich auch das Ergebnis des Prozesses von dem betreffenden Fremdfaktor ab. In der Folge stellen Dienstleistungen in hohem Maße individualisierte Leistungen dar, die insgesamt wenig standardisierbar und nicht selten situationsabhängig sind.[207] Aus der Prozessorientierung ergibt sich zudem ein weiteres Merkmal von Dienstleistungen, die Gleichzeitigkeit von Leistungserstellung und Leistungsinanspruchnahme (uno-acto-Prinzip).[208]

Die Immaterialität und die Integration des externen Faktors, werden in der Dienstleistungsliteratur herangezogen, um Dienstleistungen von Sachgütern abzugrenzen und begründen zugleich die Annahme einer höheren Risikowahrnehmung, die sich damit aus dem hohen Anteil an Erfahrungs- und Vertrauenseigenschaften ableitet.[209] Die Ableitung finanzdienstleistungsspezifischer Besonderheiten und die Darstellung von Implikationen für das Marketing von Finanzdienstleistungen orientieren sich im Folgenden ebenfalls an den beiden vorgenannten Elementen. Zunächst soll jedoch kurz der Begriff der Finanzdienstleistung umrissen werden.

---

[204] Siehe dazu ausführlich beispielsweise Kleinaltenkamp, 1998, S. 35f.
[205] Vgl. Kleinaltenkamp, 1998, S. 38; Meffert/Bruhn, 2003, S. 62; Corsten, 1998, S. 80.
[206] Vgl. Meyer et al., 2000, S. 53; Corsten, 1998, S. 80; Kleinaltenkamp, 1998, S. 38.
[207] Meffert/Bruhn, 2003, S. 62f.
[208] Vgl. Kühlmann et al., 2002, S. 21; Maleri, 1991, S. 43; Hilke, 1989, S. 12f.
[209] Vgl. Schramm, 2002, S. 74; Zeithaml, 1991, S. 44; Turley/LeBlanc, 1993, S. 12.

## 2.3.2　Besonderheiten von Finanzdienstleistungen und Auswirkungen auf das Marketing

### 2.3.2.1　Begriff der Finanzdienstleistung

Der Begriff **Financial Services** wurde in den USA Anfang der 70er Jahre geprägt und bildet den Inbegriff für alle Finanzdienstleistungen rund um den Privatkunden.[210] In Deutschland wird der Begriff der **Finanzdienstleistung** zu Beginn der 80er Jahre erstmals verwendet. Hagenmüller/Jakob (1987) beschreiben zunächst in einer wirtschaftlich-funktionalen Definition des Bankbetriebs die Erbringung von Finanzdienstleistungen als Aufgabe von Banken.[211] In späteren Definitionsansätzen entfernt sich der Kern der Definition von einer rein institutionellen Sichtweise und wendet sich den Bedürfnissen der Nachfrager von Finanzdienstleistungen zu. Dabei wird in der Literatur allgemein zwischen originären und derivativen Finanzdienstleistungen unterschieden.[212] Nach heute gängiger Auffassung gelten **originäre** Finanzdienstleistungen als Dienstleistungen, *„die zur Erfüllung einer oder mehrerer finanzwirtschaftlicher Funktionen beitragen oder deren Erfüllung ganz übernehmen"*[213]. Im Hinblick auf private Haushalte zählen darunter insbesondere die **Einnahme und Ausgabe von Geldern**, das **Sparen** bzw. die **Vermögensbildung**.[214]

Schließlich ist ein ganz wesentliches Merkmal von Finanzdienstleistungen die Erbringung von Beratungsleistungen, die als **derivative Finanzdienstleistungen** oder Nebenleistungen gelten.[215] Polan (1995) führt jedoch bereits an, dass die Beratung aufgrund der hohen Bedeutung, die diesem Element im Zusammenhang mit Finanzdienstleistungen zukommt, als eigenständige Bankleistung aufgefasst werden kann.[216] Die definitorische Trennung originärer und derivativer Finanzdienstleistungen stellt damit ein Kernelement zum Verständnis des Konsumentenverhaltens im Bankenbereich dar, da umfassende und individuelle Problemlösungen als Ergebnis der Beratungsleistung einen wesentlichen Bestandteil von Finanzdienstleistungen (Financial Services), insbesondere vor dem Hintergrund insgesamt gestiegener Anforderungen an Kundenberatung und -service, darstellen.[217]

Zusammenfassend beinhaltet der Begriff der Finanzdienstleistungen (Konzept der Financial Services) heute ein ganzheitliches Konzept zur individuellen Lösung finanzieller Bedürfnisse

---

[210] Vgl. Kühlmann et al., 2002, S. 7.
[211] Vgl. Hagenmüller/Jakob, 1987, S. 9; Nader, 1995, S. 5.
[212] Vgl. Swoboda, 1997, S. 59ff.
[213] Swoboda, 1997, S. 59.
[214] Vgl. Swoboda, 1997, S. 59.
[215] Vgl. Swoboda, 1997, S. 60.
[216] Vgl. Polan, 1995, S. 175.
[217] Vgl. Schramm, 2002, S. 6.

der Kunden. Dabei stellt die Beratungsleistung nicht mehr nur eine Nebenleistung dar, sondern bildet zunehmend die Grundlage erfolgreichen Handelns auf dem Markt der Finanzdienstleistungen. Der Schlüssel liegt also weniger im Angebot der gesamten Produktpalette des Finanzdienstleistungssektors. Vielmehr scheint es notwendig, das Handeln auf das Bedürfnis der Kunden an umfassenden integrierten Problemlösungen auszurichten.[218]

### 2.3.2.2 Spezifische Besonderheiten von Finanzdienstleistungen und deren Auswirkungen auf das Marketing

Insbesondere Süchting hat mit seinen Arbeiten zur Bankloyalität grundlegende Maßstäbe für die Abgrenzung von Bank-(Dienstleistungen) und Sachleistungen vorgelegt und dabei vor allem auf Probleme der einfachen Übertragbarkeit von Erkenntnissen aus dem Konsumgüterbereich auf Finanzdienstleistungen hingewiesen.[219] Neben allgemeinen, dienstleistungsspezifischen Besonderheiten weisen Finanzdienstleistungen weitere Eigenschaften auf, die das Kaufverhalten in besonderer Weise determinieren. Damit kann sowohl das Dienstleistungsmarketing als auch die allgemeine Konsumentenverhaltensforschung einen Beitrag zum Verständnis des Kaufverhaltens von Finanzdienstleistungen liefern.[220] Notwendig ist jedoch die Berücksichtigung weiterer Abgrenzungskriterien, die wichtige Hinweise auf kaufverhaltensrelevante Aspekte liefern.[221]

Aus der **Immaterialität** von Finanzdienstleistungen folgt, dass diese häufig als **abstrakt**[222] angesehen werden. Sie entbehren jeder Substanz und sind daher nicht greifbar.[223] Daraus leitet sich eine allgemein als hoch angesehene **Erklärungsbedürftigkeit** ab, die jedoch in starkem Maße von der Art der Leistung, der Kontaktintensität, dem Grad der Standardisierung und den Erfahrungen und Kenntnissen der Kunden bestimmt wird.[224]

Geldgeschäfte begründen des Weiteren eine besondere **Vertrauensempfindlichkeit**, die eine persönliche Kundenbetreuung und individuelle Beratung – zumindest im Bereich komplexer Finanzdienstleistungen – erfordert. Hinzu kommt die Langfristigkeit der Geschäftsbeziehung. Durch den Kauf einer Finanzdienstleistung geht der Kunde in der Regel eine **vertragliche**

---

[218] Vgl. Kühlmann et al., 2002, S. 8.
[219] Vgl. Süchting, 1972, S. 269f; Schramm, 2002, S. 44. Zu marktpolitischen Implikationen der Besonderheiten von Finanzdienstleistungen siehe auch Bethke-Jaenicke, 2004, S. 77.
[220] Vgl. Schramm, 2002, S. 41ff.
[221] Vgl. Schramm, 2002, S. 11.
[222] Die Abstraktheit von Finanzdienstleistung führt zudem dazu, dass aus Kundensicht häufig lediglich eine mittelbare Bedürfnisbefriedigung mit dem Kauf von Finanzdienstleistungen verbunden ist. (vgl. Büschgen, 1998, S. 313).
[223] Vgl. Süchting/Paul, 1998, S. 620.
[224] Vgl. Swoboda, 1997, S. 62; Maier,1999, S. 29ff; Beckett et al., 2000, S. 16.

**Beziehung** über einen längeren Zeitraum ein.[225] Aus diesem Zusammenhang heraus lässt sich auch erklären, dass zum einen die Entscheidung für ein bestimmtes Kreditinstitut und zum anderen der Wechsel einer Bankbeziehung für die Kunden zumeist eine sehr wichtige Entscheidung darstellt, in die sie überwiegend ein hohes persönliches Involvement einbringen.[226]

Aus der Immaterialität und Abstraktheit der Leistungen von Kreditinstituten resultiert auch eine insgesamt schlechte Beurteilbarkeit des Leistungsangebotes. Allgemein weisen Dienstleistungen einen hohen Anteil an Erfahrungs- und Vertrauenseigenschaften[227] auf.[228] Bei Erfahrungseigenschaften kann die Leistung häufig erst während oder nach Inanspruchnahme der Leistung beurteilt werden. Dagegen verschließen sich Vertrauenseigenschaften häufig auch nach dem Kauf einer Beurteilbarkeit. Für den Kunden geht damit ein höher wahrgenommenes **Kaufrisiko** einher, da die Leistung im Vorhinein nicht kontrolliert oder geprüft werden kann.[229] Daraus begründet sich auch der in der Literatur häufig diskutierte rational determinierte Umgang mit Finanzdienstleistungen. Das **Involvement** sowie die mit einer Entscheidung verbundene **Unsicherheit** gelten allgemein als wesentliche Faktoren des Verhaltens.[230] Dabei nimmt die Bedeutung dieser Faktoren zu, wenn es sich um komplexe Finanzdienstleistungen[231] handelt, die einen geringen Standardisierungsgrad aufweisen. Diese sind für den Kunden allgemein schwer zu beurteilen.[232]

Um die Leistungsfähigkeit eines Dienstleistungsanbieters dennoch einschätzen und beurteilen zu können, ziehen Kunden daher nicht selten Ersatzkriterien heran. Die Kunden konzentrieren sich auf **Qualitätssignale** (search qualities), mittels derer ein Rückschluss auf die Dienstleistungsqualität möglich scheint.[233] In diesem Zusammenhang ist insbesondere die **Cue Utilization Theory** von Bedeutung, die ursprünglich auf Olson (1972) und Cox (1967) zurückgeht.[234] Diese Theorie besagt, dass Produkte und Dienstleistungen Schlüsselinformationen (cues) enthalten, die als Ersatzkriterien zur Beurteilung dienen können. Externe Qualitätsindikatoren können dabei vor allem der Preis, Markennamen, das Image des Herkunfts-

---

[225] Vgl. Swoboda, 1997, S. 62; Süchting/Paul, 1998, S. 620f; Maier, 1999, S. 30; McKechnie, 1992, S. 5f.

[226] Vgl. Lohmann, 1997, S. 23; Süchting/Paul, 1998, S. 621.

[227] Die Klassifikation von Beurteilungskriterien in Such-, Erfahrungs- und Vertrauenseigenschaften geht auf Darby/Karni, 1973 zurück. Siehe dazu auch Nelson, 1970; Zeithaml, 1981; Süchting/Paul, 1998, S. 623.

[228] Vgl. Schramm, 2002, S. 21.

[229] Vgl. Reimer, 2004, S. 18; Schramm, 2002, S. 21ff; Süchting/Paul, 1998, S. 623ff.

[230] Vgl. Beckett et al., 2000, S. 16.

[231] Die Qualität der Dienstleistung schwankt umso mehr, je stärker das Ergebnis vom Verhalten und der Persönlichkeit von Mitarbeitern geprägt ist und je mehr die Leistung auf individuelle Kundenwünsche zugeschnitten ist (vgl. Reimer, 2004, S. 19; Stauss, 1998, S. 17).

[232] Vgl. Schramm, 2002, S. 29.

[233] Vgl. Reimer, 2004, S. 23f.

[234] Vgl. Olson, 1972; Cox, 1967; Reimer, 2004, S. 24.

landes, Gütezeichen oder verschiedene Aspekte des Dienstleistungsdesigns sein.[235] Im Rahmen dieser Arbeit sind insbesondere **Aspekte des Dienstleistungsdesigns** interessant. Mit Hilfe bereits vor dem Kauf wahrnehmbarer Schlüsselinformationen können andere, zum Zeitpunkt der Kaufentscheidung nicht verfügbare Informationen, ersetzt werden. Somit können Kunden von äußerlich wahrnehmbaren Informationen auf die Gesamtqualität der Leistung schließen und umgehen somit komplexe Informationsaufnahme- und -verarbeitungsprozesse.[236] Verschiedene Autoren weisen in diesem Zusammenhang auf die Bedeutung von **physischen Umfeldfaktoren**[237] hin, die als Indikator zur **Qualitätsbeurteilung** dienen. Für den Bereich der Finanzdienstleistungen sind das beispielsweise die räumliche Gestaltung[238] und technische Ausstattung der Filialen, der optische und emotionale Eindruck, sowie die Persönlichkeit und das Auftreten der Mitarbeiter.[239]

Gerade die Erledigung von Bankgeschäften ist häufig mit einem Besuch in den Geschäftsräumen von Kreditinstituten verbunden. Damit kommt der Kunde insbesondere im Rahmen der Leistungserstellung mit einer Reihe von Kontaktpunkten in Berührung, die er visuell wahrnehmen oder berühren kann. Das Kauferlebnis wird damit über diese tangiblen Umfeldfaktoren ganz entscheidend bestimmt.[240] Damit weisen Finanzdienstleistungen gleichzeitig eine Reihe von Sucheigenschaften auf, die die Leistungsbeurteilung erleichtern. Deutlich wird in diesem Zusammenhang auch, dass eine **erlebnisorientierte, emotional-aktivierende Gestaltung** stationärer Vertriebswege einen entscheidenden Beitrag zum **positiven Dienstleistungserleben** beitragen kann und im gleichen Maße Differenzierungspotenziale, eines sonst stark austauschbaren Kernangebotes von Finanzdienstleistern, bietet.

Zusammenfassend soll die Bedeutung der derivativen Komponente, die vor allem **Beratungsleistungen** umfasst, hervorgehoben werden. Diese prägt in besonderer Weise die Wahrnehmung der Dienstleistungsqualität und wird durch objektiv wahrnehmbare Eigenschaften von Produkten lediglich unterlegt. Die definitorische Trennung derivativer und originärer Finanzdienstleistungen verdeutlicht, dass in Bezug auf die eigentliche Kernleistung häufig eine hohe Austauschbarkeit, gleichzeitig jedoch auch eine relativ gute Vergleichbarkeit von Angeboten vorliegt.[241] Differenzierungsmöglichkeiten bestehen jedoch in Zusammenhang mit **derivati-**

---

[235] Vgl. Reimer, 2004, S. 24 und die dort angegebenen Quellen.
[236] Vgl. Bühler, 1999, S. 189f.
[237] Vgl. Ward et al., 1992, S. 195; Baker et al., 1994, S. 328ff; Fisk at al., 2000, S. 105, Baker et al., 2002, S. 122; Wall/Berry, 2001, S. 526.
[238] Zeithaml, 1981, S. 187 verweist auf die Bedeutung räumlicher Umfeldfaktoren (Innenausstattung) im Zusammenhang mit Dienstleistern allgemein.
[239] Vgl. Pepels, 1996, S. 9; Rushton/Carson, 1989, S. 32; Siefke, 1998, S. 38.
[240] Vgl. Schramm, 2002, S. 15ff; Stauss, 1998, S. 16.
[241] Eine Systematisierung von Finanzdienstleistungen nach Kontaktintensität, Einfluss von Mitarbeitern und Beurteilbarkeit der originären Leistungskomponenten findet sich beispielsweise bei Schramm, 2002, S. 30ff.

ven **Leistungskomponenten**, die in der **Beratungsqualität** und dem **Beratungsumfeld** lie-gen.[242]

Im Hinblick auf das Bedürfnis nach emotionaler Ansprache ist eine **Einflussnahme auf sub-jektiv bedeutsame** Dienstleistungseigenschaften gerade auch für Kreditinstitute interessant. Damit ist die Implementierung eines Erlebnisbank-Konzeptes begründbar und dessen Eig-nung für die Anwendung im Bereich der Finanzdienstleister zu prüfen.

Die Anwendbarkeit von Erlebnisstrategien im Dienstleistungssektor scheint sich auf den ers-ten Blick daran zu orientieren, ob emotionale Aspekte im Rahmen der Erbringung der Dienst-leistung von Bedeutung sind. Forberger (2000) unterscheidet daher im Hinblick auf die Relevanz von Emotionen emotional und kognitiv dominierte sowie hybride Dienstleistungen. Dabei werden **emotional determinierte Dienstleistungen** insbesondere im Bereich der Frei-zeitdienstleistungen (z.B. Reisen, Kunst, Theater) angesiedelt, bei denen die Suche nach emo-tionalen Konsumerlebnissen im Vordergrund steht. Dagegen dienen **kognitiv determinierte Dienstleistungen** ausschließlich der Befriedigung rational begründeter Bedürfnisse. Forber-ger führt in diesem Zusammenhang explizit Beratungsgespräche in Banken an, bei dem die Lösung eines konkreten Problems betont wird.[243] Dieser Auffassung kann mit Blick auf die Erkenntnisse, die insbesondere das veränderte Konsumentenverhalten im Bereich der Finanz-dienstleistungen betreffen, nicht gefolgt werden. Zwar konstatiert auch Schramm (2002) über-wiegend rationale Aspekte des Entscheidungsverhaltens in Bezug auf Finanzdienst-leistungen.[244] Dennoch sollten emotionale Determinanten nicht vernachlässigt werden. Griese (2002) konnte in seiner Untersuchung beispielsweise nachweisen, dass gerade bei jüngeren Kunden, emotionale Prozesse in der Kunde-Bank-Beziehung eine größere Bedeutung haben, als bei älteren Kunden.[245] Zudem ist davon auszugehen, dass vor allem bei beratungsintensi-ven Bankprodukten, die beispielsweise Vorsorgeentscheidungen betreffen, Emotionen eine entscheidende Rolle spielen.[246]

Ziel der Umsetzung erlebnisorientierter Konzepte in Kreditinstituten ist es damit, für den Kunden ein positives Erleben der Dienstleistung[247] zu ermöglichen. Für Kreditinstitute erge-ben sich eine Reihe von Möglichkeiten, den Prozess des Erlebens und Bewertens der Dienst-leistung über Reize der Umwelt (Stimuli) gezielt zu gestalten und zu beeinflussen.

---

[242] Vgl. Schramm, 2002, S. 25 und 29.
[243] Vgl. Forberger, 2000, S. 10.
[244] Vgl. Schramm, 2002, S. 75.
[245] Vgl. Griese, 2002, S. 246.
[246] Diese gehen insbesondere von der Person des Beraters aus und bestimmen beispielsweise, ob sich ein Kunde in der Entscheidungssituation wohl fühlt (vgl. Lohmann, 1997, S. 29f).
[247] Entsprechend des prozessorientierten Ansatzes, vgl. Abschnitt 2.3.1.1 (S. 37ff).

## 2.3.3 Abgrenzung des Bankerlebnisses

Wie diese Erkenntnisse zeigen und gleichermaßen bereits in Abschnitt 2.2.5 (S. 35ff) aufgezeigt werden konnte, ist es im vertrauensempfindlichen Bereich der Finanzdienstleistungen in besonderer Weise gegeben, bei der Vermittlung von Erlebnissen individuelle Erwartungen von Bankkunden zu berücksichtigen. Dies kann insbesondere dadurch erreicht werden, dass schematheoretische Verknüpfungen zwischen Erlebnissen (der Freizeit- und Konsumwelten) und Banken sowie der Erledigung von Bankgeschäften hergestellt werden. Das bedeutet, es sind Verknüpfungen zu schaffen, die es Bankkunden ermöglichen, neue, erlebnisorientiert ausgerichtete Eigenschaften eines Finanzdienstleisters in bestehende Schemata[248] einzuordnen. Kann mit einem Erlebnisbank-Konzept dagegen keine geeignete Verknüpfung erreicht werden, so besteht die Gefahr, dass mit einer unspezifischen Verwendung des Erlebnisbegriffs, falsche, weil im Wesentlichen freizeitbezogene Erwartungen geweckt werden. Dies könnte zu unerwünschten Vorstellungen fehlender Solidität und Seriosität sowie Reaktanzverhalten gegenüber erlebnisorientiert ausgerichteten Kreditinstituten führen.

Die Herstellung neuer semantischer Verknüpfungen lässt sich insbesondere über Lerntheorien erklären. Ausgangspunkt bilden dabei Überlegungen, dass Konsumenten beispielsweise Einstellungen gegenüber einem Meinungsgegenstand oder ihr Wissen in Bezug auf bestimmte Objekte als semantische Netzwerke (Schemata) speichern.[249] Schemata enthalten dabei Informationen über typische Eigenschaften von Objekten oder Situationen.[250] Sie repräsentieren aber keinesfalls nur kognitive Wissensstrukturen bzw. sind auf sachliche oder verbale Inhalte beschränkt.[251] Vielmehr können sie auch visuelle Reize umfassen, was im Hinblick auf eine erlebnisorientierte Gestaltung von Umwelten besondere Relevanz besitzt.[252] Zudem können auch Emotionen Bestandteil von Schemata sein.[253]

Ziel einer erlebnisorientierten Ausrichtung von Finanzdienstleistern muss es sein, bestehende Schemata entweder durch Aktivierung neuer Knoten[254] oder Anbindung bereits vorhandener assoziativer Strukturen an die vermittelten neuen Eigenschaften, zu erweitern oder zu verän-

---

[248] „Schemata sind große, komplexe Wissenseinheiten, die typische Eigenschaften und feste, standardisierte Vorstellungen umfassen, die man von Objekten, Personen oder Ereignissen hat." Esch, 1998, S. 77.

[249] Vgl. Drengner, 2003, S. 80; Kroeber-Riel/Weinberg, 2003, S. 231.

[250] Vgl. Rummelhart, 1980; Maas, 1995, S. 7.

[251] Vgl. Esch/Meyer 1995, S. 296; Marcus/Zajonc, 1985, S. 142.

[252] Vgl. Maas, 1995.

[253] Vgl. Esch/Meyer, 1995, S. 296.

[254] Unter einem Knoten werden Eigenschaften verstanden, die ein Individuum mit einem bestimmten Objekt in Verbindung bringt. Dabei können Knoten sowohl kognitive Informationen als auch Emotionen umfassen. Die Knoten sind durch gedankliche Verknüpfungen (Kanten) miteinander verbunden (vgl. Drengner, 2003, S. 80).

dern.[255] Im vorliegenden Fall müssten die Begriffe Erlebnis und Bank beispielsweise durch Aktivierung neuer Knoten assoziativ miteinander verknüpft werden.

Um letztlich eine allgemeine Definition von Bankerlebnissen herleiten zu können, die die Ausbildung der oben beschriebenen assoziativen Verknüpfungen durch Vermittlung geeigneter bankspezifischer Erlebnisse inhaltlich stützt, soll im Folgenden zunächst die Bedeutung eines erlebnisorientierten Marketingansatzes für Finanzdienstleister herausgestellt sowie wesentliche Dimensionen, die Bankerlebnissen zugrunde liegen, abgeleitet werden.

### 2.3.3.1 Begründung eines erlebnisorientierten Marketingansatzes für Finanzdienstleister

Aktuell wächst bei Kreditinstituten das Interesse an Erlebnisbank-Konzepten. Banken erkennen, dass sie dem Trend zur Erlebnisorientierung, der sich in Branchen des Einzelhandels, der Freizeitindustrie oder der Gastronomie erfolgreich etabliert hat, folgen müssen. Bankfilialen sollen zu „Erlebniswelten" werden, die Anreize zur Begegnung bieten.[256] Bereits jede dritte Bank verfolgt heute neue Filialkonzepte.[257]

Wurden Anfang 2000 Filialen häufig geschlossen, Kunden dazu „erzogen" ihre Bankgeschäfte über das Internet und über Automaten zu erledigen, um Kostensenkungspotenziale zu nutzen, erkennen Banken heute, dass der persönliche Kontakt zum Kunden entscheidend ist und Filialbanken von Direktbankanbietern differenziert. Auch in Zeiten des Multi-Kanal-Vertriebs und der wachsenden Bedeutung elektronischer Vertriebswege stellt die Filiale im Privatkundengeschäft nach wie vor den dominanten Vertriebsweg dar.[258] Selbst Kunden, die wöchentlich ihre Bankgeschäfte über Internet-Banking tätigen, suchen im Durchschnitt einmal im Monat eine Filiale auf.[259] Die hohe Wertschätzung der Filiale wird demnach auch von jenen geteilt, die zumindest Standardbankgeschäfte online abwickeln. Die Vorteile des stationären Vertriebs, die vor allem in der persönlichen Kommunikation zwischen Kunde und Berater liegen, werden also auch zukünftig eine bedeutende Rolle einnehmen. Zu berücksichtigen sind im Filialbetrieb besonders die Kundenwünsche nach individuellen Problemlösungen, die sich über elektronische Vertriebswege nicht realisieren lassen – der Beratungscharakter muss damit klar im Mittelpunkt stehen.[260] Das Filialnetz der Banken wird vor diesem Hintergrund der wichtigste Bestandteil innerhalb der Multi-Kanal-Strategie bleiben. Überlegungen, diesen Vertriebskanal für den Kunden attraktiver zu gestalten und als Instrument zum Aufbau ver-

---

[255] Vgl. Drengner, 2003, S. 89; Grunert, 1982, S. 78ff.
[256] Vgl. Finke, 2005, S. 18.
[257] Vgl. Studie „Bank&Zukunft 2005", S. 9.
[258] Vgl. Kaufmann, 2004, S. 35 und 39; Maier, 1999, S. 45.
[259] Vgl. Becker et al., 2002, S. 2f.
[260] Vgl. Kaufmann, 2004, S. 39f.

trauensvoller Kundenbeziehungen effektiv zu nutzen, werden von vielen Instituten ange-stellt.[261] Differenzierungspotenziale ergeben sich besonders für Sparkassen und Genossen-schaftsbanken, die nach wie vor ein verzweigtes Filialnetz unterhalten und ihren Kunden eine hohe räumliche Erreichbarkeit und persönliche Betreuungskompetenz bieten können.[262]

### Exkurs: Trends in der Filialgestaltung

Erste Pilotprojekte, die Erlebnisbank-Konzepte testen, sind seit Mitte der 90er Jahre in Deutschland etabliert worden. Zunächst wurde der traditionelle Filialvertrieb durch weitere physische Zugangswege ergänzt, die insbesondere der Convenience-Orientierung der Kunden gerecht werden sollten. Besondere Bedeutung hat das aus den USA stammende Vertriebskon-zept des In-Store-Banking erlangt, das in Deutschland über so genannte **Bank-Shops** reali-siert wurde. In der wissenschaftlichen Bankliteratur werden Bank-Shops (In-Store-Banking) als „ *a new type of banking office within a large retail outlet* " definiert.[263] Dabei werden zum einen der Neuheitsgrad des Konzeptes und zum anderen die Integration in ein Einzelhandels-umfeld herausgestellt.[264] Noch scheint es vermessen, Banking und Shopping unmittelbar mit-einander vergleichen zu wollen. Vielmehr zeigt der Charakter von Finanzdienstleistungen, dass die Notwendigkeit von Seriosität und Vertrauen wesentliche Anforderungen an die Ver-triebskonzepte stellen. Dennoch wird – mit Blick auf die Bedürfnisse der Kunden – die bishe-rige strikte Trennung von Bankgeschäften und bankfremden Angeboten bei diesem Konzept bewusst aufgebrochen.[265] Untersuchungen zeigen zugleich, dass die zum Teil befürchteten negativen Auswirkungen auf das seriöse Image von Instituten ausbleiben.[266]

Im Mittelpunkt des Konzeptes steht eine offene und transparente Raumgestaltung, die Gestal-tungselemente des Einzelhandels aufgreifen. Besonders Einkaufszentren bieten aufgrund ihrer hohen Kundenfrequenz gute Bedingungen für das Angebot von Bankprodukten. Kreditinstitu-te können so an externen Kundenströmen partizipieren und die ohnehin erlebnisorientierte Atmosphäre des Einzelhandels effektiv nutzen.[267]

Dieses Konzept aufgreifend wurden Ende der 90er Jahre neue Gestaltungskonzepte in beste-henden Filialen entwickelt. Hier setzt zunächst das integrierte Einzonenkonzept neue Maßstä-be.[268] Als Kernelement dieses Gestaltungskonzeptes werden Selbstbedienungsterminals in die Filialen reintegriert. Ziel ist es, die Grenzen zwischen Selbstbedienungs-, Service- und Bera-

---

[261] Viele Institute erwägen, Zweigstellennetze zu erweitern, bestehende Filialen umzugestalten und die Öff-nungszeiten auf den Abend bzw. das Wochenende auszudehnen.
[262] Vgl. Maier, 1999, S. 46. Fusionen innerhalb beider Institutsgruppen führen jedoch zum Abbau von Filialen.
[263] Vgl. Radecki/Wenninger/Orlow, 1996, S. 1; Rogwoski, 2002, S. 17.
[264] Vgl. Rogowski, 2002, S. 18.
[265] Vgl. Pauluhn, 1997, S. B7.
[266] Vgl. Commerzbank: Kundenbarometer „Commerzbank-Shops 1999".
[267] Siehe ausführlich zum Konzept der Bankshops Rogowski, 2002, S. 17ff; Zanger/Klaus, 2004, S. 39f.
[268] Vgl. Röthlin, 1999; Maier, 1999, S. 46.

tungszonen verfließen zu lassen und dadurch Offenheit und Transparenz, zugleich aber die erforderliche Diskretion miteinander zu verbinden. Die durch Tresen und Kassenschalter wahrgenommene Distanz zwischen Kunden und Mitarbeitern wird durch offene Gestaltungselemente und Betreuungsinseln ersetzt. Persönliche Beratung und Betreuung steht in diesem Sinne im Mittelpunkt des Vertriebskonzeptes. Die inhaltliche Weiterentwicklung dieses Gestaltungskonzeptes mündet schließlich in völlig neuartigen Filialkonzepten, die verstärkt erlebnisorientierte Aspekte in den Mittelpunkt rücken und eine stärker emotionale Beziehung zu den Kunden anstreben. Dabei ist es wichtig, den Kunden Modernität, Aufgeschlossenheit und Lebendigkeit zu vermitteln, zugleich aber klassische Bankwerte wie Vertrauen, Seriosität und Beratungskompetenz nicht aus den Augen zu verlieren.

Die Konzepte, die gegenwärtig in vielen Instituten etabliert werden[269], tragen dabei ganz unterschiedlichen Charakter, setzen jedoch insgesamt auf eine offene und freundliche Atmosphäre, die Kunden zum Verweilen einlädt. Ziel ist es, Kontaktpunkte zum Kunden zu schaffen, die eine Basis dafür sind, einen Einstieg in erfolgreiche Beratungsgespräche zu finden. Die räumlich-atmosphärische Gestaltung ist dabei häufig völlig untypisch für Kreditinstitute und hat durch den Neuheitscharakter eine starke Aufmerksamkeitswirkung. Vor allem überraschende und neuartige, klassischen Schemavorstellungen widersprechende Umwelten, sind geeignet das Aufmerksamkeitsniveau zu erhöhen. [270] So schaffen Kooperationen mit interessanten Einzelhändlern (z.B. wechselnde Trendshops[271] in der Filiale) oder Veranstaltungen geeignete Anlässe, eine Filiale zu besuchen. Cafés, Stehtische mit Flachbildschirmen sowie eine Bühne für Veranstaltungen sorgen für eine aufgelockerte Atmosphäre fern ab nüchterner Rationalität. Neben der emotionalen Bindung der Bankkunden wird mit neuartigen Raumnutzungs- und Architekturkonzepten vor allem eine Belebung der Filialen mit regelmäßigem Kundenverkehr (Annäherungsverhalten) angestrebt. Die häufig unsympathische Wahrnehmung von Banken offenbart, dass Kreditinstitute gerade bei der Gestaltung der Basisatmosphäre Potenziale zum Aufbau von Kundenbeziehungen ungenutzt lassen.

Deshalb sind für Kreditinstitute vor allem Konzepte der atmosphärischen Raumgestaltung interessant.[272] Gerade über die Raumgestaltung lassen sich wirksam emotionale Reize transportieren, die emotionale Aspekte des Entscheidungsverhaltens unterstützen. Erlebnisbank-Konzepte verbinden sich damit auch mit der Chance, den Einfluss des emotionalen Involve-

---

[269] „Dekafe" der Naussauischen Sparkasse; Konzept der Sparkasse Forchheim; Erlebnis-Geschäftsstelle der Sparkasse Chemnitz; Konzept Q110 der Deutschen Bank.
[270] Vgl. Kroeber-Riel/Weinberg, 2003, S. 71f.
[271] Konzept Q110 der Deutschen Bank, Filiale Berlin; Finke, 2005, S. 18.
[272] Vgl. Schramm, 2002, S. 75.

ments gegenüber dem aktuell überwiegenden kognitiven Involvement zu stärken.[273] Die Möglichkeiten, Entscheidungen stärker über emotionale Prozesse steuern zu können, stellen für Kreditinstitute zusätzlich eine interessante Option dar. Besonders das insgesamt hoch wahrgenommene Risiko bei Kaufentscheidungen für **komplexe Produkte** im Finanzdienstleistungsbereich kann über emotional wirkende Reize der Umwelt reduziert werden.[274] Gleichermaßen wird im Bereich **standardisierter Transaktionen** zunehmend ein insgesamt geringes und weiter abnehmendes Involvement verzeichnet.[275] Liegt also ein geringes kognitives Involvement vor, so empfehlen sich Instrumente einer emotionalen Positionierung.[276] Somit bietet sich die emotionale Ansprache von Bankkunden an, das emotionale Involvement zu beeinflussen und damit auch impulsives Kaufverhalten für Standardbankprodukte im Bankenbereich zu generieren.

Die Ausführungen zeigen, dass eine erlebnisorientierte Ausrichtung von Finanzdienstleistern, insbesondere vor dem Hintergrund der aktuellen Konsumentenforschung, die die Vorteile einer emotionalen Kundenansprache aufzeigt, in derselben Weise sinnvoll und Erfolg versprechend scheint. Insbesondere die Erkenntnisse, dass auch gedanklich dominierte Entscheidungen von spontan entstehenden emotionalen Eindrücken beeinflusst werden, stützen die Umsetzung erlebnisorientierter Gestaltungskonzepte in Banken.[277]

So lässt sich auch begründen, dass die derzeitige Situation von Banken weniger auf einen Nachfragerückgang zurückzuführen ist, sondern vielfach auch durch Veränderungen im Kundenverhalten bestimmt wird.

Finanzgeschäfte sind für die Kunden vielfach zu Standard- und Routinegeschäften des täglichen Lebens geworden und haben den Charakter des Besonderen verloren.[278] Gerade der Übergang zum bargeldlosen Zahlungsverkehr, der Dispositionskredit, neue Geldanlageformen, Direct- und Electronic-Banking haben das Finanzverhalten in den letzten Jahren sehr stark verändert. Je stärker das Geld bzw. der Geldverkehr an Abstraktheit zunimmt, desto mehr verlieren Geldgeschäfte ihren bisherigen „Mythos".[279] Entscheidend ist zudem, dass die Anleger im Zuge wachsenden Wohlstandes erheblich höhere Anforderungen an ihr Kreditinstitut

---

[273] Zur Rolle des kognitiven und emotionalen Involvements in Entscheidungssituationen (vgl. Kroeber-Riel/Weinberg, 2003, S. 360ff). Liegt ein hohes emotionales und geringes kognitives Involvement vor, kann von einer impulsiven Kaufentscheidung gesprochen werden. Diese sind bisher bei Entscheidungen für Bankprodukte als Ausnahme zu sehen (vgl. Swoboda, 1997, S. 98).

[274] Vgl. Kroeber-Riel/Weinberg, 2003, S. 250f.

[275] Vgl. Lohmann, 1997, S. 89.

[276] Vgl. Esch, 2005, S. 139.

[277] Vgl. Kroeber-Riel/Weinberg, 2003, S. 241; Shiv/Fedorikhin, 1999.

[278] Vgl. Spremann, 1997, S. B1/B2.

[279] Vgl. Szallies, 1997, S. B1/B2.

stellen.[280] Die Kunden sind im Allgemeinen gut informiert, selbstbewusster und häufig besser in der Lage, ihre Wünsche und Bedürfnisse klar zu formulieren. Sie haben konkrete Vorstellungen über Preise und Konditionen, Erwartungen an die fachliche und soziale Kompetenz von Mitarbeitern und Kundenberatern und nicht zuletzt stellen sie gleichermaßen Anforderungen an das Umfeld und die Atmosphäre des Kreditinstitutes.[281] Insgesamt bedürfen damit der institutionelle Rahmen sowie das Auftreten gegenüber den Kunden eines tief greifenden Transformationsprozesses. Dennoch tun sich gerade Finanzdienstleister schwer damit, offen und kundenorientiert zu arbeiten. Ein Grund hierfür liegt in der oft auf Seriosität und Zurückhaltung gerichteten Unternehmenskultur. Die Bedenken der Kreditinstitute, Image zu verlieren, behindern vielfach eine auf Marketing und Vertrieb[282] gerichtete Strategie. Gerade aber der zum Teil recht lockere Umgang der heutigen Kunden mit Geld, verlangt auch eine entsprechende Kommunikation, die dem Bedürfnis nach emotionaler Ansprache gerecht wird.[283] Parallel zu den wachsenden Anforderungen und im Hinblick auf die Veränderungen im Wertegefüge des Konsumenten[284] wird die insgesamt zwiespältige Entwicklung der Kundenbedürfnisse gerade in diesem Zusammenhang besonders deutlich. Einerseits ist ein Hang zum Convenience-Banking (jederzeit verfügbare, preiswerte Basisleistungen) zu verzeichnen. Auf der anderen Seite steht die Forderung nach umfassender Problemlösungskompetenz und individueller Beratung, die eine immer höhere, an individuellen Kundenbedürfnissen ausgerichtete Betreuungs- und Servicequalität, erfordert.[285]

Insofern stehen sich hier zwei gegenläufige Tendenzen gegenüber, die zum einen in der hohen Bedeutung einer persönlichen Beziehung und Beratung, zum anderen in der Aufgeschlossenheit gegenüber elektronischen Medien (z.B. Internet-Banking) und den Angeboten von Direktbanken zu sehen sind. Die traditionell eher dauerhafte Kunde-Bank-Beziehung ist dadurch in besonderem Maße gefährdet, was im Weiteren auch den Geschäftserfolg traditioneller Filialbanken mindert.[286] Insbesondere im **Privatkundengeschäft** offenbart sich in diesem Zusammenhang ein kaum lösbarer Interessenkonflikt. Daher ist es notwendig, für die Zukunft Konzepte zu entwickeln, die eine sinnvolle Kombination von elektronischen Medien und klassischem Filialbetrieb herstellen und die zwiespältigen Bedürfnisse der Kunden umfassend abdecken.

---

[280]  Vgl. Bundesverband deutscher Banken, 2004, S. 9.
[281]  Vgl. Sterk, 1996, S. 60; Demiri, 2004, S. 4; Walter, 2003, S. 50.
[282]  Vgl. Kühlmann et al., 2002, S. 27.
[283]  Vgl. Spremann, 1997, S. B1/B2.
[284]  Vgl. Drengner, 2003, S. 9ff; Walter, 2003, S. 48; Kihm, 2004, S. 135ff.
[285]  Vgl. Schüller, 1998, S. 4; Walter, 2003, S. 43 und 50.
[286]  Zur Bedeutung langfristig stabiler Kundenbeziehungen im Bankenbereich vgl. beispielsweise Walter, 2003, S. 4ff.

Eine erlebnisorientierte Neupositionierung der Filiale innerhalb filialzentrierter Multi-Kanal-Konzepte stellt damit eine interessante Option dar, die Filialen für den Kunden interessanter und abwechslungsreicher zu gestalten. Die Schaffung einer für den Kunden angenehmen Ausstrahlung sollte dabei im Vordergrund stehen. Neue Filialkonzepte sind für Kreditinstitute vor allem auch deshalb interessant, weil sie Ansatzpunkte für eine **emotionale Positionierung** bieten und dementsprechend die beschriebenen Entwicklungen des Konsumentenverhaltens und die damit verbundenen emotionalen Bedürfnisse der Kunden aufgreifen. Die Strategie der Erlebnisorientierung, d.h. die Entwicklung und Implementierung eines Erlebnisbank-Konzeptes, bietet sich auch aus dieser Sicht als ein im Rahmen dieser Arbeit zu prüfender Lösungsweg an. Dieses kann, die bisherigen Erkenntnisse aufgreifend, das veränderte Kundenverhalten optimal reflektieren.

Im Weiteren werden in Anlehnung an handelsgerichtete Erlebnisstrategien erste Hinweise für eine mögliche Übertragbarkeit des Ansatzes auf den Bereich der Finanzdienstleistungen abgeleitet. In der Handelsforschung wird der Atmosphäre von Ladenumwelten bei der Vermittlung von Erlebnissen eine besondere Bedeutung beigemessen.[287] Auch im Bereich von Dienstleistungen konnten bereits eine Reihe empirischer Studien für einzelne Aspekte des Umweltdesigns (Environmental Design) einen Einfluss auf das Verhalten von Kunden belegen.[288]

## 2.3.3.2 Dimensionen von Erlebnisbank-Konzepten

Die im Abschnitt 2.1 (S. 11f) kurz umrissenen Strategien der Erlebnisorientierung im Einzelhandel, die die Dimensionen Produktangebot, Gestaltung und Atmosphäre der Ladenumwelt sowie Veranstaltungen und Events umfassen[289], sind grundsätzlich in dieser Form auch für den Bereich der Finanzdienstleistungen denkbar. Dies vor allem deshalb, weil das subjektive **emotionale Erleben** gerade in diesem meist beratungsintensiven Dienstleistungsbereich – neben dem ganz wesentlichen persönlichen Kunde-Berater-Kontakt – vor allem über diese Dimensionen determiniert wird. Insbesondere ist davon auszugehen, dass bezüglich des Einflusses positiver Emotionen und Stimmungen auf die Wahrnehmung und Beurteilung des Dienstleisters[290] bzw. der angebotenen Leistung, die Verweildauer und das tatsächliche Kaufverhalten[291] ähnliche Wirkungen wie im Einzelhandel zu erwarten sind.[292]

---

[287] Vgl. Gröppel, 1991, S. 55f.
[288] Vgl. Reimer, 2004, S. 84.
[289] Vgl. Gröppel, 1991, S. 55ff.
[290] Vgl. Darden/Babin, 1994; Mattila/Enz, 2002.
[291] Vgl. die Studien von Donovan/Rossiter, 1982, 1994.
[292] Vgl. Bruhn, 1997, S. 35.

Erlebnisorientierte Konzepte im Einzelhandel stellen überwiegend die folgenden Faktoren in den Mittelpunkt. Diese sind branchenübergreifend als Dimensionen des Erlebnismarketing anerkannt und können gleichermaßen für den Finanzdienstleistungsbereich als Maßstab für die Entwicklung erlebnisorientierter Gestaltungskonzepte dienen.[293]

- Erlebnisorientierte Produkte und Serviceangebote
- Erlebnisorientierte Gestaltung und Atmosphäre der Bereiche des Kundenkontaktes
  Raum und Umfeldgestaltung
  Dekoration und Farben
  Beleuchtung, Materialien, Musik, Bilder, Düfte[294]
  Produktpräsentation
- Erlebnisorientierte Veranstaltungen und Events[295]

Bisher zeichnen sich zwei Entwicklungstrends als Option für Kreditinstitute ab. Einerseits bietet sich die zielgruppenspezifische Ausrichtung von Bankfilialen an.[296] Andererseits werden zunehmend ganzheitlich ausgerichtete Erlebnisbank-Konzepte umgesetzt, die sich an die gesamte Zielgruppe der Bankkunden richten, wobei das Privatkundengeschäft (Retailgeschäft) den Schwerpunkt bildet. Letztere bilden auch den Gegenstand der empirischen Untersuchung. Im Mittelpunkt dieser Konzepte steht in der Regel eine verstärkte Kunden- und Serviceorientierung sowie im unterschiedlichen Maße auch die Erweiterung der klassischen Geschäftsfelder von Kreditinstituten durch Zusatzangebote, die meist banknahe (z.B. Fachliteratur), teilweise auch bankfremde Angebote (z.B. Bankcafé) umfassen. Dabei dienen die Filialen nicht mehr primär der Abwicklung des Zahlungsverkehrs, sondern werden zu Begegnungs- und Kommunikationsstätten mit hoher fachlicher und sozialer Beratungskompetenz. Notwendig ist dies insbesondere im Bereich komplexer Finanzberatung, wo der Kunde auch zukünftig den persönlichen Kontakt zu seinem Kreditinstitut suchen wird.

Aufgrund der besonderen Bedeutung räumlicher Gestaltungskonzepte und der damit verbundenen Realisierung einer positiv-emotionalisierenden Atmosphäre[297] bei der Vermittlung von

---

[293] Zu den Dimensionen des Erlebnismarketing vgl. beispielsweise Gröppel, 1991, S. 55ff; Stöhr, 1998, S. 20ff; Meyer, 2001, S. 31ff.
[294] Vgl. Bellizzi et al., 1983; Areni/Kim, 1994; Spangenberg et al., 1996; Ebster/Jandrisits, 2003.
[295] Vgl. Drengner, 2003, S. 140f.
[296] Beispielhaft kann die Jugendgeschäftsstelle der Sparkasse Chemnitz angeführt werden, die zielgerichtet entlang oben genannter Dimensionen ein auf die jugendliche Zielgruppe gerichtetes Erlebnisbank-Konzept umgesetzt hat.
[297] Berekoven definiert die Ladenatmosphäre als „die Summe der Sinneswirkungen, die sich teils bewusst, teils unbewusst als individuelles Raumerlebnis niederschlagen". In dieser Interpretation ist die Atmosphäre nicht als Gestaltungsergebnis des Handelsmarketing sondern vielmehr als subjektiver Eindruck des Konsumenten von Umweltreizen anzusehen (vgl. Berekoven, 1995, S. 277f). Auch Kotler beschreibt die Ladenatmosphäre

Erlebnissen im Einzelhandel, bilden diese Aspekte gleichermaßen den Kern der empirischen Untersuchung im Rahmen der vorliegenden Arbeit. Insbesondere Erkenntnisse des umweltpsychologischen Ansatzes von Mehrabian und Russell (1974) begründen die Wirkung neuartiger und überraschender Reize auf emotionale Reaktionen von Individuen und deren Verhalten. Dieser Ansatz dient angesichts seiner breiten theoretischen und empirischen Fundierung[298] auch als Ausgangspunkt der Erklärung eines erlebnisgerichteten Marketingansatzes für Finanzdienstleister.

Im Hinblick auf die Diskussion schematheoretischer Verankerungen von Erlebnissen im Freizeit- und Konsumbereich muss weiter berücksichtigt werden, dass eine unspezifische Vermittlung von Erlebnissen im finanzwirtschaftlichen Kontext falsche, weil im Wesentlichen freizeitbezogene Assoziationen hervorruft. Daher ist mit einer erlebnisorientierten Ausrichtung von Kreditinstituten auch der Anspruch verbunden, über geeignete Verknüpfungen, assoziative Strukturen zwischen Banken und Erlebnissen herzustellen. Bevor im Abschnitt 3 ein Verhaltensmodell für die Erklärung von Erlebniswirkungen für den Bereich der Finanzdienstleistungen entwickelt wird, wird im Folgenden zunächst eine Arbeitsdefinition von Bankerlebnissen abgeleitet, die als inhaltliche und konzeptionelle Basis der Arbeit zugrunde liegt.

Ziel des nachfolgenden Abschnittes ist somit die Zusammenfassung der Erkenntnisse, die sich sowohl aus der Herleitung des marketingtheoretischen Verständnisses des Erlebnisbegriffs als auch der Diskussion finanzdienstleistungsspezifischer Besonderheiten und den damit verbundenen Konsequenzen für das Konsumentenverhalten markieren lassen.

### 2.3.3.3 Definition des Bankerlebnisses

Im Abschnitt 2.2.4 (S. 30ff) wurden Erlebnisse als **Bündel von Emotionen**, im Sinne subjektiver Gefühlsregungen definiert, die als Folge **individuell bedeutsamer** Situationen und Ereignisse hervorgerufen werden und einer **inneren Verarbeitung** (Reflexion) durch das Individuum bedürfen. Wie Erkenntnisse des Erlebnismarketing im Bereich des Einzelhandels zeigen, lassen sich Emotionen insbesondere über die Gestaltung atmosphärischer Raumelemente auslösen, die im Individuum subjektiv zu Erlebnissen werden. Aufgrund finanzdienst-

---

als entscheidende Wirkungsdeterminante auf das Verhalten von Konsumenten. Dabei werden informative, emotionale und aufmerksamkeitserregende Wirkungen bedeutsam (vgl. Kotler, 1973, S. 50/54). Scheuch sowie Schweizer weisen darauf hin, dass in zahlreichen Untersuchungen zu Wirkungen der Ladenatmosphäre auf das Konsumentenverhalten emotionale Prozesse in den Vordergrund gestellt, während kognitive Prozesse vielfach vernachlässigt werden, vgl. Scheuch, 2001, S. 122f; Schweizer, 2005, S. 95ff). Scheuch definiert daher die Ladenatmosphäre als „Ergebnis des Einsatzes sämtlicher Gestaltungselemente bzw. -bereiche im Verkaufsraum […], das durch die Summe der Einzelreize sowohl emotionale als auch kognitive Prozesse beim Konsumenten beeinflusst" (vgl. Scheuch, 2001, S. 121).

[298] Vgl. zu einer Übersicht Turley/Milliman, 2000.

leistungsspezifischer Besonderheiten scheint es jedoch gegeben, moderne, den Anforderungen der Kunden gerecht werdende Dienstleistungskonzepte zu entwickeln.

Wie die interdisziplinäre Betrachtung des Erlebnisbegriffs gezeigt hat, sind für Erlebnisse insbesondere Situationen und Ereignisse entscheidend, die für Personen bedeutend sind, sie nachhaltig beeindrucken und berühren. Für Finanzdienstleister rückt damit die Frage in den Mittelpunkt, welche Situationen emotionale Erlebnisse auslösen können. Dabei geben die im Abschnitt 2.3.3.2 (S. 51ff) umrissenen Dimensionen von Erlebnisbank-Konzepten bereits wesentliche Anhaltspunkte und bilden im Rahmen der Arbeit die Grundlage dafür, Erlebniswirkungen im Bereich Finanzdienstleistungen nachzuweisen.

Für Bankerlebnisse soll im Rahmen dieser Arbeit folgende Definition gelten:

Bankerlebnisse **sind Bündel von Emotionen** (Gefühlsregungen), die durch neuartige und überraschende **Maßnahmen der Umfeld-, Beratungs- und Servicegestaltung** (Basisatmosphäre), die für das Individuum **bedeutsam** sind, ausgelöst werden und ein **positives Erleben** (Wahrnehmen) des Dienstleitungsprozesses ermöglichen und individuelle Erwartungen an Kreditinstitute berücksichtigen. Sie sind **nicht nur Eindrücke**, die ein Individuum wahrnimmt, sondern Folge der **inneren Verarbeitung**.

Wie im Abschnitt 2.3.3.1 (S. 46ff) festgestellt, werden in der Bankenpraxis derzeit zahlreiche Erlebnisbank-Konzepte etabliert. Bisher fehlt es jedoch an theoretisch begründeten und empirisch geprüften Ansätzen, die die Wirksamkeit von Erlebnisbank-Konzepten in Kreditinstituten begründen. Ziel der Arbeit ist deshalb, ein entsprechendes Modell auf der Basis umweltpsychologischer Forschung sowie Erkenntnissen der Konsumentenverhaltensforschung zu entwickeln.

Umweltpsychologische Ansätze sind dabei zunächst insbesondere deshalb geeignet, da sie speziell die Wirkung von Umweltreizen auf das Verhalten von Individuen ins Zentrum der Betrachtung stellen.

# 3 Entwicklung eines Verhaltensmodells zur Erklärung von Erlebniswirkungen im Bereich Finanzdienstleistungen

## 3.1 Erkenntnisse der Umweltpsychologie

### 3.1.1 Grundlagen der Umweltpsychologie

Die Umweltpsychologie ist ein interdisziplinärer Ansatz, der sich im Kern mit der Untersuchung der dynamischen Wechselwirkungen zwischen Menschen und ihrer physischen Umwelt auseinandersetzt. Dabei wird der Mensch als Teil der Umwelt betrachtet, da er sowohl auf seine Umwelt einwirkt als auch selbst durch sie beeinflusst wird.[299]

Die Umweltpsychologie geht auf die Feldtheorie von Lewin (1951) zurück, nach deren Auffassung das Verhalten von Menschen eine Funktion der Umweltreize und der persönlichen Prädisposition (V = f (P, U)) ist.[300] In der bisherigen sozialpsychologischen Forschung, die sich vor allem der Betrachtung sozialer Umweltfaktoren zugewandt hat, wurde zwar die physische Umwelt nicht explizit ausgeschlossen, jedoch überwiegend vernachlässigt. Demnach wird die Umweltpsychologie als Ergänzung der Untersuchungen sozialer Umweltdeterminanten (Sozialpsychologie) gesehen.[301]

Das Vorliegen einer Wechselbeziehung zwischen Personen und Umwelt impliziert, dass die Umwelt sowohl als abhängige (Gestaltung der Umwelt im Dienste menschlichen Verhaltens) als auch als unabhängige Variable (Einfluss der Umwelt auf menschliches Verhalten) verstanden werden kann. Hervorzuheben ist die Dynamik dieser Wechselbeziehung, denn Erleben und Handeln spielen sich immer in Abhängigkeit von Raum und Zeit ab.[302] Im Rahmen dieser Arbeit wird untersucht, welche Verhaltensreaktionen durch (erlebnisorientierte) Gestaltungsmaßnahmen in Kreditinstituten hervorgerufen werden. Demnach wird die Umwelt hier überwiegend als unabhängige und beeinflussende Variable betrachtet.

Für das Marketing gewinnt die Umweltpsychologie mehr und mehr an Bedeutung, da die Grundannahme der umweltpsychologischen Forschung besagt, dass die in der Umwelt vorliegenden Beziehungen zwischen Individuen und Objekten einer Struktur folgen, durch die es möglich wird, anhand gezielter Gestaltung der Umwelt direkten Einfluss auf die durch die Umwelt ausgelösten Verhaltensweisen des Menschen zu nehmen.[303] Dabei wird davon ausgegangen, dass die physische Umwelt *„konsistente und über zeitliche und räumliche Einzelsituationen hinausgehende Verhaltensweisen auslöst".*[304]

---

[299] Vgl. Ittelson et al., 1977, S. 17; Veitch/Arkkelin, 1995, S. 4; Kroeber-Riel/Weinberg, 2003, S. 423ff.
[300] Ausführlicher zu Lewins Feldtheorie siehe z.B. Ittelson et al., 1977, S. 96ff.
[301] Vgl. Kroeber-Riel/Weinberg, 2003, S. 423.
[302] Vgl. Miller, 1998, S. 71.
[303] Vgl. Rapoport, 1977, S. 9.
[304] Kroeber-Riel/Weinberg, 2003, S. 424.

Für die Ausgestaltung von Erlebnisstrategien im Bereich Finanzdienstleistungen sind also insbesondere Fragestellungen relevant, die aufzeigen, wie die meist räumlich organisierte Umwelt zur Beeinflussung des menschlichen Verhaltens bewusst gestaltet[305] werden kann. Allgemein wird so über die Gestaltung der physischen Umwelt mit Farben, Formen, Bildern oder Musik eine Verbesserung der Umweltqualität und der Umweltattraktivität von Bankfilialen angestrebt.[306]

In der Umweltpsychologie existieren zwei grundsätzliche Ansätze der Theoriebildung, die auf unterschiedlichen Annahmen über die Beziehungen zwischen den drei zentralen Bezugsvariablen Umwelt, Person und Verhalten aufbauen. Beiden Ansätzen ist zunächst gemein, dass Verhalten die abhängige Variable, Person und Umwelt die unabhängigen Variablen darstellen. Weiterführend basieren die so genannten Typ I Ansätze auf der Annahme, dass Umwelt und Person einen voneinander losgelösten Einfluss auf das Verhalten ausüben, sich also nicht gegenseitig beeinflussen. Des Weiteren wird bei diesen Ansätzen dahingehend differenziert, welcher der unabhängigen Variablen der größere Einfluss zuzusprechen ist, so dass dementsprechend zwischen umwelt- und personenzentrierten Ansätzen unterschieden wird. Im Extremfall wird dabei das Verhalten vollständig durch eine der beiden Variablen erklärt. Die so genannten Typ II Ansätze gehen hingegen von Wechselwirkungen zwischen den beiden unabhängigen Variablen aus. Folglich ist das Verhalten eine Funktion der Interaktion zwischen wahrgenommener Umwelt und Person (Interdependenztheorie). In dieser Arbeit finden die Ansätze des Typ II Anwendung, da ihnen vor allem auch in der Marketingforschung zunehmende Bedeutung zugesprochen wird.[307]

Innerhalb dieser Systematisierung kann darüber hinaus zwischen kognitiven und emotionalen Ansätzen unterschieden werden – je nach dem, ob eher kognitive oder emotionale, durch die Umwelt hervorgerufene Prozesse Gegenstand des wissenschaftlichen Interesses sind.[308] Die kognitiv orientierten Theorien beschäftigen sich mit Wahrnehmungs-, Verständnis- und Erinnerungsfähigkeiten des Menschen in Bezug auf seine physische Umwelt. Den Schwerpunkt stellen „gedankliche Lagepläne" dar, derer sich Menschen bedienen, um sich in ihrer Umwelt zu orientieren. Sie sind das subjektiv vorhandene, innere Abbild einer räumlichen Ordnung.[309] Die emotional orientierten Theorien hingegen stellen die Frage in den Vordergrund, wie Emotionen aufgrund spezifischer Umwelteinflüsse entstehen und in welcher Form sie das mensch-

---

[305] Vgl. Gröppel, 1991, S. 112.
[306] Vgl. Kroeber-Riel/Weinberg, 2003, S. 434.
[307] Vgl. Graumann/Schneider, 1988, S. 17.
[308] Vgl. Gröppel-Klein, 1998, S. 190.
[309] Vgl. Kroeber-Riel/Weinberg, S. 415ff.

liche Verhalten beeinflussen. Ziel ist das Erkennen von Ursachen und Wirkungen emotionalisierender Umweltreize.[310]

Bevor diese beiden theoretischen Ansätze ausführlicher betrachtet werden, sollen im Weiteren grundlegende aktivierungstheoretische Erkenntnisse systematisiert und dargestellt werden, da sie für beide Ansätze substantielle Bedeutung haben.

### 3.1.2 Aktivierungstheoretische Grundlagen

Die Aktivierung beschreibt die Erregungsintensität des Zentralnervensystems. Der Begriff kann mit Erregung oder innerer Spannung gleichgesetzt werden. Durch die Aktivierung wird der Organismus mit Energie versorgt und in einen Zustand der Leistungsbereitschaft und Leistungsfähigkeit versetzt.[311] Aktivierung kann damit als notwendige Voraussetzung für alle psychischen Prozesse gelten und stimuliert und beeinflusst nicht nur aktivierende Prozesse wie Emotionen, Motivationen oder Einstellungen sondern auch kognitive Prozesse wie Wahrnehmung, Entscheiden oder Lernen.[312]

Grundsätzlich kann zwischen der tonischen und der phasischen Aktiviertheit differenziert werden. Für das Marketing bzw. die Konsumentenverhaltensforschung ist insbesondere die phasische Aktivierung interessant, da sie über externe Faktoren (Stimuli) gesteuert werden kann. Die längerfristig wirkende tonische Aktivierung wird dabei vor allem von tageszeitlichen Einflüssen bestimmt und nimmt Einfluss auf die generelle Leistungsbereitschaft von Personen. Demgegenüber wird die kurzfristig wirkende phasische Aktivierung von einzelnen Reizen ausgelöst, die beispielsweise über die Gestaltung von Umwelten (z.B. Farben, Formen, Düfte, Materialien) erreicht werden kann. Dennoch sind beide Arten nicht streng zu isolieren, sondern beeinflussen sich wechselseitig.[313]

Allgemein gehen Aktivierungstheorien von einem optimalen Aktivierungsniveau aus, das weder überschritten noch unterschritten werden sollte.[314] Interindividuell kann jedoch nicht von einem einheitlichen Reizniveau ausgegangen werden. Vielmehr ist ein subjektiv angenehm empfundenes (optimales) Aktivierungsniveau abhängig von persönlichen Prädispositio-

---

[310] Vgl. Gröppel, 1991, S. 120ff; Bost, 1987, S. 20; Gröppel-Klein, 1998, S. 190.
[311] Vgl. hierzu ausführlich Kroeber-Riel/Weinberg, 2003, S. 58ff; Trommsdorff, 2004, S. 47ff.
[312] Vgl. Kroeber-Riel/Weinberg, 2003, S. 51f.
[313] Vgl. Trommsdorff, 2004, S. 50; Bost, 1987, S. 34f.
[314] Zu einem Überblick empirischer Untersuchungen, die Wirkungen optimaler Aktivierungsniveaus aufzeigen (vgl. Bost, 1987, S. 34f). Gleichermaßen wird mit dem OSL-Ansatz (Optimal-Stimulus-Level-Ansatz) die These vertreten, der Mensch sei stets auf der Suche nach einem optimalen Stimulationsniveau. Abweichungen werden durch zielgerichtetes Vermeiden stressbehafteter Situationen ausgeglichen, um eine emotionale Überreizung bzw. kognitive Überlastung zu umgehen (vgl. Schweizer, 2005, S. 98).

nen, Gewohnheiten oder Erwartungen an die jeweilige Umwelt.[315] Auch der Prozess der Informationsverarbeitung ist bei mittleren Aktivierungsniveaus am effizientesten.[316]

Gleichermaßen ist bekannt, dass äußere Reize, die für den Untersuchungsgegenstand eine besondere Relevanz besitzen, nicht direkt aktivierend wirken, sondern zunächst grob entschlüsselt, d. h. dechiffriert werden. Erst nachdem die subjektive Bedeutung bzw. Relevanz eines Reizes für das Individuum bekannt ist, führt ein Reiz zu Aktivierung. Damit wird auch davon ausgegangen, dass die weitere Entschlüsselung sowie Reizverarbeitung ein der Aktivierung nachgelagerter Prozess ist und durch die ausgelöste Aktivierung stimuliert wird. Ist das Aktivierungspotenzial von Reizen schwach, verlaufen kognitive Verarbeitungsprozesse weniger effizient. Aus der subjektiven Bedeutsamkeit von Reizen kann geschlossen werden, dass objektiv gleiche äußere Reize auf Individuen unterschiedlich wirken und ein unterschiedliches Maß an Aktivierung hervorrufen.[317]

Auch die Wahrnehmung bzw. der Prozess der Wahrnehmung ist entscheidend von der Aufmerksamkeitszuwendung und damit dem Aktivierungspotenzial[318] eines gegebenen Stimulus abhängig. Wie hoch die Aktivierung ist, die von einem Reiz ausgeht, hängt stark von dessen physischen (z.B. Farben, Düfte), kognitiven (z.B. unerwartete Situationen) und emotionalen (z.B. Schlüsselreize wie das Kindchenschema) Eigenschaften ab.[319] Generell wird von einer limitierten Aufmerksamkeits- und Informationsverarbeitungskapazität des Menschen ausgegangen. Die Selektion von Stimuli hängt daher maßgeblich von der aktivierenden Wirkung eines Reizes ab. Dabei gilt, dass neue Reize aufgrund von Orientierungsreflexen eher Aufmerksamkeit erregen. Habitualisierung dagegen vermindert die Beachtung bereits bekannter Reize, da die Orientierungsreaktion entsprechend eingeschränkt ist.[320] Damit sind insbesondere überraschende und neuartige Umwelten geeignet, das Aktivierungsniveau zu erhöhen.[321] Diese Erkenntnisse lassen sich gleichfalls für die Umfeldgestaltung in Kreditinstituten nutzen. Insbesondere physische Reize scheinen geeignet überraschende und somit aktivierende Umwelten zu gestalten. So bestimmt sich beispielsweise die Aktivierungswirkung von räumlichen Umwelten über Größe, Form und Farbe. Gleichermaßen kommt es auf kognitiver Ebene zur Aktivierung. Dies gilt insbesondere dann, wenn das Individuum mit unerwarteten Situati-

---

[315] Vgl. Veitch/Arkkelin, 1995, S. 26ff; Berlyne, 1960, S. 211; Raju, 1980, S. 273; Gierl/Helm/Stumpp, 1999, S. 218.

[316] Vgl. Kroeber-Riel/Weinberg, 2003, S. 78.

[317] Vgl. Kroeber-Riel/Weinberg, 2003, S. 70f.

[318] Unter dem Begriff des Aktivierungspotenzials wird die Fähigkeit von Reizen verstanden, beim Empfänger (phasische) Aktivierung auszulösen (vgl. Bost, 1987, S. 36).

[319] Vgl. Kroeber-Riel/Weinberg, 2003, S. 70ff; Drengner, 2003, S. 132.

[320] Vgl. Birbaumer/Schmidt, 1996, S. 514ff; Diehl, 2002, S. 99.

[321] Vgl. Kroeber-Riel/Weinberg, 2003, S. 71.

onen (z.B. Gestaltung der Bankfiliale) konfrontiert wird, die der allgemeinen Schemavorstellung widersprechen.[322]

Ein erhöhtes Aktivierungsniveau zieht sowohl emotionale als auch kognitive Prozesse nach sich. Aktivierungstheorien dienen demnach als Grundlage des kognitiven und emotionalen Ansatzes der Umweltpsychologie. Im Weiteren werden beide Ansätze ausführlich betrachtet.

### 3.1.3 Kognitiver Ansatz der Umweltpsychologie

Die Kernaussage des kognitiven Ansatzes der Umweltpsychologie liegt in der gedanklichen Strukturierung der Umwelt. Kognitionen als psychologischer Prozess, der für die Mensch-Umwelt-Interaktion von großer Bedeutung ist, ermöglichen im Zusammenspiel mit dem Prozess der Wahrnehmung die Kodierung und Klassifizierung von Umweltreizen zu einer strukturierten und damit fassbaren Umwelt – dies gleichermaßen auch, wenn die Umwelt nicht unmittelbar präsent ist. Kognitionen schaffen demnach eine „Geographie des Geistes".[323] Hintergrund dieser Forschung ist die Erkenntnis, dass Menschen räumliche Umwelten überwiegend in Form gedanklicher Lagepläne speichern, anhand derer sie sich in ihrer Umwelt orientieren. Das heißt, es werden subjektiv vereinfachte Bilder einer räumlichen Ordnung vor dem „inneren Auge" abgebildet.[324]

Im Zentrum stehen Theorien, die die Wahrnehmungs-, Verständnis- und Erinnerungsfähigkeiten des Menschen in Bezug auf seine physische Umwelt betrachten. Somit bilden die Imageryforschung und die Gestaltpsychologie[325] wichtige Grundlagen zur Erklärung menschlichen Verhaltens in der kognitiven Umweltpsychologie.

Die Imageryforschung wendet sich dabei dem Zustandekommen bzw. der Wirkung innerer Bilder zu. Damit verbindet sich die Auffassung einer besseren Verarbeitung nonverbaler, also bildlicher, Informationen im Gegensatz zu verbalen Umschreibungen.[326] Die mentale Verarbeitung innerer Bilder wird vielfach als „Imagery-Prozess" beschrieben. Wichtig ist jedoch in

---

[322] Vgl. Kroeber-Riel/Weinberg, 2003, S. 72.
[323] Vgl. Ittelson et al., 1977, S. 133.
[324] Vgl. Kroeber-Riel/Weinberg, 2003, S. 425ff.
[325] Einer der Hauptvertreter der Gestaltpsychologie (auch Gestalttheorie) ist Koffka (1935). Die Gestaltpsychologie beschäftigt sich mit dem Erkennen und Wahrnehmen von Umwelten sowie ihrer sinnvollen Interpretation. Sie beruht auf der Hauptaussage: „Das Ganze ist mehr als die Summe seiner Teile." Das heißt, Umwelten, Personen oder Objekte werden immer als eine Einheit wahrgenommen. Aufgrund der Beziehungsmuster zwischen einzelnen Teilen entstehen Eigenschaften des Ganzen, die nicht in den Teilen selbst zu finden ist (vgl. Ittelson et al., 1977, S. 93ff; Hellbrück/Fischer, 1999, S. 76ff; Veitch/Arkkelin, 1995, S. 18).
[326] Vgl. Kroeber-Riel/Weinberg, 1996, S. 425. Siehe auch zur Hemisphärenforschung, nach der „verbale und nicht-verbale Informationen in unabhängigen aber miteinander verbundenen Systemen repräsentiert und verarbeitet" werden (vgl. Zentes, 1988, S. 164).

diesem Zusammenhang die Erkenntnis, dass gerade die Aufnahme und Verarbeitung bildlicher Umweltinformationen mit geringer kognitiver Kontrolle ablaufen und nur unvollständig verbalisiert werden können.[327]

Den Schwerpunkt des Forschungsinteresses bilden in der kognitiven Umweltpsychologie die gedanklichen Lagepläne (cognitive maps), derer sich Menschen bedienen, um in ihrer Umwelt Orientierung zu finden.[328] Individuen sind bestrebt, Umwelten zu beherrschen bzw. zu kontrollieren. Eine Umwelt, die weder transparent noch erklärbar ist, kann zu negativen Stimmungswirkungen und daraus resultierend zu Meidungsverhalten führen.[329]

Somit spielt der theoretische Zugang über die Imageryforschung für die orientierungsfreundliche Gestaltung von Umwelten eine zentrale Rolle, da sie ein Erklärungsbild über die Fähigkeiten des Menschen liefert, räumliche Umwelten wahrzunehmen, zu begreifen und sich ihrer zu erinnern. Das Vorhandensein innerer Vorstellungsbilder von räumlichen Ladenumwelten in Form gedanklicher Lagepläne war zunächst insbesondere für den Einzelhandel von großer Bedeutung.[330]

Erste Arbeiten zur orientierungsfreundlichen Gestaltung von Umwelten wurden bereits 1960 von Lynch vorgelegt. Seine Untersuchung galt vor allem dem Nachweis des Vorhandenseins kognitiver Lagepläne.[331] In späteren Studien wurden diese Ergebnisse vielfach aufgegriffen und weiterentwickelt.[332] Sommer/Aitkens untersuchten 1982 in einer Studie die räumliche Orientierungsfähigkeit von Konsumenten in Supermärkten und konnten nachweisen, dass Konsumenten über kognitive Lagepläne verfügen, die insbesondere Randbereiche von Supermärkten umfassen.[333] Inneren Raumbereichen fehlt es vielfach an auffälligen Orientierungspunkten wie Eingängen, Treppen oder Hinweistafeln, was die Entstehung kognitiver Lagepläne behindert und folglich die Orientierung erschwert.[334] Bei der Bildung kognitiver Lagepläne spielen markante Punkte, wie Wege, Ecken, außergewöhnliche oder bemerkenswerte Merkmale oder unverwechselbare physische Hinweise („landmarks") eine bedeutende Rolle und dienen Menschen als Orientierungsanker, wenn sie sich in Umwelten bewegen.[335]

Erkenntnisse der kognitiven Umweltpsychologie verdeutlichen somit die Notwendigkeit der orientierungsfreundlichen Umweltgestaltung – insbesondere über bildhafte Informationsdar-

---

[327] Vgl. Kroeber-Riel/Weinberg, 2003, S. 242 und 425; Ittelson et al., 1977, S. 27 und S. 127ff.

[328] Vgl. Kroeber-Riel/Weinberg, 2003, S. 415.

[329] Vgl. Bost, 1987, S. 16; Gröppel-Klein, 1998, S. 189f; Ittelson et al., 1977, S. 131.

[330] Vgl. Gröppel-Klein, 1998, S. 190.

[331] Vgl. Lynch, 1960, S. 46ff.

[332] Vgl. beispielsweise Russell/Ward, 1982, S. 661.

[333] Vgl. Sommer/Aitkens, 1982, S. 212/215.

[334] Vgl. Gröppel, 1991, S. 117; Kroeber-Riel/Weinberg, 2003, S. 427.

[335] Vgl. Veitch/Arkkelin, 1995, S. 90ff.

bietung – da zahlreiche Studien positive Wirkungen auf die wahrgenommene Einkaufsbequemlichkeit und das Einkaufsverhalten insgesamt nachweisen konnten.[336]

Im Rahmen dieser Arbeit werden kognitive Ansätze der Umweltpsychologie zunächst inso-
weit Anwendung finden, wie sie Erkenntnisse hinsichtlich der Verbesserung der Orientierungsfreundlichkeit von Bankfilialen liefern. Aufgrund der hohen Bedeutung orientierungsfreundlicher Umwelten wird bei der angestrebten Modifikation des bisher emotional fundierten umweltpsychologischen Verhaltensmodells von Mehrabian/Russell der hier erläuterte
kognitive Ansatz integriert. Im Hinblick auf den vorliegenden Untersuchungsgegenstand erschließt sich die Relevanz des Konstruktes vor allem aus Erkenntnissen, die unmittelbar emotionale Wirkungen (z.B. Stimmungswirkungen) orientierungsfreundlicher Umwelten konstatieren.[337] Im Zusammenhang mit Bankgeschäften lassen sich positive Stimmungswirkungen
beispielsweise aus der Möglichkeit der Reduzierung der Komplexität von Umwelten begründen, die sich in einem Gefühl von Sicherheit und Zufriedenheit äußern.

### 3.1.4 Emotionaler Ansatz der Umweltpsychologie

Vertreter der emotionspsychologischen Ansätze sind der Auffassung, dass die Wahrnehmung
und Wirkung der physischen Umwelt nur wenig kognitiv geleitet wird, sondern das Verhalten
überwiegend über emotionale Reaktionen gesteuert wird. Das begründet den Vorrang emotionaler Ansätze in der umweltpsychologischen Forschung.[338]

Emotionspsychologische Ansätze der Umweltpsychologie beschäftigen sich mit den durch die
Kaufumwelt ausgelösten Emotionen/Gefühlen und Stimmungen sowie deren Auswirkungen
auf das tatsächliche Verhalten. Kernstück dieser Forschungsrichtung ist das auf dem
S-O-R-Modell basierende umweltpsychologische Verhaltensmodell von Mehrabian und Russell, das bereits 1974 entwickelt wurde und besonders im Handelsmarketing von vielen Autoren immer wieder aufgegriffen und erweitert wurde.[339]

### 3.1.4.1 Das Verhaltensmodell nach Mehrabian/Russell

Das umweltpsychologische Verhaltensmodell von Mehrabian/Russell (1974), als Vertreter
des emotionalen Ansatzes der Umweltpsychologie, stellt einen zentralen Baustein zur Erklärung von Verhaltenswirkungen dar. Das Modell beruht auf der Grundannahme, dass Umweltreize beim Konsumenten Gefühle auslösen, die als intervenierende Variable das Verhalten

---

[336] Vgl. beispielsweise Grossbart/Rammohan, 1981; Sommer/Aitkens, 1982; Esch/Thelen, 1997.
[337] Vgl. insbesondere der Ansatz von Bost, 1987.
[338] Vgl. Kroeber-Riel/Weinberg, 2003, S. 428; Graumann/Schneider, 1988, S. 17.
[339] Vgl. z.B. Diller/Kusterer, 1986; Bost, 1987, Gröppel, 1991; Terlutter, 2000; Diehl, 2002; Spies et al., 1997;
Eroglu et al., 2003; Ebster/Jandrisits, 2003.

gegenüber der Umwelt beeinflussen, wobei die Persönlichkeit des Individuums bestimmend dafür ist, wie die Reaktion aussieht. Das heißt, objektiv gleiche Reize werden von Menschen unterschiedlich wahrgenommen und führen somit auch zu unterschiedlichen Verhaltensreaktionen.[340] Die folgende Abbildung gibt das umweltpsychologische Verhaltensmodell wieder.

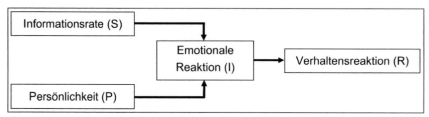

*Abbildung 3:    Umweltpsychologisches Verhaltensmodell von Mehrabian/Russell (1974)*

Mit der Informationsrate können sämtliche Umweltstimuli zu einem einheitlichen „Reizsystem" zusammengefasst werden und ermöglichen auf diese Weise einen Vergleich verschiedener Umweltkonstellationen. Je mehr Informationen i. S. v. Umweltreizen in einer Umgebung vorhanden sind oder wahrgenommen werden, desto höher ist die Informationsrate.[341] Als Stimulusvariablen gelten dabei akustische, olfaktorische oder visuelle (z.B. Farben, Licht) Umweltreize. Mehrabian und Russell gehen davon aus, dass diese Einzelreize zusammen wirken müssen. Sie bilden nach dieser Auffassung eine einheitliche Reizkonstellation und erfordern folglich eine ganzheitliche Betrachtung.[342] Sie sprechen in diesem Zusammenhang vom Konzept der Informationsrate (S), das eine eindimensionale Wirkungsbeschreibung von Umwelten ermöglichen soll.[343] Die Informationsrate beschreibt die *„ Menge von Informationen, die pro Zeiteinheit in der Umwelt enthalten sind oder wahrgenommen werden"*[344]. Nach diesem Verständnis ist vertiefend zwischen dem tatsächlich vorhandenen Reizvolumen (objektive Komponente) und dem wahrgenommenen Reizvolumen (subjektive Komponente) zu differenzieren.[345]

Die Informationsrate definiert sich vor allem über die Komplexität und Neuartigkeit einer Umwelt. Je abwechslungsreicher, neuartiger, überraschender und lebendiger eine Umwelt ist bzw. erlebt wird, desto höher ist ihre Informationsrate. Reizstarke Umwelten besitzen also eine hohe Informationsrate.[346] Zugleich bestimmt die Reizstärke einer Umwelt ihr Aktivie-

[340]   Vgl. Mehrabian/Russell, 1974; Mehrabian, 1978, S. 15 und S. 28.
[341]   Vgl. Mehrabian, 1978, S. 16.
[342]   Vgl. Kroeber-Riel/Weinberg, 2003, S. 429.
[343]   Vgl. Bost, 1987, S. 22; Schweizer, 2005, S. 114.
[344]   Mehrabian, 1978, S. 16.
[345]   Vgl. Gröppel, 1991, S. 126.
[346]   Vgl. Donovan/Rossiter, 1982, S. 40; Mehrabian, 1978, S. 16/17.

rungspotenzial. Das heißt, die subjektiv wahrgenommene Reizstärke beeinflusst die ausgelöste Erregung (Aktivierung). Kritisch ist die im Modell fehlende Klassifizierung unterschiedlicher Reizqualitäten anzumerken. Durch die ganzheitliche Betrachtungsweise der Gesamtheit von Umweltreizen ist es beispielsweise nicht möglich, wirksame von unwirksamen Reizen zu trennen.[347]

Umweltreize erzeugen beim Menschen primäre emotionale Reaktionen (I), die sich nach Mehrabian/Russell auf drei grundlegende Gefühlsdimensionen zurückführen lassen und die Verhaltensabsichten wesentlich bestimmen.

- Erregung – Nichterregung (Arousal – Nonarousal)
- Lust – Unlust (Pleasure – Displeasure)
- Dominanz – Unterwerfung (Dominance – Submissiveness)[348]

Die ausgelösten emotionalen Reaktionen werden als Ursache dafür gesehen, ob sich Menschen einer Umwelt gegenüber angezogen oder abgestoßen fühlen.

Während Erregung die Stärke der emotionalen Reaktion angibt und mit Aktivierung gleichgesetzt werden kann, gibt Lust die positive oder negative Richtung der Emotionen an. Die Erregung sagt aus, wie angeregt oder aktiv eine Person ist. Lust dagegen ermöglicht Aussagen darüber, wie gut gelaunt oder heiter eine Person in einer bestimmten Umgebung ist.[349] Dabei können diese beiden Dimensionen nicht losgelöst voneinander betrachtet werden. Sie spannen vielmehr ein Feld möglicher Stimmungswirkungen auf, die anhand der folgenden Abbildung verdeutlicht werden sollen.[350]

---

[347] Vgl. Kroeber-Riel/ Weinberg, 2003, S. 429.
[348] Vgl. Mehrabian/Russell, 1974, S. 8; Mehrabian, 1978, S. 22ff.
[349] Vgl. Kroeber-Riel/Weinberg, 2003, S. 429.
[350] Vgl. Kroeber-Riel/Weinberg, 2003, S. 429; Mehrabian, 1978, S. 23/25.

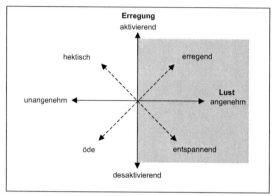

*Abbildung 4:*     *Schema möglicher Stimmungswirkungen der Dimensionen Erregung und Lust*

In diesem Feld der Stimmungswirkungen werden emotionale Reaktionen auf Umweltreize abgebildet. Je neuartiger und komplexer diese sind, desto höher ist die transportierte Informationsrate und desto höher ist die Aktivierung und das Gefühl, sich in einer Umgebung wohl zufühlen, sie als angenehm zu empfinden (Lust).[351] Positive und erwünschte Stimmungswirkungen gehen von Reizen aus, die emotionale Reaktionen im grau hervorgehobenen Raum hervorrufen. Dabei ist es wichtig, ein bestimmtes Reizvolumen bzw. Aktivierungsniveau nicht zu überschreiten, da mittlere Erregungszustände am angenehmsten empfunden werden.[352]

Die Dimension Dominanz beschreibt ein durch die Umwelt vermitteltes subjektiv wahrgenommenes Gefühl der Unabhängigkeit oder Überlegenheit. Personen können sich also in einer bestimmten Situation bzw. einer bestimmten Umgebung unabhängig oder eher „kontrolliert", d.h. unterlegen fühlen. Demnach werden Umwelten, die ein Gefühl der Unterlegenheit oder Kontrolle vermitteln, eher gemieden. Dagegen führt ein Gefühl der Umweltbeherrschung zu positiven Stimmungswirkungen. Fühlt sich eine Person in einer Situation dominant und hat das Gefühl eine Situation kontrollieren zu können, wird dies durch Annäherungsverhalten deutlich.[353] In empirischen Untersuchungen hat sich die Dimension der Dominanz jedoch wenig bewährt. Russell/Pratt begründen dies vor allem mit der deutlich kognitiven Prägung der Dominanz, da kognitiv dominierte Prozesse das Gefühl von Kontrolle

---

[351] Vgl. Mehrabian, 1978, S. 19f.
[352] Vgl. Mehrabian, 1978, S. 26-28/31; Veitch/Arkkelin, 1995, S. 26ff; Berlyne, 1960, S. 211; Raju, 1980, S. 273; Gierl/Helm/Stumpp, 1999, S. 218.
[353] Vgl. Kroeber-Riel/Weinberg, 2003, S. 430; Diehl, 2002, S. 101, Terlutter, 2000, S. 182/185.

oder Unabhängigkeit bestimmen.[354] In späteren Modellbeschreibungen wurde diese Dimension daher häufig aufgegeben.[355]

Des Weiteren übt nach Mehrabian/Russell die Persönlichkeit (P) eines Menschen einen Einfluss auf das Verhalten gegenüber seiner Umwelt aus. Somit erklären unterschiedliche Prädispositionen, warum Menschen gleiche Umwelten unterschiedlich erleben und dementsprechend differenzierte Verhaltensreaktionen zeigen.

Nach Mehrabian/Russell scheinen die oben beschriebenen grundlegenden Gefühlsdimensionen (Lust, Erregung, Dominanz) gleichermaßen geeignet, die Persönlichkeitseigenschaften von Individuen zu charakterisieren. So können Menschen mehr als andere lust- oder unlustbetont sein, erregende Umweltsituationen bewusst aufsuchen, ihnen gegenüber aufgeschlossen sein bzw. sich stärker als andere gegen erregende Reize abschirmen.[356] Die bedeutendsten Persönlichkeitsunterschiede ergeben sich nach Mehrabian/Russell aus der Erregungs-Dimension.[357] Die beiden Extrempole dieser Persönlichkeitsprädisposition bezeichnen sie als „Abschirmung" bzw. „Nichtabschirmung".[358] Damit wird auf das Vermögen und vor allem die Bereitschaft von Menschen abgestellt, gefühlsbetont Reize zu empfangen und wahrzunehmen.[359] Reizsucher oder Nichtabschirmer sind insgesamt aufgeschlossener gegenüber Umweltreizen, nehmen mehr Reize wahr und weisen folglich in reizstark gestalteten Umwelten eine höhere Aktivierung auf. Informationen werden dabei weniger selektiv aufgenommen und nur vordergründig nach Relevanz und Bedeutung kategorisiert. Dagegen zeigen Reizabschirmer eine Unempfindlichkeit gegenüber Umwelteindrücken. Sie verringern beispielsweise ihr Reizvolumen dadurch, dass sie bestimmten Situationen bzw. Umweltreizen unterbewusst eine geringe Bedeutung beimessen und somit schneller einen „normalen" Erregungszustand erreichen. Dieselbe Umwelt führt bei Abschirmern demnach zu geringeren und kurzzeitigeren Erregungsreaktionen.[360]

Sieht man von diesen generellen Persönlichkeitsunterschieden hinsichtlich der Reizaufgeschlossenheit gegenüber der Umwelt ab (Abschirmer vs. Nichtabschirmer), so ist für die Erklärung unterschiedlicher Verhaltenswirkungen ebenfalls von Bedeutung, welche subjektiven Stimmungsänderungen aufgrund von Umweltreizen zu erzielen sind. Das heißt, das momentane Aktivierungsniveau spielt eine entscheidende Rolle. Ein übermäßig aktivierter Kunde sucht beispielsweise bevorzugt entspannende Reizkonstellationen und reagiert auf diese mit

---

[354] Vgl. Russell/Pratt, 1980, S. 313; Terlutter, 1998, S. 184; Gröppel-Klein, 1998, S. 198.
[355] Vgl. Kroeber-Riel/Weinberg, 2003, S. 430.
[356] Vgl. Mehrabian, 1978, S. 28; Kroeber-Riel/Weinberg, 2003, S. 430.
[357] Vgl. Mehrabian, 1978, S. 25; Terlutter, 1998, S. 206/207.
[358] Vgl. Mehrabian/Russell, 1974, S.43; Mehrabian, 1978, S. 28.
[359] Vgl. Gröppel, 1991, S. 126.
[360] Vgl. Mehrabian, 1978, S. 29ff.

positiven Stimmungsänderungen, während ein nur mäßig aktivierter Kunde eher nach emotionaler Anregung sucht und daher auf stimulierende Reize mit entsprechend positiver Stimmungsänderung reagiert. Für die Gestaltung von Umwelten bedeutet das: Je nach emotionalem Zustand der Person müssen gezielt Aktivierung aufbauende oder abbauende (Entspannung) Umweltreize gesetzt werden.[361]

Die Folge emotionaler Umweltwirkungen zeigt sich nach Mehrabian/Russell in einem Annäherungs- bzw. Meidungsverhalten.[362] Das Verhalten äußert sich in positiven oder negativen Handlungsabsichten, Zielsetzungen oder Einstellungen.[363] Annäherung stellt dabei eine positive Reaktion auf die Umwelt dar und ist in erster Linie durch motorisches Verhalten (physische Komponente), d.h. durch „Sich-darauf-zu-Bewegen" gekennzeichnet. Darüber hinaus wird das Annäherungsverhalten über das Bedürfnis deutlich, eine Umwelt zu erforschen, sich mit ihr auseinanderzusetzen und verstärkt Problemlösungen zu entwickeln sowie mit anderen in dieser Umwelt zu kommunizieren.[364] Demgegenüber zeigt sich Meidungsverhalten insbesondere dadurch, dass Personen „Sich-davon-weg-Bewegen", abweisendes Verhalten zeigen, sich insgesamt wenig in einer Situation engagieren (Leistungsfähigkeit) und allgemein Missfallen bekunden.[365] Zusammenfassend kann festgehalten werden, dass Umwelten, die eine positive Stimmungsänderung bewirken, bevorzugt aufgesucht werden und Umwelten, die negative Stimmungen hervorrufen, überwiegend gemieden werden.[366]

Emotionale Reaktionen (Stimmungen/Gefühle) führen jedoch nicht in jedem Fall zu bekannten, vorhersagbaren Handlungsmustern. Vielmehr ist aus der Einstellungs-Verhaltensforschung bekannt, dass häufig eine Diskrepanz zwischen Einstellungen und tatsächlich beobachtbarem Verhalten vorliegt.[367] Dem Einstellungskonstrukt wird zwar ausnahmslos eine hohe Bedeutung bei der Erklärung menschlichen Verhaltens zugesprochen.[368] Dennoch ist der Einfluss anderer, situativer oder normativer Einflüsse, unbestritten. Daher wird vielfach auf die Untersuchung von **Verhaltensabsichten** in einer gedanklich antizipierten Situation zurückgegriffen. Der Verhaltensabsicht wird allgemein eine relativ hohe Prognoserelevanz beigemessen, da das Konstrukt psychische, situative und soziale Einflüsse implizit integriert.[369]

---

[361]  Vgl. Bost, 1987, S. 25; Schweizer, 2005, S. 98.
[362]  Vgl. Mehrabian, 1978, S. 15.
[363]  Vgl. Kroeber-Riel/Weinberg, 2003, S. 430.
[364]  Vgl. Kroeber-Riel/Weinberg, 2003, S. 430; Bost, 1987, S. 26; Terlutter, 1998, S. 178.
[365]  Vgl. Mehrabian, 1978, S. 13.
[366]  Vgl. Bost, 1987, S. 26; Mehrabian, 1978, S. 26.
[367]  Vgl. Terlutter, 1998, S. 178; Braunstein, 2001, S. 102. Fishbein/Ajzen formulieren Bedingungen, unter denen Einstellungen das tatsächlich beobachtbare Verhalten vorhersagen können (Korrespondenzprinzip) (vgl. Ajzen/Fishbein, 1977, S. 889ff).
[368]  Vgl. Braunstein, 2001, S. 95.
[369]  Vgl. Terlutter, 1998, S. 178; Braunstein, 2001, S. 108ff.

Die Verhaltensabsicht bzw. -intention kann als ein dem tatsächlichen Verhalten vorgelagertes Konstrukt angesehen werden. Fishbein/Ajzen konzeptualisieren die Intention als alleinige Determinante einer Handlung und Mittler zwischen Einstellung und Verhalten. Somit ist die Verhaltensabsicht eine Konsequenz der Einstellung und erfasst damit die subjektiv wahrgenommene Wahrscheinlichkeit, dass ein Individuum eine bestimmte Handlung ausführt.[370] Dabei gilt: Je stärker die Verhaltsabsicht ist, desto motivierter ist eine Person, ein bestimmtes Verhalten auszuführen und umso wahrscheinlicher ist auch die tatsächliche Realisierung.[371] Die Analyse zahlreicher Studien, die den Zusammenhang zwischen Verhaltensabsicht und tatsächlichem Verhalten untersuchen, zeigt eine hohe Korrelation (r = 0,70) zwischen beiden Konstrukten. Das verdeutlicht, dass Menschen relativ stabil in Übereinstimmung mit ihrer Intention handeln und die Verhaltensabsicht einen wertvollen Beitrag für die Prädiktion des Verhaltens leisten kann.[372]

### 3.1.4.2 Empirische Ergebnisse zum Nachweis von Erlebniswirkungen

Das Verhaltensmodell von Mehrabian/Russell wurde seitdem auf verschiedenste Umweltbereiche übertragen. Dabei wurde nicht in jedem Fall das gesamte Verhaltensmodell untersucht. Vielfach wurden auch einzelne Teilbeziehungen des Modells einer Prüfung unterzogen.[373] Besondere Relevanz hat das Modell im Einzelhandel erlangt. Erstmals wendeten Donovan/Rossiter[374] das Verhaltensmodell auf die Gestaltung von Ladenumwelten an. Dabei stand zunächst die I-R-Beziehung im Vordergrund, d.h. die Variablenbeziehung zwischen den intervenierenden Variablen (emotionale Reaktion (I)) und der Verhaltensreaktion (R).[375] Insbesondere die Ladenatmosphäre erwies sich in dieser Studie als eine wesentliche Determinante des Einkaufsverhaltens. Die Ladenatmosphäre wird dabei als intervenierende Variable im Sinne des Verhaltensmodells verstanden und kommt als emotionale Reaktion (I) auf die physische Gestaltung der Ladenumwelt zustande. Als bestimmende Prädiktoren des Verhaltens im Geschäft erwiesen sich die Gefühlsdimension Lust und Erregung, während für die Dimension Dominanz nur eine geringe Bedeutung nachweisbar war. Das empfundene Vergnügen (Lust) bestimmt jedoch am stärksten die Verhaltensreaktion. Deutlich wird das Verhalten insbesondere über eine erhöhte Verweildauer im Geschäft sowie eine verstärkte Ausgabebereitschaft (Impulskäufe).[376]

---

[370] Vgl. Braunstein, 2001, S. 108.
[371] Vgl. Bamberger/Schmidt, 1993, S. 26.
[372] Vgl. Ajzen, 1985, S. 17; Braunstein, 2001, S. 109. Eine Erweiterung finden diese Überlegungen in der von Ajzen (1988, 1991) entwickelten „theory of planned behavior", welche in der sozialpsychologischen Forschung weite Verbreitung gefunden hat. Siehe ausführlicher Abschnitt 4.1.1.4, S. 130ff.
[373] Vgl. zu einer Übersicht Turley/Milliman, 2000.
[374] Vgl. Donovan/Rossiter, 1982, 1994.
[375] Vgl. Kroeber-Riel/Weinberg, 2003, S. 431.
[376] Vgl. Kroeber-Riel/Weinberg, 2003, S. 435; Donovan/Rossiter, 1982, S. 52; Donovan/Rossiter, 1994.

Diller/Kusterer (1986) konnten in ihrer Untersuchung die Ladenatmosphäre als wichtigstes Motiv zur Wahl der Einkaufsstätte bestätigen. Ebenso konnte für erlebnisorientiert gestaltete Geschäfte eine höhere Verweildauer, höhere Kundenzahl, höhere Umsätze sowie eine insgesamt größere Loyalität gegenüber dem Geschäft nachgewiesen werden. Bost (1987) belegte später vor allem den Einfluss von Stimmungen für das Verhalten. Er zeigte beispielsweise, dass Konsumenten, deren Stimmung durch atmosphärische Reize verbessert wurde, das Sortiment insgesamt besser beurteilten. Eine umfassende Studie zur Wirkung von Erlebnisstrategien im Einzelhandel legte Gröppel (1991) vor. Sie untersuchte das Verhalten sensualistischer bzw. indolenter Kunden und konnte ebenfalls nachweisen, dass reizaufgeschlossene Menschen (Sensualisten) das Sortiment sowie das Preis-Leistungsverhältnis besser beurteilen und ihre Umwelt insgesamt positiver wahrnehmen. Gleichzeitig wurden auch hier Wirkungen auf das Annäherungsverhalten dokumentiert.

Baker et al. (1992, 1994) konnten gleichfalls einen positiven Einfluss verschiedener Elemente der Ladengestaltung auf die emotionale Befindlichkeit und das Verhalten, insbesondere auf die Kaufabsicht, nachweisen. Auch Spies et al. (1997) konnten bei ihrer empirischen Untersuchung zweier IKEA-Märkte, die sich hinsichtlich der Ladenatmosphäre deutlich unterschieden, die positiven Wirkungen einer angenehmen und sympathischen Ladenatmosphäre auf Impulskäufe belegen. Sherman et al. (1997) untersuchten die Wirkung von Umweltreizen auf die emotionale Befindlichkeit und das Verhalten am Beispiel des Einzelhandels. Sie konnten feststellen, dass insbesondere die Dimension pleasure, also das beim Einkauf empfundene Vergnügen, einen positiven Einfluss auf den ausgegebenen Betrag und den Gesamteindruck des Geschäftes (kognitive Bewertung) insgesamt hat.[377]

Zahlreiche weitere Studien beschäftigen sich mit der Wirkung spezifischer Einzelreize auf das Verhalten von Konsumenten in Ladenumwelten. Eine Reihe von Untersuchungen konnte feststellen, dass eine angenehme Raumbeduftung die Verweildauer in den Verkaufsräumen insgesamt verlängert[378] oder einen positiven Einfluss auf die Informations- und Interaktionsbereitschaft[379] ausübt. Stöhr (1998) konnte zudem belegen, dass sowohl die Kauf- als auch die Wiederkommensabsicht positiv durch olfaktorische Reize determiniert werden.

Im Hinblick auf die Beeinflussungskraft akustischer Umweltstimuli bestätigen verschiedene Untersuchungen eine positive Wirkung auf die Verweildauer sowie die Ausgabebereitschaft. Insbesondere das Tempo der gespielten Hintergrundmusik ist dabei bedeutsam. So entsteht

---

[377] Zu einer Übersicht vgl. auch Reimer, 2004, S. 76ff.
[378] Vgl. Teerling et al., 1992; Knasko, 1989, 1993.
[379] Vgl. Stöhr, 1998, S. 138ff; Spangenberg et al., 1996.

beispielsweise durch langsame Musik in einem Restaurant eine angenehme Atmosphäre, die die Verweildauer erhöht.[380] Dennoch liegen bisher keine klaren Erkenntnisse vor.[381] Insbesondere sind die Ergebnisse stark vom Musikstil sowie der persönlichen Präferenz für die gespielte Musik abhängig.[382]

### 3.1.5  Implikationen für die Entwicklung des Verhaltensmodells

Fasst man die Erkenntnisse der Umweltpsychologie zusammen, so lässt sich für die Anwendbarkeit des Ansatzes für den vorliegenden Untersuchungsgegenstand zunächst folgendes Verhaltensmodell formulieren, welches wesentliche Grundzüge des emotionspsychologischen Modells von Mehrabian/Russell (1974) beinhaltet und durch die Einbeziehung weiterer theoretischer Erkenntnisse aus der Konsumentenverhaltensforschung schrittweise erweitert wird.

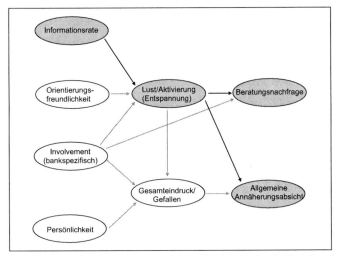

*Abbildung 5:*      *Entwicklung des Verhaltensmodells – Erkenntnisse der Umweltpsychologie*

Für die erlebnisorientierte Ausrichtung von Bankfilialen kann gemäß der umweltpsychologischen Theorie angenommen werden, dass die durch eine hohe Informationsrate der Umwelt ausgelösten emotionalen Reaktionen ein verstärktes Annäherungsverhalten[383] bei Bankkun-

---

[380] Vgl. Milliman, 1982, 1986.
[381] Herrington/Capella, 1996 konnten die Ergebnisse vom Milliman, 1982 beispielsweise nicht bestätigen.
[382] Vgl. Herrington/Capella, 1996; North/Hargreaves, 1996; Areni/Kim, 1993.
[383] Mit Blick auf die Anwendbarkeit des Modells für den Bereich der Finanzdienstleistungen und der in der Problemstellung formulierten Zielsetzung von Erlebnisbank-Konzepten, sind für den Nachweis von Erleb-

den bewirken. Die grau hervorgehobenen Modellkonstrukte stellen diese bisher diskutierten Beziehungsstrukturen zusammenfassend dar (vgl. Abbildung 5). Je neuartiger, überraschender und lebendiger die räumliche Gestaltung demnach wahrgenommen wird, desto stärker ist die durch die Umwelt vermittelte Lust bzw. Aktivierung (Entspannung). Diese lässt sich in Anlehnung an Donovan/Rossiter (1982) im Sinne einer positiv wahrgenommenen Basisatmosphäre in der Filiale interpretieren und geht mit positiven Emotionen und Gefühlen einher.

Da Emotionen und die mit ihnen verbundenen Erlebnisse[384] im Rahmen der Arbeit eine zentrale Bedeutung zukommt, beschäftigt sich der folgende Abschnitt insbesondere mit dem Begriff der Emotionen sowie Erkenntnissen der Emotionsforschung. Darauf aufbauend ist zu vermuten, dass die durch eine erlebnisorientierte Ausrichtung von Filialen ausgelösten Emotionen zugleich die kognitive Bewertung der Umwelt bzw. des (erlebnisorientierten) Angebotes beeinflussen. Dies begründet sich vor allem aus Erkenntnissen sozialpsychologischer Studien sowie der Konsumentenverhaltensforschung allgemein, die den wachsenden Einfluss emotionaler Prozesse auf Kognitionen hervorheben.[385] In diesem Zusammenhang erscheint es notwendig, theoretische Ansätze, die die Interaktion zwischen Emotionen und Kognitionen beschreiben, in die Entwicklung des Verhaltensmodells zu integrieren.

## 3.2    Erkenntnisse der Emotions- und Kognitionsforschung

### 3.2.1    Der Begriff der Emotionen

Die vielfach synonyme Verwendung der Begriffe Emotion, Gefühl, Stimmung und Affekt verdeutlicht die Problematik der Konzeption einer allgemein anerkannten Definition von E-motionen.[386] Eine Übersicht wesentlicher Definitionsansätze liefern beispielsweise Kleinginna/Kleinginna (1981) bzw. Plutchik (1991, S. 179ff). Plutchik resümiert zugleich, dass selbst der Konsens zwischen einzelnen Begriffsauffassungen zum Teil gering ist und zudem keine Entwicklung in eine bestimmte Richtung erkennen lässt.[387] Die Heterogenität der definitorischen Abgrenzungen können zum einen auf die hohe Komplexität des Konstruktes zurückgeführt werden.[388] Zum anderen ist das Konstrukt in verschiedenen Teildisziplinen der Emotionspsychologie verankert, wodurch jeweils unterschiedliche Betrachtungswinkel und

---

niswirkungen vor allem allgemeine Annäherungsabsichten sowie die tatsächliche Nachfrage nach Beratungsleistungen relevant.

[384]  Vgl. dazu ausführlich Abschnitt 2.2.4 (S. 30ff)
[385]  Vgl. Kroeber-Riel/Weinberg, 2003, S. 239.
[386]  Vgl. Kroeber-Riel/Weinberg, 2003, S. 100; Faehsler, 1986, S. 11.
[387]  Vgl. Plutchik, 1996, S. 2ff; Kroeber-Riel/Weinberg, 2003, S. 101.
[388]  Vgl. Mandl/Huber, 1983, S. 4.

Fragestellungen in den Mittelpunkt rücken, aus denen sich zugleich die Vielzahl existierender Emotionstheorien erklären lässt.[389]

Eine ausführliche Diskussion der wissenschaftlichen Auseinandersetzung ist im Rahmen dieser Arbeit jedoch nicht zielführend. Vielmehr soll die weitgehend anerkannte, auf drei Ebenen basierende Beschreibung von Emotionen zugrunde gelegt werden (Emotionstrias[390]). Emotionen können demnach über **neurophysiologische Vorgänge (1)**, **beobachtbares Ausdrucksverhalten (2)** sowie das **subjektive Erleben (3)** beschrieben werden.[391] Wesentliche Unterschiede in den Definitionsansätzen zeigen sich vor allem dahingehend, welche Einzelaspekte von Emotionen in den Vordergrund gerückt werden. Einige Autoren betonen deshalb stärker den Aspekt des subjektiven Erlebens, während andere das Ausdrucksverhalten bzw. physiologische Vorgänge hervorheben.[392] Mit dieser Einordnung ist jedoch nicht gegeben, dass Emotionen zwingend mit jeder dieser Komponenten verbunden sind. Vielmehr stellen die Zusammenhänge zwischen diesen drei Ebenen ein bis heute nicht eindeutig geklärtes Problem dar. Verschiedene empirische Untersuchungen verweisen in diesem Zusammenhang darauf, dass die drei Ebenen nur schwach kovariieren. Schmidt-Atzert empfiehlt daher, die drei Verhaltensebenen zunächst als eigenständige, voneinander getrennte Phänomene aufzufassen.[393] Diesem Vorgehen soll auch für diese Arbeit gefolgt werden, wobei der inhaltliche Schwerpunkt vor allem auf die **subjektive Erlebnisebene** und damit auf die Wahrnehmung der eigenen emotionalen Befindlichkeit gelegt wird. Das heißt, die Person kann die eigenen körperlichen Reaktionen erkennen, interpretieren und verbal mitteilen.

Um die Vielfalt menschlicher Emotionen einzuordnen und eine geeignete Definition herzuleiten, wird für diese Arbeit, insbesondere mit Blick auf die Erkenntnisse der emotionalen Umweltpsychologie, welche emotionale Reaktionen über die Dimensionen Lust (**Richtung (1)** der Emotion) und Aktivierung (**Stärke (2)** der Emotion) beschreibt, auf einen **dimensionalen Ansatz**[394] zurückgegriffen.[395] Um weitere Einzelmerkmale herauszuarbeiten, können auf der

---

[389] Vgl. Ulich/Mayring, 1992, S. 32ff. Zu einem Überblick vgl. auch Scherer, 1990.

[390] Teilweise wird eine vierte Ebene – die Bewertung der auslösenden Ereignisse – zur Beschreibung von Emotionen angeführt (vgl. Schmidt-Atzert, 1996 S. 18). Schmidt-Atzert hält dem entgegen, dass eine Bewertung zwingend einen Reiz für die Entstehung von Emotionen voraussetzt. Überwiegend werden Emotionen jedoch als Zustand beschrieben. Somit ist nicht explizit eine bestimmte Ursache (z.B. Reiz) für die Entstehung von Emotionen gegeben (vgl. Schmidt-Atzert, 1996, S. 20).

[391] Vgl. Schmidt-Atzert, 1996, S. 18ff und ausführlich S. 85ff; Meyer/Schützwohl/Reisenzein, 1993, S. 27ff; Kroeber-Riel/Weinberg, 2003, S. 101; Izard, 1999, S. 20; Scherer, 1990, S. 8ff; Drengner, 2003, S. 115ff.

[392] Vgl. Spies/Hesse, 1986, S. 76.

[393] Vgl. Kroeber-Riel/Weinberg, 2003, S. 101; Schmidt-Atzert, 1981, S. 31.

[394] Die dimensionalen Ansätze ordnen Emotionen aufgrund unabhängiger Dimensionen (Lust, Aktivierung) ein, die allen emotionalen Zuständen eigen sind (vgl. Drengner, 2003, S. 118). Dagegen werden bei den differen-

Ebene des **subjektiven Erlebens**[396] die **Qualität (3)** und das **Bewusstsein (4)** von Emotionen festgehalten werden. Insbesondere die Qualität von Emotionen ist auf das subjektive Erleben und damit auf die Wahrnehmung der eigenen emotionalen Erregung gerichtet. Diese Wahrnehmung kann dabei als mehr oder weniger bewusster kognitiver Vorgang betrachtet werden, der mit gedanklichen Assoziationen, insbesondere mit Imageryvorgängen, verbunden ist. Geborgenheit oder ein Gefühl des Wohlfühlens äußern sich z.b. in Vorstellungen von bestimmten Farben und Situationen.[397]

Zusammenfassend lassen sich Emotionen in Anlehnung an Kroeber-Riel/Weinberg als:

- **innere Erregungen**,
- die **angenehm** oder **unangenehm** empfunden und
- **mehr oder weniger bewusst**
- **erlebt** werden, definieren.[398]

Abschließend soll eine Abgrenzung zu inhaltlich ähnlichen Begriffen wie Gefühl und Stimmung vorgenommen werden. Insbesondere **Gefühle** sind eng mit dem Begriff der Emotionen verknüpft. Gefühle sind gleichzusetzen mit der Ebene des **subjektiven Erlebens**. Sie repräsentieren damit eine Teilmenge von Emotionen und stellen eine qualitativ beschreibbare Reaktion auf eine wahrgenommene Situation dar.[399]

Dagegen unterscheiden sich Stimmungen von Emotionen dahingehend, dass es sich um einen erlebten Zustand handelt, der jedoch nicht auf ein bestimmtes Objekt (z.b. Personen, Situationen) gerichtet ist. Zudem sind Stimmungen im Vergleich zu Emotionen zwar von geringerer Intensität, zeichnen sich aber durch eine längere Dauer aus.[400]

Auch die Emotionstheorien, die sich insbesondere der Entstehung von Emotionen zuwenden, lassen sich überwiegend danach systematisieren, auf welcher Ebene von Emotionen (subjektives Erleben, physiologische Vorgänge, Ausdruck) bevorzugt operiert wird.[401] Werden kognitive Komponenten von Emotionen (Bewusstheit) einbezogen, spielen primär die mit der subjektiven Wahrnehmung des eigenen emotionalen Befindens verbundenen gedanklichen

---

ziellen Ansätzen ähnliche emotionale Zustände zu Emotionskategorien zusammengefasst. Als bedeutendste Vertreter gelten Izard (1999), der 10 Primäremotionen identifizierte, sowie Plutchik (1984).
[395] Russell/Mehrabian, 1977; Holbrook/Batra, 1987; Russell, 1980.
[396] Die Messung von Emotionen auf der subjektiven Erlebnisebene setzt voraus, dass sich die Auskunftspersonen erstens ihrer Emotionen bewusst sind und zweitens deren inhaltliche Färbung (Qualität) einschätzen können (vgl. Trommsdorff, 2004, S. 68ff; Kroeber-Riel/Weinberg, 2003, S. 105).
[397] Vgl. Kroeber-Riel/Weinberg, 2003, S. 105.
[398] Vgl. Kroeber-Riel/Weinberg, 2003, S. 106.
[399] Vgl. Mattenklott/Schimansky, 2002; Trommsdorff, 2004, S. 68; Schmidt-Atzert, 1996, S. 18; Meyer/Schütz-wohl/Reisenzein, 1997, S. 29.
[400] Vgl. Trommsdorff, 2004, S. 73; Silberer, 1999, S. 132; Schmidt-Atzert, 1996, S. 24f.
[401] Vgl. Kroeber-Riel/Weinberg, 2003, S. 101.

Vorgänge eine Rolle. Emotionale Vorgänge werden entsprechend über **kognitive Emotionstheorien** erklärt, die auf der subjektiven Erlebnisebene ansetzen.[402]

Diese Perspektive ist vor allem deshalb für den vorliegenden Untersuchungsgegenstand interessant, weil für die Erklärung von Erlebniswirkungen auf Basis der umweltpsychologischen Forschung emotionale (und kognitive) Reaktionen auf Reize der physischen Umwelt betrachtet werden, die insbesondere die reaktive Komponente[403] von Emotionen betonen. Der Bankkunde reagiert in diesem Fall – bewusst oder unbewusst – auf die atmosphärische Gestaltung von Kreditinstituten.[404]

Im folgenden Abschnitt werden theoretische Ansätze zu den Wirkungszusammenhängen zwischen Emotionen und Kognitionen herausgearbeitet, die für die Erklärung sowohl emotionaler als auch kognitiver Reaktionen auf eine erlebnisorientierte Ausrichtung von Kreditinstituten hilfreich erscheinen und in modelltheoretische Überlegungen überführt werden können.

### 3.2.2 Interaktion zwischen Emotion und Kognition

#### 3.2.2.1 Einfluss von Kognitionen auf den Prozess der Entstehung von Emotionen

Einführend werden in einem kurzen Überblick die Interaktionsbeziehungen zwischen Emotionen und Kognitionen anhand ausgewählter Theorien beleuchtet.[405] Es ist inzwischen[406] unstrittig, dass sich beide insofern wechselseitig beeinflussen, als dass **Kognitionen Einfluss auf die Entstehung von Emotionen (1)** ausüben und andererseits **kognitive Prozesse durch Emotionen (2)** beeinflusst werden.[407]

Die Mehrzahl der existierenden Theorien widmet sich dem ersten Zusammenhang, der Emotionen als postkognitiv auffasst, das heißt, sie folgen kognitiven Prozessen.[408] Hier sind insbesondere mentalistische Emotionstheorien[409] interessant, die Emotionen mit mentalen, meist

---

[402] Vgl. Kroeber-Riel/Weinberg, 2003, S. 101 f und 105; Ulich/Mayring, 1992, S. 39.
[403] Emotionen kommen nicht in jedem Fall als Reaktion auf Reize der Umwelt zustande. Vielmehr lassen sie sich auch als Zustände beschreiben, die nicht zwingend eines externen Auslösers bedürfen (vgl. Schmidt-Atzert, 1996, S. 20).
[404] Vgl. Griese, 2002, S. 85.
[405] Einen Überblick über Emotionstheorien liefert beispielsweise Ulich, 1995.
[406] Lange Zeit wurden die Emotions- und Kognitionspsychologie als getrennte Bereiche aufgefasst. Insbesondere in der Kognitionspsychologie fanden Emotionen keinerlei Berücksichtigung. Vielmehr wurde Emotionen, wie Scherer (1981, S. 306) postulierte, als „bedauerliche Unvollkommenheit einer ansonsten perfekten kognitiven Maschine" angesehen. Erst in neueren Arbeiten rückt die wechselseitige Beziehung zwischen Emotionen und Kognitionen in den Mittelpunkt der Forschung (vgl. Spies/Hesse, 1986, S. 75).
[407] Vgl. Spies/Hesse, 1986, S. 75; Kuhl, 1983.
[408] Vgl. Frijda et al., 2000, S. 5.
[409] Mentalistische Theorien berücksichtigen, im Gegensatz zu Verhaltenstheorien, den Aspekt des Erlebens von Emotionen.

bewussten Zuständen erklären. Diese Theorien entsprechen am ehesten dem Alltagsverständnis von Emotionen und unterscheiden sich dahingehend, welche Aspekte des Erlebens für die Entstehung von Emotionen als wesentlich erachtet werden.[410] Weiter können diese Ansätze danach klassifiziert werden, ob sie physiologische Prozesse (James, 1890; Lange, 1887; Cannon, 1929; Izard, 1977), kognitive Prozesse (Lazarus, 1966; Bower/Cohen, 1982; Scherer, 1984) oder die Interaktion beider Faktoren (Schachter/Singer, 1962) als Determinanten von Emotionen betrachten.[411] Eine ausführliche Darstellung der Theorien ist entsprechend der wissenschaftlichen Problemstellung nicht zielführend.[412]

Zusammenfassend lässt sich festhalten, dass im Laufe des wissenschaftlichen Erkenntnisprozesses vorgenannter Emotionstheorien die Bedeutung des Einflusses von Kognitionen auf die Entstehung von Emotionen wächst. In diesem Prozess nimmt insbesondere die Berücksichtigung von Bewertungsprozessen eine wesentliche Rolle in der Diskussion ein.[413] Dabei verlangt diese These eine klare definitorische Abgrenzung des Kognitionsbegriffs und setzt insbesondere voraus, dass Kognitionen als auf unterschiedlichen Komplexitätsstufen ablaufende Prozesse betrachtet werden.[414] Diese zentrale Voraussetzung hat die Entwicklung **kognitivistischer Emotionstheorien** ganz entscheidend geprägt. Die Problematik, die in dieser Definition liegt, findet im Besonderen ihren Niederschlag in der Debatte zwischen Lazarus (1966, 1982) und Zajonc (1980).[415]

Ursprüngliche kognitivistische Ansätze[416] führen die Entstehung von Emotionen ausschließlich auf bewusste Reflexionen (bewusstseinspflichtige Kognitionen) zurück. Lazarus gilt in diesem Sinne als einer der bekanntesten Vertreter der so genannten Bewertungshypothese, nach der externe Reize nicht automatisch zu emotionalen Reaktionen führen, sondern zuvor einer Bewertung unterzogen werden.[417] Demnach werden Reize der Umwelt über die Sinnesorgane wahrgenommen und anschließend verarbeitet. Die so vorliegenden Informationen werden hinsichtlich ihrer Bedeutung für das eigene Wohlergehen interpretiert und bewertet. Der Bewertung geht demnach eine Informationsverarbeitung voraus. Das heißt, das Wissen

---

[410] Vgl. Meyer/Schützwohl/Reisenzein, 1997, S. 37. Ulich/Mayring, 1992, S. 35ff geben einen Überblick, welche Aspekte von Emotionen jeweils zentral für die unterschiedlichen Emotionstheorien sind.

[411] Vgl. Spies/Hesse, 1986, S. 76.

[412] Zur Klassifikation von Emotionstheorien vgl. Meyer/Schützwohl/Reisenzein, 1997, S. 36ff und 90ff; Schmidt-Atzert, 1996, S. 144ff; Kuhl, 1983, S. 3ff.

[413] Schachter/Singer, 1962 untersuchen erstmals die Bedeutung kognitiver Prozesse bei der Entstehung von Emotionen systematisch. Siehe dazu auch Zajonc-Lazarus-Debatte (Lazarus, 1966, 1982; Zajonc, 1980).

[414] Vgl. Spies/Hesse, 1986, S. 76.

[415] Vgl. Spies/Hesse, 1986, S. 76; Schmidt-Atzert, 1996, S. 70ff und dort angegebene Quellen.

[416] Vgl. Lazarus, 1966; Weiner, 1972, 1980.

[417] Bereits bei Arnold (1950) finden sich dahingehende Überlegungen (vgl. Schmidt-Atzert, 1996, S .70).

über einen Sachverhalt allein ist irrelevant für die Emotionsgenese – vielmehr ist die subjektive Bedeutung für das Individuum entscheidend.[418]

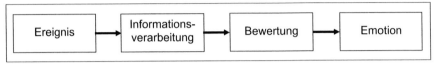

*Abbildung 6:*    *Kognitives Modell der Emotionsgenese nach Lazarus*
*Quelle: in Anlehnung an Schmidt-Atzert, 1996, S. 72.*

Die Bewertung ist nach dieser Auffassung ein kognitiver Prozess, der nach Lazarus[419] als Mediator fungiert (vgl. Abbildung 6). Bei näherer Betrachtung wird deutlich, dass eine Vielzahl kognitiver Prozesse im Individuum ablaufen, die jedoch nicht in jedem Fall für die Entstehung von Emotionen Relevanz besitzen. Die umgekehrte Annahme, kognitive Prozesse im Sinne einer Bewertung könnten gleichermaßen durch Emotionen beeinflusst werden[420], spricht dabei nicht gegen die Bewertungshypothese. Die Theorie, dass die Bewertung einer Situation als notwendige Voraussetzung für die Entstehung von Emotionen gilt, wird dadurch nicht in Frage gestellt.[421]

Vielmehr ist grundlegend zu diskutieren, ob Kognitionen immer bewusste Aktivitäten berühren. Lazarus hält in diesem Zusammenhang auch unbewusste Bewertungen für möglich. Andere Autoren bezweifeln die Annahme, Emotionen seien Folge von Bewertungsprozessen.[422] Insbesondere Zajonc (1980, 1984) verweist dabei auf empirische Befunde, die darauf hindeuten, dass Emotionen unabhängig von Kognitionen entstehen können und ihnen sogar voraus gehen. Er betrachtet Emotionen und Kognitionen somit als zwei getrennte Systeme, die parallel bzw. unabhängig voneinander wirken.[423] Spies/Hesse sehen Zajoncs Gegenposition insbesondere darin begründet, dass er unter Kognitionen ausschließlich höhergeistige Prozesse versteht, die bewusst ablaufen und rational begründbar sind. Folgt man jedoch der Sichtweise von Lazarus (1982), Kuhl (1983) bzw. auch bereits Arnold (1960), die kognitive Prozesse bereits auf sehr frühen, bewusstseinsfernen Verarbeitungsstufen ansiedeln, so kann man da-

---

[418]  Vgl. Lazarus 1990, 1991; Schmidt-Atzert, 1996, S. 71.
[419]  Vgl. Lazarus, 1991, S. 832.
[420]  Darauf soll im Folgenden noch näher eingegangen werden.
[421]  Vgl. Schmidt-Atzert, 1996, S. 72.
[422]  Vgl. Schmidt-Atzert, 1996, S. 72f.
[423]  Vgl. Schmidt-Atzert, 1996, S. 72f; Kroeber-Riel/Weinberg, 2003, S. 240. Zajonc verweist mit der Kritik an kognitivistischen Emotionstheorien auch auf die Unmittelbarkeit emotionaler Prozesse (vgl. Kuhl, 1983, S. 18). Eine klare Gegenposition zu Lazarus bezieht gleichfalls Izard. Demnach ist das emotionale Erleben eine unmittelbare Folge neuronaler Prozesse und unabhängig von einer kognitiven Verarbeitung. Das emotionale Erleben beeinflusst die Bewertung von Ereignissen (vgl. Izard, 1992).

von ausgehen, dass kognitive Prozesse in jedem Fall die Grundlage für die Entstehung von Emotionen bilden.[424] Entscheidend ist deshalb die definitorische Abgrenzung des Kognitionsbegriffs. Die Debatte zwischen Zajonc und Lazarus um die funktionale Beziehung zwischen Emotionen und Kognitionen, blieb vielmehr gerade deswegen fruchtlos, da beide implizit von verschiedenen Definitionen ausgingen.[425]

Obwohl verschiedene Autoren begründete Gegenpositionen beziehen, hat der Grundgedanke, dass Emotionen als Folge der Bewertung von Ereignissen entstehen, Bestand. Eine vergleichende Übersicht zu verschiedenen Annahmen hinsichtlich der Bewertungshypothese liefert beispielsweise Scherer (1988).[426]

Zusammenfassend lässt sich die Interaktion kognitiver und emotionaler Prozesse durch den Einfluss der kognitiven Informationsverarbeitung bei der Entstehung von Emotionen kennzeichnen. Die Informationsverarbeitung kann dabei als dynamischer Prozess betrachtet werden, der verschiedene Verarbeitungsschritte und -ebenen umfasst.[427] Scherer (1981, 1984) beispielsweise hat hierfür ein System entwickelt, das die Art der kognitiven Prozesse, die e-motionalen Reaktionen vorangehen, beschreibt.[428] Die Bewertungen der einzelnen Reize (Verarbeitungsstufen) beinhalten eine hierarchische Ordnung in Bezug auf die Komplexität der notwendigen Informationsverarbeitung. Es ist jedoch anzunehmen, dass eine Trennung der Prozesse in der Realität kaum möglich ist, vielmehr entstehen fließende Übergänge zwischen einzelnen Verarbeitungsstufen.[429]

Scherer (1981, 1984) bildete diese sukzessiven Verarbeitungsstufen in seinem Emotionsmodell ab, indem er jeder Verarbeitungsebene eine emotionsgenerierende Funktion zuweist. Er postulierte fünf Verarbeitungsstufen, wobei insbesondere die ersten beiden Stufen besondere Relevanz für den Untersuchungsgegenstand besitzen. Dies vor allem deshalb, weil sie auf die Bewertung von Umwelten abstellen und daraus folgende emotionale Reaktionen abbilden und erklären. Für beide Stufen liegen relativ einfache kognitive Verarbeitungsprozesse vor, die überwiegend nicht bewusst werden, jedoch emotionale Prozesse nach sich ziehen.[430] Im Folgenden sollen die für die Arbeit bedeutsamen Verarbeitungsstufen in Anlehnung an Scherers Ausführungen näher ausgeführt werden.[431]

---

[424] Vgl. Spies/Hesse, 1986, S. 76; Kuhl, 1983, S. 17. Gleichermaßen lassen die Untersuchungen von Weiner, 1980 zunächst keine Rückschlüsse in Bezug auf die Abhängigkeit der Entstehung von Emotion von „höheren" kognitiven Prozessen zu (vgl. Kuhl, 1983, S. 18).

[425] Vgl. Kleinginna/Kleinginna, 1985; Schmidt-Atzert, 1996, S. 19.

[426] Vgl. Schmidt-Atzert, 1996, S.73.

[427] Vgl. hierzu auch Kuhls systemtheoretische Überlegungen zur Emotionsgenese (Kuhl, 1983, S. 19).

[428] Siehe dazu ausführlich beispielsweise Kuhl, 1983. S. 20; Spies/Hesse, 1986, S. 77.

[429] Vgl. Kuhl, 1983, S. 19f.

[430] Vgl. Kuhl, 1983, S. 20; Spies/Hesse, 1986, S. 77.

[431] Vgl. Scherer, 1981, 1984; Kuhl, 1983, S. 20; Spies/Hesse, 1986, S. 77.

Auf der ersten Stufe wird zunächst die **Neuartigkeit bzw. Ungewohnheit** eines Reizes bewertet, die emotionale Reaktionen wie Überraschung, Schrecken, Interesse oder Langeweile hervorrufen können. Hierfür werden einfache kognitive Verarbeitungsschritte[432] unterstellt, die sich auf die Verarbeitung **physikalischer Reize** (z.B. Farben, Formen, Düfte) oder den **Vergleich mit Erwartungen** beziehen.

Die zweite Stufe beinhaltet Bewertungen, ob eine Situation bzw. ein Reiz für ein Individuum **angenehm oder unangenehm** ist und erzeugt Gefühle[433] der Lust oder Unlust. Dieser zweite Verarbeitungsschritt beruht überwiegend auf automatisierten Funktionen **kognitiver Schemata**[434], die keine bewusste Verarbeitung[435] erfordern.

Dieser Sichtweise folgend, entstehen emotionale Reaktionen auf Umweltreize (Lust-Unlust), wie sie für den Bereich der Finanzdienstleistungen untersucht werden sollen, zunächst auf Basis relativ einfacher, unbewusst ablaufender Prozesse der Informationsverarbeitung. Insbesondere auch Lazarus (1982) ging bereits davon aus, dass die für eine Bewertung wichtigen bedeutungsvermittelnden Verarbeitungsschritte sehr rasch auftreten können. Diese Annahme wird vor allem von der These getragen, dass bedeutungshaltige Informationen bereits vor dem Kontakt mit dem jeweiligen Reiz – in Form von Erwartungen oder Schemata – vorliegen. Somit sind bedeutungshaltige Wahrnehmungsergebnisse bereits auf sehr frühen, bewusstseinsfernen Verarbeitungsstufen verfügbar. Dennoch beruht die Grundaussage Scherers darauf, dass von jeder Verarbeitungsstufe, Wirkungen auf den emotionalen Zustand ausgehen können.[436]

Der Ansatz von Scherer erfasst dennoch zweifellos nicht alle emotionsgenerierenden Verarbeitungsleistungen und kann daher als Ergänzung anderer Bewertungsmodelle gelten. Insbe-

---

[432] Teilweise sind an die Beurteilung der Neuartigkeit eines Reizes auch höhere Verarbeitungsebenen gekoppelt (vgl. Berlyne, 1960, 1971; Kuhl, 1983, S. 20).

[433] Interpretiert als eine Komponente von Emotionen; vgl. Abschnitt 2.2.2.2 (S. 21ff).

[434] Schemata repräsentieren jedoch keinesfalls nur sachliche oder sprachliche Inhalte (vgl. Marcus/Zajonc, 1985, S. 142). Die ursprünglich kognitive Perspektive kann daher um emotionale Schemata erweitert werden. Schemata umfassen damit gleichermaßen visuelle Reize, was für die Gestaltung von (Laden-)Umwelten von Bedeutung ist. Emotionen sind damit integraler Bestandteil von Schemata (vgl. Esch/Meyer, 1995, S. 296). Piaget (1945) spricht daher auch von „affektiven Schemata" als „Gussformen unterschiedlicher, immer wiederkehrender Gefühle". Er geht davon aus, dass affektive Schemata das Fühlen in ähnlicher Weise steuern, wie kognitive Schemata die Wahrnehmung und Informationsverarbeitung (Piaget, 1945). Emotionale Schemata können somit die Wahrnehmung von Ladenumwelten steuern. Die Ladengestaltung wird dabei mit vorhandenen emotionalen Schemata in Form eines Mustervergleichs in Beziehung gesetzt (vgl. Esch/Meyer, 1995, S. 297).

[435] Vgl. hierzu Leventhal, 1980; Kuhl, 1983, S. 20.

[436] Vgl. Kuhl, 1983, S. 20 sowie Lazarus, 1982.

sondere Kuhl (1983) berücksichtigt in seinem systemtheoretischen Ansatz[437] der Emotionsgenese, zugleich auch emotionale Perspektiven, in dem er davon ausgeht, dass der zu einem bestimmten Zeitpunkt auftretende Emotionszustand nicht ausschließlich von Ergebnissen der aktuellen Informationsverarbeitung abhängt, sondern gleichermaßen von vorhergehenden Emotionszuständen determiniert wird. Der Emotionszustand veranlasst bestimmte Ausdrucksreaktionen (z.B. verbal, mimisch, gestisch) und charakteristische Muster autonomer Reaktionen. Zugleich werden Handlungsmuster angeregt, die sich in einfachem Annäherungs- oder Meidungsverhalten bzw. komplexeren problemorientierten Handlungsplänen äußern.[438]

Der Vorteil des systemtheoretischen Ansatzes besteht insbesondere in der ganzheitlichen Berücksichtigung emotionaler und kognitiver Prozesse bei der Entstehung von Emotionen. Für den Untersuchungsgegenstand ist jedoch gleichermaßen die Fragestellung nach einer funktionalen Bedeutung emotionaler Zustände von Individuen für die Beurteilung von Umweltreizen und der Einschätzung (Bewertung) deren Eignung zur Erreichung von Zielen (z.B. kompetente Abwicklung von Bankgeschäften) bedeutend. An dieser Stelle knüpfen Theorien an, die sich mit dem Einfluss von Emotionen auf kognitive Prozesse beschäftigen. Wie bereits erwähnt, beeinflussen diese Überlegungen jedoch nicht die These, nach der die Bewertung eines Ereignisses eine notwendige Voraussetzung für die Entstehung von Emotionen ist (Bewertungshypothese). Vielmehr sind sie in Bezug auf den Untersuchungsgegenstand im selben Maße relevant.

In diesem Sinne ist für die **Modellentwicklung** zunächst der Einfluss von **Kognitionen bei der Entstehung von Emotionen** (Reiz – emotionale Reaktion) relevant. Genauso müssen jedoch auch Ansätze berücksichtigt werden, die den umgekehrten Zusammenhang beschreiben und damit erklären, inwiefern **Emotionen die kognitive Bewertung** von Situationen oder **(erlebnisorientierten) Umwelten in Filialbanken** determinieren und damit Einfluss auf verhaltensrelevante Entscheidungen nehmen.

Eingangs wurde bereits darauf verwiesen, dass die meisten Theorien Emotionen als postkognitiv definieren.[439] Mit der Auffassung von Zajonc (1980, 1984) wurde jedoch schon deutlich, dass Emotionen gleichermaßen unabhängig von Kognitionen entstehen können bzw. ihnen sogar vorausgehen.[440] Es gibt unterdessen zahlreiche Autoren, die die Wirkung emotionaler

---

[437] Der systemtheoretische Ansatz skizziert die wechselseitige Beeinflussung kognitiver, emotionaler und behavioraler Prozesse bei der Entstehung von Emotionen (vgl. Kuhl, 1983, S. 19ff). Auch Leventhals Konzept emotionaler Schemata beruht auf einem ähnlich ganzheitlichen Verarbeitungssystem (Leventhal, 1980; vgl. Kuhl, 1983, S. 21; Bost, 1987, S. 72).

[438] Vgl. Kuhl, 1983, S. 21.

[439] Vgl. Mandl/Huber, 1983, S. 41; Frijda et al., 2000, S. 5.

[440] Vgl. Schmidt-Atzert, 1996, S. 73.

Aspekte auf die Gedankenwelt anerkennen und in den Mittelpunkt des Forschungsinteresses rücken.[441] Dieser Forschungsperspektive folgt auch Izard (1991), indem er bemerkt: „It is a general and fundamental principle of human behavior that emotions energize and organize perception, thought, and action tendencies. Emotion directly influences what is perceived through the sense and thus affects all subsequent information processing and action"[442]. Im Folgenden soll deshalb die einseitig postkognitive Sichtweise um eine entgegengesetzte Betrachtungsweise, die den Schwerpunkt des Erkenntnisinteresses auf den Einfluss von Emotionen auf Kognitionen legt, ergänzt werden.

### 3.2.2.2 Einfluss vom Emotionen auf kognitive Prozesse

Die Bedeutung dieser Perspektive für die vorliegende Arbeit begründet sich aus der Erkenntnis, dass selbst bei **gedanklich** überlegten **Entscheidungen**, wie sie allgemein im Bereich der Finanzdienstleistungen unterstellt werden, die spontan entstehenden **emotionalen Eindrücke** gegenüber einem Angebot dessen **rationale Bewertung** bestimmen.[443] Zahlreiche empirische Untersuchungen konnten inzwischen die Rolle unbewusster oder nicht klar bewusster emotionaler Prozesse auf kognitive Prozesse belegen.[444] Dabei stehen insbesondere aktivierende, häufig emotionale Vorgänge im Mittelpunkt, die Prozesse der Aufmerksamkeit und Informationsaufnahme lenken und Einfluss auf die Informationsverarbeitung und Gedächtnisleistung von Personen nehmen.[445]

Insgesamt widmen sich die vorwiegend empirischen Untersuchungen[446] auf diesem Forschungsgebiet vor allem Wahrnehmungs- und Aufmerksamkeitsprozessen[447], Bewertungsprozessen[448], dem Entscheidungs- und Risikoverhalten[449] sowie Lern- und Gedächtnisprozessen[450], die durch emotionale Vorgänge beeinflusst werden können.

---

[441] Zu einem Überblick siehe Bohner, 1990, S. 25; Kroeber-Riel/Weinberg, 2003, S. 240.

[442] Izard, 1991, S. 25.

[443] Vgl. Kroeber-Riel/Weinberg, 2003, S. 240f.

[444] Vgl. Cohen/Areni, 1991, S. 204ff. Zu Übersichten vgl. beispielsweise Kroeber-Riel/Weinberg, 2003, S. 240; Reimer, 2004, S. 72ff.

[445] Vgl. Kroeber-Riel/Weinberg, 2003, S. 239; Weinberg/Nickel, 1998, S. 63.

[446] Während Annahmen über den Einfluss von Kognitionen auf Emotionen mehrheitlich theoriegeleitet sind und empirische Untersuchungen vielfach ausstehen, liegen in Bezug auf den Einfluss von Emotionen auf Kognitionen zahlreiche empirische Befunde vor, die sich häufig auf Gedächtnis- bzw. Problemlösungsprozesse fokussieren (vgl. Spies/Hesse, 1986, S. 81).

[447] Vgl. Bower/Gilligan/Monteiro, 1981. Siehe zu Übersichten Schmidt-Atzert, 1996, S. 182; Bost, 1987, S. 60ff und 71ff.

[448] Vgl. Bower, 1991; Clark/Williamson, 1989.

[449] Vgl. Johnson/Tversky, 1983; Isen et al., 1982 konnten ebenfalls nachweisen, dass Kunden, deren Stimmung positiv verändert wurde, eher bereit waren, Risiken zu übernehmen (vgl. Bost, 1987, S. 78).

[450] Vgl. Isen/Means, 1983. Zu Übersichten siehe Schmidt-Atzert, 1996, S. 194; Bost, 1987, S. 78f. Weitere Untersuchungen, die den Einfluss von Emotionen auf Lern- und Gedächtnisprozesse erklären, werden bei Spies/Hesse, 1986, S. 79 angeführt.

Für die vorliegende Untersuchung liegt das Hauptaugenmerk auf der Beeinflussung **kognitiver Bewertungsprozesse**, die durch Emotionen determiniert werden und letztlich das Verhalten gegenüber einem Anbieter von Finanzdienstleistungen bestimmen. Im Weiteren sollen Erkenntnisse in den Vordergrund gestellt werden, die explizit in der Konsumentenverhaltensforschung Bedeutung erlangt haben. Dabei soll der Schwerpunkt auf Untersuchungen mit umweltpsychologischem Hintergrund gelegt werden. Das heißt, es werden insbesondere empirische Untersuchungen herausgestellt, in denen Wirkungen emotionaler Prozesse bzw. Stimmungswirkungen auf die **Bewertung von Umwelten**, vor allem im Bereich des Einzelhandels, nachweisbar waren.

Die Bewertung aufgenommener Informationen ist in diesem Zusammenhang nicht, wie in den im Abschnitt 3.2.2.1 (S. 73ff) erläuterten Emotionstheorien, auf den Entstehungsprozess von Emotionen gerichtet. Vielmehr steht der Einfluss von Emotionen auf kognitive Bewertungsprozesse im Vordergrund.

### 3.2.3   Wirkung von Emotionen auf kognitive Prozesse in der Konsumentenverhaltensforschung

Auf der Basis der wissenschaftlichen Erklärungsansätze zum Einfluss von Emotionen auf Kognitionen wird es möglich, die Wirkung von Erlebniskonzepten umfassend zu erklären. Emotionen gelten in diesem Zusammenhang als zentrale Grundlage, da es über sie möglich wird auch kognitive Prozesse zu steuern.[451] Um das Verhalten von Konsumenten gezielt zu beeinflussen, werden daher Instrumente eingefordert, die an emotionale Bedürfnisse von Kunden appellieren.

Im Hinblick auf den Untersuchungsgegenstand nimmt vor allem die Bedeutung der emotionalen Wirkungen, die von der räumlichen Umgebung in Entscheidungssituationen ausgehen, zu. Der emotionale Eindruck ist, wie die Erkenntnisse der Umweltpsychologie in Abschnitt 3.1.4 (S. 61ff) bereits gezeigt haben, auch für das Verhalten in räumlichen Umwelten entscheidend.[452] Zugleich werden jedoch Erklärungsansätze relevant, die sowohl emotionale als auch kognitive sowie das Zusammenwirken beider Prozesse begründen und Möglichkeiten der Vorhersage des Verhaltens von Individuen bieten. Für die Theoriebildung im Rahmen dieser Arbeit erscheint es daher notwendig, emotionale und kognitive Determinanten parallel zu betrachten.

---

[451] Vgl. Weinberg/Nickel, 1998, S. 62.
[452] Vgl. Kroeber-Riel/Weinberg, 2003, S. 242.

Der vorn diskutierte emotionspsychologische Ansatz von Mehrabian/Russell liefert die Grundlage für die Berücksichtigung emotionaler Reaktionen auf Reize der Umwelt bei der Erklärung von Verhaltensreaktionen, vernachlässigt jedoch kognitive Reaktionen.[453] Trotz zahlreicher Studien, die im Bereich der Umweltpsychologie durchgeführt wurden, kann bis heute nicht von einem einheitlichen Verständnis darüber gesprochen werden, welche Verhaltenswirkungen von Umweltreizen tatsächlich ausgehen.[454] Meist wurden die Erklärungsansätze in Abhängigkeit davon selektiert, ob primär kognitive oder emotionale Prozesse im Zentrum des Erkenntnisinteresses standen.[455] Mit Blick auf die Erkenntnisse der Emotionspsychologie ist diese isolierte Betrachtung jedoch kritisch zu hinterfragen, da eine Trennung kognitiver und emotionaler Ansätze kaum möglich scheint. Vielmehr wird deutlich, dass Verhaltensreaktionen über emotional-affektive und kognitive Prozesse gesteuert werden.[456]

Diese Erkenntnisse aufgreifend, beziehen beispielsweise Bitner (1992), McGoldrick/Pieros (1998), Terlutter (2000), Diehl (2002) und Schweizer (2005) zusätzlich kognitive Reaktionen auf Umgebungsreize in ihre Betrachtung ein, um das Verhalten von Individuen in Umwelten besser abbilden zu können. Insbesondere die Arbeit von Diehl stellt dabei auf Erkenntnisse der kognitiven Umweltpsychologie[457] ab. Dieser Zweig der umweltpsychologischen Forschung begreift Kognitionen im Zusammenspiel mit Wahrnehmungsprozessen als Voraussetzung, Umweltreize zu klassifizieren und zu strukturieren. Mit Hilfe so gebildeter kognitiver Landkarten gelingt es Individuen sich in Umwelten zu orientieren. Diehl leitet daraus in Anlehnung an empirische Arbeiten von Bost (1987) und Silberer/Jaeckel (1996) die Berücksichtigung orientierungsfreundlicher Gestaltungselemente von Umwelten ab. Sie begründet ihren modellerweiternden Ansatz schließlich damit, dass die Orientierungsfreundlichkeit einer Umwelt wesentlich bestimmt, ob sich Individuen in einer Umwelt wohl fühlen und ihnen die Umwelt insgesamt gefällt.[458] Eine positive Bewertung der Umwelt (Gefallen) führt nach Bost gleichfalls zu positiven Stimmungswirkungen.[459]

Wie bereits im Abschnitt 3.1.2 (S. 57ff) erwähnt, gehen Emotionen mit einer Aktivierung des Organismus einher und wirken sich sowohl auf psychische als auch auf physische bzw. motorische Aktivitäten des Individuums aus. Dabei bezieht sich das Erleben einer Emotion auf die

---

[453] Vgl. Kroeber-Riel/Weinberg, 2003, S. 242.
[454] Vgl. Lam, 2001, S. 190.
[455] Vgl. Gröppel-Klein/Germelmann, 2002, S. 513.
[456] Vgl. Ittelson et al., 1997, S. 131.
[457] Siehe hierzu ausführlich Abschnitt 3.1.3 (S. 59ff).
[458] Vgl. Diehl, 2002, S. 107f.
[459] Vgl. Bost, 1987, S. 79/142. Ähnlich auch Bohner, 1990, S. 29ff; Mattila/Enz, 2000, S. 269. Das Konstrukt der Stimmung steht in engem Zusammenhang zu Emotionen/Gefühlen. Im Vergleich zu Emotionen sind Stimmungen jedoch ungerichtet und beziehen sich nicht auf ein bestimmtes Objekt (vgl. hierzu ausführlich beispielsweise Trommsdorff, 2004, S. 72ff).

Wahrnehmung der eigenen emotionalen Erregung. Die Wahrnehmung ist dabei ein kognitiver Prozess, der mit gedanklichen Assoziationen verbunden ist. Erst die gedankliche Einordnung der mit einer Emotion verbundenen eigenen inneren Erregung führt zu einem Gefühlserlebnis.[460] Die Interpretation einer Situation determiniert – (gleichfalls) als kognitiver Prozess – entscheidend die Qualität (Emotionsinhalt) und die Intensität der entstehenden Emotion.[461]

Zudem ist für den Untersuchungsgegenstand die Auffassung von Wyer/Carlston (1979) interessant, wonach der eigene emotionale Zustand (bzw. hier das emotionale Empfinden des Umfeldes) als Information in die Urteilsbildung von Personen eingeht.[462] Gleichermaßen führen Bower (1991), Clark/Williamson (1989) und Morris (1989) an, dass sich aktuelle Stimmungen von Individuen auf die Beurteilung von Personen oder Umwelten auswirken.[463] Diese Sichtweise verdeutlicht ebenfalls das Zusammenspiel von Emotionen und Kognitionen und begründet die parallele Berücksichtigung emotionaler und kognitiver Reaktionen bei der Analyse von Erlebniswirkungen auf das Verhalten von Individuen. Es geht also darum, inwiefern ausgelöste emotionale Reaktionen Bewertungsprozesse beeinflussen können, die ihrerseits Einfluss auf Verhaltensreaktionen nehmen. Insbesondere Behrens (1991) hat sich ausführlich mit dem Einfluss von Emotionen auf Bewertungsprozesse beschäftigt.[464] Weiterhin konstatieren Darden/Babin (1994) einen Einfluss affektiv emotionaler Reaktionen auf die Gestaltung der Umwelt auf die Wahrnehmung und Bewertung von Dienstleistern. Personen weisen demnach einem Anbieter spezifische affektive Bedeutungen zu, welche das Image bzw. die Einstellung gegenüber dem Dienstleister prägen und eine Differenzierung ermöglichen.

Auch Reimer (2004) untersuchte primär kognitive Wirkungen von Umweltstimuli und deren Einfluss auf die Wahrnehmung der Dienstleistungsqualität.[465] Folglich standen insbesondere Fragen im Mittelpunkt des Interesses, die sich damit beschäftigten, ob das Dienstleistungsdesign – also Reize der Umwelt – einen Einfluss auf die wahrgenommene Dienstleistungsqualität haben. Dabei geht sie davon aus, dass dem Dienstleistungsdesign aufgrund vieler sinnlich wahrnehmbarer Stimuli eine verhaltensrelevante Bedeutung zukommt, die sich aus physiologischen, emotionalen und kognitiven Reaktionen begründen lässt. Für ihre Untersuchung orientiert sie sich an zahlreichen Studien, die Hinweise dafür geben, dass kognitive Prozesse Rückschlüsse von der physisch-atmosphärischen Umfeldgestaltung auf die Beurteilung einer

---

[460] Vgl. Reimer, 2004, S. 68. Siehe dazu auch Forberger, 2000, S. 52ff. Diese Sichtweise folgt der verbreiteten Auffassung, dass Emotionen als Folge kognitiver Prozesse entstehen (vgl. hierzu Mandl/Huber, 1983, S. 41).
[461] Vgl. Behrens, 1991, S. 69.
[462] Vgl. Wyer/Carlston, 1979, S. 192. Ähnliche Untersuchungen von Schwarz, 1988, S. 149; Schwarz, 1987, S. 17. Zu einem Überblick auch Bohner, 1990, S. 29ff.
[463] Vgl. Schmidt-Atzert, 1996, S. 184. Zum Einfluss von Stimmungen auf die Urteilsbildung siehe auch Müller/Khazaka, 1995.
[464] Siehe dazu ausführlich Behrens, 1991, S. 65ff.
[465] Vgl. Reimer, 2004, S. 82.

Dienstleistung erlauben.[466] Dabei stützt sie sich für die Erklärung der kognitiven Wirkungen insbesondere auf Lernprozesse.[467] Diese scheinen dafür verantwortlich, dass die wahrgenommenen Reize der physischen Umwelt die Bewertung eines Ladengeschäftes sowie des damit verbundenen Leistungsangebotes determinieren. Sie verweist dabei auf Erkenntnisse, wonach das physische Umfeld – insbesondere für die Beurteilung einer Dienstleistung – mangels spezifischer Sucheigenschaften als Ersatzindikator herangezogen wird.[468]

Die folgende Tabelle zeigt eine Übersicht von Studien, die den Zusammenhang zwischen wahrgenommener Dienstleistungsumgebung und der Bewertung des Umfeldes bzw. der Angebotsleistung stützen.

| Studie | Zentrale Untersuchungsergebnisse |
| --- | --- |
| Bitner (1990, 1992) | Die Dienstleistungsumgebung determiniert die Beurteilung einer fehlerhaften Dienstleistung. |
| Spangenberg et al. (1996) | Eine beduftete Raumatmosphäre wirkt sich positiv auf die kognitive Beurteilung eines Ladengeschäftes und des Sortimentes aus. |
| Baker et al. (1994) | Die Dienstleistungsumgebung wird als Hilfsindikator zur Beurteilung der Dienstleistungsqualität herangezogen. Dabei sind insbesondere atmosphärische (Beleuchtung, Musik) sowie soziale Faktoren (Mitarbeiter) relevant. |
| Ward et al. (1992) | Die Dienstleistungsumgebung dient als Instrument zur Kategorisierung von Dienstleistungen und vereinfacht damit den Prozess der Informationsverarbeitung. |
| Sirgy et al. (2000) | Elemente der Dienstleistungsumgebung (Farben, Materialien, Beleuchtung) dienen potentiellen Kunden zur Beurteilung des Zielpublikums und ermöglichen gleichfalls die Kategorisierung von Dienstleistern. |
| Stöhr (1998) | Beduftete Verkaufsräume wirken positiv auf die Bewertung des Geschäftes. Kognitive Prozesse können über emotionale Wirkungen des Duftes positiv beeinflusst werden, so dass spezifische Erlebnisqualitäten vermittelt werden können. |
| Reimer/Meyer (2003) | Geringer Einfluss des Duftes auf die kognitive Bewertung der Dienstleistungsqualität |
| Morrin/Ratneshwar (2003) | Angenehme Raumdüfte verbessern die Erinnerung von Marken im Rahmen von Recall-/Recognitiontests. In der Untersuchung konnten jedoch keine emotionalen Reaktionen auf olfaktorische Umweltstimuli nachgewiesen werden. Dennoch war die Aufmerksamkeit der Probanden erhöht. |

---

[466] Vgl. Reimer, 2004, S. 82.
[467] Ausführlich zu Lern- und Gedächtnisprozessen vgl. Kroeber-Riel/Weinberg, 2003, S. 225ff.
[468] Vgl. Reimer, 2004, S. 74. Zeithaml bewertet die Innenausstattung eines Dienstleisters als Indikator der Leistungsbeurteilung bei Dienstleistungen (vgl. Zeithaml, 1981, S. 187). Eine ähnliche Auffassung vertreten beispielsweise Pepels, 1996, S. 9; Rushton/Carson, 1989; Wall/Berry, 2001, S. 526.

| Studie | Zentrale Untersuchungsergebnisse |
|---|---|
| Diehl (2002) | Die Orientierungsfreundlichkeit (im Sinne des kognitiven Ansatzes der Umweltpsychologie) einer Umwelt bestimmt, ob sich Individuen in einer Umwelt wohl fühlen und ihnen die Umwelt insgesamt gefällt. Das Gefallen wird dabei als positive Bewertung der Umwelt interpretiert. |
| Terlutter (2000) | Kognitive Bewertung eines musealen Gestaltungskonzeptes. Besucher von Kulturinstitutionen bewerten die Eignung eines Konzeptes für ihre persönlichen Ansprüche (Konstrukt des Bildungsanspruchs). |

*Tabelle 1:      Studien zum Zusammenhang zwischen Umfeldgestaltung (Umweltstimuli) und Bewertung von Umwelten*

Aus diesen Erkenntnissen wird nochmals deutlich, dass die Vermittlung von Emotionen die Bewertung des Angebotes insbesondere auch im Bereich von Dienstleistungen entscheidend determiniert. Überwiegend dient dabei die Dienstleistungsumgebung als wichtiger Indikator. Diese Erkenntnisse liefern zunächst einen wesentlichen Erklärungsbeitrag dafür, sowohl emotionale Reaktionen als auch kognitive Bewertungsprozesse in das zu entwickelnde Modell zu integrieren, um Verhaltenstendenzen vollständig abbilden zu können.

### 3.2.4  Implikationen für die Entwicklung des Verhaltensmodells

Aufgrund der **spezifischen Besonderheiten** von Finanzdienstleistungen (Abschnitt 2.3.2.2, S. 41ff) scheint für die Erklärung von Erlebniswirkungen die Betrachtung ausschließlich emotionaler Reaktionen, wie es das Verhaltensmodell von Mehrabian/Russell zulässt, im Hinblick auf ihre Verhaltensrelevanz nicht ausreichend. Vielmehr spielen gleichermaßen **kognitiv geprägte Größen** eine entscheidende Rolle für die Verhaltensvorhersage. Dies ergibt sich vor allem aus einem nach wie vor rational determinierten Nutzungs- und Entscheidungsverhalten, vor allem im Kontext komplexer Finanzdienstleistungen.[469] Zwar kann auf Basis der Käuferverhaltensforschung das Bedürfnis nach emotionaler Ansprache in nahezu allen Bereichen konstatiert werden, jedoch ist der Vermittlung spezifischer Bankerlebnisse eine semantische Verknüpfung zwischen klassischen Erwartungen (z.B. Sicherheit, Vertrauen, Kompetenz) und Elementen des Erlebnis-Konzeptes herzustellen.

Das heißt, für die Vorhersage der Verhaltenstendenz (Verhaltensabsicht) ist vor allem wesentlich, ob sich ein Bankkunde in der Umwelt wohl fühlt, ob die Umwelt attraktiv und geeignet erscheint, um Bankgeschäfte zu erledigen (kognitive Bewertung). Die Bewertung der Eignung kann dabei als subjektiver Prozess aufgefasst werden, der auf bereits vorhandene assoziative Strukturen (Schemata) zurückgreift. Wie im Abschnitt 2.3.3 (S. 45ff) beschrieben, kann die Einordnung bzw. Aktivierung neuer (erlebnisgenerierender) Eigenschaften (Knoten) eines Finanzdienstleisters in ein bestehendes Schema über kognitive Lerntheorien erklärt werden.

---

[469] Vgl. Schramm, 2002, S. 75; Foxall/Pallister, 1998, S. 192.

Auf diese Weise kann die Bildung neuer, kompatibler assoziativer Strukturen zwischen Banken und Erlebnissen erreicht werden.

Aus diesem Blickwinkel lässt sich für den Nachweis **emotionaler Reaktionen**, die als Folge einer erlebnisorientierten Ausrichtung von Kreditinstituten zustande kommen, zunächst die Eignung des umweltpsychologischen Verhaltensmodells von Mehrabian/Russell (1974) begründen. Um gleichermaßen **kognitive Größen** zu berücksichtigen, wird für die empirische Untersuchung angestrebt, das Verhaltensmodell, das bisher allein emotionale Reaktionen auf Reize der Umwelt erfasst, entsprechend zu modifizieren.

Die im Rahmen des erweiterten Umweltmodells betrachteten kognitiven Aspekte greifen dabei zunächst Elemente der kognitiven Umweltpsychologie auf und berücksichtigen somit **Ordnungskriterien**, die für Individuen zur Orientierung in Umwelten Bedeutung erlangen. Gerade bei Bankgeschäften kann davon ausgegangen werden, dass ein hohes Maß an Orientierungsfreundlichkeit vorausgesetzt wird (Reduzierung der Komplexität), um positive emotionale Reaktionen (speziell auch Stimmungswirkungen[470]) auf Umweltreize zu befördern.[471]

Außerhalb der kognitiven Umweltpsychologie erscheinen Indikatoren relevant, die eine **Bewertung** eines erlebnisorientierten Gestaltungskonzeptes in Kreditinstituten erlauben. Eine positive Umweltbewertung kommt dabei über einen positiven Gesamteindruck bzw. Gefallensäußerungen zum Ausdruck. Ein Gefallen der Umwelt beinhaltet zugleich Differenzierungspotenziale. Diese kommen über spezifische Bedeutungen zustande, die einem Anbieter infolge einer kognitiven Bewertung des Erlebnisbank-Konzeptes zugewiesen werden und ihn von anderen Anbietern unterscheidet.[472] Der Gesamteindruck bzw. das Gefallen stellt somit auch eine Einschätzung der Attraktivität des Finanzdienstleisters dar. Dabei ist davon auszugehen, dass positive emotionale Reaktionen die Ausbildung einer positiven kognitiven Bewertung unterstützen.[473]

Beide Punkte lassen sich in konkrete modelltheoretische Modifikationen überführen. Das Konstrukt der **Orientierungsfreundlichkeit** wird als zusätzliche Determinante emotionaler

---

[470] Arbeiten, die explizit Stimmungswirkungen untersuchen, d.h. den Einfluss von Stimmungen auf die Urteilsbildung zum Gegenstand hatten, legten beispielsweise Müller/Khasaka, 1995; Mattila/Enz, 2000 vor. Zu einer Übersicht siehe auch Gardner, 1985, S. 284ff.

[471] Überaktivierung kann emotionale Reaktionen eher negativ beeinflussen (vgl. beispielsweise Bost, 1987, S. 36; Kroeber-Riel/Weinberg, 2003, S. 78ff).

[472] Vgl. Darden/Babin, 1994.

[473] Vgl. Bitner, 1990, 1992; Spangenberg et al., 1996; Baker et al., 1994; Stöhr, 1998.

Reaktionen in das Modell integriert. Daneben werden kognitive Reaktionen, die in Folge e-motionaler Reaktionen auf Reize der Umwelt zustande kommen, über das Konstrukt des **Ge-samteindrucks/Gefallens** erfasst.

Die folgende Abbildung verdeutlicht zusammenfassend die aus der Emotions- und Kogniti-onsforschung gewonnenen Erkenntnisse für die Modellbildung.

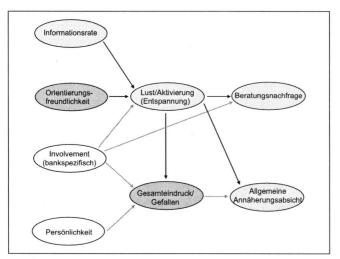

*Abbildung 7:    Entwicklung des Verhaltensmodells – Erkenntnisse der Emotions- und Kognitionsforschung*

Das umweltpsychologische Verhaltensmodell von Mehrabian/Russell stellt weiter auf persön-liche Prädispositionen ab, die das Verhalten in Umwelten determinieren. Auch hier ergeben sich im Hinblick auf den Untersuchungsgegenstand Besonderheiten, die eine weitere Modifi-kation des Verhaltensmodells notwendig machen.

In der Problemstellung wurde bereits darauf hingewiesen, dass im Zusammenhang mit Fi-nanzdienstleistungen häufig davon ausgegangen wird, dass das Involvement sowie das allge-mein als hoch wahrgenommene Risiko der Entscheidungssituation das Nutzungsverhalten entscheidend determinieren.

Im Folgenden wird daher die Bedeutung des Involvements im Dienstleistungs- und insbeson-dere im Finanzdienstleistungsbereich herausgestellt. Zudem werden die sich daraus für die Ableitung des Verhaltensmodells ergebenden Schlussfolgerungen diskutiert.

## 3.3 Erkenntnisse der Involvementforschung

### 3.3.1 Bedeutung des Involvements im Finanzdienstleistungsbereich

Wie im Abschnitt 2.3.1 (S. 37ff) bereits erwähnt, herrscht in der Literatur weitgehend Übereinstimmung darüber, dass Dienstleistungen aufgrund ihrer Eigenschaften einer stärkeren Risikowahrnehmung unterliegen als Sachgüter.[474] Dies wird vor allem mit dem hohen Anteil an Erfahrungs- und Vertrauenseigenschaften begründet, die Probleme bei der Informationsbeschaffung und Beurteilung der Leistungen nach sich ziehen. Die Annahme, Dienstleistungen wären mit einem hohen Involvement beim Kunden verbunden, resultiert aus diesen hier kurz umrissenen Besonderheiten des Dienstleistungsbereichs und zeigen sich insbesondere durch intensivere Informationssuche vor und nach der Kaufentscheidung. Während nur wenige Aussagen zu den Determinanten des Involvements im Bereich der Dienstleistungen vorliegen, verweisen verschiedene Arbeiten auf ein hohes Maß der wahrgenommenen Risiken beim Konsum von Dienstleistungen. Diese Tatsache kann als Indiz gesehen werden, die geringe Spontankaufbereitschaft zu erklären.[475]

Zum Involvement bei Finanzdienstleistungen liegen bislang nur wenige empirische Untersuchungen vor.[476] Eine englische Studie untersuchte das Kaufverhalten für Produkte der Altersvorsorge, Lebensversicherungen, Baufinanzierung sowie allgemein für Anlageprodukte und identifizierte für diese Leistungen ein hohes Involvement.[477] Gleichermaßen zeigen Untersuchungen, dass die Wahlentscheidung für eine Bank von hohem Involvement geleitet ist.[478] Diese Aussagen liefern erste Hinweise dafür, dass insbesondere komplexe Bankdienstleistungen mit hohem Involvement verbunden sind. Einschränkend muss hinzugefügt werden, dass diese Aussagen an Relevanz verlieren, wenn es sich um standardisierte Transaktionen, wie beispielsweise die alltägliche Nutzung des Girokontos, handelt. Die Bewertung des Involvements im Dienstleistungs- bzw. Finanzdienstleistungssektor verlangt daher Entscheidungssituationen zu differenzieren und zu spezifizieren, um gezielte und geeignete Aussagen für die Wirkungen auf das Konsumentenverhalten treffen zu können. Entscheidungen, die grundsätzlicher Natur sind und längerfristige Konsequenzen nach sich ziehen, motivieren jedoch nach diesen Ergebnissen stärker zu einer intensiven Auseinandersetzung mit dem Entscheidungsgegenstand als die Nutzung standardisierter, alltäglicher Leistungen.[479]

---

[474] Vgl. Schramm, 2002, S. 74; Turley/LeBlanc, 1993; Zeithaml, 1981.

[475] Vgl. Schramm, 2002, S. 74f.

[476] Vgl. Schramm, 2002, S. 75. Becket et al., 2000 leiten vier Verhaltensmuster für die Nutzung von Finanzdienstleistleistungen ab und stellen das Involvement sowie die wahrgenommene Unsicherheit als entscheidende Einflussfaktoren des Konsumentenverhaltens heraus. Aldlaigan/Buttle, 2001 untersuchen verschiedene Finanzprodukte hinsichtlich ihres Ausmaßes des Involvements.

[477] Vgl. Foxall/Pallister, 1998, S. 183.

[478] Vgl. Martenson, 1985; Lohmann, 1997, S. 23.

[479] Vgl. Lohmann, 1997, S. 23.

Trotz dieser scheinbar klaren Aussagen ist bisher vielfach noch ungeklärt, aus welchen Komponenten sich das identifizierte hohe (Kauf-)Involvement[480] für Finanzdienstleistungen zusammensetzt.[481] Zudem kommen verschiedene Arbeiten zu der Überzeugung, dass die Sympathie, die Bankkunden einem Anbieter entgegenbringen, in diesem Zusammenhang eine wesentliche Rolle spielt. Die hohe Bedeutung, die der Entscheidung beigemessen wird sowie das hohe wahrgenommene Risiko führen jedoch oft dazu, dass rationale Aspekte der Entscheidung die emotionalen Aspekte stark dominieren.[482] Darin kann letztlich eine Ursache dafür gesehen werden, dass Kreditinstitute bzw. Bankdienstleistungen häufig als unsympathisch wahrgenommen werden. Für das Involvement kann anhand dieser Aussagen geschlossen werden, dass häufig ein **geringes emotionales**, jedoch ein **starkes kognitives Involvement** vorliegt.[483] Die Untersuchung von Griese (2002) weist gleichermaßen auf allgemein geringe emotionale Aktivitäten beim Konsum von Bankdienstleistungen hin.[484]

Um den Einfluss des Involvements im Hinblick auf die Nutzung von Finanzdienstleistungen genauer zu erfassen, darf zum einen nicht grundsätzlich von einem hohen Involvement ausgegangen werden. Vielmehr sind standardisierte Transaktionen oder weitgehend habitualisierte Bankgeschäfte gleichermaßen dem Low-Involvement-Bereich zuzuordnen und erfordern neue Konzepte der Kundenansprache.[485] Die geringen Sympathiewerte gegenüber Kreditinstituten, die sich aus der bisherigen Dominanz rationaler Aspekte ergeben, verdeutlichen zum anderen, dass stärker emotionale Komponenten des Involvements berücksichtigt werden müssen.

Aus dieser Argumentation lässt sich die Notwendigkeit einer emotionalen Ansprache von Kunden in Kreditinstituten ableiten. Emotional aktivierende Umweltreize, die insbesondere über erlebnisorientierte Gestaltungskonzepte transportiert werden können, bieten dabei Potenziale zur Reduzierung der Risikowahrnehmung bei komplexen Finanzdienstleistungen und zur Steigerung des emotional determinierten Involvements. Die rational kühle Atmosphäre vieler Kreditinstitute verstärkt dagegen vielfach nicht nur die Abneigung gegenüber Bankdienstleistungen, sondern verstärkt zugleich die der Entscheidung für eine Bankdienstleistung

---

[480] Schramm geht von einem allgemein höheren (handlungsspezifischen) Kaufinvolment für Dienstleistungen aus – das Produktartinvolvement hingegen variiert auch innerhalb des Dienstleistungsbereichs (vgl. Schramm, 2002, S. 75). Zudem ist darauf zu verweisen, dass die Annahme eines hohen Involvements weniger für bestehende Leistungsbeziehungen als vielmehr für die erstmalige Inanspruchnahme einer Finanzdienstleistung zutrifft (vgl. Lohmann, 1997, S. 23).

[481] Diese Tatsache wird der häufig eindimensionalen Erfassung des Involvements bisheriger Untersuchungen im Finanzdienstleistungsbereich zugeschrieben (vgl. beispielsweise die Untersuchung von Schramm, 2002, S. 75).

[482] Vgl. Foxall/Pallister, 1998, S. 186 und 192.

[483] Vgl. Schramm, 2002, S. 75. Daher sieht Swoboda impulsives Kaufverhalten (hohes emotionales Involvement/geringes kognitives Involvement (vgl. Kroeber-Riel/Weinberg, 2003, S. 371)) beim Konsum von Finanzdienstleistungen als Ausnahme (vgl. Swoboda, 1997, S. 98).

[484] Es konnte jedoch die These bestätigt werden, dass Kundenzufriedenheit bei der Zielgruppe der 18–25jährigen Bankkunden eher über emotionale Prozesse zustande kommt.

[485] Vgl. Lohmann, 1997, S. 89.

beigemessene Bedeutung. Emotionale Aspekte des Entscheidungsverhaltens werden letztlich unterdrückt.

Aus diesem Blickwinkel ist für das Marketing von Finanzdienstleistungen immer interessant, welche unmittelbaren Verhaltenswirkungen über Emotionen und Stimmungen[486] (emotionale Reaktion) generiert werden können. In verschiedenen empirischen Untersuchungen des Einzelhandels wurde bestätigt, dass Kunden, deren Stimmung durch atmosphärische Reize des Umfeldes verbessert wurde (positive Emotionen), mehr kaufen und mit dem Geschäft insgesamt zufriedener sind. Diese Erkenntnisse lassen sich vor allem damit begründen, dass Kunden in guter Stimmung bevorzugt Positives wahrnehmen. Außerdem bilden gut gestimmte Kunden schneller ihrer Urteile, was dazu führt, dass sie sich schneller entscheiden und häufiger spontane Kaufentscheidungen treffen.[487]

Die Grundhypothese der vorliegenden Arbeit geht deshalb davon aus, dass diese Erkenntnisse, die insbesondere für den Bereich des Einzelhandels gelten, auf den Finanzdienstleistungsbereich übertragbar sind. Damit wären gleichermaßen positive Verhaltenswirkungen, die sowohl zu einem verstärkten allgemeinen Annäherungsverhalten als auch – unter Berücksichtigung der Besonderheiten des Finanzdienstleistungssektors und den damit verbundenen Service- und Kompetenzerwartungen der Kunden an ein Kreditinstitut – zu einer verstärkten Nachfrage nach Beratungsleistungen führen.

Um konkrete Anhaltspunkte für die Integration sowohl kognitiver als auch emotionaler Aspekte des Involvements in das zu entwickelnde Verhaltensmodell für den Finanzdienstleistungssektor zu gewinnen, wird im Weiteren das Konstrukt des Involvements ausführlich betrachtet.

### 3.3.2   Involvement als Determinante des Käuferverhaltens

Im Abschnitt 3.1.2 (S. 57ff) wurde bereits auf aktivierungstheoretische Grundlagen und deren Einfluss auf die Wirkung von Umweltreizen eingegangen. In diesem Zusammenhang wurde insbesondere erläutert, wie Konsumenten durch Reize der Umwelt aktiviert werden und welche Bedeutung diesem Konstrukt (Aktivierung) im Rahmen der Erklärung des Konsumentenverhaltens beigemessen wird. Dabei beinhaltet das Aktivierungskonstrukt zunächst Anhaltspunkte, das Kaufverhalten zu differenzieren und legt zugleich nahe, wie ein bestimmtes

---

[486] Zur Abgrenzung von Emotionen und Stimmungen vgl. Abschnitt 3.2.1 (S. 70ff).
[487] Vgl. Silberer/Jaeckel, 1996, S. 247; Schmidt-Atzert, 1996, S. 183. Siehe dazu auch die Ausführungen in Abschnitt 3.2.3 (S. 80ff).

Entscheidungsverhalten, z.B. über atmosphärische Reize der Umwelt, gezielt beeinflusst werden kann.[488]

Das **Involvement** markiert gleichermaßen einen Zustand der Aktiviertheit, der maßgeblich das **gedankliche** Entscheidungsengagement determiniert.[489] Insbesondere in Zusammenhang mit Prozessen der Informationsverarbeitung und Entscheidungsfindung wird in der Konsumentenverhaltensforschung häufig das Involvement als Erklärungsvariable herangezogen.[490] Anders als das Aktivierungskonzept hat das Involvement seinen Ursprung in der kognitiv geprägten Konsumentenforschung.[491]

Trommsdorff charakterisiert das Involvement als ein Schlüssel- bzw. Basiskonstrukt der Marketingforschung.[492] Über das Konstrukt des Involvements wird es möglich, das persönliche Engagement von Konsumenten in einer Entscheidungssituation zu differenzieren und überhaupt zu erfassen. Abstufungen erfolgen dahingehend, dass Entscheidungen mit mehr oder weniger Involvement gefällt werden und berücksichtigt damit empirische Befunde, die einer ausschließlich ökonomisch-rationalen Sichtweise des Entscheidungsverhaltens von Konsumenten widersprechen.[493] Selbst aus der Perspektive bisher stark rational bestimmter Entscheidungen im Bereich der Finanzdienstleistung gewinnen mehr und mehr aktivierungstheoretische bzw. emotionale Aspekte des Entscheidungsverhaltens an Bedeutung[494], so dass auch hier nicht grundsätzlich von einem maximalen Ausmaß der Informationsaufnahme und -verarbeitung ausgegangen werden kann. Vielmehr stellt das Involvementkonstrukt gerade in diesem Feld eine ganz entscheidende Determinante für die Erklärung des Konsumentenverhaltens dar, weil es differenziert die Spanne der inneren Beteiligung am Entscheidungsprozess zu erfassen ermöglicht.

Auch für das Involvementkonstrukt liegt bis heute keine auf allgemeine Zustimmung stoßende Definition vor. Involvement ist ein hypothetisches Konstrukt, das sich einer direkten Messbarkeit entzieht. Daher wird es notwendig, spezifische Merkmale definitorisch herzuleiten bzw. festzulegen, was zwangsläufig unterschiedliche Auffassungen und Erklärungsansätze

---

[488] Vgl. Kroeber-Riel/Weinberg, 2003, S. 370.
[489] Vgl. Kroeber-Riel/Weinberg, 2003, S. 371; Trommsdorff, 2004, S. 54ff.
[490] Vgl. Hupp, 1998, S. 2.
[491] Vgl. Kroeber-Riel/Weinberg, 2003, S. 370/371.
[492] Vgl. Trommsdorff, 2004, S. 55. Erstmals wurde der Widerspruch zwischen der herrschenden Marketingtheorie des rational entscheidenden Konsumenten und der Praxis des Low-Involvement-Entscheidungsverhaltens von Krugmann, 1965, aufgedeckt (vgl. hierzu Krugmann, 1965).
[493] Vgl. Zaichkowsky, 1987, S. 341; Kroeber-Riel/Weinberg, 2003, S. 370; Trommsdorff, 2004, S. 55.
[494] Vgl. hierzu ausführlich Abschnitt 2.3.3.1 (S. 46ff).

hervorbringt.[495] Die Vielzahl der Definitionsansätze erlaubt kaum eine vollständige, geschweige denn einheitliche Systematisierung, so dass zu unzähligen Definitionen nahezu eine ebenso umfangreiche Zahl von Versuchen der Kategorienbildung vorliegt. Zudem ist nicht abschließend geklärt, wodurch der psychische Zustand[496] des Involvements hervorgerufen wird bzw. welche Konsequenzen damit in Verbindung stehen. Mit diesen Fragestellungen verbinden sich zugleich etablierte Begriffsauffassungen bzw. Kategoriensysteme des Involvements.[497]

Im Kern stimmen die Ansätze jedoch dahingehend überein, dass Involvement als „a person's perceived relevance of the Object based on inherent needs, values and interests"[498] verstanden werden kann. Involvement hängt primär mit der persönlichen Bindung einer Person an ein Objekt (Stimulus) zusammen und bestimmt sich über die wahrgenommene Wichtigkeit oder das persönliche Interesse.[499] Diese Sichtweise basiert auf dem frühen Ursprung des Involvementbegriffs (Ego-Involvement), der insbesondere von Sherif/Cantril (1947) im Zusammenhang sozialpsychologischer Einstellungsforschung geprägt wurde.[500] Demnach entsteht (Ego-)Involvement, „when any stimulus or situation is consciously or unconsciously related to the content of the ego by an individual".[501] Diese Auffassung orientiert sich an Arbeiten zum Selbstkonzept bzw. Ego und bezieht sich darauf, dass das Selbstkonzept maßgeblich über die Einstellungen von Individuen hervorgerufen wird. Spricht ein bestimmter Stimulus diese Einstellungen an, so entsteht Ego-Involvement. Besondere Bedeutung wird dabei solchen Einstellungen zugesprochen, mit denen sich ein Individuum besonders stark identifiziert.[502]

---

[495] Eine Systematisierung verschiedener Definitionsansätze liefern beispielsweise Matzler, 1997, S. 192; Hupp, 2000, S. 194ff; Kanther, 2001, S. 20ff.

[496] Grundsätzlich können zwei Sichtweisen des Involvements unterschieden werden. Zum einen eine prozessorientierte Konzeptualisierung, die davon ausgeht, dass kognitive Aktivitäten von Personen deren Involvement auslösen. Hohes Involvement würde in diesem Sinne durch ein hohes Maß an Informationsverarbeitung verursacht. Die weit anerkannte zustandsorientierte Auffassung geht hingegen davon aus, dass die Höhe des Involvements das Ausmaß der Informationsaufnahme und -verarbeitung determiniert (vgl. Matzler, 1997, S. 193f; Antil, 1984, S. 203ff). Im Rahmen dieser Arbeit wird gleichfalls der zustandorientierten Auffassung gefolgt.

[497] So findet sich bei Costley, 1988 eine Kategorisierung des Involvements nach den Kriterien Inhalt, Objekt, Art und Intensität. Andere Autoren leiten Begriffsauffassungen nach den Ursachen und Komponenten sowie Konsequenzen des Involvements ab (Jeck-Schlottmann, 1987, S. 69ff) oder orientieren sich ausschließlich an dessen Wirkungen (Deimel, 1992, S. 53ff).

[498] Zaichkowsky, 1985, S. 341. Nach diesem Verständnis wird das Involvement häufig über Fragen nach dem Produktinteresse oder der Produktbedeutung operationalisiert (vgl. Hupp, 1998, S. 10).

[499] Vgl. Antil, 1984, S. 203; Celsi/Olson, 1988, S. 220; Kapferer/Laurent, 1985.

[500] Vgl. Trommsdorff, 2004, S. 56; Kanther, 2001, S. 20ff.

[501] Vgl. Sherif/Cantril, 1947, S. 117.

[502] Vgl. Hupp, 1998, S. 3.

Spätere Ansätze, die schließlich auch in der Marketingwissenschaft Berücksichtigung fanden[503], erweiterten das Ego-Involvementkonzept, in dem sie das Involvement über die persönlichkeitsbedingte Sichtweise hinaus als Aktivierungszustand auffassen, dessen Auslöser gleichermaßen situations- und objektspezifisch sein können. In der deutschsprachigen Marketingforschung hat sich diese Auffassung weitgehend etabliert.[504]

Die Wichtigkeit eines Produktes bzw. einer Dienstleistung für das Individuum löst demnach eine Aktivierung aus, die zu einer objektgerichteten Informationssuche, -aufnahme, -verarbeitung und -speicherung motiviert.[505] Diese inhaltliche Auseinandersetzung kann sowohl kognitiv als auch emotional erfolgen.[506] Nach Kroeber-Riel/Weinberg ist hohes Involvement mit starken Emotionen verbunden, die in diesem Sinne als kognitiv interpretierte Aktivierung verstanden werden.[507]

Zusammenfassend soll der Auffassung von Kroeber-Riel/Weinberg folgend, Involvement als:

**„Ich-Beteiligung bzw. gedankliches Engagement und die damit verbundene Aktivierung, mit der sich jemand einem Sachverhalt oder einer Aktivität zuwendet"**[508] verstanden werden.

Definitionsgemäß handelt es sich zunächst um ein eindimensionales Konstrukt, das eine Unterscheidung zwischen hohem und niedrigem Involvement einschließt.[509] Mit dieser Beschreibung bleiben jedoch Faktoren unberücksichtigt, mit denen das Involvement variiert. Daher ist das Involvement vielmehr als Konstrukt zu verstehen, das sowohl über multidimensionale Stimuluskonstellationen der Umwelt als auch über mehrdimensionale psychische Zustände der Konsumenten bestimmt wird.[510] Trommsdorff verweist in diesem Zusammenhang darauf, dass es für das Marketing folglich nicht ausreicht, den Grad des Involvements zu erfassen (eindimensional), sondern es insbesondere darauf ankommt, die Determinanten bzw. Komponenten des Involvements explizit einzubeziehen. Damit wird vor allem darauf abgestellt, verschiedene Arten des Involvements zu berücksichtigen, die es ermöglichen involve-

---

[503] Insbesondere mit den Veröffentlichungen Krugmans (1965) gewann das Involvementkonstrukt für die Käuferverhaltensforschung an Bedeutung (vgl. Matzler, 1997, S. 189).

[504] Vgl. Hupp, 1998, S. 11.

[505] Vgl. Trommsdorff, 2004, S. 56.

[506] Vgl. Kroeber-Riel/Weinberg, 2003, S. 371; Jeck-Schlottmann, 1988, S. 5.

[507] Vgl. Kroeber-Riel/Weinberg, 2003, S. 371.

[508] Vgl. Kroeber-Riel/Weinberg, 2003, S. 345.

[509] Die dichotome Betrachtungsweise des Involvements wird teilweise kritisiert, vgl. Antil, 1984, S. 205. Insofern wird empfohlen, Involvement eher als ein Kontinuum zu betrachten (vgl. Matzler, 1997, S. 197; Diehl, 2002, S. 116; Kroeber-Riel/Weinberg, 2003, S. 370ff).

[510] Vgl. Trommsdorff, 2004, S. 57; Kanther, 2001, S. 61.

mentspezifische Marktsegmente oder Produktkategorien zu entwickeln, mit denen schließlich unterschiedliche Zielgruppen erreicht werden können. Trommsdorff liefert hierfür eine Unterteilung in produkt-, personen- und situationsspezifisches sowie Botschafts- und Medieninvolvement.[511] Gerade auch für Finanzdienstleister werden zielgruppenspezifische Konzepte, die einer unterschiedlichen Ausprägung des prädispositionalen bank- bzw. produktspezifischen Involvements Rechnung tragen können, immer bedeutender.

Allgemein wird hoch involvierten Personen eine stärkere Informationsneigung[512] zugeschrieben, die sich zunächst in einer intensiveren Informationssuche äußert. „Informationssucher" zeigen damit allgemein eine erhöhte Aufmerksamkeits- sowie Wahrnehmungsleistung gegenüber einem Meinungsgegenstand und können generell auf eine breitere Basis von Informationsquellen zurückgreifen.[513] Damit wird zugleich eine weitere Möglichkeit der Differenzierung des Involvementkonstruktes deutlich. Neben der persönlichkeitsbedingten, zeitlich relativ stabilen Ausprägung des Involvements, die als Prädisposition gelten kann, kann des Weiteren ein zeitlich eher kurz andauerndes, handlungsspezifisches Involvement unterschieden werden.[514]

Für den hier betrachteten Untersuchungsgegenstand des Finanzdienstleistungsmarktes scheint vor allem das produkt- bzw. bankspezifische Involvement relevant, das sowohl prädispositional als auch handlungsspezifisch ausgeprägt sein kann.

**Prädispositionales** produkt- oder bankspezifisches Involvement liegt vor, wenn eine Person die grundsätzliche Bereitschaft besitzt, sich mit Banken bzw. deren Produkten und Dienstleistungen auseinanderzusetzen. Prädispositionen werden allgemein durch Persönlichkeitszüge bzw. persönliche Eigenschaften, die sich aus Einstellungen oder Werten ergeben, bestimmt.[515] Personen mit einem hohen bankspezifischen Involvement beschäftigen sich unabhängig von einer tatsächlichen Kaufabsicht mit bankspezifischen Angeboten, in dem sie beispielsweise Börsendaten verfolgen, Produktalternativen vergleichen oder Fachzeitschriften lesen.

Dagegen liegt **handlungsspezifisches** Produkt- oder Bankinvolvement (Kaufinvolvement) insbesondere dann vor, wenn die Bereitschaft sich mit dem Objekt auseinander-

---

[511] Vgl. dazu ausführlich Trommsdorff, 2004, S. 57ff.
[512] Diese ist als individuelle Prädisposition aufzufassen und manifestiert sich über das Engagement, mit dem sich Personen einem Meinungsgegenstand widmen (vgl. Kroeber-Riel/Weinberg, 2003, S. 250).
[513] Vgl. Kroeber-Riel/Weinberg, 2003, S. 250; Drengner, 2003, S. 94; Schramm, 2002, S. 63.
[514] Vgl. Drengner, 2003, S. 94.
[515] Vgl. Trommsdorff, 2004, S. 60.

zusetzen zeitlich begrenzt ist. Diese Bereitschaft kann sowohl durch physische (Stimulus) als auch durch soziale oder situative Einflüsse determiniert werden. Beispielhaft kann für den Bereich der Finanzdienstleistungen die Entscheidungssituation für ein Produkt der privaten Altersvorsorge angeführt werden, die zu einem kurzfristig hohen Involvement führt.[516] Ein über die Entscheidung hinausgehendes Interesse gegenüber dem Meinungsobjekt liegt jedoch nicht vor.

Verschiedene theoretische Ansätze beschreiben den Zusammenhang, der zwischen dem prädispositionalen Produktinvolvement und dem handlungsspezifischen Kaufinvolvement postuliert werden kann. Dabei werden zwei grundsätzliche Positionen vertreten. Zum einen werden beide Aspekte als voneinander unabhängig verstanden. Damit wird impliziert, dass sich Produkt- und Kaufinvolvement im Zeitverlauf überlagern. Das prädispositionale Produktinvolvement wird dabei als relativ stabiler Ausgangspunkt aufgefasst, der durch ein kurzfristiges handlungsspezifisches Kauf-(Involvement) verstärkt werden kann. Insgesamt ist es damit schwierig, die Anteile des Produkt- bzw. Kaufinvolvement voneinander zu trennen.[517] Zum anderen vertreten beispielsweise Beatty et al. (1988) sowie Mittal/Lee (1989) die Auffassung eines positiven kausalen Zusammenhangs. Das heißt, das Kaufinvolvement nimmt mit steigendem Produktinvolvement kontinuierlich zu. Auch diese Abgrenzung erweist sich weitgehend als unscharf, da gleichermaßen Situationen denkbar sind, in denen trotz hohen Kaufinvolvements nur ein geringes Produktinvolvement vorliegt.[518]

Für die hier vorliegende Untersuchung wurde aufgrund dieser generellen Schwierigkeiten der inhaltlichen Abgrenzung primär das **prädispositionale Involvement** gegenüber Bankgeschäften berücksichtigt. Demzufolge kann zielgruppenspezifisch (je nach persönlicher Prädisposition) zunächst von einem allgemein hohen oder niedrigen Aktivierungsniveau gegenüber Bankgeschäften ausgegangen werden.

Gleichermaßen kann das Aktivierungsniveau durch situative Gegebenheiten beeinflusst werden. So wirkt die Geschäftsatmosphäre, die durch die Informationsrate[519] der Bankfiliale bestimmt wird, positiv auf die Aktivierung eines Kunden. Dies ist insbesondere vor dem Hintergrund low-involvierter Kunden, wie sie im Bereich standardisierter Finanzdienstleistungen zunehmend zu erwarten sind, interessant. Da die gedankliche Auseinandersetzung mit

---

[516] Dies insbesondere deshalb, weil ein höher wahrgenommenes Risiko in die Entscheidung einfließt (vgl. Kapferer/Laurent, 1985, S. 42). Dazu auch Schweizer, 2005, S. 121; Schramm, 2002, S. 75f.
[517] Vgl. Kanther, 2001, S. 81.
[518] Vgl. Kanther, 2001, S. 83.
[519] Vgl. dazu ausführlich Abschnitt 3.1.4 (S. 61ff).

dem Entscheidungsgegenstand in diesem Fall gering ist, gewinnt der emotionale Eindruck eine größere Bedeutung.[520] Zeigen die Bankkunden also kein hohes prädispositionales bankspezifisches Involvement, scheinen situative Beeinflussungsreize, die durch eine erlebnisorientierte Ausrichtung von Gestaltungskonzepten bewirkt wird, geeignet, Konsumenten emotional anzusprechen.[521] Je **geringer das prädispositionale bankspezifische Involvement** demnach ist, desto **stärker** müssten die **emotionalen Reaktionen auf Umweltreize** ausfallen. Das heißt, ein höheres Aktivierungsniveau kommt als **Folge** emotionaler Umweltreize zustande.[522] Insbesondere diese emotionalen Wirkungen von Umweltreizen sind zentraler Bestandteil der empirischen Untersuchung.

### 3.3.3 Implikationen für die Entwicklung des Verhaltensmodells

Wie die Ausführungen gezeigt haben, stellt das Involvement ein Konstrukt dar, das die persönliche Bedeutung einer Kaufentscheidung für ein Individuum abbildet. Das Involvement wird dabei als Zustand der Aktivierung beschrieben, der zu einer objektgerichteten Informationssuche führt.[523] Diese inhaltliche Auseinandersetzung mit dem Entscheidungsgegenstand kann dabei sowohl kognitiv als auch emotional erfolgen.[524]

Um sowohl kognitive als auch emotionale Aspekte des Involvements bei der Erklärung von Erlebniswirkungen im Bereich von Finanzdienstleistungen berücksichtigen zu können, werden die Konstrukte **Persönlichkeit (emotional)** und **bankspezifisches Involvement (kognitiv)** in das umweltpsychologische Verhaltensmodell aufgenommen.

Die folgende Abbildung stellt die auf den Erkenntnissen der Involvementforschung aufbauende Modifikation des Verhaltensmodells von Mehrabian/Russell zusammenfassend dar.

---

[520] Vgl. Kroeber-Riel/Weinberg, 2003, S. 239.

[521] Siehe ähnlich Stöhr, 1998, S. 92.

[522] Vgl. Hupp, 1998, S. 14. Für situationsbedingte kurzfristige Schwankungen des Aktivierungsniveaus wird vielfach der Begriff der phasischen Aktivierung verwendet. Im Gegensatz dazu, kennzeichnet der Zustand der tonischen Aktivierung das generelle Aktivierungsniveau eines Individuums, das Aussagen bezüglich der Wachheit bzw. der allgemeinen Leistungsfähigkeit zulässt (vgl. Kroeber-Riel/Weinberg, 2003, S. 60).

[523] Vgl. Trommsdorff, 2004, S. 55ff.

[524] Vgl. Kroeber-Riel/Weinberg, 2003, S. 371; Jeck-Schlottmann, 1988, S. 5.

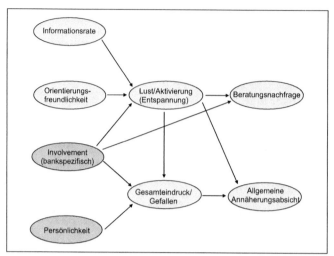

*Abbildung 8:*     *Entwicklung des Verhaltensmodells – Erkenntnisse der Involvementforschung*

Dieses Vorgehen erklärt sich wiederum aus der Struktur des umweltpsychologischen Verhaltensmodells von Mehrabian/Russell (1974). Die Berücksichtigung des Persönlichkeitskonstruktes ist zentrales Element dieses Modells. Demnach sind persönliche Prädispositionen dafür verantwortlich, wie ein Individuum auf Reize der Umwelt reagiert. Objektiv gleiche Reize können nach dieser Auffassung zu unterschiedlichen Reaktionen führen. Diese Sichtweise wird für das für den Finanzdienstleistungsbereich modifizierte Umweltmodell übernommen. Neu ist die Berücksichtigung emotionaler und kognitiver Elemente des Involvements[525], die sich aus persönlichen Prädispositionen – einmal in emotionaler, einmal in kognitiver Hinsicht, ableiten. Nachfolgend findet sich die inhaltliche Interpretation beider Konstrukte.

Die **persönliche Reizaufgeschlossenheit (Persönlichkeit)** soll in diesem Rahmen als Indikator für die Bereitschaft der Kunden stehen, sich emotional aktivierenden Angeboten von Finanzdienstleistern zu öffnen und diese positiv zu bewerten. Somit können **emotionale Aspekte** des Involvements und deren Wirkung auf ein stärker emotional determiniertes Entscheidungsverhalten, das als Zielstellung erlebnisorientierter Bankkonzepte im Zentrum der Betrachtung steht, explizit erfasst werden.

---

[525] Die Untersuchung von Foxall/Pallister weist bereits auf das Vorliegen emotionaler und kognitiver Elemente des Involvements im Kontext mit Finanzdienstleistungen hin (vgl. Foxall/Pallister, 1998, S. 186/192).

Zugleich steht das Konstrukt des **bankspezifischen Involvements** als Indikator für die **kognitiv determinierte Komponente** des Involvements. Durch das bankspezifische Involvement wird die Bedeutung bzw. die wahrgenommene Wichtigkeit (und die damit verbundene Aktivierung), die Bankgeschäften allgemein beigemessen wird, erfasst. Dieses Konstrukt steht damit zunächst für die grundsätzliche, also prädispositionale Bereitschaft, sich gedanklich mit bankspezifischen Leistungen auseinanderzusetzen, umfasst jedoch zugleich Aspekte eines handlungsspezifischen (Kauf-)Involvements, das ebenfalls eine erhöhte Aktivierung für die Erledigung von Bankgeschäften impliziert.[526]

Die zusätzliche Erfassung des bankspezifischen Involvements im Rahmen des Umweltmodells von Mehrabian/Russell begründet sich vor allem aus den Besonderheiten, die sich im Umgang mit Finanzdienstleistungen ergeben. Die wahrgenommene Wichtigkeit sowie das höher wahrgenommene Kaufrisiko führen zielgruppenspezifisch sowohl zu einem hohen prädispositionalen Involvement gegenüber Bankdienstleistungen und rufen zumindest produktspezifisch[527] ein hohes handlungsspezifisches Involvement hervor.

Zusammenfassend können folgende Überlegungen die Modifikation des Umweltmodells sowie Vermutungen über zentrale Zusammenhänge zwischen den bereits abgeleiteten Konstrukten inhaltlich stützen.

1.  Zielgruppenspezifisch liegt ein hohes prädispositionales bankspezifisches Involvement vor, das sich unmittelbar über ein allgemeines Interesse an Banken und Bankprodukten äußert. Zusätzlich ist bei der Entscheidung für Bankprodukte ein hohes handlungsspezifisches Involvement zu erwarten (Kaufinvolvement[528]), das jedoch im Rahmen der Untersuchung nicht getrennt erfasst wird. Vielmehr soll zur Messung des bankspezifischen Involvements die prädispositionale Komponente in den Vordergrund gerückt werden. Dies kann vor allem damit begründet werden, dass davon auszugehen ist, dass ein hohes prädispositionales Involvement emotionale Reaktionen unterdrückt und damit das situationsspezifische Aktivierungsniveau negativ beeinflusst. Dieser Zusammenhang soll somit empirisch gestützt werden. Kunden mit einem **hohen prädispositionalen bankspezifischen Involvement** würden damit **geringere emotionale**

---

[526] Wie im Abschnitt 3.3.2 (S. 89ff) bereits ausgeführt wurde, ist eine unmittelbare Trennung zwischen prädispositionalem Produktinvolvement und handlungsspezifischem (Kauf-)involvement schwierig zu erfassen. Vgl. dazu auch Kanther, 2001, S. 81.

[527] Zu produktabhängigen Ausprägungen des Involvements bei Finanzdienstleistungen vgl. Schramm, 2002, S. 75.

[528] Kaufinvolvement wird häufig als Folge des wahrgenommenen Risikos bei der Kaufentscheidung gesehen, vgl. Kanther, 2001, S. 78ff.

**Reaktionen** auf eine **aktivierende Umfeldgestaltung** zeigen, was sich gleichermaßen auch in einer eher negativen Bewertung von Erlebnisbank-Konzepten äußert.

2.  Zudem determiniert die persönliche Reizaufgeschlossenheit (Persönlichkeit) als emotionale Komponente des Involvements die Bewertung (Gefallen/Gesamteindruck) von Erlebnisbank-Konzepten. Dabei soll angenommen werden, dass eine **hohe Reizaufgeschlossenheit** mit einer **positiven Bewertung** von Erlebnisbank-Konzepten einhergeht. Aus dieser Bewertung (Gesamteindruck/Gefallen) leitet sich schließlich das allgemeine Annäherungsverhalten ab.

3.  Das beim Kauf von Bankprodukten zielgruppenspezifisch zu erwartende hohe handlungsspezifische Involvement[529] (Kaufinvolvement) berührt nach bisherigen Überlegungen die generelle Reizaufgeschlossenheit gegenüber Erlebnisbank-Konzepten und deren Bewertung wenig. Demnach würde eine **erlebnisorientierte Gestaltung** keinen **negativen Einfluss** auf die **Kompetenzwahrnehmung** oder das dem Kreditinstitut entgegengebrachte **Vertrauen** ausüben. Vielmehr ist zu vermuten, dass eine emotionale Kundenansprache und die damit angestrebte sympathische und heitere Geschäftatmosphäre die Kontaktaufnahme zu Kreditinstituten für bestimmte Zielgruppen erleichtert. Kroeber-Riel/Weinberg machen sogar deutlich, dass handlungsspezifisches bzw. situatives Involvement zwar vielfach von den in der jeweiligen Situation wahrgenommenen Risiken bestimmt wird. **Emotionale Reize** der Umwelt in diesem Fall jedoch das Risiko reduzieren und **kaufunterstützend** wirken können.[530] Eine hohe Reizaufgeschlossenheit (Persönlichkeit) spricht in diesem Sinne für ein stärker emotional determiniertes Involvement – es kann vermutet werden, dass damit gleichermaßen ein stärker emotionales Entscheidungsverhalten einhergeht. Diese Konstellation könnte somit ein stärker impulsives Kaufverhalten im Finanzdienstleistungsbereich – zumindest für weniger komplexe Finanzdienstleistungen – bewirken.[531] In diesem Zusammenhang bieten erlebnisorientierte Konzepte für Kreditinstitute die Chance, die allgemeinen Annährungsabsichten von Kunden positiv zu beeinflussen. Die Wirkungen verstärkter allgemeiner Annäherungsabsichten sind dabei insbesondere darin zu sehen, die persönliche Ansprache zu erleichtern und Kontaktpunkte zwischen Kunde und Berater herzustellen, auf deren Basis vertrauensvolle und regelmäßige Beratungssituationen generiert werden können. Vor dem Hintergrund abnehmender persönlicher

---

[529] Vgl. Schramm, 2002, S. 76.
[530] Vgl. Kroeber-Riel/Weinberg, 2003, S. 250/372.
[531] Impulsives Kaufverhalten geht nach Kroeber-Riel/Weinberg mit hohem emotionalem und geringem kognitivem Involvement einher. Allerdings ist der Bereich impulsiver Kaufentscheidungen für die Involvementforschung insgesamt weniger interessant (vgl. Kroeber-Riel/Weinberg, 2003, S. 371).

Kundenkontakte kann so langfristig der geschäftliche Erfolg im stationären Vertrieb von Finanzdienstleistungen gefestigt werden.

Zusammenfassend wäre das **Ziel erlebnisorientierter** (emotional aktivierender) **Gestaltungskonzepte** im Bankbereich darin zusehen, den Einfluss **emotionaler Aspekte der Kaufentscheidung** zu erhöhen. Damit kann den Kunden in der Entscheidungssituation ein besseres „**Gefühl**" für die Richtigkeit der Entscheidung dadurch vermittelt werden, dass sie der Erledigung von Bankgeschäften in einer **angenehmen Basisatmosphäre** mehr **Vertrauen** und **Sympathie** entgegenbringen können.

## 3.4   Ableitung eines modifizierten umweltpsychologischen Verhaltensmodells

### 3.4.1   Begründung der untersuchungsrelevanten Konstrukte

Im Rahmen der Arbeit wird eine integrative Darstellung und Anwendung umwelt- und verhaltenspsychologischer Erkenntnisse zur **Wirkungsanalyse erlebnisorientierter Gestaltungsmaßnahmen in Filialbanken** angestrebt. Dabei steht die Entwicklung eines modifizierten umweltpsychologischen Verhaltensmodells im Mittelpunkt, auf dessen Grundlage mögliche Einflussfaktoren und Wirkungszusammenhänge analysiert werden, um schließlich tendenzielle Aussagen in Bezug auf die Wirkung von Erlebnisbank-Konzepten abzuleiten.

Die Modellsubstanz bildet das umweltpsychologische Verhaltensmodell von Mehrabian und Russell (1974), wie es im Abschnitt 3.1.4.1 (S. 61ff) ausführlich dargestellt wurde. Dieses beinhaltet die unmittelbar zu untersuchenden Konstrukte, die auf den Bereich der Finanzdienstleistungen übertragen werden sollen und wird um Erkenntnisse der Konsumentenverhaltensforschung erweitert. Die zentralen Modellbestandteile lassen sich dabei zunächst auf Erkenntnisse der Umweltpsychologie zurückführen.

**Schlussfolgerungen aus Erkenntnissen der Umweltpsychologie**
Der konzeptionelle Rahmen des zu entwickelnden Umweltmodells kann im Kern aus dem emotionalen Ansatz der Umweltpsychologie hergeleitet werden. Demnach lösen Umweltstimuli in Abhängigkeit von der persönlichen Reizaufgeschlossenheit emotionale Reaktion aus, die das Verhalten in der Umwelt determinieren.[532] Damit ist der Ansatz geeignet, die Grundaussage der vorn formulierten Forschungsfrage zu prüfen, da über das Umweltmodell wesentliche Einflussfaktoren für die Verhaltensvorhersage im Modell berücksichtigt werden können. Die unmittelbar interessierenden Konstrukte sind dabei die **Informationsrate** der Umwelt,

---

[532] Vgl. Mehrabian/Russell, 1974.

die **Persönlichkeit** des Individuums als unabhängige sowie die **emotionale Reaktion** (Lust/Aktivierung) und die **Verhaltensreaktionen** (Beratungsnachfrage, Allgemeine Annäherungsabsicht) als abhängige Größen. Für die Operationalisierung der zu betrachtenden Konstrukte werden im Folgenden (Abschnitt 4.1.1) Indikatoren extrahiert, deren Eignung für den Nachweis von Verhaltenswirkungen einer emotional aktivierenden Umfeldgestaltung in verschiedenen empirischen Untersuchungen aus dem Bereich des Einzelhandels bzw. von Kulturinstitutionen nachgewiesen werden konnte. Gleichermaßen soll deren Eignung für die **Messung von Erlebniswirkungen** im Bereich Finanzdienstleistungen antizipiert werden.

Zudem konnte gezeigt werden, dass insbesondere für den Untersuchungsgegenstand Elemente der kognitiven Umweltpsychologie relevant erscheinen, deren Kern in der gedanklichen Strukturierung der Umwelt begründet ist. Desaktivierende Reizstrukturen, die über orientierungsfreundliche Umwelten realisiert werden, dienen insbesondere der Reduzierung der Komplexität wahrgenommener Umweltreize und gleichen übermäßige emotionale Erregungszustände aus. Das Konstrukt der Orientierungsfreundlichkeit ist damit sowohl aus umweltpsychologischer als auch aktivierungstheoretischer Sicht für die Untersuchung interessant. Aus dieser Perspektive wird auf der Grundlage der Erkenntnisse von Bost (1987)[533] die **Orientierungsfreundlichkeit** zusätzlich in das Umweltmodell integriert. In Anlehnung an Berlyne[534], der theoretisch die Wirkung desaktivierender Reizstrukturen formulierte, operationalisierte Bost erstmals die Orientierungsfreundlichkeit als Wirkungskomponente der Umwelt.

**Schlussfolgerungen aus Erkenntnissen der Emotions- und Kognitionsforschung**
Die Berücksichtigung kognitiver Perspektiven im Rahmen der Arbeit leitet sich insbesondere aus dem überwiegend kognitiv bzw. rational geleiteten Nutzungs- bzw. Entscheidungsverhalten im Umgang mit Finanzdienstleistungsprodukten ab.[535] Ergebnisse sozialpsychologischer Untersuchungen sowie der Konsumentenforschung verweisen zunehmend auf den nicht zu vernachlässigenden Einfluss von **Emotionen auf kognitive Prozesse**.[536] Neuere emotions- und kognitionstheoretische Ansätze rücken gleichermaßen die wechselseitige Beziehung zwischen Emotionen und Kognitionen in den Mittelpunkt der Forschung.[537] Im Rahmen des zu modifizierenden Umweltmodells ist es damit zielführend, gleichermaßen beide Perspektiven einzubeziehen. Der Schwerpunkt wird im Rahmen des Modells weniger auf die Emotionsge-

---

[533] Bost erkannte die Bedeutung sowohl aktivierender Reize als auch desaktivierender Reize, um positive Stimmungswirkungen in Ladenumwelten zu generieren.

[534] Vgl. Berlyne, 1971, S. 172f; Bost, 1987, S. 101.

[535] Vgl. Schramm, 2002, S. 75; Foxall/Pallister, 1998, S. 192.

[536] Vgl. Kroeber-Riel/Weinberg, 2003, S. 225ff.

[537] Vgl. hierzu ausführlich Abschnitt 3.2.2 (S. 73ff).

nese,[538] sondern auf die integrative Berücksichtigung **kognitiver Bewertungsprozesse** gelegt. Dienstleistungsspezifische Besonderheiten legen nahe, dass für den Finanzdienstleistungsbereich die Betrachtung ausschließlich emotionaler Reaktionen auf Reize der Umwelt nicht ausreichend erscheint. Vielmehr müssen kognitive Reaktionen im Sinne einer Bewertung eines erlebnisorientierten Gestaltungskonzeptes über das Konstrukt **Gesamteindruck/Gefallen** in das Modell aufgenommen werden, um Verhaltenswirkungen umfassend abbilden zu können.

Insbesondere die betrachteten wissenschaftlichen Erklärungsansätze und empirischen Untersuchungen zum Einfluss von Emotionen auf Kognitionen – vor allem im Dienstleistungsbereich – haben gezeigt, dass durch die Vermittlung emotionaler Erlebnisse, die Wahrnehmung und Bewertung eines Anbieters positiv beeinflusst werden kann. Dabei standen häufig Maßnahmen der Umfeldgestaltung im Zentrum der Betrachtung, da die physische Umwelt häufig als Ersatzindikator zur Beurteilung einer Leistung herangezogen wird.[539] Auch die Einstellungs- und Imagebildung kann über atmosphärische Elemente der Dienstleistungsumgebung beeinflusst werden.[540] Dadurch wird es insbesondere möglich, die Wirkungen von Emotionen auf die Beurteilung von Umwelten zu erfassen und damit zugleich eine Bewertung des Dienstleistungsangebotes – auch in Bezug auf Differenzierungspotenziale – zu ermöglichen.[541]

Wie die Ausführungen in Abschnitt 2.3.3.2 (S. 51ff) gezeigt haben, entstehen „Bankerlebnisse" im Sinne positiver Emotionen gleichermaßen über atmosphärische Reize der Umwelt. Besonders relevant sind sinnlich wahrnehmbare Elemente[542], wobei vor allem Aspekte der Neuartigkeit eine zentrale Rolle spielen, um eine Erhöhung des Aktivierungsniveaus zu erreichen. Ziel ist die Aktivierung neuer, kompatibler Strukturen, die einen Bezug zwischen positiven emotionalen Erlebnissen und Kreditinstituten herstellen.

---

[538] In den in Abschnitt 3.2.2 (S. 73ff) betrachteten Emotionstheorien wurden Bewertungen von Informationen (Bewertungshypothese) im Zusammenhang mit dem Entstehungsprozess verstanden. Demnach wird auch im Rahmen des Umweltmodells vorausgesetzt, dass Informationen zunächst wahrgenommen, verarbeitet und nach ihrer Bedeutung für das Individuum interpretiert werden müssen, bevor die eigentliche Bewertung stattfindet (vgl. Schmidt-Atzert, 1996, S. 71; Spies/Hesse, 1986, S. 76). Systemtheoretische Ansätze berücksichtigen zudem, dass nicht nur kognitive Prozesse für die Entstehung von Emotionen verantwortlich sind, sondern gleichzeitig auch vorhergehende emotionale Zustände einbezogen werden (Kuhl, 1983; Leventhal, 1980).

[539] Vgl. beispielsweise Zeithaml, 1981, S. 187; Parasuraman et al., 1988 und 1991; Pepels, 1996, S. 9; Wall/Berry, 2001, S. 526.

[540] Vgl. Darden/Babin, 1994; Baker et al., 1994.

[541] Vgl. Behrens, 1991; Darden/Babin, 1994. Vgl. auch Abschnitt 3.2.3 (S. 80ff).

[542] Vgl. Bühler, 1999, S. 249ff; Fisk et al., 2000, S. 106f; Zeithaml/Bitner, 2000, S. 257.

## Schlussfolgerungen aus Erkenntnissen der Involvementforschung

Die hier diskutierten Erkenntnisse der Involvementforschung markieren das Involvement zunächst als Konstrukt, das die persönliche Bedeutung einer Kaufentscheidung für ein Individuum abbildet. Wesentlich für die vorliegende Arbeit ist dabei, dass die inhaltliche Auseinandersetzung, die mit der Ausprägung des Involvements verbunden ist, sowohl kognitiv als auch emotional erfolgen kann.[543]

Mit dem Konstrukt des bankspezifischen Involvements (kognitiv) kann insbesondere die wahrgenommene Wichtigkeit, die Bankgeschäften allgemein beigemessen wird, im Verhaltensmodell erfasst werden. Entscheidend ist, dass dabei zugleich handlungsspezifische Züge des (Kauf-)Involvements impliziert werden. Damit wird den spezifischen Besonderheiten, insbesondere der Erklärungsbedürftigkeit und Beratungsintensität, die das überwiegend rationale, von kognitiven Aspekten dominierte Verhalten prägen, Rechnung getragen.

Die häufig geringe Sympathie gegenüber Kreditinstituten, die sich aus der bisherigen Dominanz rationaler Aspekte des Entscheidungsverhaltens ergeben, verdeutlichen zum anderen, dass stärker emotionale Komponenten des Involvements berücksichtigt werden müssen.

Die Bedeutung emotionaler Aspekte des Involvements bzw. damit verbundener emotionaler Aspekte des Entscheidungsverhaltens mag zu erst verwundern, gewinnt aber im Hinblick auf standardisierte Finanzdienstleistungen und habitualisierte Kaufentscheidungen sowie der damit verbundenen Ausprägung des Low-Involvements an Aussagekraft. Es kann also in Bezug auf Finanzdienstleistungen nicht mehr grundsätzlich von high-involvierten, rational entscheidenden Individuen ausgegangen werden. Die Entwicklung emotional aktivierender Bankkonzepte gewinnt damit für Finanzdienstleister an Relevanz.

Damit sind für die Erklärung von Erlebniswirkungen im Bereich der Finanzdienstleistungen sowohl kognitive als auch emotionale Aspekte relevant und bestimmen das Verhalten gegenüber Kreditinstituten. Beide werden im modifizierten Modell zum einen über die Persönlichkeit, d.h. die persönliche Reizaufgeschlossenheit (emotional) bzw. über das bankspezifische Involvement (kognitiv) erfasst.

Das Persönlichkeitskonstrukt ist in seinen Grundzügen bereits im Ursprungsmodell von Mehrabian/Russell (1974) enthalten. Es wird im Rahmen der Arbeit jedoch als emotionale Komponente des Involvements verstanden und berücksichtigt das Bedürfnis nach emotionaler Ansprache bzw. die Aufgeschlossenheit gegenüber neuartigen Umweltreizen.

---

[543] Vgl. Kroeber-Riel/Weinberg, 2003, S. 371; Jeck-Schlottmann, 1988, S. 5.

Werden die Ausführungen zusammengefasst, so kann für den Anwendungsbereich des Finanzdienstleistungsmarktes folgendes Erklärungsmodell zum Nachweis von Erlebniswirkungen formuliert werden.

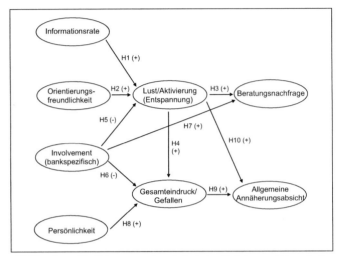

Abbildung 9:    Modifiziertes umweltpsychologisches Verhaltensmodell zur Analyse von Erlebniswirkungen im Bereich Finanzdienstleistungen

### 3.4.2  Vermutete Beziehungsstrukturen der Konstrukte und Ableitung der Hypothesen

Die unmittelbar aus dem Verhaltensmodell ableitbaren Konstrukte sind die Informationsrate, die Orientierungsfreundlichkeit, das bankspezifische Involvement sowie die Persönlichkeit des Individuums als unabhängige sowie die Lust/Aktivierung (Entspannung), der Gesamteindruck/Gefallen sowie die Beratungsnachfrage und das allgemeine Annäherungsverhalten als abhängige Größen.

Für die Ableitung der Beziehungsstrukturen der Konstrukte des Grundmodells, die sich aus dem umweltpsychologischen Verhaltensmodell von Mehrabian/Russell ableiten, kann auf die vielfach empirisch bestätigten umweltpsychologischen Untersuchungen insbesondere aus dem Bereich des Einzelhandels und des Kulturmarketings zurückgegriffen werden.[544] Für den Untersuchungsgegenstand ergeben sich daraus zunächst folgende Beziehungsstrukturen. Die Informationsrate – als Maß für die Menge an Informationen, die in der Umwelt vorhanden sind bzw. wahrgenommen werden – führt zu positiven emotionalen Reaktionen. In Anleh-

---

[544] Gröppel, 1991; Diehl, 2002; Terlutter, 2000; Stöhr, 1998; Bost, 1987.

nung an Terlutter (2000) werden die Dimensionen Erregung – Nichterregung sowie Lust – Unlust als ein Konstrukt konzeptualisiert.[545] Dieses Konstrukt wirkt zudem unmittelbar auf die Beratungsnachfrage sowie die allgemeine Annäherungsabsicht.

Zusammenfassend lassen sich die folgende Hypothesen formulieren:

H1:     *Je höher die Informationsrate der Bankfiliale ist, desto aktivierender und lustvoller wird die durch Umweltreize ausgelöste Atmosphäre in der Bankfiliale wahrgenommen.*

H3:     *Je aktivierender und lustvoller die durch Umweltreize ausgelöste Atmosphäre in der Bankfiliale wahrgenommen wird, desto höher ist die Nachfrage nach Beratungsleistungen.*

H10:    *Je aktivierender und lustvoller die durch Umweltreize ausgelöste Atmosphäre in der Bankfiliale wahrgenommen wird, desto stärker sind die allgemeinen Annäherungsabsichten.*

Entsprechend der Schlussfolgerungen, die sich aus dem konzeptionellen Gesamtrahmen des Modells ergeben, wird die Lust/Aktivierung (Entspannung)[546] einerseits von der Informationsrate, andererseits von der Orientierungsfreundlichkeit der Umgebung sowie dem bankspezifischen Involvement beeinflusst. Da die emotionale Reaktion im Modell ausschließlich in der Folge atmosphärischer Reize der Umwelt zustande kommt, nehmen Kunden mit hohem bankspezifischen Involvement die Umgebung weniger aktivierend war, d.h. sie zeigen geringere emotionale Reaktionen auf eine aktivierende Umfeldgestaltung.

Es sollen folgende Hypothesen abgeleitet werden:

H2:     *Je orientierungsfreundlicher und vertrauter die Bankfiliale wahrgenommen wird, desto aktivierender und lustvoller wird die durch Umweltreize ausgelöste Atmosphäre in der Bankfiliale wahrgenommen.*

H5:     *Je low-involvierter die Bankkunden sind, desto aktivierender und lustvoller wird die durch Umweltreize ausgelöste Atmosphäre in der Bankfiliale wahrgenommen.*

---

[545] Vgl. Terlutter, 2000, S. 183.
[546] Gemessen über umweltbeschreibende Items – z.B. die Umwelt wirkt „gelassen".

Umgekehrt kann von einem hohen bankspezifischen Involvement auf eine verstärkte Beratungsnachfrage geschlossen werden, jedoch ist hinsichtlich der kognitiven Bewertung (Gesamteindruck/Gefallen) erlebnisorientiert ausgerichteter Filialkonzepte von einem negativen Zusammenhang auszugehen. Dagegen führt ein eher geringes bankspezifisches Involvement zu einer positiven Bewertung von Erlebnisbank-Konzepten.

Daraus können folgende Hypothesen abgeleitet werden:

*H7:*     *Je höher das bankspezifische Involvement der Bankkunden, desto höher ist die Nachfrage nach Beratungsleistungen.*

*H6:*     *Je low-involvierter die Bankkunden sind, desto besser gefällt den Bankkunden die Bankfiliale (Gesamteindruck).*

Aus den Erkenntnissen der betrachteten emotions- und kognitionstheoretischen Ansätze, kann für die Wirkbeziehung zwischen den von der Umwelt ausgelösten emotionalen Reaktionen und dem Gesamteindruck/Gefallen ein positiver Zusammenhang unterstellt werden.

Dafür kann folgende Hypothese aufgestellt werden.

*H4:*     *Je aktivierender und lustvoller die durch Umweltreize ausgelöste Atmosphäre in der Bankfiliale wahrgenommen wird, desto besser gefällt den Bankkunden die Bankfiliale (Gesamteindruck).*

Zudem wird eine positive kognitive Bewertung des Gesamteindrucks/Gefallens maßgeblich von der Persönlichkeit des Individuums determiniert. Die aus dem Verhaltensmodell von Mehrabian/Russell ableitbare Bedeutung des Persönlichkeitskonstruktes wird für das vorliegende modifizierte Verhaltensmodell als Einflussfaktor auf die kognitive Bewertung von Erlebnisbank-Konzepten insgesamt gerichtet. Das heißt, persönliche Prädispositionen stehen als Indikator für die Bereitschaft der Kunden, sich emotional aktivierenden Angeboten von Finanzdienstleistern zu öffnen und diese gleichfalls positiv zu bewerten. Somit bestimmt die Persönlichkeit des Individuums, wie die Reaktion gegenüber der Umwelt aussieht. Schließlich führt eine positive Bewertung des Gesamteindrucks/Gefallens zu einer verstärkten allgemeinen Annäherungsabsicht, d.h. nicht nur emotionale Reaktionen können in entsprechende Verhaltensreaktionen umgesetzt werden – vielmehr kann Gleiches auch für kognitive Reaktionen bzw. Bewertungsprozesse angenommen werden. Der Schwerpunkt wird hierbei jedoch auf die allgemeinen Annäherungsabsichten (Bummel- und Verweilverhalten) gelegt.

Dafür werden folgende zwei Hypothesen abgeleitet.

H8:     *Je reizaufgeschlossener die Bankkunden sind, desto besser gefällt den Bankkunden die Bankfiliale (Gesamteindruck).*

H9:     *Je besser den Bankkunden die Bankfiliale gefällt (Gesamteindruck), desto stärker sind die allgemeinen Annäherungsabsichten.*

Das Modell erlaubt demnach Aussagen in Bezug auf die Verhaltenswirkungen emotionaler und kognitiver Reaktionen, die in der Folge der Wahrnehmung und individuellen Bewertung von Umweltreizen auftreten.

Im folgenden Abschnitt 4.1 werden mit der Konzeptualisierung und Operationalisierung der zu messenden Konstrukte zunächst geeignete Verfahren zur Messung der Modellbestandteile entwickelt, bevor im Abschnitt 4.2 der Untersuchungsgegenstand sowie das Forschungsdesign der empirischen Untersuchung vorgestellt werden, um ein Verständnis für den spezifischen Untersuchungsgegenstand zu schaffen. Anschließend soll im Abschnitt 4.3 eine Prüfung dieses, für den Bereich der Finanzdienstleistungen modifizierten Verhaltensmodells, vorgenommen werden.

# 4 Empirische Untersuchung zur Analyse von Erlebniswirkungen im Bereich Finanzdienstleistungen

## 4.1 Konzeptualisierung und Operationalisierung des Verhaltensmodells

Für die empirische Prüfung des oben entwickelten modifizierten Verhaltensmodells ist es zunächst erforderlich, alle zentralen Konstrukte des Modells zu konzeptualisieren und zu operationalisieren.[547] Wie bereits theoretisch begründet, ist zu vermuten, dass der emotionspsychologische Ansatz von Mehrabian/Russell (1974) auch für die Anwendung im Bereich der Finanzdienstleistungen Gültigkeit besitzen wird. Notwendig sind jedoch bank-spezifische Modifikationen, die insbesondere kognitiv geleiteten Verhaltens- und Bewertungsaspekten Rechnung tragen.

Neben den Modell-Konstrukten des Ansatzes von Mehrabian/Russell, werden die **Orientierungsfreundlichkeit**, das **bankspezifische Involvement**, der **Gesamteindruck bzw. das Gefallen** (als kognitive Bewertungsdimensionen) zusätzlich als für das Verhaltensmodell wesentliche Konstrukte berücksichtigt.

Die für die Operationalisierung der Konstrukte berücksichtigten theoretischen Erkenntnisse und Untersuchungsergebnisse grundlegender Forschungsarbeiten werden für jedes Konstrukt aufgearbeitet und systematisiert. Auf dieser Basis wird eine umfassende theoretische Fundierung der Messmodelle entlang relevanter Operationalisierungsansätze geleistet.

Die nachfolgende Abbildung zeigt die zentralen Konstrukte des entwickelten Verhaltensmodells. Die grau unterlegten Felder stellen die Ausgangskonstrukte des umweltpsychologischen Grundmodells von Mehrabian/Russell (1974) dar, das erweitert und für den Bereich Finanzdienstleistungen modifiziert wurde. Der nachfolgende Abschnitt umfasst dabei zunächst ausführlich die Konzeptualisierung und Operationalisierung der vier Ausgangskonstrukte des Grundmodells auf Basis verschiedener empirischer Untersuchungen. Im darauf folgenden Abschnitt 4.1.2 (S. 136ff) erfolgt schrittweise die Erweiterung des Modells um untersuchungsspezifische Konstrukte sowie deren Konzeptualisierung und Operationalisierung.

---

[547] Vgl. ausführlich zum Vorgehen Homburg/Giering, 1996.

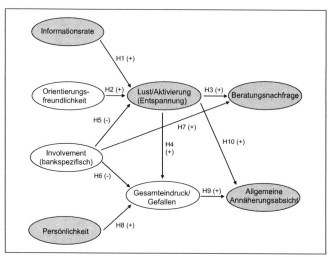

*Abbildung 10:*    *Zentrale Konstrukte zur Konzeptualisierung und Operationalisierung des Verhaltensmodells im Bereich Finanzdienstleistungen*

### 4.1.1 Konzeptualisierung und Operationalisierung der Konstrukte des Grundmodells nach Mehrabian/Russell

Für die Entwicklung der Messmodelle wurden insbesondere die Untersuchungen von **Mehra-bian/Russell (1974)** sowie später erweiterte und auf ein bestimmtes Anwendungsfeld über-tragene Untersuchungen – überwiegend aus dem Bereich des Einzelhandels – herangezogen. Eine zentrale Untersuchung wurde hierzu von **Donovan/Rossiter (1982)** vorgelegt, die erst-mals die Anwendbarkeit der Variablenbeziehung I-R für die Gestaltung von Ladenumwelten nachweisen konnte. Beide Studien legen den Grundstein für die Operationalisierung der vier Ausgangskonstrukte im Rahmen dieser Arbeit. Erkenntnisse zahlreicher weiterer empirischer Untersuchungen zur Wirkung umweltpsychologisch orientierter (insbesondere erlebnisorien-tierter) Gestaltungsmaßnahmen sollen die breite theoretische Fundierung der zentralen Kon-strukte herausstellen.

Im Folgenden werden geeignete Messansätze für die Konstrukte des Grundmodells hergelei-tet. Einen Überblick über die Arbeiten und empirischen Untersuchungen, in denen Anknüp-fungspunkte für die Operationalisierung eines umweltpsychologischen Grundmodells für den Bereich der Finanzdienstleistungen identifiziert werden konnten, liefert folgende Tabelle.

| Autor | Zentrale Forschungsergebnisse | Anwendungsfeld | Konstrukte (Grundmodell) |
|---|---|---|---|
| Mehrabian/Russell (1974) | Umweltreize lösen eine emotionale Reaktion aus, die abhängig von der Persönlichkeit das Verhalten gegenüber der Umwelt bestimmen | deskriptive Studie | – Informationsrate<br>– Emotionale Reaktion<br>  o Lust<br>  o Erregung<br>  o Dominanz<br>– Persönlichkeit<br>– Annäherung/Meidung |
| Russell/Pratt (1980) | Studie wendet sich vorrangig der Beschreibung und Weiterentwicklung der intervenierenden Variable (Emotionale Reaktion) als Folge von Umweltreizen zu | deskriptive Studie | Emotionale Reaktion<br>  o Lust<br>  o Erregung |
| Donovan/Rossiter (1982) | Übertragung der I-R-Beziehung auf den Handel<br>– Ladenatmosphäre wird als intervenierende Variable (I) im Sinne des Modells verstanden; sie kommt als emotionale Reaktion (I) auf die Umwelt zustande und determiniert das Verhalten<br>– Die Messung erfolgt über die Dimensionen Lust, Erregung, Dominanz<br>– Dimensionen Lust und Erregung erwiesen sich als Prädiktoren zur Erklärung des Verhaltens<br>– das empfundene Vergnügen (Lust) bestimmt jedoch am stärksten die Verweildauer und Impulskäufe | empirische Untersuchung<br><br>Einzelhandel | – Informationsrate<br>– Emotionale Reaktion<br>  o Lust<br>  o Erregung<br>  o Dominanz<br>– Annäherung/Meidung (Approach-Avoidance) |
| Bost (1987) | Wirkung von Stimmungsänderungen in Ladenumwelten – atmosphärische Umweltreize beeinflussen die Konsumentenstimmung und haben direkte Verhaltenswirkungen zur Folge<br>– Positive Stimmung hat direkte Verhaltenswirkungen<br>– Konsumenten, deren Stimmung durch atmosphärische Reize verbessert wurde, beurteilen Ladenumwelt und Sortiment besser | empirische Untersuchung<br><br>Einzelhandel | – Informationsrate<br>– Emotionale Reaktion (Stimmungsprofil) |
| Gröppel (1991) | Fokus der Untersuchung liegt auf der Teilbeziehung zwischen persönlichen Prädispositionen (P) und der emotionalen Reaktion (I)<br>– Differenzierung zwischen sensualistischen und indolenten Käufern<br>– Sensualisten suchen reizstarke Umwelten; beurteilen Sortiment, Preis-Leistungs-Verhältnis und Ladengestaltung positiver und erleben positivere Stimmung<br>– Wirkung auf Annäherungsverhalten | empirische Untersuchung<br><br>Einzelhandel | – Verkaufsraumerleben (Informationsrate und Raumerleben)<br>– Emotionale Reaktion<br>– Persönlichkeit |

| Autor | Zentrale Forschungsergebnisse | Anwendungsfeld | Konstrukte (Grundmodell) |
|---|---|---|---|
| Stöhr (1998) | Untersuchung der psychologischen Wirkung olfaktorischer Reize auf das Erleben und Verhalten<br>– Olfaktorische Stimuli bewirken eine positivere Anmutung des PoS, stärkere Ausprägung von Gefühlsdimensionen und positive Verhaltens- und Bewertungstendenzen<br>– Insbesondere reizaufgeschlossene Konsumenten achten auf und präferieren beduftete Geschäfte und zeigen stärkeres Annäherungsverhalten | empirische Untersuchung<br><br>Duftwirkung im Einzelhandel | – Informationsrate und Emotionale Qualität<br>– Emotionale Reaktion<br>  o Erregung<br>  o Lust<br>  o Dominanz<br>– Persönlichkeit<br>– Annäherungsverhalten |
| Terlutter (2000) | Erklärung und Prognose des Besucherverhaltens<br>– Erweiterung des Modells um kognitive Größen<br>– Lebensstil anstelle der Persönlichkeitsvariable<br>– Positive Verhaltensreaktionen in erlebnisorientiert ausgerichteten Ausstellungen/Museen => stärkeres Annäherungsverhalten/Informationsnachfrage | empirische Untersuchung<br><br>Ausstellungen und Museen | – Emotionale Reaktion<br>  o Lust<br>  o Erregung<br>  o Dominanz<br>– (Kognitive Reaktion)<br>– Lebensstil<br>– Verhaltensabsicht |
| Diehl (2002) | Nachweis von Verhaltenswirkungen bei interaktiven virtuellen Läden<br>– Erregung (Aktivierung) wird als ein der Dimension Lust vorgeschalteter Prozess verstanden (zeitliche Differenzierung)<br>– Emotion „Lust" wird mit positiver Umweltbewertung (Gefallen) gleichgesetzt<br>– Lebensstil anstelle der Persönlichkeitsvariable | empirische Untersuchung<br><br>Einzelhandel (reale und virtuelle Läden) | – Informationsrate<br>– Lebensstil<br>– Emotionale Reaktion<br>  o Erregung (Aktivierung)<br>  o Lust (pleasure) = Gefallen<br>– Annäherungsabsicht |

*Tabelle 2:   Studien mit Anknüpfungspunkten für die Operationalisierung eines umweltpsychologischen Grundmodells für den Bereich Finanzdienstleistung*

Die Tabelle gibt insbesondere einen Überblick über die Konstrukte, die zentral für die hier systematisierten Untersuchungen sind. Daraus lässt sich vor allem die Eignung des jeweiligen Ansatzes sowie der zugrunde liegenden Messkonzepte für die Anwendbarkeit in Bezug auf den vorliegenden Untersuchungsgegenstand begründen.

Es wird zugleich deutlich, dass häufig lediglich Teilbeziehungen des Modells der jeweiligen Untersuchung in die Konzeptualisierung und Operationalisierung des im Rahmen der Arbeit zu entwickelnden Verhaltensmodells einfließen. Die Arbeiten dienen damit vor allem als Grundlage für die Strukturierung der Indikatoren, aus denen schließlich die Operationalisierung der Konstrukte des Grundmodells abgeleitet wird.

### 4.1.1.1  Messmodell für die Informationsrate (S)

Das Konstrukt der Informationsrate stellt einen zentralen Baustein zahlreicher umweltpsychologisch motivierter Untersuchungen dar. Mehrabian/Russell bilden in ihrem Verhaltensmodell mit dem Konzept der Informationsrate das in einer Umwelt tatsächlich vorhandene bzw. wahrgenommene Reizvolumen ab. Je mehr Informationen i. S. v. Umweltreizen in einer Umgebung vorhanden sind oder wahrgenommen werden, desto höher ist die Informationsrate.[548] Im Hinblick auf aktivierungstheoretische Erkenntnisse (siehe Abschnitt 3.1.2, S. 57ff) gewinnen auch für den Untersuchungsgegenstand der Finanzdienstleistungen aktivierende Reize zunehmend an Bedeutung. Vor allem **neuartigen** und **überraschenden** Reizen werden besonders hohe Aktivierungswirkungen zugeschrieben. Genau diese Reizkonstellationen scheinen damit gleichermaßen für eine emotional aktivierende (erlebnisorientierte) Gestaltung von Kreditinstituten interessant und bilden den Ausgangspunkt für die Herleitung eines Messkonzeptes für die Erfassung der Informationsrate im Rahmen dieser Untersuchung.

Nach Mehrabian/Russell können alle Umwelten durch Adjektivpaare in Form semantischer Differenziale beschrieben werden. Dabei spielen die Dimensionen **Neuartigkeit** und **Komplexität** der Umwelt eine wesentliche Rolle. Ihnen wird eine übergeordnete Position bei der Beschreibung des Reizvolumens (Informationsrate) zugeschrieben, da letztlich jedes der in der Untersuchung verwendeten umweltbeschreibenden Adjektivpaare auf diese beiden Dimensionen rückführbar ist.[549] Eine dritte, bei Mehrabian/Russell angeführte Dimension, beschreibt das in der Umwelt wahrgenommene Raumgefühl (Spaciousness).[550] Diese Dimension wurde in späteren Untersuchungen häufig nicht berücksichtigt und soll daher für die vorliegende Untersuchung vernachlässigt werden. Mehrabian/Russell konzipierten für die Messung der Informationsrate eine Skala mit insgesamt 14 Items, aus denen letztlich diese drei Faktoren extrahiert wurden. Die Messung erfolgte auf einer 9stufigen Ratingskala.[551]

Donovan/Rossiter (1982) greifen diese grundlegenden Erkenntnisse auf und wenden sie erstmals auf den Bereich des Einzelhandels an. Das zentrale Augenmerk richtet sich dabei auf die Teilbeziehung I-R[552] (emotionale Reaktion – Verhaltensreaktion). Ausgangspunkt sind zunächst Umweltreize, deren Ausmaß über das Konstrukt der Informationsrate erfasst wird. Entgegen der Ergebnisse von Mehrabian/Russell ergab die Untersuchung von Donovan/Rossiter auf der Grundlage einer Faktorenanalyse jedoch fünf relevante Faktoren, für die Erfas-

---

[548] Vgl. Mehrabian, 1978, S. 16.
[549] Vgl. Mehrabian, 1978, S. 17.
[550] Vgl. Mehrabian/Russell, 1974, S. 90ff; Donovan/Rossiter, 1982, S. 48.
[551] Vgl. Mehrabian/Russell, 1974, S. 89.
[552] Als zentrale Determinante wird bei Donovan/Rossiter insbesondere die Ladenatmosphäre aufgefasst, die als intervenierende Variable im Sinne des Modells verstanden und als emotionale Reaktion (I) auf Umweltreize zustande kommt (vgl. Donovan/Rossiter, 1982).

sung der Informationsrate mit ursprünglich 14 Items. Die Autoren erfassen diese als „novelty", „variety", „irregularity", „density" und „size".[553] Die zunächst unbefriedigende Messung der Informationsrate legte jedoch die Reduzierung der Itemzahl nahe. Für die spätere Analyse eliminierten sie daher Items, die für die Messung der Informationsrate in Einkaufsumwelten nur wenig zutreffend waren. Die fünf Dimensionen werden demnach nur noch über insgesamt 10 Items repräsentiert.[554] Im Ergebnis der Untersuchung kann dennoch nur eine geringe Eignung des Konstruktes der Informationsrate zur Erklärung des Konsumentenverhaltens konstatiert werden.[555] Insbesondere Bost (1987) führt dieses Ergebnis auf die mangelhafte Operationalisierung des Konstruktes zurück, die er vor allem in der Verwendung schwer verständlicher (z.B. heterogen, asymmetrisch, strukturiert) und für den Untersuchungsgegenstand von Ladenumwelten wenig relevanter Items begründet sieht.[556]

Die Untersuchung von Bost richtet ihr Augenmerk schließlich insbesondere auf die Teilbeziehung S-I, der Wirkung von Umweltreizen (Informationsrate) auf die emotionalen Reaktionen von Konsumenten.[557] Seinen kritischen Standpunkt an der Untersuchung von Donovan/ Rossiter aufnehmend[558], entwickelte Bost auf der Grundlage des Ansatzes von Mehrabian/Russell eine eigene Skala mit leichter verständlichen Items zur Erfassung der Informationsrate. Diese berücksichtigt sowohl die von Mehrabian/Russell identifizierten Klassifikationen von Umweltreizen (Neuartigkeit, Komplexität), integriert aber gleichermaßen eine hohe Relevanz für die Beschreibung von Ladenumwelten. Schließlich wird die Informationsrate über acht Items operationalisiert. Die Messung erfolgt auf einer bipolaren 7stufigen Rating-Skala.[559]

Zudem begründet Bost erstmals die **Eindimensionalität** des Konstruktes.[560] Obwohl die Informationsrate nach dem theoretischen Verständnis als eindimensionales Konstrukt begründet werden könnte[561], legen Mehrabian/Russell ursprünglich einen dreidimensionalen[562], später einen lediglich auf zwei Dimensionen[563] beruhenden Messansatz vor. Die Eindimensionalität

---

[553] Vgl. Donovan/Rossiter, 1982, S. 48.

[554] Vgl. Donovan/Rossiter, 1982, S. 48f.

[555] Vgl. Donovan/Rossiter, 1982, S. 48f; Bost, 1987, S. 28.

[556] Vgl. Bost, 1987, S. 28 und S. 99; Gröppel, 1991, S. 129.

[557] Die empirische Arbeit von Bost wendet sich insbesondere der Stimmung der Konsumenten bzw. der Wirkung von Stimmungsänderungen in Ladenumwelten zu. Die zentrale Annahme der Untersuchung besteht darin, dass atmosphärische Umweltreize die Konsumentenstimmung positiv beeinflussen und direkte Verhaltenswirkungen zur Folge haben (vgl. Bost, 1987, S. 6).

[558] Vgl. Bost, 1987, S. 28

[559] Vgl. Bost, 1987, S. 99f.

[560] Bei der Faktorenanalyse wurde ein Faktor mit Eigenwerten > 1 identifiziert auf dem alle Items (außer ungewöhnlich – alltäglich) Faktorladungen von mindestens 0,6 aufwiesen (vgl. Bost, 1987, S. 100).

[561] Vgl. Donovan/Rossiter, 1982, S. 48.

[562] Vgl. Mehrabian/Russell, 1974.

[563] Vgl. Mehrabian, 1978, S. 17.

des Konstruktes führt Bost vor allem auf die insgesamt ähnliche Bedeutungsrichtung der I-tems zurück.

Eine bedeutende Untersuchung zur Wirkung erlebnisorientiert gestalteter Ladenumwelten legt schließlich Gröppel (1991) vor.[564] Die Arbeit von Gröppel greift gleichermaßen die Erkenntnisse des deskriptiven Modells von Mehrabian/Russell auf, wendet sich jedoch insbesondere dem Zusammenhang zwischen der Persönlichkeitsvariable und den intervenierenden Variablen (Lust, Erregung, Dominanz) zu.[565] Den Ausgangspunkt dieses Kerngedankens bildet die Frage, welchen Einfluss die Ladenumwelt (subjektiv wahrgenommene Informationsrate) auf die Stimmung der Konsumenten hat. Damit folgt Gröppel insbesondere dem Ansatz von Bost, legt jedoch ihren Schwerpunkt der Untersuchung auf die zentrale Betrachtung des Persönlichkeitskonstruktes.

In ihrer ersten Studie entwickelt Gröppel ein Anmutungsprofil, das den **emotionalen Eindruck** des Geschäftes sowie die **Informationsrate** zur Erfassung der Reizvielfalt der Umwelt umfasst. Für die Messung der Informationsrate greift Gröppel zunächst auf lediglich zwei Items zurück[566], erweitert diese Skala jedoch in ihrer zweiten Studie um weitere Items, die sich auf die Operationalisierung des Konstruktes bei Mehrabian/Russell und Bost stützen. Die Informationsrate bildet hier einen Faktor des neu eingeführten Konstruktes „Verkaufsraumerleben"[567], das sowohl über verbale als auch nonverbale Stimuli (Bilderskalen) erfasst wird.[568] Zur Operationalisierung des Raumerlebens orientiert sich Gröppel zusätzlich an Skalen von Schulz/Espe.[569]

---

[564] Dem Ansatz von Gröppel liegen drei aufeinander aufbauende empirische Studien aus den Jahren 1987-1989 zugrunde. Die erste Studie untersucht die Teilbeziehung zwischen persönlichen Prädispositionen (P) und der emotionalen Reaktion (I). Dabei wird vor allem geprüft, ob sich unterschiedliche Persönlichkeitsmerkmale auf die Beurteilung eines Einzelhandelsgeschäftes unmittelbar auswirken. Die zweite Studie analysiert Aspekte der zeitlichen Stabilität sensualistischer bzw. indolenter Persönlichkeitsmerkmale und hinterfragt gleichzeitig die Beziehung zwischen Stimulusvariablen und intervenierenden Variablen. Dabei wird der Einfluss der Ladenumwelt (subjektiv wahrgenommene Informationsrate) auf die empfundene Konsumentenstimmung in den Vordergrund gerückt. Die dritte Studie wendet sich konkreter Gestaltungsparameter der Warenpräsentation zu (Stimulusvariablen) und untersucht deren Wirkung auf die emotionale und funktionale Bewertung des Geschäftes sowie Wirkungen auf die Ausgabe- und Verweilbereitschaft (vgl. Gröppel, 1991, S. 139ff).

[565] Vgl. Gröppel, 1991, S. 138.

[566] Vgl. Gröppel, 1991, S. 158.

[567] Das Verkaufsraumerleben umfasst die beiden Dimensionen Informationsrate und Raumerleben.

[568] Vgl. Gröppel, 1991, S. 189/209 (2. Studie) und S. 158 (1. Studie).

[569] Vgl. Schulz/Espe, 1982, S. 99; Gröppel, 1991, S. 189.

Auch Stöhr (1998)[570] berücksichtigt für die Erfassung des Reizvolumens der Umwelt neben der **Informationsrate** zusätzlich das Konstrukt der **emotionalen Qualität**. Sie begründet dieses Vorgehen damit, dass das Konstrukt der eindimensional konzeptualisierten Informationsrate nicht ausreicht, die **spezifische emotionale Qualität** der Umwelt und deren Wirkung zu erfassen. Vor allem Erlebniswirkungen werden überwiegend über die emotionale Qualität fassbar und werden vielfach über innere Bilder generiert. Stöhr argumentiert, dass gerade Düfte geeignet sind, innere Bilder zu stimulieren und somit den Aufbau von Emotionalität in Ladenumwelten zu unterstützen.[571]

Die folgende Tabelle fasst die theoretischen und empirischen Erkenntnisse, die die Operationalisierung der Informationsrate im Rahmen des zu entwickelnden Verhaltensmodells stützen, zusammen.

| Studie | Messdimension | Anzahl repräsentierender Items | |
|---|---|---|---|
| Mehrabian/Russell (1974) | novelty | 3 Items | common – rare<br>familiar – novel<br>usual – surprising |
| | complexity | 6 Items | continuous – intermittent<br>homogeneous – heterogeneous<br>symmetrical –asymmetrical<br>similar – contrasting<br>patterned – random<br>redundant – varied |
| | spaciousness | 5 Items | small scale – large scale<br>simple – complex<br>sparse – dense<br>uncrowded – crowded<br>distant – immediate |
| Donovan/Rossiter (1982) | novelty | 3 Items | common – rare<br>familiar – novel<br>usual – surprising (siehe Mehrabian/Russell) |
| | variety | 2 Items | homogeneous – heterogeneous<br>redundant – varied |
| | irregularity | 2 Items | symmetrical – asymmetrical<br>patterned – random |
| | density | 2 Items | sparse – dense<br>intermittent – continuous |
| | size | 1 Item | small scale – large scale |

---

[570] Stöhr beschäftigt sich in ihrer Untersuchung mit der Wirkung olfaktorischer Reize in Ladenumwelten auf das Erleben und Verhalten von Konsumenten. Ausgehend von der Notwendigkeit einer interdisziplinären Betrachtung des Untersuchungsfeldes dienen ihr theoretische Erkenntnisse aus der Konsumentenverhaltens-, Duft- und Handelsforschung als Grundlage.[570] Stöhr legt der Arbeit umweltpsychologische Erkenntnisse zugrunde und entwickelt ein Duftwirkungsmodell, das einer kausalanalytischen Prüfung unterzogen wird. Gleichermaßen werden kognitiv orientierten Ansätze von Lynch (1960), Ittelson et al. (1977) sowie Rapoport (1977) berücksichtigt. Ziel des Ansatzes von Stöhr ist dabei vor allem eine „integrative Darstellung und Anwendung verhaltens- und umweltpsychologischer Erkenntnisse zur Wirkungsanalyse von Düften am PoS" (vgl. Stöhr, 1998, S. 1 und 73).

[571] Vgl. Stöhr, 1998, S. 75.

| Studie | Messdimension | Anzahl repräsentierender Items | |
|---|---|---|---|
| Bost (1987) | Informationsrate | 8 Items | neuartig – veraltet (ungewöhnlich – alltäglich) voller Überraschungen – immer das Gleiche voller Leben – etwas tot interessant – uninteressant voller Abwechslung – langweilig vielfältig – einheitlich beeindruckend – lässt mich kalt |
| Gröppel (1991) | | 1987 | 1988 |
| | Informationsrate | voller Leben voller Überraschungen | voller Überraschung originell ungewöhnlich *entdeckungsreich* * *praktisch* ** |
| | emotionaler Eindruck (1987) Raumerleben (1988) | entspannend ansprechend *interessant* * *hochwertig* * vertraut *informativ* * ungezwungen *Geschäft passt zu mir* * | *modern* * natürlich *lebendig* * stilvoll prachtvoll geborgen leuchtend gemütlich |
| | * wurden keinem Faktor zugeordnet und entfallen für weitere Auswertungen ** wurde einer dritten Dimension „praktisch" zugeordnet | | |
| Stöhr (1998) | Informationsrate | 4 Items | anregend vielfältig überraschend originell |
| | Emotionale Qualität | 3 Items | ungezwungen offen frisch |

*Tabelle 3:*        *Systematisierung von Messkonzepten zur Operationalisierung der Informationsrate*

Mit Blick auf den Untersuchungsgegenstand ist insbesondere vor dem Hintergrund des bisher überwiegend rationalen Umgangs mit Finanzdienstleistungen die Vermittlung spezifischer emotionaler Qualitäten, wie sie im Einzelhandel beispielsweise über Düfte oder Musik (z.B. Frischeerlebnis, Urlaubserlebnis) möglich ist, für Kreditinstitute weniger relevant. Damit erscheint die explizite Erfassung des emotionalen Eindrucks der Umwelt, wie bei Gröppel bzw. Stöhr für die Untersuchung wenig geeignet. Vielmehr stehen tatsächlich überraschende und neuartige Reize der atmosphärischen Raumgestaltung im Mittelpunkt, die über die eindimensionale Erfassung der Informationsrate umfassend abgebildet werden können. Für die vorliegende Arbeit wird daher insbesondere dem Messkonzept von Bost[572] gefolgt. Sein eindimensionaler Messansatz erschien vor allem deshalb für die Untersuchung wertvoll, weil er speziell für den Anwendungsbereich in Ladenumwelten entwickelt wurde. Die Anwendbarkeit auf die Erfassung der Reizstärke erlebnisorientierter Gestaltungskonzepte in Kreditin-

---

[572] Vgl. Bost, 1987, S. 99ff.

stituten ist damit nahe liegend. Anders als der Ansatz von Donovan/Rossiter, der aufgrund mangelhafter Verständlichkeit der verwendeten Items nur eine geringe Verhaltensrelevanz der Informationsrate konstatieren konnte, entwickelt Bost einen eigenen Pool an Indikatoren[573], die das Konstrukt abbilden.[574]

Um zahlreiche bereits vorhandene Erfahrungen zur Messung der Informationsrate einfließen zu lassen, wurden weitere Studien analysiert.[575] Diese stützen sich inhaltlich überwiegend gleichermaßen auf den Ansatz von Mehrabian/Russell sowie Bost – beziehen jedoch auch untersuchungsspezifische Indikatoren ein. Insgesamt ist die Konstruktmessung auf dieser Basis in zahlreichen Untersuchungen empirisch bestätigt, so dass der Operationalisierung auch im Hinblick auf den Untersuchungsgegenstand gefolgt werden kann. Für Erlebnisbank-Konzepte spielen insbesondere die von Mehrabian/Russell identifizierten Aspekte der Neuartigkeit und Komplexität von Umwelten eine Rolle und sollen daher in der Operationalisierung explizit berücksichtigt werden.[576]

Die Messung der Informationsrate erfolgte schließlich anhand von sieben Items, die über eine bipolare sechsstufige Ratingskala (+3 bis -3) erfasst wurden.

| Informationsrate | | |
|---|---|---|
| (1) | voller Leben | - | etwas tot |
| (2) | voller Überraschungen | - | immer das Gleiche |
| (3) | vielfältig | - | einheitlich |
| (4) | voller Abwechslung | - | langweilig |
| (5) | neuartig | - | veraltet |
| (6) | beeindruckend | - | lässt mich kalt |
| (7) | interessant | - | uninteressant |

Tabelle 4:    Operationalisierung der Informationsrate

## 4.1.1.2 Messmodell für die Emotionale Reaktion (I)

Entsprechend der Auffassung des Umweltmodells von Mehrabian/Russell, das im Abschnitt 3.1.4.1 (S. 61ff) ausführlich dargestellt wurde, ruft das Reizvolumen (Informationsrate) einer Umwelt bei Individuen primäre emotionale Reaktionen hervor, die sich auf drei Gefühlsdimensionen (Lust, Erregung, Dominanz) zurückführen lassen. Mehrabian/Russell erfassen diese Dimensionen mit insgesamt 18 selbstbeschreibenden Items (semantisches Differenzial) auf

---

[573]  Dieser basierte auf den Skalen von Mehrabian/Russell, 1974, S. 220; Bost, 1987, S. 99.
[574]  Vgl. Bost, 1987, S. 28 und 99ff.
[575]  Vgl. Stöhr, 1998, S. 109 und 179; Gröppel, 1991, S. 158ff und 189ff; Diehl, 2002, 192.
[576]  Vgl. Mehrabian, 1978, S. 17/18.

einer 9stufigen Ratingskala.[577] Die Skalen für die Messung der emotionalen Reaktion wurden auf der Grundlage dreier aufeinander aufbauender Teststudien entwickelt.[578] Die Verwendung selbstbeschreibender anstelle umweltbeschreibender Items zur Erfassung der primären emotionalen Reaktion wird in späteren Studien vielfach diskutiert.[579] Bereits in der Studie von Russell/Pratt (1980) werden umweltbeschreibende Items zur Beschreibung der emotionalen Umweltqualität verwendet.[580]

Die Untersuchung von Russell/Pratt (1980) greift die Ergebnisse der Studie von Mehrabian/Russell (1974) auf und führt die Reihe der umweltpsychologischen Untersuchungen zur Erklärung von Umweltwirkungen auf die Gefühls- und Verhaltensreaktionen fort. In ihrer Arbeit wenden sie sich vor allem der Beschreibung und Operationalisierung der Gefühlsdimensionen (emotionalen Reaktion) als Folge von wahrgenommenen Umweltreizen zu.[581] Grundlegend für ihre Arbeit war, dass anstelle der drei emotionalen Gefühlsdimensionen nur die Dimensionen Lust und Erregung für die Erfassung der emotionalen Reaktion bedeutend sind. Der Verzicht auf die dritte Dimension der Dominanz ist vor allem deshalb gerechtfertigt, da diese insbesondere kognitiv denn emotional interpretierbar ist und sich daher zur Erfassung emotionaler Reaktionen wenig eignet.[582] Die Untersuchung fokussiert daher ausschließlich auf die emotionalen Komponenten, die nach der Auffassung von Russell/Pratt mit den Dimensionen pleasure und arousal den emotionalen Gefühlszustand ausreichend charakterisieren.[583] Sie zeigen, dass zur Beschreibung emotionaler Umweltqualität Adjektivpaare geeignet sind, die sich in einem zweidimensionalen Bedeutungsraum abbilden lassen.[584] Das Feld emotionaler Umweltqualität (siehe Abbildung 4, S. 64) erlaubt die Einordnung jeder gefühlsbetonten, emotional ausgerichteten Umweltwirkung. Zusätzlich ergeben sich Mischdimensionen zwischen den Hauptdimensionen Pleasant und Arousing.[585] Aus diesem zweidimensionalen Ansatz leiten Russell/Pratt vier bipolare Skalen ab. Die acht resultierenden Deskriptoren des Bedeutungsraums wurden mit jeweils fünf Items operationalisiert. Die Messung erfolgte auf einer 8stufigen Ratingskala (siehe dazu Tabelle 5, S. 122).[586]

---

[577] Vgl. Mehrabian/Russell, 1974, S. 18ff und S. 216.
[578] Vgl. Mehrabian/Russell, 1974, S. 22ff.
[579] Vgl. beispielsweise Bost, 1987, S. 92; Terlutter, 1999, S. 228; Diehl, 2002, S. 192.
[580] Vgl. Russell/Pratt, 1980, S. 311ff.
[581] Vgl. Russell/Pratt, 1980, S. 311ff.
[582] Vgl. Russell/Pratt, 1980, S. 313; Terlutter, 1998, S. 184; Gröppel-Klein, 1998, S. 198.
[583] Vgl. Russell/Pratt, 1980, S. 313.
[584] Vgl. Russell/Pratt, 1980, S. 313; Bost, 1987, S. 92.
[585] Vgl. Russell/Pratt, 1980, S. 313/314; Bost, 1987, S. 24 und S. 92.
[586] Vgl. Russell/Pratt, 1980, S. 319.

Dieser Operationalisierungsansatz konnte vielfach empirisch bestätigt werden und stellt im Weiteren eine wesentliche Grundlage für die Ableitung des Messmodells für die emotionale Reaktion im Rahmen dieser Arbeit dar.

Auch Donovan/Rossiter (1982) orientieren sich für die Erfassung der emotionalen Reaktion zunächst am ursprünglichen Messansatz von Mehrabian/Russell, verwendet jedoch für die Operationalisierung der Dominanz-Dimension eigene Items. Auch hier ließen sich aus den zunächst 18 Itempaaren des semantischen Differenzials drei Faktoren (Pleasure-Arousal-Dominance) extrahieren. Die Untersuchung bestätigte die bereits von Russell/Pratt[587] konstatierte relativ schwache Ausprägung der Dominanz-Dimension. Dessen ungeachtet kann bei dieser Untersuchung erstmals die Anwendbarkeit der von Mehrabian/Russell ausschließlich unter Laborbedingungen entwickelten Skalen der PAD-Measures[588] auf reale Ladenumwelten gezeigt werden.[589]

Aufbauend auf den Ergebnissen ihrer Messung konstruieren Donovan/Rossiter eine Skala, die nunmehr die Items einbezieht, die die höchste Ladung auf die PAD-Dimensionen aufweisen. Dieses Messinstrument berücksichtigt jeweils fünf Items für die Dimensionen Pleasure und Arousal und drei Items für die Dominanz-Dimension. Donovan/Rossiter folgern nicht, wie zuvor Russell/Pratt, die Dimension Dominanz gänzlich zu eliminieren, mahnen jedoch aufgrund der geringeren Reliabilitätskoeffizienten einen umsichtigen Umgang an, da die Ergebnisse nicht zu verallgemeinern sind, sondern vom Untersuchungsgegenstand abhängen.[590]

Die bisherigen Arbeiten dienen Bost (1987) dazu, auf der Grundlage dieser Erkenntnisse ein für die Erfassung atmosphärischer Ladenwirkungen geeignetes Stimmungsprofil zu entwickeln. Dabei geht Bost zunächst von zwei Stimmungskomponenten – Lust/Unlust und Aktivierung aus – die über verbale Items den semantischen Bedeutungsgehalt von Stimmungen repräsentieren. Insbesondere die Arbeit von Russell/Pratt liefert hierfür grundlegende Ansätze, da beide zeigen konnten, dass sich emotionale Umweltqualitäten in einem zweidimensionalen Bedeutungsraum (Lust und Aktivierung) abbilden und erfassen lassen.[591] Obwohl in der Umweltpsychologie häufig umweltbeschreibende Skalen zur Beschreibung von Umwelten zum Einsatz kommen, erfordert die Erfassung individueller Stimmungsänderungen selbstbeschreibende Items. Daher wurden die von Russell/Pratt verwendeten Items in selbstbeschreibende Items umformuliert. Faktoranalytisch wurden 16 Items[592] ausgewählt, die für die

---

[587] Siehe die Untersuchung von Russell/Pratt, 1980.
[588] Pleasure-Arousal-Dominance
[589] Vgl. Donovan/Rossiter, 1982, S. 46.
[590] Vgl. Donovan/Rossiter, 1982, S. 46. Siehe zur Dominanz-Dimension auch Terlutter, 2000, S. 184/185.
[591] Vgl. Bost, 1987, S. 92.
[592] Berücksichtigt wurden ausschließlich Items, die einem Faktor klar zugeordnet werden konnten (Faktorladungen von mind. 0,5 auf einem und höchsten 0,35 auf einem anderen Faktor).

Messung von Stimmungswirkungen in Ladenumwelten geeignet waren. Als **wesentliche** Stimmungsdimensionen erwiesen sich zwei Faktoren, welche Bost zum einen als **positive, gehobene Stimmung** interpretiert und über Items wie beschwingt, heiter und gut gelaunt repräsentiert werden. Zum anderen ergab sich ein Faktor **entspannte Stimmung**, der über Items wie ruhig, entspannt, gelassen erfasst werden kann.[593]

Im Bezug auf die Übertragbarkeit des Messansatzes auf den Bereich der Finanzdienstleistungen erscheinen beide Stimmungsdimensionen geeignet, die über Maßnahmen der Umweltgestaltung angestrebte positive Basisatmosphäre[594] zu erfassen.

Die Untersuchung von Terlutter (2000)[595] zeigt weitere Ansatzpunkte auf, die die Entwicklung eines Messansatzes zur Erfassung der emotionalen Reaktion im Rahmen des zu entwickelnden Verhaltensmodells stützen. Terlutter legt dabei in Anlehnung an Mehrabian/Russell zunächst die hypothetischen Konstrukte Lust und Erregung sowie Dominanz zugrunde. Er greift auf umweltbeschreibende Items zurück.[596]

Für die Operationalisierung des Messkonzeptes im Rahmen dieser Arbeit ist besonders das Vorgehen von Terlutter aufschlussreich, die Dimensionen Erregung – Nichterregung und Lust – Unlust in einem Konstrukt zu erheben. Die enge Verknüpfung beider Dimensionen legt dieses Vorgehen nahe. Er argumentiert dabei in Anlehnung an Janke/Debus (1978) damit, dass beide Konstrukte inhaltlich eng verknüpft sind, da Befindlichkeiten ausdrückende Items vielfach auch Aktivierungskomponenten aufweisen und somit eine Trennung von lustbetonten bzw. erregenden Items erschweren.[597] Zusätzlich weisen sowohl Bost als auch Gröppel-Klein darauf hin, dass für ein optimales Ladenambiente ein Wechsel von aktivierenden und desaktivierenden Reizen besonders wichtig ist.[598]

Insbesondere im Bereich der Finanzdienstleistungen ist eine entspannte, positive Grundstimmung in der Filiale gewünscht. Die Gefühlsdimension „Entspannung" darf deshalb nicht vernachlässigt werden. Im Rahmen dieser Untersuchung wäre es damit gleichermaßen vorteilhaft, anstelle der Dimension Erregung die intervenierende Variable „Entspannung" als emotionale Reaktion zu erfassen.

Zudem geht Gröppel-Klein davon aus, dass mit der Erfassung der Dimension Lust über Items wie „heiter" oder „gut gelaunt" ebenfalls auch positive Erregung erfasst wird, so dass die Ak-

---

[593] Vgl. Bost, 1987, S. 93ff; siehe ähnlich auch Ebster/Jandrisits, 2003, S. 99.

[594] Die Atmosphäre kommt als emotionale Reaktion (I) auf die Umwelt zustande (vgl. Donovan/Rossiter, 1982).

[595] Die Arbeit prüft und erweitert den emotionspsychologischen Ansatz von Mehrabian/Russell und überträgt dieses Modell auf die Anwendung im Bereich der Museumsgestaltung. Ausgehend von veränderten Rahmenbedingungen, denen sich kulturspezifische Institutionen gegenübersehen, wird ein Modell entwickelt, das den Einfluss der Museumsgestaltung unter Berücksichtigung persönlichkeitsspezifischer Faktoren auf das Verhalten abbildet (vgl. Terlutter, 2000).

[596] Vgl. Terlutter, 2000, S. 228.

[597] Vgl. Janke/Debus, 1978, S. 15, 20; Terlutter, 2000, S. 183.

[598] Vgl. Bost, 1987, S. 98; Gröppel-Klein, 1998, S. 200.

tivierungskomponente somit nicht vernachlässigt wäre.[599] Bereits im Hinblick auf die Erkenntnisse von Bost, dessen wesentliche Stimmungsdimensionen gleichermaßen als Lust bzw. Entspannung interpretiert werden können, ist dieses Vorgehen für die Erfassung der emotionalen Reaktion für die vorliegende Untersuchung wesentlich.

Terlutter erfasst die emotionale Reaktion[600] schließlich über fünf Items auf einer 5stufigen Ratingskala. Die faktoranalytische Analyse ergab wie erwartet zwei Faktoren (Lust/Erregung, Dominanz), wobei die lustbetonten bzw. erregenden Items auf einer Dimension liegen.[601]

Diehl (2002)[602] folgt zwar dieser eindimensionalen Interpretation der Lust-Erregungs-Dimension nicht, liefert jedoch gleichfalls einen weiteren wichtigen Aspekt. Neu bei der Arbeit von Diehl ist die zeitliche Differenzierung hinsichtlich der intervenierenden Variablen Lust und Erregung. Während Mehrabian/Russell beide Dimensionen zeitgleich betrachten, vertritt Diehl die Auffassung, dass Aktivierung ein der emotionalen Dimension Lust vorgeschalteter Prozess ist. Aktivierung als ein von einer reizstarken Umwelt (hohe Informationsrate) ausgelöster Erregungszustand ist somit eine Voraussetzung für das Zustandekommen von Emotionen. Emotionen stellen in diesem Sinne zentralnervöse Erregungsmuster dar, die eine kognitive Interpretation durch das Individuum erfordern.[603] D.h. es werden Aussagen darüber möglich, wie angenehm oder unangenehm eine Person eine Umwelt empfindet, ob sie sich darin zufrieden, vergnügt oder wohl fühlt. Diehl interpretiert in ihrer Arbeit diese, von Mehrabian/Russell als Lust (pleasure) bezeichnete Emotion als positive Umweltbewertung (Gefallen).[604] Zusammenfassend führt eine durch Umweltreize ausgelöste Aktivierung, die von einem Individuum als angenehm bewertet wird, zum Gefallen einer Umwelt.[605] Die Probanden nehmen in diesem Sinne eine Bewertung des Geschäftes bzw. der Ladenatmosphäre vor. Im Hinblick auf den Untersuchungsgegenstand spielt die Bewertung der Filiale eine wesentliche Rolle. Eine positive Bewertung der Umwelt wird vor allem dann erfolgen, wenn sich der Kunde in der Umgebung wohl fühlt und die Umgebung attraktiv und geeignet scheint, Bankgeschäfte zu erledigen. Dieser Aspekt soll im Rahmen der Arbeit (entgegen der Auffassung von Diehl, die das Gefallen gleichfalls als emotionale Reaktion interpretiert) als **kognitive Reaktion** im Sinne eines Bewertungs- und Vergleichsprozesses erfasst werden. Dahinter steht

---

[599] Vgl. Gröppel-Klein, 1998, S. 200; Terlutter, 1998, S. 183.

[600] Da der Einfluss der Dominanz-Dimension speziell in Bezug auf den Untersuchungsgegenstand von Kulturinstitutionen nicht ausgeschlossen werden kann, wurde diese Dimension bei der Operationalisierung der emotionalen Reaktion zusätzlich berücksichtigt (vgl. Terlutter, 2000, S. 184f).

[601] Vgl. Terlutter, 2000, S. 229.

[602] Diehl (2002) überträgt und erweitert das Verhaltensmodell von Mehrabian/Russell auf die Anwendung in virtuellen (Laden-)Umwelten.

[603] Vgl. Kroeber-Riel/Weinberg, 1999, S. 56.

[604] Vgl. Diehl, 2002, S. 101.

[605] Vgl. Diehl, 2002, S. 106.

die Hypothese, dass emotionale Reaktionen Einfluss auf kognitive Bewertungsprozesse nehmen (Abschnitt 3.2.3, S. 80ff).

In der folgenden Tabelle werden wesentliche Messansätze, die die Operationalisierung der emotionalen Reaktion für das zu entwickelnde Verhaltensmodell stützen, zusammengefasst.

| Studie | Messdimension | Anzahl repräsentierender Items | |
|--------|---------------|--------------------------------|---|
| Mehrabian/Russell (1974) | pleasure | 6 Items | happy – unhappy<br>pleased – annoyed<br>satisfied – unsatisfied<br>contended – melancholic<br>hopeful – despairing<br>relaxed – bored |
| | arousal | 6 Items | stimulated – relaxed<br>excited – calm<br>frenzied – sluggish<br>jittery – dull<br>wide awake – sleepy<br>aroused – unaroused |
| | dominance | 6 Items | controlling – controlled<br>dominant – submissive<br>influential – influenced<br>important – awed<br>autonomous – guided<br>in control – cared for |
| Russell/Pratt (1980) | arousing – sleepy | 5 Items | intense – inactive<br>arousing – drowsy<br>active – idle<br>alive – lazy<br>forceful - slow |
| | exciting – gloomy | 5 Items | exhilarating – dreary<br>sensational – dull<br>stimulating – unstimulating<br>exciting – monotonous<br>interesting – boring |
| | pleasant – unpleasant | 5 Items | pleasant – dissatisfying<br>nice – displeasing<br>pleasing – repulsive<br>pretty – unpleasant<br>beautiful – uncomfortable |
| | distressing – relaxing | 5 Items | frenzied – tranquil<br>tense – serene<br>hectic – peaceful<br>panicky – restful<br>rushed – calm |

| Studie | Messdimension | Anzahl repräsentierender Items | |
|---|---|---|---|
| Donovan/Rossiter (1982) | pleasure | 5 Items | contented – depressed<br>happy – unhappy<br>satisfied – unsatisfied<br>pleased – annoyed<br>relaxed – bored |
| | arousal | 5 Items | stimulated – relaxed<br>excited – calm<br>jittery – dull<br>aroused – unaroused<br>frenzied – sluggish |
| | dominance | 3 Items | controlling – controlled<br>dominant – submissive<br>influential – influenced |
| Bost (1987) | gehobene Stimmung | 3 Items | beschwingt<br>gut gelaunt<br>heiter |
| | entspannte Stimmung | 6 Items | ruhig　　　　hektisch<br>entspannt　　abgehetzt<br>gelassen　　　aufgeregt |
| | weitere Stimmungs-dimensionen (3 Faktoren) | 7 Items | müde　　　　bekümmert<br>wach　　　　traurig<br>aktiv　　　　betrübt<br>voller Energie |
| Ebster/Jandrisits (2003) | gehobene Stimmung | 7 Items | heiter　　　　hochgestimmt<br>beschwingt　　ausgelassen<br>wohlig　　　　vergnügt<br>lebendig |
| | weitere Stimmungs-dimensionen (2 Faktoren) | 12 Items | 12 Items |
| Stöhr (1998) | Lust | 2 Items | angeregt<br>aktiviert |
| | Erregung | 2 Items | gut gelaunt<br>vergnügt |
| Gröppel-Klein (1998) | Lust | 2 Items | heiter<br>gut gelaunt |
| | Entspannung | 2 Items | entspannt<br>nicht hektisch |
| Terlutter (2000) | Lust/Erregung | 3 Items | aufregend<br>inspirierend<br>Neugier erweckend |
| Diehl (2002) | Aktivierung | 2 Items | aktiv<br>anregend |
| | Gefallen | Soll hier als kognitive Reaktion berücksichtigt werden. | |

*Tabelle 5:　Systematisierung von Messkonzepten zur Operationalisierung der emotionalen Reaktion*

Auch für die Operationalisierung der emotionalen Reaktion für die vorliegende Arbeit wird zunächst die Struktur des Ansatzes von Mehrabian/Russell zugrunde gelegt. Beide führen die emotionale Reaktion auf die drei Gefühlsdimensionen Erregung, Lust und Dominanz zurück.[606] Die Dominanz-Dimension soll im Rahmen der Arbeit jedoch aus der Betrachtung ausgeschlossen werden, da sie sich aufgrund ihrer kognitiven Verankerung in verschiedenen empirischen Untersuchungen wenig zur Erfassung emotionaler Reaktionen bewährt hat.[607] Vielmehr sollen explizit kognitive Reaktionen über Bewertungsprozesse erfasst werden. Diese Vorgehensweise ermöglicht es zugleich, die Wirkungen emotionaler Prozesse auf Kognitionen (z.B. Bewertung des Angebotes) zu untersuchen.[608]

Im Hinblick auf das Vorhaben erscheint es zudem sinnvoll, die Dimensionen Erregung und Lust in einem Konstrukt zu erheben. Die enge inhaltliche Verknüpfung beider Dimensionen stützt dieses Vorgehen.[609]

Für die Anwendung des Verhaltensmodells auf den Bereich der Finanzdienstleistungen, gewinnen die Erkenntnisse umweltpsychologischer Studien, wonach in (Laden-)Umwelten dem Wechsel von aktivierenden und desaktivierenden Reizen eine besondere Bedeutung zukommt[610], an Relevanz. Für Kreditinstitute wird im Besonderen eine entspannte und positive Basisatmosphäre angestrebt. Gerade deshalb soll im Rahmen der Arbeit der Ansatz von Gröppel-Klein (1998) aufgegriffen werden, wonach die Dimension Entspannung in das Verhaltensmodell integriert wird. Wie bereits erwähnt, weist Gröppel-Klein in diesem Zusammenhang darauf hin, dass mit der Dimension Lust (=Vergnügen) gleichfalls Erregung einhergeht. Sie geht deshalb in ihrer Untersuchung davon aus, wenn Lust über Items wie „gut gelaunt" oder „heiter" gemessen wird, auch positive Erregungszustände von Individuen erfasst werden können. Die Aktivierungskomponente wäre somit implizit berücksichtigt.[611] Für die vorliegende Arbeit werden somit die Dimensionen **Lust** (im Sinne von Vergnügen) und **Entspannung** in einem Konstrukt operationalisiert.

Russell/Pratt (1980) entwickelten einen Ansatz, wie emotionale Umweltqualitäten über Adjektivpaare beschrieben und erfasst werden können, die sich in einem zweidimensionalen Bedeutungsraum abbilden lassen. Sie setzen dabei umweltbeschreibende Items (z.B. *die Umwelt wirkt heiter*) ein. Bost (1987) greift dieses Konzept auf, formuliert jedoch aufgrund seines Untersuchungsziels – der Erfassung individueller Stimmungsänderungen – selbstbeschreibende Stimmungsitems.[612] Die zentralen Dimensionen sowie die daraus ableitbaren Mischdimensionen werden in der folgenden Abbildung veranschaulicht.

---

[606] Vgl. Mehrabian/Russell,1974.
[607] Vgl. Kroeber-Riel/Weinberg, 2003, S. 430; Russell/Pratt, 1980, S. 313.
[608] Vgl. dazu ausführlich Abschnitt 3.2.2.2 (S. 79ff).
[609] Vgl. Kroeber-Riel/Weinberg, 2003, S. 430; Terlutter, 2000, S. 183; Janke/Debus, 1978, S. 15 und S. 20.
[610] Vgl. Bost, 1987; Gröppel, 1991.
[611] Vgl. Gröppel-Klein, 1998, S. 200f.
[612] Vgl. Bost, 1987, S. 93f.

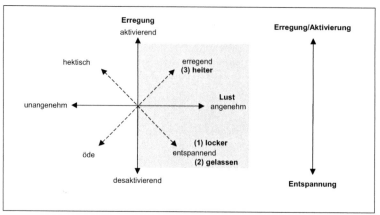

*Abbildung 11:*     *Zweidimensionaler Bedeutungsraum zur Abbildung emotionaler Reaktionen*
*Quelle: in Anlehnung an Bost, 1987, S. 93.*

Für die vorliegende Untersuchung wird das Konstrukt Lust/Aktivierung – Entspannung durch folgende Items repräsentiert, deren Position im zweidimensionalen Bedeutungsraum in Abbildung 8 dargestellt wird. Die Messung erfolgte über eine bipolare sechsstufige Ratingskala (+3 bis -3).

| Lust – Entspannung | | | |
|---|---|---|---|
| (1) | locker | - | steif |
| (2) | gelassen | - | angespannt |
| (3) | heiter | - | betrübt |

*Tabelle 6:*     *Operationalisierung von Lust/Aktivierung (Entspannung)*

Entgegen der Auffassung von Bost[613] wurden für die Operationalisierung des Konstruktes Lust/Aktivierung – Entspannung ausschließlich umweltbeschreibende Items eingesetzt. Damit wird beispielsweise der Argumentation von Terlutter (2000) und Diehl (2002) gefolgt. Beide begründen die Verwendung umweltbeschreibender Items damit, dass es für die Befragten einfacher ist, emotionale Aussagen auf eine Umwelt zu beziehen, als auf die eigene Person.[614] Auch bezogen auf den Untersuchungsgegenstand wird davon ausgegangen, dass es den Befragten leichter fällt, die Bankfiliale, die sie überwiegend besuchen zu beschreiben, als ihren

---

[613] Bost argumentiert, dass selbstbeschreibende Items die emotionalen Reaktionen besser erfassen (vgl. Bost, 1987, S. 92f).
[614] Vgl. Terlutter, 2000, S. 228; Diehl, 2002, S. 192.

Gefühlszustand[615] bei Betreten der Filiale. Zudem erfolgte die Datenerhebung über eine schriftliche Befragung, so dass sich die Befragten zum Zeitpunkt der Erhebung nicht in der Filiale aufhielten. Emotionale Befindlichkeiten könnten also nur aufgrund erinnerter Gefühls-zustände erfasst werden. Ein solches Vorgehen könnte vielmehr unerwünschte Messfehler begünstigen. Somit sind für die vorliegende Untersuchung umweltbeschreibende Items einge-setzt worden.

In Bezug auf die Messung von Emotionen allgemein, existieren für alle drei Ebenen[616] des Emotionskonstruktes entsprechende Messverfahren. Mit Blick auf den Untersuchungsgegens-tand interessieren jedoch ausschließlich Messinstrumente, die die **subjektive Erlebnisebene** betreffen. Diese Vorgehensweise wird zum einen durch das der Arbeit zugrunde liegende Verständnis des Erlebnisbegriffs sowie der hier gebrauchten Definition des Emotions-Konstruktes getragen, zum anderen sprechen pragmatische und forschungsökonomische Gründe für die Konzentration auf diesen Messansatz. So scheinen apparative Messverfahren (neurophysiologische Ebene) oder die Beobachtung des Ausdrucksverhaltens wenig sinnvoll. Die Messung der emotionalen Reaktion auf Reize der Umwelt (subjektive Erlebnismessung) kann verbal oder nonverbal (z.B. über Bilderskalen[617]) erfolgen.[618] Insbesondere die Annah-me der Bewusstheit von Emotionen, begründet die verbale Messbarkeit[619] von Emotionen. Verbale Messungen basieren auf sprachlichen Äußerungen der Befragten, wobei meist Adjek-tive zur Beschreibung von Emotionen fungieren.[620] Ein in der Verhaltensforschung anerkann-tes und etabliertes Verfahren der subjektiven Erlebnismessung stellt das semantische Differenzial[621] dar, das Gefühle auf einer zweistufigen (bipolaren) Skala erfasst. Dieses Ver-fahren erlaubt die Messung der beiden grundlegenden Emotionsdimensionen Erregung (z.B. erregt – ruhig) und Richtung (z.B. angenehm – unangenehm).[622] Es entspricht damit den für die Messung emotionaler Eindrücke herausgebildeten Dimensionen Lust - Unlust und Erre-gung – Entspannung (Nicht-Erregung).[623] Die Qualität von Emotionen kann über das semanti-sche Differenzial nicht erfasst werden.[624] Da für die hier angelegte Untersuchung die Erfassung des globalen Empfindens (emotionale Befindlichkeit) ausreichend war, erfolgte die

---

[615] Zu einem ähnlichen Vorgehen vgl. Terlutter, 2000. Zu Problemen bei der verbalen Erfassung von eigenen emotionalen Zuständen vgl. Trommsdorff, 2004, S. 83.
[616] Vgl. Abschnitt 3.2.1 (S. 70ff).
[617] Vgl. Dmoch, 1999; Dmoch, 1997, S. 164ff; Konert, 1986, S. 89f.
[618] Vgl. Trommsdorff, 2004, S. 83ff; Kroeber-Riel/Weinberg, 2003, S. 107ff.
[619] Zu Problemen der verbalen Messbarkeit vgl. bspw. Trommsdorff, 2004, S. 83; Drenger, 2003, S. 156.
[620] Vgl. Kroeber-Riel/Weinberg, 2003, S. 107.
[621] Vgl. Osgood, Suci et al., 1957.
[622] Vgl. Kroeber-Riel/Weinberg, 2003, S. 107; Schmidt-Atzert, 1996, S. 95f.
[623] Vgl. Schmidt-Atzert, 1996, S. 89.
[624] Vgl. Schmidt-Atzert, 1996, S. 98; Drengner, 2003, S. 156.

Messung der emotionalen Reaktion auf Reize der Umwelt, wie beschrieben, über das semantische Differenzial auf einer sechsstufigen Ratingskala.

### 4.1.1.3 Messmodell für die Persönlichkeit (P)

Wie im Abschnitt 3.1.4.1 (S. 61ff) dargestellt, liefert das Persönlichkeitskonstrukt im umweltpsychologischen Verhaltensmodell von Mehrabian/Russell einen wesentlichen Erklärungsbeitrag für das Verhalten von Konsumenten. Zur Operationalisierung der Persönlichkeitsdimension entwickeln Mehrabian/Russell auch hier im Verlauf von drei Studien ein Messinstrument mit letztlich 40 Persönlichkeits-Items, die auf einer 9stufigen Ratingskala erfasst werden. Mit einer Faktorenanalyse konnten fünf Faktoren extrahiert werden, die verschiedene Aspekte der Persönlichkeit beleuchten. Dabei sind vor allem Eigenschaften bzw. Einstellungen relevant, anhand derer Personen sich hinsichtlich ihrer persönlichen Aufgeschlossenheit gegenüber neuartigen oder überraschenden Reizen der Umwelt unterscheiden.[625]

In Bezug auf das Persönlichkeitskonstrukt geht eine wesentliche Weiterentwicklung des ursprünglichen Ansatzes von Gröppel (1991) aus. Der Grundgedanke ihrer Arbeit basiert auf der zentralen Betrachtungsweise des Persönlichkeitskonstruktes. Zur Beschreibung der Persönlichkeitsunterschiede führt Gröppel jedoch andere Begrifflichkeiten ein. Sie bezieht die von Mehrabian/Russell identifizierten Persönlichkeitsmerkmale ein, differenziert jedoch nicht nach „Abschirmern" und „Nichtabschirmern". Vielmehr werden Konsumenten mit hoher Reizsensibilität, die eher lustbetont leben und reizstarke Umwelten suchen als „Sensualisten" charakterisiert. Hingegen werden Reizabschirmer, die eine Indolenz gegenüber Umweltreizen aufweisen und sich gegenüber Außenreizen relativ unempfindlich zeigen als „indolente Konsumenten" bezeichnet.[626] Mit der empirischen Untersuchung wird schließlich die Segmentierung von Kundengruppen in sensualistische und indolente Kundengruppen angestrebt, um eine geeignete Zielgruppe für erlebnisorientierte Gestaltungskonzepte im Einzelhandel zu identifizieren.

Maßgeblich ist bei Gröppel die Berücksichtigung des Lebensstils bei der Beschreibung des Persönlichkeitskonstruktes. Fragen des Einkaufs- und Freizeitverhaltens sowie später ergänzend des Ego-Involvements werden hierbei zugrunde gelegt und nehmen damit erstmals emotionale Aspekte des Involvements bei der Erfassung des Persönlichkeitskonstruktes auf.[627] Diese Sichtweise weist besondere Relevanz im Hinblick auf die Erfassung des Persönlichkeitskonstruktes im Rahmen dieser Arbeit auf.

---

[625] Vgl. Mehrabian/Russell, 1974, S. 41ff und S. 218.
[626] Vgl. Gröppel, 1991, S. 129f.
[627] Vgl. Gröppel, 1991, S. 132 und 198ff.

Die Operationalisierung des Konstruktes Persönlichkeit erfolgt bei Gröppel in der ersten Studie über zwei Messdimensionen mit insgesamt 28 Items. Die Messung erfolgte auf einer 5stufigen Ratingskala. In der zweiten Studie (1988), die die Prüfung der zeitlichen Stabilität der drei ermittelten Persönlichkeits-Cluster zum Ziel hatte, wurde auf Grundlage der faktoranalytisch gewonnenen Dimensionen eine neue Itembatterie entwickelt und die Itemzahl reduziert. Zusätzlich wurde das Ego-Involvement als weitere Segmentierungsvariable erfasst. Die Messung erfolgte hier auf einer 5stufigen Bilderskala.

Gleichfalls strebt die Arbeit von Stöhr (1998) eine Segmentierung von Kunden anhand ihrer Aufgeschlossenheit gegenüber Umweltreizen an. Neben Labor- und Feldstudien[628], konzipierte Stöhr eine dritte empirische Studie, mit dem Ziel, insbesondere persönlichkeitsbezogene Indikatoren zu identifizieren, die einen Erklärungsbeitrag für das überwiegend emotional geleitete Kaufverhalten in bedufteten Ladenumwelten leisten können und eine Segmentierung von Kunden anhand ihrer Werteorientierungen, persönlichen Dispositionen sowie ihres Kaufverhaltens ermöglichen.[629] Reizaufgeschlossene Kunden müssten theoriekonform wohl beduftete Umwelten gegenüber neutralen präferieren.[630] Zur Operationalisierung der persönlichen Prädisposition im Duftwirkungsmodell gebraucht Stöhr schließlich drei Items, anhand derer die Befragten eine **Selbsteinschätzung** auf einer wiederum 5stufigen Ratingskala bezüglich ihrer Reizaufgeschlossenheit gegenüber Düften in Verkaufsräumen vornehmen.[631]

Auch dieses Vorgehen ist grundsätzlich für die Erfassung der persönlichen Reizaufgeschlossenheit gegenüber einer erlebnisorientierten Ausrichtung von Kreditinstituten sowie dem Angebot von bankuntypischen Leistungen interessant. Über die Persönlichkeit lassen sich damit vor allem auch Aspekte eines eher emotional geprägten Involvements gegenüber Finanzdienstleistern in das Modell integrieren, die sich über das Bedürfnis nach emotionaler Ansprache äußern und die Aufgeschlossenheit in Bezug auf bankuntypische Leistungen ausdrücken. Daher werden nicht wie bei Mehrabian/Russell allgemeine Persönlichkeitsmerkmale erfasst, sondern konkret den Untersuchungsgegenstand betreffende Einstellungen berücksichtigt.

Zusammenfassend gibt die folgende Tabelle einen Überblick über relevante Messansätze zur Erfassung der Persönlichkeit im Rahmen des Verhaltensmodells für den Anwendungsbereich der Finanzdienstleistungen.

---

[628] Vgl. Stöhr, 1998, S. 110ff und 130ff.
[629] Vgl. Stöhr, 1998, S. 145ff. Zur Ableitung der Segmentierungskriterien, S. 62ff.
[630] Vgl. Stöhr, 1998, S. 71.
[631] Vgl. Stöhr, 1998, S. 178/179 und S. 146f.

| Studie | Messdimension | Anzahl repräsentierender Items | |
|---|---|---|---|
| Mehrabian/Russell (1974) | Arousal from change | 12 Items | Operationalisierung über 40 persönlichkeitsbeschreibende Statements; Die Skalen wurden über 3 Feldstudien entwickelt. |
| | Arousal from unusual stimuli | 11 Items | |
| | Arousal from risk | 9 Items | |
| | Arousal from sensuality | 5 Items | Einige Beispiele: Ich mag Überraschungen. |
| | Arousal from new environments | 3 Items | Ich mag es nicht, wenn zu viel Unruhe um mich herum ist. Ich mag es, Neues auszuprobieren. Ich mag Veränderungen im Alltag. Ich verändere selten die Einrichtung meines Umfeldes. Ich fühle mich in der Familie am wohlsten. |
| Gröppel (1991) | | 1987 | 1988 |
| | Einkaufsbezogener Lebensstil | 13 Items | 4 Items Ich lasse mich gern von Verkaufspersonal ansprechen und beraten. Ich möchte beim Einkauf viel erleben und mich gut unterhalten. Ich besuche häufig Geschäfte, um mich zu informieren und Angebote zu vergleichen. Ich habe das Bedürfnis, mich beim Einkaufen auszuruhen. |
| | Freizeitbezogener Lebensstil (Urlaub) | 15 Items | 6 Items Im Urlaub... ...bin ich an der Kultur und an Sehenswürdigkeiten des Landes sehr interessiert. ...sind für mich ein komfortables Hotel und exklusive Restaurants sehr wichtig. ...mache ich sehr gern Einkaufsbummel. ...finde ich es toll, viele neue Leute kennen zu lernen und viel mit ihnen zu unternehmen. ...lese ich gern Unterhaltungsliteratur. ...treibe ich fast täglich Sport. |
| | Ego-Involvment | 5 Items | (Bilderskala) Ich lese gern Modezeitschriften. Hinweise über die Produktqualität sind für mich wichtig. Für mich ist es sehr wichtig, die Produktqualität aktiv zu prüfen. Schicke Kleidung hebt das Selbstbewusstsein. Einkaufen macht sehr viel Freude und Spaß. |
| Stöhr (1998) | Reizaufgeschlossenheit | 3 Items | Ich suche nach Reizen. Ich achte auf Reize. Düfte fallen mir auf. |

*Tabelle 7:     Systematisierung von Messkonzepten zur Operationalisierung der Persönlichkeit*

Die persönlichen Prädispositionen, aus denen sich eine hohe oder geringe Aufgeschlossenheit gegenüber emotional aktivierenden Gestaltungskonzepten in Kreditinstituten ableitet, sollen hier über das Konstrukt der persönlichen Reizaufgeschlossenheit (Persönlichkeit) erfasst werden.[632] Im Rahmen dieser Arbeit ist es insbesondere von Interesse, inwieweit sich Individuen bezüglich Ihrer Reizaufgeschlossenheit gegenüber bisher bankuntypischen erlebnisorientierten Angeboten und Gestaltungskonzepten in Bankfilialen selbst beurteilen.

Für die Operationalisierung des Persönlichkeitskonstruktes soll deshalb grundsätzlich ebenfalls die Vorgehensweise von Mehrabian/Russell (1974) aufgegriffen werden. Beide entwickelten im Verlauf mehrerer Studien ein Messinstrument zur Erfassung der Persönlichkeit. Zusätzlich soll jedoch der Ansatz von Gröppel (1991) berücksichtigt werden. Maßgeblich ist bei ihr die Berücksichtigung des Lebensstils bei der Operationalisierung des Persönlichkeitskonstruktes. Dabei fließt neben Fragen zum allgemeinen Einkaufs- und Freizeitverhalten auch die Erfassung des Ego-Involvements in das Messkonzept ein. Demnach beinhaltet das Konstrukt der Persönlichkeit gleichermaßen Komponenten des persönlichkeitsbedingten Involvements.[633] Damit werden implizit **emotionale Aspekte des Involvements** erfasst, die sich insbesondere durch das Bedürfnis nach emotionaler Ansprache äußern[634] und im Hinblick auf den Untersuchungsgegenstand für die Bereitschaft, sich emotional aktivierenden Reizen zu öffnen, stehen.

Für die Operationalisierung im Rahmen der empirischen Untersuchung wurden eigene Indikatoren entwickelt, die sich insbesondere aus den Erkenntnissen der explorativen Studie ableiten.[635] Die folgende Tabelle zeigt die Items, die das Konstrukt der persönlichen Reizaufgeschlossenheit (Persönlichkeit) abbilden. Die Probanden wurden gebeten, den Grad ihrer Zustimmung zu den Aussagen auf einer sechsstufigen Ratingskala anzugeben (1 – stimme vollkommen zu; 6 – lehne vollkommen ab).

| **Persönlichkeit** |
| --- |
| (1) Die Verbindung von Bankbesuch und Shopping wäre nützlich – ich könnte mir dann andere Wege sparen. |
| (2) Kreditinstitute sollten auch andere – eher bank*un*typische – Leistungen anbieten. |
| (3) In einem Kreditinstitut interessieren mich nicht nur Geldgeschäfte. |

*Tabelle 8:*     *Operationalisierung der Persönlichkeit*

---

[632] Vgl. hierzu ausführlich auch Abschnitt 3.3.3 (S. 95ff).
[633] Vgl. Gröppel, 1991, S. 200. Siehe hierzu auch die Ausführungen in Abschnitt 3.3.3, S. 95ff.
[634] Vgl. Kanther, 2001, S. 65; Zaichkowsky, 1994. Zur Anwendung des Messansatzes von Zaichkowsky im Bereich Finanzdienstleistungen vgl. Foxall/Pallister, 1998; Aldlaigan/Buttle, 2001.
[635] Zum Erhebungsdesign der vorliegenden empirischen Untersuchung vgl. Abschnitt 4.2.2.1, 154ff.

#### 4.1.1.4  Messmodell für die Verhaltensreaktion (R)

Aus der zentralen Aussage des Verhaltensmodells von Mehrabian/Russell folgt, dass Gefühls-reaktionen zu individuellem Annäherungs- bzw. Meidungsverhalten führen. Das Reizvolumen einer Umwelt steht in direkter Verbindung zum Erregungsniveau.[636] Gleiches gilt für den Zu-sammenhang der emotionalen Reaktionen (I) zu den Verhaltensreaktionen Annäherung und Meidung.[637]

Mit der neuartigen, reizintensiven Gestaltung von Filialen, verfolgen Kreditinstitute insbe-sondere das Ziel, den Vertriebskanal Filiale zu stärken und regelmäßige, persönliche Kon-taktpunkte zwischen Kunden und Beratern zu schaffen. Attraktive Umwelten, die im Hinblick auf Kreditinstitute insbesondere durch eine freundliche Basisatmosphäre, ergänzt durch bank-untypische Leistungen repräsentiert sind, führen demnach zu einer verstärkten Annäherung. Demgegenüber zeigt sich in Umwelten, die aus Sicht des Kunden Unlust erzeugen (z.B. auf-grund einer gering ausgeprägten Reizaufgeschlossenheit gegenüber für Banken neuartigen Reizen), ein ausgeprägtes Meidungsverhalten.

Ausgangspunkte für die Entwicklung eines Messkonzeptes zur Erfassung von Verhaltensreak-tionen liefern zunächst Mehrabian/Russell. Sie erfassen die Verhaltensreaktion über vier Di-mensionen, die über zwei Items, welche jeweils eine positive und eine negative Verhaltens-reaktion (Annäherung – Meidung) berücksichtigen, operationalisiert werden. Die Messung erfolgt auf einer 7stufigen Ratingskala.[638]

Weitere Bezugspunkte liefern umweltpsychologische Untersuchungen, welche Verhaltensre-aktionen jeweils bezogen auf den Untersuchungsgegenstand über verschiedene Wege erfas-sen. Dabei gehen die Verfasser davon aus, dass das Annäherungsverhalten als Folge positiver emotionaler Reaktionen auf Umweltreize zustande kommt, mit der Folge, die Umwelt zu er-kunden und in ihr zu verweilen.[639] Eine Umwelt, die angenehm empfunden wird, führt vor allem im Handel zu spezifischem Erkundungs- und Suchverhalten im Geschäft.[640] Stöhr er-fasst daher die Verhaltensreaktion über positive Verhaltenstendenzen, die auf Basis theoreti-scher Überlegungen formuliert wurden.[641]

Terlutter widmet sich im Zusammenhang mit der Erfassung von Verhaltensreaktionen insbe-sondere der Frage, ob für die Erklärung der Verhaltensreaktionen das tatsächliche Verhalten oder primär Verhaltensabsichten analysiert werden müssen. Die Überlegung stützt sich auf

---

[636]  Das Erregungsniveau des Menschen ist neben den Dimensionen Lust und Dominanz der unmittelbarste Ein-flussfaktor auf das Annäherungs- und Meidungsverhalten (vgl. Mehrabian, 1978, S. 25).

[637]  Vgl. Mehrabian, 1978, S. 25.

[638]  Vgl. Mehrabian/Russell, 1974, S. 141-144 und 221.

[639]  Vgl. Stöhr, 1998, S. 55 und 93f; Mehrabian, 1978, S. 11f.

[640]  Vgl. Kroeber-Riel/Weinberg, 2003, S. 430.

[641]  Vgl. Stöhr, 1998, S. 179.

Erkenntnisse der Einstellungsforschung, die oft eine Diskrepanz zwischen Einstellungen und tatsächlich beobachtbaren Verhaltensreaktionen konstatieren. So gilt das Einstellungskonstrukt zwar grundsätzlich als geeigneter Prädiktor zur Erklärung des Verhaltens, wird aber gleichermaßen durch situative oder normative Einflüsse determiniert, die das tatsächliche Verhalten bestimmen. Sinnvoll ist es daher, auf Verhaltensabsichten in einer gedanklich antizipierten Situation zurückzugreifen.[642] Die Verhaltensabsicht gilt als ein dem tatsächlichem Verhalten vorgelagertes Konstrukt und beschreibt den Willen bzw. die Absicht, eine bestimmte Handlung auszuführen.[643]

Auf Kreditinstitute übertragen bedeutet dies, dass sich vielfach zwar durch die Gestaltung grundsätzlich Annäherungsabsichten hervorrufen ließen, diese jedoch aufgrund situativer Einflüsse nicht in tatsächliches Verhalten umgesetzt würden. Terlutter stützt sich aufgrund dieser Erkenntnisse im Rahmen seiner Untersuchung zum Verhalten in Museumsumwelten auf die Erfassung von Verhaltensabsichten.[644]

Neben den in Ausstellungen und Museen besonders relevanten **allgemeinen Annäherungsabsichten**, mit den Indikatoren Besuchsinteresse, Verweilbereitschaft und Preisbereitschaft, berücksichtigt er zusätzlich das Konstrukt der Informationsnachfrage.[645] Herauszustellen ist, dass mit dem Konstrukt der Informationsnachfrage auch kognitiv determinierte Verhaltensreaktionen in das Umweltmodell integriert werden.[646]

Dieser Ansatz enthält für die Operationalisierung des Verhaltensmodells im Bereich der Finanzdienstleistungen einen interessanten Bezug, da davon auszugehen ist, dass neben positiven emotionalen Reaktionen auf Reize der Umwelt kognitive Überlegungen die Nachfrage nach Beratungsleistungen determinieren. Dies gilt vor allem dann, wenn ein hohes (prädispositionales oder handlungsspezifisches) Involvement vorliegt, das die Nachfrage nach Beratungsleistungen unabhängig von Maßnahmen der räumlich-atmosphärischen Umfeldgestaltung beeinflusst.

Auch Diehl berücksichtigt für die Analyse der Verhaltensreaktion Verhaltensabsichten. Für die Operationalisierung des Konstruktes stützt sich Diehl auf die Erkenntnisse der empirischen Prüfung des umweltpsychologischen Modells durch Donovan/Rossiter (1982), wonach insbesondere das empfundene Vergnügen das Verhalten von Individuen beeinflusst. Insbesondere konnten Donovan/Rossiter (1982) und Donovan et al. (1994) eine positive Wirkung

---

[642] Vgl. Terlutter, 1998, S. 178f; Braunstein, 2001, S. 106ff.
[643] Vgl. Ajzen/Fishbein, 1980. Ausführlich zur Einstellungs-Verhaltensforschung vgl. bspw. Braunstein, 2001, S. 95ff.
[644] Vgl. Terlutter, 2000, S. 179.
[645] Vgl. Terlutter, 2000, S. 179 und S. 181.
[646] Vgl. Terlutter, 2000, S. 150 und S. 184.

auf die Verweildauer und die Ausgabenbereitschaft nachweisen.[647] Das Konstrukt der Verhaltensabsicht wird bei Diehl über 3 Indikatoren erfasst – die Verweildauer, das Erkundungsund Suchverhalten sowie die Kaufabsicht.[648]

Die folgende Tabelle stellt zunächst das ursprüngliche Messkonzept für die Erfassung von Verhaltensreaktionen von Mehrabian/Russell dar und systematisiert im Weiteren darauf aufbauende empirische Untersuchungen, die die Operationalisierung von Verhaltensreaktionen im Bereich Finanzdienstleistungen untermauern.

| Studie | Messdimension | | Anzahl repräsentierender Items |
|---|---|---|---|
| Mehrabian/Russell (1974) | Desire to stay in the situation | 2 Items | How much time would you like to spend in this situation? (+) How much would you try to leave or get out of this situation? (-) |
| | Desire to explore the situation | 2 Items | Once in this situation, how much would you enjoy exploring around? (+) How much would you try to avoid any looking around or exploration of this situation? (-) |
| | Desire to work in the situation | 2 Items | To what extent is this situation a good opportunity to think out some difficult task you have been working on? (+) How much would you dislike having to work in this situation? (-) |
| | Desire to affiliate in the situation | 2 Items | To what extent is this a situation in which you would feel friendly and talkative to a stranger who happens to be near you? (+) Is this a situation in which you might try to avoid other people, avoid having to talk to them? (-) |
| Donovan/Rossiter (1982) | Affect | 3 Items | Do you like the environment? Would you enjoy shopping in this store? Would you avoid returning? |
| | Affiliation | 2 Items | Feel friendly to a stranger? Avoid other people? (reverse scored) |
| | Time | 2 Items | How much time browsing? Avoid exploring? (reverse scored) |
| | (Spend) | 1 Item | Spend more than you set out to? |
| Stöhr (1998) | Annäherung | 3 Items | Würde das Geschäft... - aufsuchen - erkunden - dort verweilen. |

---

[647] Vgl. Donovan/Rossiter, 1982; Donovan et al., 1994. Gleichermaßen konnten Sherman et al., 1997 einen positiven Einfluss auf den ausgegebenen Betrag sowie den Gesamteindruck des Geschäftes nachweisen.
[648] Vgl. Diehl, 2002, S. 196.

| Studie | Messdimension | Anzahl repräsentierender Items | |
|---|---|---|---|
| Terlutter (2000) | Allgemeine Annäherungsabsicht | 3 Items | Verweildauer: Wie viel Zeit würden Sie in diesem Museum verbringen? Besuchsinteresse: Hätten Sie Lust das Museum zu besuchen? Preisbereitschaft: Wie viel wäre Ihnen der Besuch in einem solchen Museum wert? |
| | Informationsnachfrage | 2 Items | Hätten Sie gern mehr Informationen zu den Werken, die in einem Museum wie diesem ausgestellt sind? Hätten Sie gern weitere Informationen zu diesem Museum? |
| Diehl (2002) | Verweildauer | 1 Item | Wie lange halten Sie sich im Durchschnitt hier im Laden auf? (Minutenangabe) |
| | Erkundungs- und Suchverhalten | 1 Item | Die Warenpräsentation lädt zum Stöbern ein. |
| | Kaufabsicht | 1 Item | Die Warenpräsentation lässt mich Dinge kaufen, an die ich vorher nicht gedacht habe. |

Tabelle 9:     Systematisierung von Messkonzepten zur Operationalisierung der Verhaltensreaktion

Zusammenfassend lässt sich die Verhaltensreaktion grundsätzlich auf zwei Hauptkategorien zurückführen. Mehrabian/Russell (1974) unterscheiden Annäherungs- und Meidungsverhalten, das sich über positive oder negative Handlungsabsichten, Zielsetzungen oder Einstellungen manifestiert. Hinter dem Verhaltenskonstrukt (Annäherung) liegt damit nicht ausschließlich eine physische Komponente (sich auf die Umwelt zu bewegen). Gleichermaßen wird das Bedürfnis deutlich, die Umwelt zu erforschen, sich mit ihr auseinanderzusetzen, konkrete Problemlösungen zu entwickeln und insgesamt mit der physischen Umwelt zu kommunizieren.[649]

Dennoch führen die durch Reize der Umwelt ausgelösten emotionalen Reaktionen wie beschrieben nicht in jedem Falle zu gesichert vorhersagbaren Handlungsmustern. Vielmehr liefern Erkenntnisse der Einstellungs-Verhaltensforschung Hinweise dafür, dass Einstellungen und beobachtbares Verhalten häufig auseinander fallen, da gleichermaßen situative oder normative Einflüsse das Verhalten bestimmen.

Für die Operationalisierung der Verhaltensreaktion im modifizierten Umweltmodell für den Anwendungsbereich der Finanzdienstleistungen sind daran anknüpfend insbesondere **Verhaltensabsichten** relevant, sich der Umwelt anzunähern, in ihr zu verweilen und Interesse für konkrete Produktangebote zu zeigen. Damit wird im Modell zunächst die subjektiv wahrgenommene Wahrscheinlichkeit ein bestimmtes Verhalten zu realisieren, erfasst.[650] Das Kon-

---

[649] Kroeber-Riel/Weinberg, 2003, S. 430.
[650] Vgl. Braunstein, 2001, S. 108.

strukt der **Allgemeinen Annäherungsabsicht** wird in der Konsequenz durch folgende Indikatoren repräsentiert, die inhaltlich zum einen das Ergebnis von Literaturanalysen[651] sind. Zum anderen ließen sich im Ergebnis der qualitativen Forschungsphase[652] die Erkenntnisse auf den konkreten Untersuchungsgegenstand fokussieren. Die Messung erfolgte gleichfalls auf einer sechsstufigen Ratingskala (1 – stimme vollkommen zu; 6 – lehne vollkommen ab).

| Allgemeine Annäherungsabsicht |
| --- |
| (1)    Aktionen/Veranstaltungen besuche ich in meiner Filiale gern. |
| (2)    Ich interessiere mich in meiner Filiale für neue Angebote und Ideen. |
| (3)    Ich schaue mich gern in meiner Filiale um, wenn es etwas Interessantes gibt. |

*Tabelle 10:     Operationalisierung der Allgemeinen Annäherungsabsicht*

Die allgemeinen Annäherungsabsichten sind insbesondere in Bezug auf die in einem Erlebnisbank-Konzept vielfach integrierten bank*un*typischen Angebote und Leistungen interessant. Es werden Aussagen möglich, inwiefern erlebnisorientierte Gestaltungskonzepte, die insbesondere durch eine höhere Informationsrate gekennzeichnet sind, die Bankkunden dazu motivieren, in ihrer Bankfiliale zu verweilen, zu schauen, sich für Angebote und Produkte zu interessieren bzw. Veranstaltungen zu besuchen.

Damit erfolgt die Messung der Verhaltensreaktion, d.h. die Messung der Wirksamkeit von Erlebnisangeboten, in der vorliegenden Arbeit über die Erfassung von **Verhaltensabsichten** (Ajzen/Fishbein, 1980). Grundsätzlich wäre in diesem Zusammenhang auch die Berücksichtigung der einflussreichen Theorie des geplanten Verhaltens (Ajzen, 1988) möglich gewesen, zumal damit der verbreiteten Kritik hinsichtlich der alleinigen Erfassung von Verhaltensintentionen hätte begegnet werden können.

Verhaltensintentionen werden nach dieser erweiterten Theorie von der (1) Einstellung gegenüber einem spezifischen Verhalten, der (2) subjektiven Norm  (erwartete bzw. wahrgenommene Verhaltensnormen des sozialen Umfeldes) sowie der (3) wahrgenommenen Verhaltenskontrolle (Kontrollüberzeugungen[653]) determiniert.[654] Die Theorie des geplanten Verhaltens erhebt damit den Anspruch, grundlegende Einflussfaktoren überlegter Entscheidungsprozesse zu erfassen.

---

[651] Die Literaturanalysen zeigten, dass ein ausgeprägtes Annäherungsverhalten im Einzelhandelsbereich vielfach über Indikatoren wie Stöbern, Bummeln, Verweilen, Produktinteresse usw. operationalisiert wurde.

[652] Vgl. zur qualitativen Forschungsphase Abschnitt 4.2.2.1 (S. 154ff).

[653] Das Konstrukt der wahrgenommenen Verhaltenskontrolle wird auf zweifache Weise berücksichtigt. Zum einen übt die Verhaltenskontrolle lediglich einen motivationalen Einfluss auf die Verhaltensintention aus, zum anderen besteht ein direkter Einfluss der wahrgenommenen Verhaltenskontrolle auf das Verhalten (vgl. Braunstein, 2001, S. 128ff).

[654] Vgl. Ajzen, 1988, 1991; Gaus, 2006, S. 123.

Die folgende Abbildung veranschaulicht den Zusammehang zwischen den Modellkomponenten der Theorie des geplanten Verhaltens graphisch.

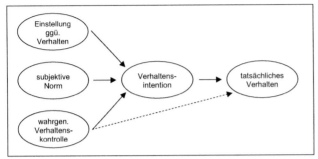

*Abbildung 12:    Theorie des geplanten Verhaltens nach Ajzen (1988)*

Besondere Bedeutung hat dieser aus der Sozialpsychologie stammende Ansatz zur Erklärung des Verhaltens von Individuen beispielsweise im Anwendungsbereich des Umweltschutzes bzw. Umweltbewusstseins erlangt, wo er vielfach empirisch getestet wurde.[655] Gerade in diesem Kontext treten häufig Diskrepanzen zwischen Einstellungen eines Individuums (Umweltbewusstsein) und seinem konkreten Umwelthandeln auf.[656] Besonders relevant werden hier soziale Verhaltenseinflüsse (subjektive Norm), die sich daraus ableiten, dass Konsumenten nicht autonom handeln und entscheiden, sondern sich dabei an ihrer sozialen Umwelt orientieren. Die Theorie des geplanten Verhaltens manifestiert daraus den Einfluss des sozialen Umfeldes einer Person auf Verhaltensintentionen.[657] Dieser Einfluss resultiert der Theorie zufolge aus Überzeugungen bezüglich der Einstellung von für das Individuum wichtiger Dritter im Hinblick auf das jeweilige Verhalten.[658] So konnte in einer Untersuchung von Bamberg/Bien/Schmidt (1995) zur Verkehrsmittelnutzung der Einfluss sozialer Normen auf die Verhaltensintention nachgewiesen werden.

Wie die subjektive Norm resultiert auch die wahrgenommene Verhaltenskontrolle aus bewerteten Überzeugungen in Bezug auf die individuellen Kontrollmöglichkeiten. Je eher ein Individuum glaubt, ein bestimmtes Verhalten tatsächlich ausführen zu können (Fähigkeiten und Ressourcen) und je weniger Hindernisse (Verhaltensbarrieren) antizipiert werden, desto größer ist die wahrgenommene Verhaltenskontrolle. Die Kontrollüberzeugungen können dabei zum einen auf eigenen, vergangenen Erfahrungen beruhen, zum anderen aber auch Informati-

---

[655] Vgl. beispielsweise Bamberg, 1996, S. 40ff; Taylor/Todd, 1997, S. 602ff.
[656] Vgl. Gaus, 2001, S. 18.
[657] Vgl. Ajzen, 1991.
[658] Vgl. Gaus, 2001, S. 18; Braunstein, 2001, S. 110.

onen Dritter beinhalten.[659] Gleichfalls erweist sich vergangenes Verhalten als stabiler Prädiktor zukünftigen Verhaltens. Dies umso mehr, je häufiger ein bestimmtes Verhalten ausgeführt wird und je stabiler der damit in Zusammenhang stehende Kontext ist.[660]

Bezogen auf den Untersuchungsgegenstand, stellt gerade die erlebnisorientierte Umfeldgestaltung von Bankfilialen – in Abhängigkeit persönlicher Prädispositionen – eine Verhaltensbarriere dar, die die Ausführung eines bestimmten Verhaltens (z.b. Besuch von Veranstaltungen in einer Bank) determiniert.

Insgesamt kann die Theorie des geplanten Verhaltens, vor allem aufgrund ihrer in verschiedenen Studien nachgewiesenen Validität[661], als geeignetes Instrument gelten, das Verhalten von Individuen zu erklären. Dennoch soll im Rahmen dieser Arbeit auf dieses umfassendere Messkonzept des Verhaltens verzichtet werden. Dies kann insbesondere damit begründet werden, dass wesentliche Bestimmungsfaktoren, welche auf konkreten Erfahrungen eines Individuums in der jeweiligen Verhaltenssituation beruhen (wahrgenommene Verhaltenskontrolle, soziale Normen), aufgrund des gewählten Untersuchungsdesigns (vgl. Abschnitt 4.2.2, S. 154ff) nicht bei allen Befragten unterstellt werden konnten. Damit war es notwendig, allein auf **Verhaltensabsichten** in einer **gedanklich antizipierten** Situation zurückzugreifen, womit das oben entwickelte Messkonzept inhaltlich gestützt wird.

Zugleich liegen über die Häufigkeit der Beratungsnachfrage Anhaltspunkte in Bezug auf das tatsächliche Verhalten vor. Das Konstrukt der **Beratungsnachfrage** bezieht sich dabei auf die Anzahl der Beratungsgespräche, die ein Kunde durchschnittlich pro Jahr in seiner Bankfiliale wahrnimmt. Die Operationalisierung erfolgte über die Frage:

| Beratungsnachfrage |
| --- |
| Wie häufig  besuchen Sie Ihre Filiale, um sich beraten zu lassen? |
| _____ mal im Jahr **(bitte Zahl eintragen)** |

*Tabelle 11:          Operationalisierung der Beratungsnachfrage*

### 4.1.2   Konzeptualisierung und Operationalisierung modellerweiternder Konstrukte

Um das Modell für die speziellen Anforderungen im Bereich der Finanzdienstleistungen anwendbar zu machen, sind Modifikationen und Erweiterungen des ursprünglichen Verhaltensmodells von Mehrabian/Russell um Variablen, die sich insbesondere für den Untersuchungs-

---

[659] Vgl. Ajzen/Madden, 1986, S. 457; Braunstein, 2001, S. 132.
[660] Vgl. Ouellette/Wood, 1998, S. 70.
[661] Vgl. Ajzen, 1991.

gegenstand als relevant erweisen, erforderlich. Diese resultieren mehrheitlich aus der Annahme überwiegend rational gesteuerten Entscheidungsverhaltens bei vertrauensempfindlichen und beratungsintensiven Dienstleistungen.[662] Im folgenden Abschnitt erfolgt somit schrittweise die Erweiterung des Verhaltensmodells um untersuchungsspezifische Konstrukte.

Gleich dem Vorgehen im vorhergehenden Abschnitt, werden relevante Messansätze verschiedener Studien systematisiert, die für die Konzeptualisierung und Operationalisierung des jeweiligen modellerweiternden Konstruktes von Bedeutung sind und zur Erklärung von Erlebniswirkungen im Finanzdienstleistungsbereich geeignet scheinen. Aus der Herleitung des in Abschnitt 3.4 (S. 99ff) modifizierten umweltpsychologischen Verhaltensmodells ergeben sich die vor allem aus der Perspektive der kognitiven Umweltpsychologie sowie der Konsumentenverhaltensforschung theoretisch begründbaren und abgeleiteten Konstrukte der **Orientierungsfreundlichkeit**, des **bankspezifischen Involvements** sowie der kognitiven Bewertung des **Gesamteindrucks/Gefallens**.

Die nachstehende Abbildung hebt die Konstrukte des erweiterten Modells hervor. Erkenntnisse verschiedener empirischer Untersuchungen, sollen im Folgenden die Konzeptualisierung und Operationalisierung der Konstrukte stützen.

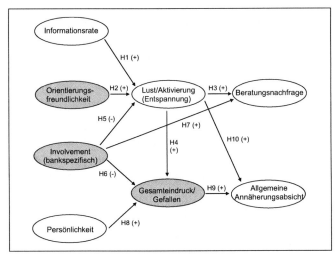

*Abbildung 13:   Modellerweiternde Konstrukte zur Konzeptualisierung und Operationalisierung des Verhaltensmodells im Bereich Finanzdienstleistungen*

---

[662] Vgl. hierzu beispielsweise Schramm, 2002, S. 74f; Swoboda, 1997, S. 62; Süchting/Paul, 1998, S. 620f.

Nachfolgend werden geeignete Messansätze für die modellerweiternden Konstrukte des Verhaltensmodells hergeleitet. Dabei werden vornehmlich umweltpsychologisch motivierte Untersuchungen aufgegriffen, die gleichermaßen für den Bereich des Einzelhandels konzipiert wurden. (Teil-)Aspekte der hier betrachteten Untersuchungen wurden bereits im vorangehenden Abschnitt zur Konzeptualisierung und Operationalisierung der Konstrukte des Grundmodells einbezogen.

### 4.1.2.1  Messmodell für die Orientierungsfreundlichkeit

Die Berücksichtigung des Konstruktes der Orientierungsfreundlichkeit ergibt sich insbesondere aus der Bedeutung rationalen bzw. kognitiv geprägten Entscheidungsverhaltens für Finanzdienstleistungen. In diesem Zusammenhang sind für den Untersuchungsgegenstand vor allem Elemente der kognitiven Umweltpsychologie von Interesse, deren inhaltlicher Schwerpunkt in der Kategorisierung und Strukturierung von Umwelten liegt.[663] Der Bezug zum emotionspsychologischen Ansatz von Mehrabian/Russell (1974) lässt sich über die Neuartigkeit und Komplexität, die erlebnisorientierte Umwelten häufig aufweisen, begründen.

Die Neuartigkeit einer Umgebung hat dabei unter anderem damit zu tun, wie gut die Kunden diese kennen und wie vertraut ihnen die Umgebung ist. Sind Umwelten ungewohnt und wenig vertraut, fühlen sich Individuen darin unsicher. Gleiches gilt für komplexe Umwelten. Im Hinblick auf den Untersuchungsgegenstand ist die Komplexität damit verbunden, wie viel Veränderung sie enthält. Die Umwelt ist somit reizstark und weist eine hohe Informationsrate auf.[664] So ist die verstärkte Aufmerksamkeit, die von neuartigen Umwelten ausgeht, zwar grundsätzlich gewünscht, sollte ein bestimmtes Aktivierungsniveau jedoch nicht überschreiten.[665] Berlyne weist darauf hin, dass kollative[666] Reize, d.h. Reize, die aufgrund ihrer Neuartigkeit und ihres Überraschungsgehaltes, Neugierde und Aufmerksamkeit auslösen, nur dann positive Wirkungen im Sinne einer positiv wahrgenommenen Atmosphäre entfalten, wenn sie in ein Umfeld mit strukturellen Reizen eingebunden sind.[667] Die Orientierungsfreundlichkeit von Umwelten gewinnt in diesem Zusammenhang an Bedeutung. Desaktivierende Reizstrukturen, wie sie über orientierungsfreundliche Umwelten realisiert werden, begünstigen die Reduzierung der wahrgenommenen Komplexität der Umwelt und gleichen übermäßige, emotionale Erregungszustände aus.[668] Mit Blick auf die in Abschnitt 2.3.2.2 (S. 41ff) darge-

---

[663] Vgl. Abschnitt 3.1.3, S. 59ff.
[664] Vgl. Mehrabian, 1978, S. 17f.
[665] Berlyne, 1971, S. 168ff; Bost, 1987, S. 51f; Kroeber-Riel/Weinberg, 2003, S. 78.
[666] Kollative Reize wirken insbesondere aufgrund ihrer Relation zu anderen Reizen bzw. zur Erwartung des Individuums. Damit lösen Umwelten, die neuartig, überraschend oder ungewöhnlich sind, Aktivierung aus (vgl. Bost, 1987, S. 40).
[667] Vgl. Berlyne, 1971, S. 168ff; Gröppel, 1991, S. 118. Strukturelle Reize zeichnen sich durch Vertrautheit, Klarheit und Einfachheit aus und wirken somit desaktivierend (vgl. Berlyne, 1971, S. 168ff).
[668] Vgl. Mehrabian, 1978, S. 18; Bost, 1987, S. 51f.

stellten Besonderheiten von Finanzdienstleistungen erscheint das Konstrukt der Orientierungsfreundlichkeit für die empirische Untersuchung sowohl aus umweltpsychologischer als auch aktivierungstheoretischer Sicht aufschlussreich.

Aus dieser Perspektive ist eine Integration der Orientierungsfreundlichkeit in das modifizierte Verhaltensmodell zu begründen. Mehrabian/Russell (1974) bewerten in ihrer Arbeit die Orientierungsfreundlichkeit zunächst als *theoretische* Grundlage der Entspannungsdimension[669] – verzichten jedoch auf eine explizite Operationalisierung im Modell. Bost (1987) operationalisierte erstmals das Konstrukt für seine Untersuchung zur orientierungsfreundlichen Ladengestaltung in SB-Warenhäusern. Er greift dabei die bei Berlyne ebenfalls nur theoretisch begründete Wirkung desaktivierender Reizstrukturen auf. Bost fasst die Orientierungsfreundlichkeit schließlich als „globale Entspannungsvariable" auf und hebt für Ladenumwelten die parallele Bedeutung von Faszination (hohe Informationsrate) und Struktur (hohe Orientierungsfreundlichkeit) hervor. In seiner empirischen Untersuchung kann Bost die Wirkung von strukturellen Reizen empirisch bestätigen. Das heißt, je positiver die Kunden die Orientierungsfreundlichkeit der Umwelt beurteilen, desto positiver ist die Stimmung der Konsumenten. Die positive Stimmung wird dabei auf Aktivierung abbauende Reize zurückgeführt.[670]

Für die Operationalisierung greift Bost zum einen auf die Forderung Berlynes nach orientierungsfreundlichen und entspannenden Umwelten zurück.[671] Zum anderen integriert er umweltpsychologische Erkenntnisse. In diesem Zusammenhang stehen klar getrennte Warenbereiche, klare Formen der Ladenumwelt sowie eine übersichtliche Angebotsgestaltung im Mittelpunkt. Die folgende Abbildung stellt den Ausgangspunkt Bost's Überlegungen dar, und leitet schließlich die die Orientierungsfreundlichkeit repräsentierenden Indikatoren ab. Die Messung des Konstruktes erfolgt über sieben Items auf einer siebenstufigen Ratingskala. Faktorenanalysen bestätigen die Eindimensionalität des Konstruktes.

---

[669] Dimension Erregung – Nichterregung (Entspannung), vgl. Mehrabian/Russell, 1974.
[670] Vgl. Bost, 1987, S. 51f.
[671] Vgl. Berlyne, 1971, S. 172f; Bost, 1987, S. 101.

| Studie | Zentrale Ergebnisse (theoretisch, empirisch) | | |
|---|---|---|---|
| Berlyne (1971)[672] | Klassifiziert aktivierende und desaktivierende Reize **Aktivierend:** intensive (z.b. Helligkeit, Farben), affektive ( z.b. Musik, Duft), kollative (wirken über Relation/Erwartung) Reize **Desaktivierend:** vertraute, strukturierte Reizkonstellationen | | |
| Mehrabian/Russell (1974) | Orientierungsfreundlichkeit als *theoretische* Grundlage für Entspannung | | |
| Bost (1987) | Leistet erstmals die Operationalisierung des Konstruktes | | |
| | **Messdimension** | **Anzahl repräsentierender Items** | |
| | Orientierungsfreundlichkeit | 7 Items | Klare Form |
| | | | Gute Merkbarkeit |
| | | | Klare Trennung |
| | | | Übersichtlichkeit |
| | | | Weite Sichtbarkeit |
| | | | Nicht verloren |
| | | | Anordnung einfach |

*Tabelle 12:     Systematisierung von Messkonzepten zur Operationalisierung der Orientierungsfreundlichkeit*

Verschiedene umweltpsychologische Arbeiten[673] greifen den Messansatz von Bost für die Operationalisierung des Konstruktes auf, sollen jedoch in diesem Rahmen nicht explizit in die Systematisierung aufgenommen werden.

Aus Abschnitt 3.1.3 (S. 59ff) sowie den vorangehenden Ausführungen zur Systematisierung von Untersuchungen, die sich mit der Bedeutung und Operationalisierung der Orientierungsfreundlichkeit in Umwelten beschäftigen, konnte zunächst die Bedeutung orientierungsfreundlicher Umwelten aufgezeigt werden. Dabei wurde deutlich, dass orientierungsfreundliche Umwelten zur Einkaufsbequemlichkeit und zu einer positiven Wahrnehmung der Ladenatmosphäre beitragen und somit positive Stimmungseinflüsse begründen.[674] Aufgrund der besonderen Anforderungen an orientierungsfreundliche Gestaltungskonzepte in Kreditinstituten, die sich aus der besonderen Vertrauensempfindlichkeit von Finanzdienstleistungen ableitet, ist für die Untersuchung relevant, wie gut bzw. einfach sich die Kunden in der Umwelt zurecht finden, bzw. wie vertraut ihnen die Umgebung insgesamt ist.

Die Orientierungsfreundlichkeit wurde dementsprechend über folgende Indikatoren operationalisiert. Die Messung erfolgte gleichfalls auf einer sechsstufigen bipolaren Ratingskala (+3 bis -3). Die Befragten sollten – gleich dem Vorgehen bei der Erfassung der Informationsrate – die Orientierungsfreundlichkeit der Bankfiliale einschätzen, die sie überwiegend besuchen.

---

[672] Berlynes Arbeit bezieht sich nicht explizit auf Ladenumwelten, sondern er betrachtet Beispiele der experimentellen Ästhetik.
[673] Vgl. beispielsweise Gröppel, 1991, S. 158; Diehl, 2002, S. 193.
[674] Vgl. Bost, 1987; 51f und 101f; Gröppel, 1991, S. 117ff; Diehl, 2002, S. 102f.

| **Orientierungsfreundlichkeit** | | |
|---|---|---|
| (1) Orientierung ist sehr einfach | - | Orientierung ist sehr schwierig |
| (2) Umgebung ist vertraut | - | Umgebung ist ungewohnt |

*Tabelle 13:    Operationalisierung der Orientierungsfreundlichkeit*

## 4.1.2.2 Messmodell für das bankspezifische Involvement

Das bankspezifische Involvement wurde in Abschnitt 3.3 als wesentliche Determinante des Kauf- und Entscheidungsverhaltens von Konsumenten eingeordnet. Im Weiteren sollen wesentliche Messkonzepte, die eine Konzeptualisierung und Operatonalisierung des bankspezifischen Involvements für die vorliegende Arbeit stützen, diskutiert werden.[675] Das Involvement ist ein hypothetisches Konstrukt, das sich einer direkten Messung entzieht. Daher sind geeignete Indikatoren zu entwickeln, deren Ausprägungen das Ausmaß des Involvements anzeigen.[676]

Aufgrund der definitorischen Nähe zum Konstrukt der Aktiviertheit empfehlen sich für die Messung des Involvements insbesondere aktivierungsspezifische Indikatoren.[677] Mit der Annahme, der eigene Zustand der Aktivierung sei für das Individuum bewusst wahrnehmbar und damit artikulierbar, verbindet sich häufig eine verbale Messung der Aktivierung mit Hilfe von Ratingskalen.[678] Die Praxis zeigt jedoch, dass mit dieser Art der Messung immer wieder Probleme verbunden sind, die vor allem in einer Antwortverzerrung aufgrund sozial erwünschter Antworten oder mangelnder Bewusstheit des eigenen Zustandes zu sehen sind.[679] Aus diesem Grund wurden Verfahren entwickelt, die eine Messung des Involvements zum einen über die Auslöser bzw. Ursachen[680] des Involvements und zum anderen über dessen Konsequenzen bzw. Auswirkungen (Verhaltensreaktion, z.B. Blickverhalten)[681] erlauben. Letztere sollen im Rahmen dieser Arbeit aus der Betrachtung ausgeschlossen werden, da sich über beobachtete Verhaltensreaktionen nicht eindeutig auf das dahinter liegende Involvement schließen lässt.[682] Vielmehr ist es Ziel der empirischen Untersuchung, das Involvement als Bestimmungsfaktor des Konsumentenverhaltens zu interpretieren, d.h. aufgrund des Involvements auf bestimmte emotionale bzw. Verhaltensreaktionen zu schließen. Diese Überlegungen verlangen daher

---

[675] Die Grundlage für die Konzeptualisierung und Operationalisierung des Involvementkonstruktes lieferte Krugman (1965). Seine Arbeiten waren im Bereich des Marketing Ausgangspunkt für die umfassende wissenschaftliche Auseinandersetzung mit den Wirkungen des Involvements auf das Konsumentenverhalten.

[676] Vgl. ausführlich zu physiologischen Messverfahren der Aktiviertheit beispielsweise Trommsdorff, 2004, S. 64ff; Kroeber-Riel/Weinberg, 2003, S. 63ff.

[677] Vgl. Trommsdorff, 2004, S. 65

[678] Gleichermaßen sind auch physiologische Verfahren etabliert (vgl. Trommsdorff, 2004, S. 64).

[679] Vgl. Kroeber-Riel/Weinberg, 2003, S. 64; Trommsdorff, 2004, S. 65; Hupp, 1998, S. 35.

[680] Kapferer/Laurent, 1985; Jain/Srinivasan, 1990; Rodgers/Schneider, 1993; Mühlbacher, 1983; Zaichkowsky, 1985; McQuarrie/Munson, 1987.

[681] Vgl. Jeck-Schlottmann, 1988.

[682] Vgl. Park/Mittal, 1985, S. 216. Siehe dazu auch Hupp, 1998, S. 35.

eine Operationalisierung der Ursachen des Involvements. Damit wird letztlich auch der überwiegenden Auffassung der etablierten Involvementmessung gefolgt.

Die überwiegende Zahl der heute eingesetzten Skalen lässt sich auf das Personal Involvement
Inventory (PII) von Zaichkowsky (1985) sowie das Involvement Profile (IP) von Kapfe-
rer/Laurent (1985) zurückführen.[683] Obwohl nahezu zeitgleich entwickelt, liegen den Messan-
sätzen unterschiedliche methodische Vorgehensweisen zugrunde. Eine wesentliche Unterscheidung liegt in der Dimensionalität des Konstruktes. Während Kapferer/Laurent vier bzw.
fünf Dimensionen identifizieren[684], geht Zaichkowsky davon aus, das Involvementkonstrukt
über eine Dimension[685] hinreichend abbilden zu können. Gerade diese Sichtweise führt jedoch
in der Literatur unter methodischen und theoretischen Gesichtspunkten vielfach zu Kritik.[686]
Eine weitere Unterscheidung zwischen beiden Ansätzen liegt zudem bereits in der Definition
des Involvements. Zaichkowsky geht davon aus, dass das Involvement als subjektive, dauerhafte Bedeutung eines Stimulus zu interpretieren ist. Aus dieser (eindimensionalen) Definition leitet Zaichkowsky letztlich auch die Annahme der Eindimensionalität des Instrumentes
ab.[687] Dagegen begreifen Kapferer/Laurent das Involvement als Zustand der Aktivierung, der
gleichfalls über situationsspezifische Faktoren hervorgerufen werden kann – also gleichermaßen zuverlässig über die Auslöser bzw. Ursachen des Involvements erfasst werden kann. Das
Messinstrument berücksichtigt folglich mehrere unabhängige Auslöser (Antezedenten) des
Involvements und genügt damit dem Anspruch der mehrdimensionalen Konzeptualisierung
des Konstruktes.[688] Zudem wurde das Instrument mehrfach empirisch bestätigt und weiterentwickelt.[689]

Zur besseren Übersicht veranschaulicht die folgende Tabelle die von Kapferer/Laurent (1985)
ursprünglich identifizierte Faktorstruktur des Konstruktes und zeigt im Weiteren die Ergebnisse ausgewählter Studien, die das Instrument zu replizieren bzw. zu erweitern suchten.

---

[683] Vgl. Hupp, 1998, S. 37.
[684] Kapferer/Laurent konzeptualisierten die Messung des Konstruktes zunächst mit Hilfe von 5 Dimensionen. In
späteren Untersuchungen zeigen Kapferer/Laurent, dass die Dimensionalität des Konstruktes in Abhängigkeit
der untersuchten Produkte zwischen vier und fünf Faktoren variiert (vgl. Kapferer/Laurent, 1985, 1993).
[685] Vgl. Zaichkowsky, 1985; Matzler, 1997, S. 200ff.
[686] McQuarrie/Munson, 1987; Mittal, 1989; Jain/Srinivasan, 1990. Zu weiterer Kritik am Messinstrument von
Zaichkowsky siehe z.B. McQuarrie/Munson, 1987.
[687] Exploratorische Faktorenanalysen können die Eindimensionalität nicht bestätigen und lassen auf eine mehr-
faktorielle Lösung schließen. Zaichkowsky hält dennoch an der eindimensionalen Lösung fest und begründet
ihre Auffassung mit dem geringen Anteil der erklärten Varianz des zweiten identifizierten Faktors (vgl.
Zaichkowsky, 1985, S. 343f). In einer späteren Überarbeitung ihres Messansatzes berücksichtigt Zaichkowsky gleichfalls zwei Dimensionen eines persönlichkeitsbezogenen Involvements (vgl. Zaichkowsky,
1994, S. 62).
[688] Vgl. Matzler, 1997, S. 203f; Hupp, 1998, S. 37f.
[689] Vgl. die Untersuchungen von Jain/Srinivasan, 1990; Rodgers/Schneider, 1993; Kapferer/Laurent, 1993.

| Kapferer/Laurent (1985) | Jain/Srinivasan (1990) | Schneider/Rodgers (1993) | Kapferer/Laurent (1993) |
|---|---|---|---|
| Faktorstruktur (Consumer Involvement Profile) ↓ | Englische Übersetzung des IP von Kapferer/Laurent (1985); Versuch der Replikation der Faktorstruktur des IP (Kapferer/Laurent), PII (Zaichkowsky) sowie weitere Modifikationen | Die Studie hatte das Ziel die Faktorstruktur des Involvementkonstruktes auf der Grundlage des IP (Kapferer/Laurent) zu analysieren. | In fünf breit angelegten Untersuchungen replizieren Kapferer/Laurent die Ergebnisse ihrer eigenen Studie aus dem Jahr 1985. |
| Anzahl Dimensionen | 5 | 4 | 4(5) |
| **Interest** (Centrality; Importance of the product class) **Pleasure** (Rewarding; Value of the product class) | Beide Auslöser des Involvements laden auf einen Faktor. Zudem wird ein zusätzlicher Faktor – Wichtigkeit – identifiziert. | Konnten nicht als getrennte Faktoren identifiziert werden und wurden daher als ein Faktor bewertet. | Nur in einer der fünf Studien als getrennte Faktoren identifiziert; Kapferer/Laurent widersprechen jedoch einer Zusammenführung beider Dimensionen und zeigen, dass die Dimensionalität des Messinstrumentes in Abhängigkeit der Produktkategorie variiert. |
| **Sign** (Perceived Expressive Value of the product class) | empirisch bestätigt | empirisch bestätigt | empirisch bestätigt |
| **Riskimportance** (Perceived Importance of negative Consequences of a mispurchase) | empirisch bestätigt | empirisch bestätigt | empirisch bestätigt |
| **Riskprobability** (subjective probability of a mispurchase) | empirisch bestätigt | empirisch bestätigt | empirisch bestätigt |

*Tabelle 14:    Empirisch nachgewiesene Faktorstruktur für das Konstrukt des Involvements auf Grundlage des Consumer Involvement Profile von Kapferer/Laurent (1985) – Ergebnisse replizierender Studien*

Die Untersuchungen von Jain/Srinivasan sowie Schneider/Rodgers konnten die Ergebnisse mit einer Einschränkung replizieren. Wie später auch Kapferer/Laurent (1993) selbst, konnten beide Studien lediglich vier Faktoren bestätigen, wobei Jain/Srinivasan einen zusätzlichen Faktor – Wichtigkeit[690] – aufnehmen. Die Faktoren Interesse und Freude/Spaß (pleasure) konnten vielfach nicht als getrennte Faktoren identifiziert werden und wurden demzufolge von einigen Autoren als gemeinsamer Faktor aufgefasst. Die Erkenntnisse der hier aufgeführten späteren Studien[691] stützen die Ergebnisse Kapferer/Laurents weitestgehend und sollen glei-

---

[690] Vgl. Jain/Srinivasan, 1993, S. 594ff.
[691] Eine umfassende Übersicht über anerkannte Instrumente zur Messung des Involvements liefern beispielsweise Matzler, 1997, S. 200ff und Hupp, 1998, S. 36f.

chermaßen in die Überlegungen zur Operationalisierung des bankspezifischen Involvements einfließen.

Auch Zaichkowsky (1994) identifiziert bei der Überarbeitung ihres ursprünglich eindimensionalen Messinstrumentes eine zweite, **emotional** determinierte Dimension ihres zunächst ausschließlich auf die subjektive Wichtigkeit eines Produktes gerichteten Involvement-Ansatzes.[692] Damit wird neben dem insbesondere durch die Arbeiten Kapferer/Laurents bestimmten mehrdimensionalen Messkonzept ein weiterer wesentlicher Involvement-Ansatz geprägt. Die Unterscheidung in eine **emotionale** (affektive) und eine **kognitive** Dimension des Involvements lässt sich maßgeblich auf die Arbeiten von Park/Mittal (1985) zurückführen und wird später in zahlreichen empirischen Untersuchungen aufgegriffen.[693]

Im Zusammenhang mit dem Untersuchungsgegenstand des bankspezifischen Involvements erscheint zunächst die **kognitive Komponente** von besonderem Interesse. Diese repräsentiert das aus funktionalen Überlegungen heraus resultierende Involvement. Die innere Erregung bzw. das gedankliche Engagement beruht damit auf einer „verstandesmäßigen" Zuwendung zum Produkt und kann als kognitiv-rational bezeichnet werden.[694]

Die **emotionale Komponente** des Involvements kann dagegen speziell über persönlichkeitsspezifische Indikatoren erfasst werden. Diese kommen beispielsweise über das Bedürfnis nach emotionaler Ansprache zum Ausdruck.[695]

Anhand theoretischer Überlegungen wurde für Finanzdienstleistungen das **bankspezifische Involvement** als bestimmender Einflussfaktor für emotionale Reaktionen (Aktivierung) auf Reize der Umwelt identifiziert.[696] Aufgrund der Dominanz rationaler Aspekte gilt, je höher das bankspezifische Involvement ist, umso geringer wird die Aktivierung sein, die über die Gestaltung der räumlichen Atmosphäre des Umfeldes erreicht werden kann. Gleichermaßen prägt das bankspezifische Involvement die kognitive Bewertung von Erlebnisbank-Konzepten.

Das bankspezifische Involvement steht für die grundsätzliche, das heißt prädispositionale Bereitschaft, sich mit Bankprodukten auseinander zusetzen. Über dieses Konstrukt kann im Mo-

---

[692] Vgl. Zaichkowsky, 1994, S. 62.
[693] Vgl. Park/Mittal, 1985; Zaichkowsky, 1994. Vgl. dazu auch Jeck-Schlottmann, 1987 und 1988, Mittal, 1987; Kim 1991. Zu einem Überblick vgl. Kanther, 2001, S. 62f.
[694] Vgl. Kanther, 2001, S. 65.
[695] Vgl. Gröppel, 1991; Jeck-Schlottmann, 1987; Park/Mittal, 1985; Steffenhagen, 1996. Emotionale Aspekte werden daher im Rahmen dieser Arbeit nicht über das Konstrukt des bankspezifischen Involvements (kognitiver Aspekt) erfasst, sondern über das gleichfalls im Modell verankerte Persönlichkeitskonstrukt.
[696] Vgl. Abschnitt 3.4 (S. 99ff) zur Ableitung des modifizierten umweltpsychologischen Verhaltensmodells.

dell die **wahrgenommene Wichtigkeit bzw. Bedeutung**, die Bankgeschäften allgemein beigemessen wird, berücksichtigt werden. Insgesamt wird Menschen, die ein hohes Involvement
zeigen, eine hohe Informationsneigung zugeschrieben, für die individuelle Prädispositionen
verantwortlich gemacht werden können.[697] Dem bankspezifischen bzw. Produktinvolvement[698] kommt im Rahmen der Untersuchung
eine wesentliche Bedeutung zu. Das prädispositionale produktbezogene Involvement bezieht
sich dabei zunächst nicht auf ein spezielles Produkt, sondern auf die gesamte Produktklas-
se[699], hier also allgemein auf Finanzdienstleistungen. Für Finanzprodukte nimmt jedoch gleichermaßen das handlungsspezifische (Kauf-)Involvement eine bedeutende Rolle ein. Dieses
ist zeitlich weniger stabil ausgeprägt und liegt insbesondere dann vor, wenn konkrete Entscheidungssituationen für komplexe Bankprodukte (z.B. Altersvorsorge) vorliegen[700]. Das
bankspezifische bzw. Produktinvolvement ist damit sowohl von personen-, produktart- und
situationsspezifischen Einflüssen (Faktoren) abhängig. Die Auffassung, wonach sich das Produktinvolvement – bezogen auf den Untersuchungsgegenstand, das bankspezifische Involvement – zum einen aus dauerhaften, prädispositionalen zum anderen aus situativen, handlungsspezifischen Komponenten zusammensetzt, gewinnt damit an Plausibilität.[701]

Wie Kapferer/Laurent (1985) und zahlreiche weitere Untersuchungen, die auf einem mehrdimensionalen Involvementansatz beruhen[702], empirisch nachweisen konnten, wird das Produktinvolvement maßgeblich von der wahrgenommenen Wichtigkeit bzw. dem Interesse
gegenüber dem Produkt (z.B. gegenüber Bankgeschäften allgemein) bestimmt.[703] Die wahrgenommene Wichtigkeit bzw. das Interesse gelten dabei als Ursachen oder Auslöser des Involvements, das über eine kognitive Auseinandersetzung mit einem bestimmten Produkt oder
einer Dienstleistung zustande kommt. Sie bedingen ein stark kognitiv-rational determiniertes
Informations- und Entscheidungsverhalten, wie es für komplexe Finanzdienstleistungen unterstellt wird.[704] Für den Untersuchungsgegenstand des **bankspezifischen Involvements** ist
aus kognitiver Perspektive zunächst die bei Kapferer/Laurent identifizierte Dimension
„**Wichtigkeit/Interesse**" relevant. Mit der Berücksichtigung dieser **kognitiven Dimension**

---

[697]  Vgl. Kroeber-Riel/Weinberg, 2003, S. 250.
[698]  Das Produktinvolvement steht dabei für das innere Engagement mit dem sich ein Konsument der Produktart
        als Folge der wahrgenommenen subjektiven Wichtigkeit zuwendet (vgl. Kanter, 2001, S. 60).
[699]  Vgl. Bruhn, 2005, S. 450.
[700]  Außerhalb der Entscheidungssituation liegt damit jedoch kein bankspezifisches Interesse vor. Vgl. dazu aus-
        führlich Abschnitt 3.3.2 (S. 89ff).
[701]  Vgl. Kanther, 2001, S. 60.
[702]  Vgl. McQuarrie/Munson, 1987; Jain/Srinivasan, 1990; Schneider/Rodgers, 1993; Hupp 1998; Kapferer,
        1993.
[703]  Vgl. Kapferer/Laurent, 1985, S. 290ff.
[704]  Für komplexe Finanzdienstleistungen kann von einem zielgruppenspezifisch hohen prädispositionalen (dau-
        erhaften) Involvement bzw. von einem handlungsspezifischen (Kauf-)Involvement ausgegangen werden. Sie-
        he dazu auch Abschnitt 3.3.3 (S. 95ff).

des Involvements wird gleichfalls dem Ansatz von Zaichkowsky (1985) gefolgt.[705] Sie konzeptualisierte das Involvementkonstrukt in ihrer ersten Untersuchung (1985) zunächst eindimensional, wobei die **subjektive, dauerhafte Bedeutung** eines Stimulus als zentrale Dimension im Mittelpunkt des Interesses stand. Beide Konzepte sind damit für die Erfassung der **kognitiven Komponente** im Rahmen der empirischen Untersuchung von Bedeutung. Im Folgenden sollen beide Messkonzepte sowie später auf diesen Konzepten aufbauende empirische Untersuchungen, die für die Konzeptualisierung und Operationalisierung des bankspezifischen Involvements relevant sind, systematisiert werden.

| Studie | Messdimensionen | Anzahl repräsentierender Items | |
|---|---|---|---|
| Kapferer/Laurent | Importance | 5 Items | 5stufige Ratingskala |
| (1985) | Pleasure | 3 Items | |
| | Sign | 3 Items | |
| | Risk Importance | 3 Items | |
| | Risk Probability | 2 Items | |

| Messdimension (Kapferer/Laurent, 1985) | Jain/Srinivasan (1990) | Schneider/Rodgers (1993) | Diehl (2002) | Stöhr (1998) |
|---|---|---|---|---|
| Importance | X (+ zusätzlicher Faktor Wichtigkeit) | X | X (2 Items) | X (2 Items) |
| Pleasure | | | | |
| Sign | X | X | jeweils nicht berücksichtigt | jeweils nicht berücksichtigt |
| Risk Importance | X | X | | |
| Risk Probability | X | X | | |

*Tabelle 15:* *Systematisierung von Messkonzepten zur Operationalisierung des bankspezifischen Involvements nach Kapferer/Laurent*

| Studie | Messdimensionen | Anzahl repräsentierender Items | |
|---|---|---|---|
| Zaichkowsky (1985) | Involvement (eindimensional) | 20 Items | 7stufige bipolare Ratingskala |
| Zaichkowsky (1994)[706] | Affective Involvement | 5 Items | 7stufige bipolare Ratingskala |
| | Cognitive Involvement | 5 Items[707] | |

| Messdimensionen (Zaichkowsky, 1994) | Park/Mittal (1985) | Jeck-Schlottmann (1987) | Kroeber-Riel (2003) (theoretisch) | Gröppel (1991) |
|---|---|---|---|---|
| Affective Involvement | X | X | X | X |
| Cognitive Involvement | X | X | X | X |

*Tabelle 16:* *Systematisierung von Messkonzepten zur Operationalisierung des bankspezifischen Involvements nach Zaichkowsky*

---

[705] Vgl. Zaichkowsky, 1985. Die in der späteren Untersuchung von Zaichkowsky, 1994 identifizierte zweite, emotionale Dimension berücksichtigt insbesondere persönlichkeitsspezifische Indikatoren.

[706] Vgl. Zaichkowsky, 1994, S. 62f. Foxall/Pallister, 1998 sowie Aldlaigan/Buttle, 2001 prüfen den Ansatz von Zaichkowsky im finanzwirtschaftlichen Kontext.

[707] Die kognitive Dimension des Involvements wird über folgende Items operationalisiert: important, relevant, valuable, means a lot to me, needed (vgl. Zaichkowsky, 1994, S. 62).

Im Hinblick auf den Untersuchungsgegenstand geht es also darum, die wahrgenommene **Wichtigkeit** bzw. das **Interesse** zu erfassen. Für die Konzeptualisierung und Operationalisierung des bankspezifischen Involvements (kognitive Komponente) scheinen damit die Messkonzepte von Kapferer/Laurent und Zaichkowsky besonders geeignet. In Bezug auf den Anwendungsbereich der Finanzdienstleistungen soll damit insbesondere die Wichtigkeit, die einer Entscheidung beigemessen wird, berücksichtigt werden und führt zu einer eindimensionalen Messung des bankspezifischen Involvements im modifizierten umweltpsychologischen Verhaltensmodell.

Zusammenfassend steht das **bankspezifische Involvement** im modifizierten Verhaltensmodell als Indikator der **kognitiven Komponente** des Involvements. Es kann damit über Indikatoren erfasst werden, die das Interesse und die Wichtigkeit, die ein Kunde seiner Kaufentscheidung beimisst, ausdrücken. Für die Operationalisierung des bankspezifischen Involvements wird deshalb ausschließlich die auch bei Kapferer/Laurent (1985) identifizierte Dimension **Wichtigkeit/Interesse** berücksichtigt. Diese entspricht damit gleichermaßen der kognitiven Dimension bei Zaichkowsky (1985, 1994).

Für das bankspezifische Involvement dürfte dagegen die Dimension Pleasure (Freude/Spaß am Konsumieren des Produktes) wenig relevant sein. Deshalb wird der bei Jain/Srinivasan (1990), Schneider/Rodgers (1993) sowie Kapferer/Laurent (1993) nachgewiesene, gemeinsame Faktor[708] aus den Dimensionen Interesse und Spaß/Freude (pleasure) für diese Arbeit nicht berücksichtigt.[709] Vielmehr kann davon ausgegangen werden, dass die Dimension **Pleasure** stärker emotionale Komponenten enthält, die sich über die Suche und das Bedürfnis nach emotionaler Ansprache, auch in Verbindung mit dem Kauf von Finanzdienstleistungen, ausdrücken. Die Erfassung dieser Dimension erfolgt aus diesem Grunde über das die **emotionale Komponente** des Involvements abbildende Konstrukt der persönlichen Reizaufgeschlossenheit **(Persönlichkeit)**. Auch Kapferer/Laurent (1993) warnen davor, beide Faktoren grundsätzlich zu einer Dimension zusammenzufassen. Vielmehr sei die Unabhängigkeit beider Faktoren produktabhängig, weshalb die Autoren generell die getrennte Berücksichtigung empfehlen.[710]

---

[708] Bei späteren Untersuchungen konnten sowohl Kapferer/Laurent (1993) als auch Schneider/Rodgers (1993); Jain/Srinivasan (1990) die Dimensionen Interest und Pleasure nicht als getrennte Faktoren identifizieren. Diese wurden deshalb als gemeinsamer Faktor berücksichtigt.

[709] Dagegen ist diese gemeinsame Erfassung der Dimensionen Interesse und Pleasure für zahlreiche umweltpsychologische Untersuchungen im Einzelhandel erprobt (vgl. Diehl, 2002, S. 193; Stöhr, 1998, S. 90f und 187f). Kapferer/Laurent (1993) konstatieren, dass die gemeinsame Erfassung beider Faktoren insbesondere produktabhängig ist (vgl. Kapferer/Laurent, 1993, S. 354).

[710] Vgl. Kapferer/Laurent, 1993, S. 353f.

In der vorliegenden Arbeit wird das bankspezifische Involvement schließlich über die Dimension Interesse/Wichtigkeit erfasst und damit die kognitive Perspektive des prädispositionalen bzw. handlungsspezifischen (Kauf-)Involvement im Modell berücksichtigt. Das Involvement wurde dabei über folgende Aussage operationalisiert. Die Messung erfolgte auf einer gleichfalls sechsstufigen Ratingskala (1 – stimme vollkommen zu; 6 – lehne vollkommen ab).

| **Bankspezifisches Involvement** |
|---|
| (1) Bei der Erledigung von Bankgeschäften denke ich an Zinsen und Konditionen. |

*Tabelle 17:*     *Operationalisierung des bankspezifischen Involvements*

Die Berücksichtigung der **emotionalen Perspektive** des Involvements ist hingegen im **Persönlichkeitskonstrukt** verankert. Die Entwicklung eines geeigneten Messkonzeptes wurde bereits im Abschnitt 4.1.1.3 (S. 126ff) vorgenommen.

## 4.1.2.3  Messmodell für den Gesamteindruck/Gefallen

Im Abschnitt 3.2.3 (S. 80ff) wurde die Berücksichtigung des Einflusses von Emotionen auf kognitive Prozesse als wichtiger Erklärungsbaustein in der Konsumentenverhaltensforschung herausgestellt. Für den Untersuchungsgegenstand interessieren insbesondere Einflüsse von Emotionen auf kognitive Informationsverarbeitungs- und Bewertungsprozesse. Im Hinblick auf das Ziel der Untersuchung sind damit vor allem die Arbeiten von Bower (1991) und Clark/Williamson (1989) relevant, wonach sich die aktuelle Stimmung von Individuen auf die Beurteilung von Personen oder Umwelten auswirkt. Auch Wyer/Carlston (1979) konnten nachweisen, dass der eigene emotionale Zustand als Information in die Urteilsbildung eingeht.[711] In Bezug auf den konkreten Untersuchungsgegenstand kann das emotionale Empfinden des Umfeldes eine solche urteilsbildende Information darstellen. Dies kann insbesondere vor dem Hintergrund gesehen werden, dass gerade Finanzdienstleistungen häufig Sucheigenschaften vermissen lassen. Individuen ziehen daher häufig Ersatzkriterien (z.B. das Umfeld oder Mitarbeiter) für die Leistungsbeurteilung[712] eines Kreditinstitutes heran. Darden/Babin (1994) konnten in diesem Zusammenhang den Einfluss emotionaler Reaktionen auf die Wahrnehmung und Bewertung von Dienstleistern zeigen. Individuen weisen demnach aufgrund emotionaler Reaktionen einem Anbieter affektive Bedeutungen zu, welche die Einstellung gegenüber dem Anbieter prägen und eine (emotionale) Differenzierung ermöglichen.[713]

---

[711] Vgl. hierzu auch ausführlich Abschnitt 3.2.3 (S. 80ff).
[712] Ward et al., 1992, S. 195; Baker et al., 1994, S. 328ff; Fisk at al., 2000, S. 105; Baker et al., 2002, S. 122; Wall/Berry, 2001, S. 526. Siehe dazu auch ausführlich Abschnitt 2.3.2.2 (S. 41ff) sowie zu einer Übersicht Reimer, 2004, 18ff.
[713] Vgl. Darden/Babin, 1994, S. 105f.

Für die empirische Untersuchung sind somit Indikatoren relevant, die die Bewertung eines erlebnisorientierten Gestaltungskonzeptes in Kreditinstituten, insbesondere im Vergleich traditioneller Filialbanken, ermöglichen. Das **Konstrukt des Gesamteindrucks bzw. Gefallens** scheint geeignet, die kognitiven Reaktionen im Sinne einer Bewertung der Umwelt zu erfassen. Dabei wird der Gesamteindruck einer Umwelt zum einen durch emotionale Reaktionen auf Umweltreize bestimmt. Zum anderen ist die Beurteilung des Gefallens abhängig von persönlichkeitsbedingten Faktoren (persönliche Reizaufgeschlossenheit und Involvement), die gleichfalls im modifizierten Verhaltensmodell berücksichtigt werden.

Nach Mehrabian (1978) ist eine Umwelt, die Annäherungsverhalten auslöst, eine positive, erwünschte Umwelt, *„die etwas mit Sich-darauf-zu-Bewegen, Erforschen, Freundlichkeit, besserer Leistung und Gefallensäußerungen zu tun hat"*[714].

Nach Diehl, kann eine erlebnisorientierte Umwelt dazu beitragen, bei einem Betrachter angenehme Gefühle hervorzurufen. Ein positiver Gesamteindruck einer Umwelt geht also mit positiven Gefühlsäußerungen einher. Die Umwelt stimmt zufrieden, vergnügt und wird insgesamt als angenehm empfunden. Diehl (2002) setzt diese von Mehrabian/Russell als Lust bezeichnete Emotion in ihrer Arbeit mit einer positiven Umweltbewertung (Gefallen) gleich. Damit wird das Gefallen gleichfalls als emotionale Reaktion auf Reize der Umwelt interpretiert. Insbesondere sieht sie die Aktivierung als ein der Dimension Lust (pleasure = Gefallen) vorgeschalteten Prozess. Emotionen stellen in diesem Sinne zentralnervöse Erregungsmuster dar, die eine kognitive Interpretation durch das Individuum erfordern.[715]

Für die Vorhersage von Verhaltenstendenzen in Banken ist es gleichfalls wesentlich, ob sich ein Kunde in der Umgebung wohl fühlt und ob er sie für geeignet hält, Bankgeschäfte zu erledigen. Dafür sind jedoch insbesondere **kognitive Vergleichs- und Bewertungsprozesse** relevant. Damit interessiert vielmehr die Frage, wie die Eignung eines Erlebnisbank-Konzeptes für Kreditinstitute beurteilt wird und ob aus der Kundenperspektive eine Differenzierung gegenüber anderen Finanzdienstleistern möglich erscheint. Im modifizierten Verhaltensmodell wird damit das Konstrukt des **Gesamteindrucks/Gefallens** weniger als emotionale Reaktion im Sinne der Auffassung von Diehl betrachtet, sondern als **kognitive Reaktionen** (im Sinne von Bewertungsprozessen[716]), die jedoch über emotionale Prozesse beeinflusst werden können. Aus dieser Perspektive begründet sich schließlich auch die Notwendigkeit einer emotionalen Ansprache von Bankkunden, die eine positive Umweltbewertung (Gefallen) unterstützt und positive Gefühle bzw. Stimmungswirkungen hervorruft.

---

[714] Mehrabian, 1978, S. 12.
[715] Vgl. Diehl, 2002, S. 106. Zu kognitiven Einflüssen auf die Emotionsgenese auch Abschnitt 3.2.2.1 (S. 73ff).
[716] Siehe dazu Abschnitt 3.2.3 (S. 80ff).

Die parallele Berücksichtigung emotionaler und kognitiver Reaktionen ist insbesondere im Zusammenhang mit dem Untersuchungsgegenstand der Finanzdienstleistungen von Bedeutung. Dies ist unter anderem damit zu begründen, dass Entscheidungen in diesem Bereich insgesamt stärker rational determiniert sind.[717] Kognitiven Größen kommt damit für die Erklärung von Erlebniswirkungen (aufgrund atmosphärischer Umweltreize) in Kreditinstituten eine besondere Rolle zu. Dementsprechend rücken auch Überlegungen in den Mittelpunkt, die erklären, inwiefern ausgelöste emotionale Reaktionen kognitive Bewertungsprozesse beeinflussen, die ihrerseits wiederum Verhaltensreaktionen bestimmen.

Insgesamt gibt es bisher nur wenige umweltpsychologische Untersuchungen, die das Gefallen der Umwelt als Erklärungsvariable des Verhaltens berücksichtigen. Der Schwerpunkt der Untersuchungen liegt, wie vorn ausführlich dargestellt, in der Analyse des Zusammenhangs zwischen Aspekten der räumlichen bzw. atmosphärischen Gestaltung (Informationsrate) und dem Verhalten von Konsumenten. Relativ wenig Beachtung findet bisher die Frage, welche Wirkungen eine erlebnisorientierte Gestaltung auf die Beurteilung des Leistungsangebotes hat.[718] Diehl (2002) berücksichtigt das Gefallen als emotionale Reaktion. Die Emotion Lust – Unlust (Gefallen) wird als interpretierte Aktiviertheit in das Verhaltensmodell aufgenommen und kommt als Reaktion auf Umgebungsreize zustande. Das Gefallen wird über 2 Items auf einer 5stufigen Ratingskala erfasst.[719] Dagegen betrachtet Gröppel-Klein (1998) den Gesamteindruck als Indikator der Verhaltensreaktion, der gleichfalls durch emotionale Reaktionen hervorgerufen wird. Sie erfasst den Gesamteindruck ebenso auf einer 5stufigen Ratingskala.[720] Auch Terlutter (2000) bezieht in seine umweltpsychologische Untersuchung zum Verhalten in Kulturinstitutionen den Bildungsanspruch als Konstrukt zur kognitiven Beurteilung eines musealen Gestaltungskonzeptes heran. Trifft eine Kulturinstitution den Bildungsanspruch des Besuchers, so sind positive Wirkungen auf dessen Verhaltensabsicht zu erwarten.[721] Die Messung des Konstruktes erfolgt über ein Item, auf einer 5stufigen Ratingskala.[722]

---

[717] Vgl. Schramm, 2002, S. 75.
[718] Vgl. Reimer, 2004, S. 85.
[719] Vgl. Diehl, 2002, S. 106 und 194. Die bei Mehrabian/Russell als Lust (pleasure) bezeichnete Emotion wird bei Diehl mit einer positiven Umweltbewertung gleichgesetzt.
[720] Vgl. Gröppel-Klein, 1998, S. 208.
[721] Vgl. Terlutter, 2000, S. 150f./S. 186 und S. 229.
[722] Vgl. Terlutter, 2000, S. 186 und S. 229.

| Studie | Messdimension | Anzahl repräsentierender Items | |
|--------|---------------|-------------------------------|---|
| Diehl (2002) | Gefallen | 2 Items | Geschäft gefällt |
| | | | Ladenatmosphäre gefällt |
| Gröppel-Klein (1998) | Gesamteindruck | | Geschäft gefällt |
| Terlutter (2000) | Bildungsanspruch | | Trifft das Museum ihren Bildungsanspruch? |

*Tabelle 18:      Systematisierung von Messkonzepten zur Operationalisierung des Gesamteindrucks/Gefallens*

In der empirischen Untersuchung im Rahmen der Arbeit wird ebenfalls ein Gesamturteil eines erlebnisorientierten Gestaltungskonzeptes erfasst. Dieses muss jedoch im Hinblick auf den Untersuchungsgegenstand stärker kognitive Perspektiven berücksichtigen. Wesentlich ist dabei insbesondere der bewertende Vergleichprozess alternativer Gestaltungskonzepte von Bankfilialen, da Erlebnisbank-Konzepte für Kreditinstitute vor allem Differenzierungspotenziale[723] beinhalten, die über eine kognitive Bewertung des Konzeptes messbar werden.

Für die vorliegende empirische Untersuchung war deshalb von besonderem Interesse, ob eine erlebnisorientierte Gestaltung von Bankfilialen geeignet ist, aufgrund einer positiven Umweltbewertung (Gefallen) ein Kreditinstitut gegenüber anderen Anbietern zu differenzieren. Der Gesamteindruck bzw. das Gefallen der Bankfiliale wurde schließlich aufgrund theoretischer Überlegungen in der Untersuchung über folgende zwei Indikatoren auf einer sechsstufigen Ratingskala (1 – stimme vollkommen zu; 6 – lehne vollkommen ab) erfasst.

| Gesamteindruck/Gefallen |
|---|
| (1) Die Filiale ist insgesamt attraktiv. |
| (2) Die Gestaltung ist ein Vorteil gegenüber anderen Kreditinstituten. |

*Tabelle 19:      Operationalisierung des Konstruktes Gesamteindruck/Gefallen*

Mit der Konzeptualisierung und Operationalisierung des modifizierten umweltpsychologischen Verhaltensmodells wurde zunächst das Verhaltensmodell von Mehrabian/Russell aufgenommen. Ergänzende Betrachtungen bereits vorliegender empirischer Arbeiten der emotionalen und kognitiven umweltpsychologischen Forschung sowie Erkenntnisse der Involvement- und Emotionsforschung bilden schließlich den Gesamtrahmen für die Übertragung der Erkenntnisse auf die erlebnisorientierte Gestaltung von Umwelten im Bereich der Finanzdienstleistungen.

---

[723] Vgl. Darden/Babin, 1994, S. 107ff.

Eine zusammenfassende Darstellung aller für die Operationalisierung des für den Anwendungsbereich der Finanzdienstleistungen modifizierten Verhaltensmodells berücksichtigten Items liefert die folgende Übersicht.

| Konstrukt | Indikatoren |
|---|---|
| Informationsrate | - Lebendig<br>- Überraschend<br>- Vielfältig<br>- Abwechslungsreich<br>- Neuartig<br>- Beeindruckend<br>- Interessant |
| Orientierungsfreundlichkeit | - Orientierungsfreundlich<br>- Vertraut |
| Bankspezifisches Involvement | - Denke an Zinsen und Konditionen |
| Persönlichkeit | - Verbindung Banking/Shopping<br>- Nicht nur Geldgeschäfte<br>- Bankuntypische Leistungen |
| Lust/Aktivierung (Entspannung) | - Locker<br>- Gelassen<br>- Heiter |
| Gesamteindruck/Gefallen | - Attraktiv<br>- Vorteil gegenüber anderen Kreditinstituten |
| Beratungsnachfrage | - Häufigkeit der Beratung |
| Allgemeine Annäherungsabsicht | - Besuche Veranstaltungen<br>- Interesse für neue Angebote<br>- Schaue mich um, wenn es etwas Interessantes gibt |

*Tabelle 20:    Zusammenfassung der Operationalisierung der zu prüfenden Konstrukte*

Im Folgenden wird der Untersuchungsgegenstand sowie das Vorgehen der empirischen Untersuchung ausführlich vorgestellt.

## 4.2    Beschreibung des Untersuchungsgegenstandes und des Forschungsdesigns

Zur Prüfung des entwickelten Verhaltensmodells zum Nachweis von Erlebniswirkungen im Bereich der Finanzdienstleistungen werden im Folgenden Ziele und das Vorgehen der empirischen Untersuchung sowie anschließend grundlegende Entscheidungen zur Entwicklung des Forschungsdesigns ausführlich vorgestellt.

## 4.2.1 Ziele und Vorgehensweise der empirischen Untersuchung

Ziel der empirischen Untersuchung ist es, das in Abschnitt 3.4 (S. 99ff) entwickelte modifizierte Verhaltensmodell zum Nachweis von Erlebniswirkungen im Bereich Finanzdienstleistungen einer empirischen Überprüfung zu unterziehen.

Da sich die Konstrukte des Verhaltensmodells einer direkten Messung entziehen, wurden im Vorfeld Messinstrumente entwickelt, auf deren Basis valide[724] und reliable[725] Konstruktmessungen möglich werden. Erst auf dieser Grundlage können die formulierten Beziehungsstrukturen zwischen den Modellkonstrukten empirisch geprüft werden.

Für die Entwicklung geeigneter Messkonzepte zur Erfassung der relevanten Konstrukte des Modells war ein theoriegeleitetes Vorgehen, in Anlehnung an die von Churchill bzw. Homburg/Giering entwickelte Verfahrensweise unerlässlich.[726]

Danach besteht, wie im vorangehenden Abschnitt 4.1 gezeigt, der erste Schritt in der Grobkonzeptualisierung der Modellkonstrukte. Hierfür sind zunächst Literaturauswertungen notwendig. Gleichzeitig kann dieser Schritt durch explorative Untersuchungen in Form inhaltsanalytischer Aufarbeitungen von Interviews oder Gruppendiskussionen begleitet werden, die die Operationalisierung der Messkonzepte stützen. Damit wird insbesondere ein grundlegendes Verständnis für den Untersuchungsgegenstand entwickelt, das die Ableitung und Begründung möglicher Indikatoren für die Konstruktmessung ermöglicht.[727]

Weitere Schritte dienen der Überprüfung und Überarbeitung des entwickelten Messansatzes. Insbesondere Pre-Tests ermöglichen in diesem Zusammenhang zum einen eine Präzisierung der Verständlichkeit von Indikatoren für die Befragten. Zum anderen lassen sich inhaltliche Anhaltspunkte für die Relevanz von Indikatoren für die Konstruktmessung ableiten. Die anschließende Datenerhebung (Durchführung der eigentlichen empirischen Untersuchung) bildet schließlich die Grundlage der Modellprüfung. Dabei werden zunächst eine vorbereitende deskriptive Analyse (Prüfung der Güte der Konstruktmessung anhand geeigneter Kriterien) und anschließend eine kausalanalytische Prüfung des gesamten Modells vorgenommen.[728]

---

[724] Die Validität eines Messinstrumentes gibt an, ob das Messinstrument tatsächlich das misst, das es zu messen vorgibt. Es kann die Inhalts-, die Kriteriums- sowie die Konstruktvalidität unterschieden werden (vgl. Bortz/Döring, 2002, S. 199ff).

[725] Die Reliabilität eines Messinstrumentes stellt ein Maß für die Zuverlässigkeit eines Messinstrumentes dar. Bei wiederholter Messung werden unter sonst gleichen Bedingungen stabile und reproduzierbare Werte erreicht (vgl. Bortz/Döring, 2002, S. 195ff).

[726] Vgl. Homburg/Giering, 1996, S. 5; Churchill, 1979, S. 66.

[727] Vgl. Homburg/Giering, 1996, S. 11f. Die Ergebnisse der explorativen Untersuchung wurden bereits in die Entwicklung der in Abschnitt 4.1 (S. 107ff) hergeleiteten Messkonzepte integriert.

[728] Siehe dazu ausführlich das Vorgehen von Homburg/Giering, 1996, S. 12.

## 4.2.2 Erläuterung und Begründung des Forschungsdesigns

Für die Prüfung des modifizierten umweltpsychologischen Verhaltensmodells soll nachfolgend das Vorgehen der empirischen Untersuchung vorgestellt werden.

In Anlehnung an die von Homburg/Giering (1996) empfohlene Vorgehensweise zur Konzeptualisierung und Operationalisierung von Modellkonstrukten wird der Erhebung ein zweistufiges Forschungsdesign zugrunde gelegt. Dabei steht zunächst eine explorative Untersuchung im Mittelpunkt.

### 4.2.2.1 Explorative Datenerhebung

Da es sich insgesamt um neue, im Bereich Finanzdienstleistungen noch relativ unerforschte Fragestellungen handelt, eignen sich zunächst qualitative Messinstrumente, um den Untersuchungsgegenstand umfassend abbilden und konkretisieren zu können. Entsprechend der Zielstellung explorativer Forschung[729], diente die qualitative Datenerhebung insbesondere der Ableitung von Indikatoren, die eine Operationalisierung untersuchungsspezifischer Modellbestandteile stützen. Damit bildete die qualitative Forschung eine entscheidende Grundlage für die Entwicklung von Messkonzepten, der Konzeption der quantitativen Erhebung sowie der anschließenden kausalanalytischen Modellprüfung.

Im konkreten Fall kamen Einzelinterviews und Gruppendiskussionen zum Einsatz, da bei diesem Instrument umfangreiche Freiheitsgrade zur Erfassung problemrelevanter Inhalte zur Verfügung stehen.[730] Durch die besondere Beschreibung des Untersuchungsfeldes mittels qualitativer Methoden wird es in weiteren Forschungsschritten möglich, Hypothesen zu entwickeln und zu erhebende Konstrukte zu operationalisieren.

In der Sozialforschung hat sich eine Vielzahl unterschiedlicher Interviewformen herausgebildet. Grundsätzlich lassen sich drei Formen qualitativer Interviews beschreiben, die Eingang in die qualitative Marktforschungspraxis gefunden haben.[731] Im Einzelnen sind das explorative Interviews, (psychologische) Tiefeninterviews und fokussierte Interviews. Innerhalb der explorativen Interviewtechnik können wiederum narrative und problemzentrierte Interviews differenziert werden. Teilweise werden Tiefeninterviews auch als explorative Interviews verstanden. Dennoch ist im Hinblick auf den Untersuchungsinhalt häufig eine Unterscheidung gegeben. So richten sich explorative Interviews stärker auf eine umfassende Sammlung the-

---

[729] Vgl. Kepper, 1996, S. 133ff.
[730] Vgl. Kepper, 1996, S. 34.
[731] Vgl. hierzu ausführlich beispielsweise Kepper, 1996, S. 37ff; Lamnek, 1995, S. 68ff.

menbezogener, subjektiv relevanter Informationen und Einstellungen. Demgegenüber ist es das Ziel von Tiefeninterviews, tiefer liegende Bewusstseinsstrukturen zu analysieren.[732]

Für die im Rahmen der empirischen Untersuchung durchgeführten Einzelinterviews wurden explorative Interviews durchgeführt, die zusätzlich durch einen Leitfaden gestützt wurden, um alle problemrelevanten Aspekte vollständig zu erfassen. Konkret orientierten sich die Interviews am Vorgehen des problemzentrierten Interviews, dessen Methodik auf Witzel[733] zurückgeht. Zu beachten ist bei dieser Interviewform ist, dass theoretisch-wissenschaftliche Vorkenntnisse[734] des Forschers bereits in die qualitative Erhebungsphase einfließen. Je konkreter sich der Untersuchungsgegenstand dabei einengen lässt, desto sinnvoller ist die Unterstützung durch einen Interviewleitfaden. Auf diese Weise wird durch offene Fragestellungen der interessierende Problembereich eingegrenzt und dem Interviewten als erzählgenerierender Stimulus angeboten. Zentrales Prinzip dieser Technik ist im Gegensatz zu freieren Interviewformen das aktive gezielte Nachfragen, um Einstellungen und Zusammenhänge nachvollziehbar zu machen.[735] Der Leitfaden kann während des Interviews das Gespräch lenken, hat aber vor allem die Funktion einer Checkliste.[736] Insofern sind situations- bzw. personenspezifische Anpassungen möglich und sinnvoll.

In einem weiteren Schritt wurden aufbauend auf den Aussagen und Ergebnissen der Interviews Gruppendiskussionen durchgeführt, wobei insbesondere der Nutzen gruppendynamischer Effekte angestrebt wurde. Gruppendiskussionen begünstigen eine vielschichtige und intensive Themenanalyse, da Einstellungen und Nutzenerwartungen anderer von Diskussionsteilnehmern als Stimuli aufgegriffen und weiterentwickelt werden.[737]

Die qualitative Forschungsphase fand im Zeitraum von August – Oktober 2000 in insgesamt acht verschiedenen Kreditinstituten statt, die jeweils dem Anspruch des unterschiedlichen Ausmaßes der Realisierung von Erlebnisbank-Konzepten gerecht wurden.

Neben der Gewinnung von Indikatoren zur Operationalisierung untersuchungsspezifischer Konstrukte war es auch Ziel dieser qualitativen Forschungsphase, erste Erkenntnisse hinsichtlich Einstellungen und Nutzenerwartungen sowie tatsächlichem Verhalten bzw. Verhaltensab-

---

[732] Vgl. Kepper, 1996, S. 41f.
[733] Vgl. Witzel, 1982.
[734] Diese können aus einem Literaturstudium, Experteninterviews bzw. einem Alltagsverständnis in Bezug auf den Untersuchungsgegenstand resultieren (vgl. Lamnek, 1995, S. 75).
[735] Vgl. Lamnek, 1995, S. 76.
[736] Vgl. Witzel, 1982, S. 236; Lamnek, 1995, S. 77.
[737] Vgl. Kepper, 1996, S. 77.

sichten[738] in Bezug zum Untersuchungsgegenstand erlebnisorientierter Gestaltungskonzepte im Finanzdienstleistungsbereich zu gewinnen und damit zugleich das Forschungsfeld in seiner Gesamtheit zu erfassen und zu beschreiben.

Überdies diente die qualitative Forschungsphase dazu, konkrete Gestaltungsvorschläge für erlebnisorientierte Filialkonzepte zu entwickeln. Unter anderem konnte damit auch ein Ideenpool für die Integration überwiegend bankfremder Zusatzleistungen generiert werden, der für die Kreditinstitute in einen Handlungsleitfaden zur Entwicklung von Erlebnisbank-Konzepten überführt werden konnte.[739]

Die Interviews und Gruppendiskussionen wurden vollständig auf Tonband aufgezeichnet und wörtlich transkribiert. Die Auswertung erfolgte mit Hilfe qualitativer Auswertungsmethoden in Anlehnung an das Verfahren der „qualitativen Inhaltsanalyse" nach Mayring.[740]

### 4.2.2.2  Quantitative Datenerhebung

Im Folgenden wird ein Überblick über die sich anschließende quantitative Datenerhebung gegeben. Sie diente der kausalanalytischen Prüfung des im theoretischen Teil der Arbeit entwickelten umweltpsychologischen Verhaltensmodells zur Prüfung von Erlebniswirkungen erlebnisorientierter Gestaltungskonzepte in Banken.

Die Durchführung der Erhebung erfolgte in Form einer schriftlichen Befragung[741] unter Verwendung eines standardisierten Fragebogens. Bei der Entwicklung des Erhebungsinstrumentes wurden insbesondere aus Gründen einer besseren Vergleichbarkeit und Auswertbarkeit weitgehend geschlossene Fragen eingesetzt. Die Messung erfolgte auf 6stufigen Ratingskalen.

Die schriftliche Befragung der insgesamt 4.000 Kunden zwischen 18 und 70 Jahren fand im Zeitraum von August bis Oktober 2001 in drei verschiedenen Kreditinstituten statt. Kern des Erhebungsdesigns war eine bewusste Selektion der teilnehmenden Institute in Bezug auf das bereits realisierte Ausmaß der Umsetzung von Erlebnisstrategien. Berücksichtigt wurden Institute mit bereits implementierten Erlebnisbank-Konzepten bzw. „klassische" Filialen, die moderne, jedoch traditionell-banktypische Gestaltungskonzepte umsetzen.

Zum einen wurden Kunden involviert, die aufgrund bereits realisierter erlebnisorientierter Pilotprojekte persönliche Erfahrungen im Umgang mit neuen, erlebnisorientierten Gestal-

---

[738] Vgl. zur Diskussion der Erfassung von tatsächlichem Verhalten bzw. Verhaltensabsichten im Rahmen des umweltpsychologischen Verhaltensmodells Abschnitt 3.1.4.1, S. 61ff.

[739] Ergänzend hierzu wurde ein Kreativ-Workshop zur Gewinnung von Gestaltungsparametern von Erlebnisbanken durchgeführt. Dieser diente dazu, die Ergebnisse der zunächst qualitativ gewonnenen Erkenntnisse in Bezug auf das Forschungsfeld durch gestalterische Elemente zu stützen.

[740] Zum Vorgehen der qualitativen Inhaltsanalyse vgl. ausführlich Mayring, 1990.

[741] Zu Problemen einer schriftlichen Befragung vgl. beispielsweise Hüttner, 1997, S. 70ff.

tungskonzepten sammeln konnten. Zum anderen waren Kunden beteiligt, deren Filialkonzepte modern, jedoch klassisch banktypisch anmuteten. Die Berücksichtigung des Erfahrungshintergrundes der Probanden durch getrennte Stichproben erschien insbesondere auch deshalb sinnvoll, um Akzeptanzzuwächse bzw. Gewöhnungseffekte[742] durch direkte Erfahrungen und Nutzung eines erlebnisorientierten Gestaltungskonzeptes in Kreditinstituten nachweisen zu können.

Um insbesondere die Befragten, die ausschließlich klassische Filialkonzepte kennen, auf die Thematik einzustimmen, musste eingangs des Fragebogens eine fiktive Beschreibung eines Erlebnisbank-Konzeptes erfolgen. Dies war unter anderem deshalb erforderlich, um zusätzlich zur kausalanalytischen Prüfung des entwickelten Verhaltensmodells für den Finanzdienstleistungsbereich gleichermaßen Gestaltungsparameter für künftige Erlebnisbank-Konzepte zu erfassen und konkrete Handlungs- bzw. Gestaltungsempfehlungen für Kreditinstitute ableiten zu können.

### 4.2.2.3 Entwicklung und Beschreibung zweier Gestaltungskonzepte

Für die Bewertung der Wirkung von Erlebnisbank-Konzepten stellen die Wahrnehmung und Akzeptanz solcher Entwürfe durch den Kunden eine Kernfrage dar. Besonders aufschlussreich ist der direkte Einfluss der Gesamtatmosphäre (Informationsrate) einer Filiale auf die emotionalen und kognitiven Reaktionen. Die Wirkung der Gesamtatmosphäre (Basisatmosphäre) kann als Grundlage emotionalen Erlebens durch Ereignisse auf aktiver Ebene (z.B. bankfremde Zusatzangebote oder Events) weiter verstärkt werden.

Im Folgenden sollen die sowohl der qualitativen als auch der quantitativen Untersuchung zugrunde liegenden Gestaltungskonzepte von Bankfilialen näher beschrieben werden. Der Vergleich beider Konzepte zeigt, dass die Umsetzung eines Erlebniskonzeptes nicht banktypisch gestaltet sein muss. Vielmehr offene und emotional anmutende Konzeptionen ihre Berechtigung haben und ein modernes und lebendiges Image transportieren können.

Im Rahmen der empirischen Untersuchung wurden in der Teilstichprobe der „klassischen" Filialkonzepte zunächst moderne Filialen mit traditioneller Funktionalität, das heißt mit klar abgetrennten Selbstbedienungs-, Kassen-, Service- und Beratungsbereichen, die mehrheitlich durch eine eher kühle und rational-banktypische Basisatmosphäre geprägt waren, berücksichtigt. Erste Erfahrungen lagen bei den Kunden in Bezug auf die räumliche Neugestaltung vor. Dies betraf zumeist neue Beratungs- und Kontaktaufnahmesituationen durch Beratungsinseln.

---

[742] Die Erkenntnisse der qualitativen Untersuchung stützen diese Annahme.

Beispielhaft zeigt die folgende Abbildung, ein Gestaltungskonzept für „klassische" Bankfilialen.

*Abbildung 14:     Beispiel eines „klassischen" Filialkonzeptes*
Quelle: Selecta GmbH, Arnsberg

Dagegen wurden bei den beteiligten Erlebnisbanken bereits ganz bewusst erlebnisorientierte Komponenten integriert. Die in der Teilstichprobe „Erlebnisbanken" interviewten und schriftlich befragten Kunden, konnten umfangreiche Erfahrungen mit unterschiedlichen Erlebnisbank-Konzepten sammeln. Die realisierten Projekte unterschieden sich dabei deutlich von traditionellen Filialbanken, wie sie oben beschrieben wurden. Die Konzepte reichten dabei von Bankshops[743] bis hin zu Bankfilialen, die neben einer unkonventionellen räumlich-atmosphärischen Gestaltung in ein attraktives Einzelhandels- bzw. gastronomisches Umfeld eingebunden wurden. Wesentlich ist hier die breite Umsetzung verschiedener Ebenen und Dimensionen der Erlebnisorientierung.[744] Kern dieses Gestaltungskonzeptes ist, die Grenzen zwischen Selbstbedienungs-, Service- und Beratungszonen fließend zu gestalten und dadurch Offenheit und Transparenz in die Filialen zu tragen, gleichzeitig jedoch die erforderliche Diskretion nicht außer Acht zu lassen. Die durch Tresen und Kassenschalter wahrgenommene Distanz zwischen Kunden und Mitarbeitern wird durch offene Gestaltungselemente und Betreuungsinseln aufgebrochen. Beispielhaft zeigt die folgende Abbildung einen Entwurf eines Erlebnisbank-Konzeptes, der den Befragten so auch zur fiktiven Beschreibung erlebnisorientierter Gestaltungskonzepte im Fragebogen vorgelegt wurde.

---

[743] Vgl. zu diesem Konzept beispielsweise Rogowski, 2002.
[744] Siehe dazu auch Abschnitt 2.3.3.2 (S. 51ff).

*Abbildung 15:*     *Beispiel eines (fiktiven) Erlebnisbank-Konzeptes*
Quelle: Selecta GmbH, Arnsberg

Die Analyse der Erlebniswirkungen beider Konzepte ist Ziel der empirischen Untersuchung. Zentral für die kausalanalytische Modellprüfung war dabei, dass jeweils die von den befragten Bankkunden **überwiegend genutzte Bankfiliale**[745] den **Gegenstand der Befragung** bildete.

Abschließend soll darauf hingewiesen werden, dass das quantitative Erhebungsinstrument im Vorfeld der eigentlichen Befragung einem Pretest unterzogen wurde. Am Pretest waren zwei Kreditinstitute beteiligt, die gleichermaßen die erforderliche Ausprägung der Gestaltungskonzepte aufwiesen. Das Ziel des Pretests bestand zum einen darin, die Anwendbarkeit des Untersuchungsdesigns für das Untersuchungsziel zu testen. Dabei standen die Akzeptanz und die Verständlichkeit des Fragebogens im Mittelpunkt. Zum anderen diente der Pretest dazu, die Operationalisierung der einzelnen Modellkonstrukte zu fundieren.[746]

---

[745] Je nach teilnehmendem Institut mit einem klassischen bzw. erlebnisorientierten Gestaltungskonzept.
[746] Die Ergebnisse des Pretests werden im Rahmen der Arbeit nicht ausführlich dargestellt. Vielmehr fließen die Erkenntnisse direkt in die Entwicklung der Messmodelle ein.

## 4.3 Empirische Modellprüfung

### 4.3.1 Beschreibung der Stichprobe

Die der empirischen Untersuchung zugrunde liegende Stichprobe setzt sich aus den beiden Teilstichproben der „klassisch" gestalteten Bankfilialen und der Erlebnisbank-Filialen zusammen. Wir vorn bereits kurz dargestellt (vgl. Abschnitt 4.2.2.2; S. 156ff) war Kern des zweistufigen Forschungsdesigns die Selektion der teilnehmenden Kreditinstitute in Bezug auf das bereits realisierte Ausmaß der Umsetzung erlebnisorientierter Gestaltungskonzepte.

Insgesamt wurden im Rahmen der quantitativen Erhebung 4.000 Kunden aus drei verschiedenen Kreditinstituten schriftlich befragt, wobei in einem der Institute bereits ein Erlebnisbank-Konzept realisiert war. Hierfür bleibt zu erwähnen, dass die befragten Kunden ausschließlich Kunden dieser neuen Filiale waren. Dies war für die Befragung wichtig, um zu gewährleisten, dass die Kunden das Konzept kennen und aus eigener Erfahrung heraus bewerten können. Demgegenüber wurde bei beiden Kreditinstituten, die „klassische" Filialkonzepte umsetzen, eine Gesamtstichprobe aus allen Filialen gezogen, da alle Filialen eine ähnlich moderne Gestaltung im banktypischen Stil aufweisen.

Von 4.000 versandten Fragebögen, konnten 451 in die Auswertung eingehen. Das entspricht einer Stichprobenausschöpfung von 11,3 Prozent. Die folgende Abbildung zeigt die Verteilung soziodemographischer Merkmale innerhalb der Stichprobe.

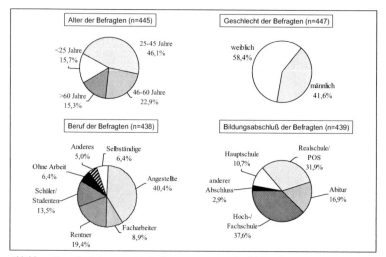

*Abbildung 16:  Soziodemographische Zusammensetzung der Stichprobe*

## 4.3.2 Ergebnisse der vorbereitenden Überprüfung der Messmodelle

Bevor eine kausalanalytische Prüfung vorgenommen wird, erfolgt eine Prüfung der Messmodelle mit Hilfe der Item-Gesamtwert-Korrelationsanalyse, des Cronbachschen Alpha sowie explorativer Faktorenanalysen.[747] Anhand dieser drei Kriterien soll sichergestellt werden, dass die für die Operationalisierung der latenten Konstrukte eingesetzten Indikatoren die Konstrukte auch tatsächlich repräsentieren.

### 4.3.2.1 Ergebnisse der Item-Gesamtwert-Korrelationsanalyse

Die Item-Gesamtwert-Korrelationsanalyse ermöglicht zu untersuchen, wie zuverlässig die Indikatoren die hinter ihnen stehenden Konstrukte messen. Die Item to Total-Korrelation eines Indikators entspricht dabei der Korrelation dieses Indikators mit dem Summenwert aller Indikatoren des Konstruktes. Ist diese Korrelation ausreichend hoch, kann davon ausgegangen werden, dass die Indikatorengruppe eine gute Schätzung für das jeweilige Konstrukt darstellt. Damit kann die Item-Gesamtwert-Korrelation auch als geeignetes Eliminationskriterium herangezogen werden, wobei der Indikator mit der niedrigsten Item to Total-Korrelation aus der Konstruktmessung zu entfernen ist.[748] Als Grenzwert anhand dessen eine Elimination aus der Indikatorengruppe empfohlen wird, gilt $r_i \leq 0,5$.[749]

Mit dem im Rahmen der Item-Gesamtwert-Korrelationsanalyse ebenfalls ermittelten Cronbachschen Alpha kann zusätzlich die Reliabilität einer Gruppe von Indikatoren, die einen Faktor messen, bestimmt werden. Es ist ein Maß für die interne Konsistenz der Indikatoren. Für die Reliabilität gilt ein Schwellenwert von $\alpha \geq 0,7$.[750]

Im Folgenden sollen die Ergebnisse der Item-Gesamtwert-Korrelationsanalyse für die einzelnen Konstrukte des modifizierten umweltpsychologischen Verhaltensmodells dargestellt werden. Zur besseren Übersichtlichkeit zeigt Abbildung 17 nochmals das zugrunde liegende Modell.

---

[747] Zum Vorgehen siehe ausführlich Homburg/Gierung, 1996, S. 8f.
[748] Vgl. Homburg/Giering, 1996, S. 8; Churchill, 1979, S. 68.
[749] Vgl. Bauer, 1986, S. 237.
[750] Vgl. Homburg/Giering, 1996, S. 8.

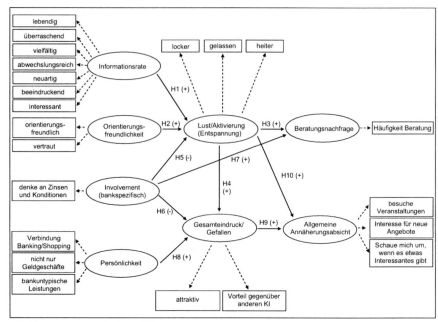

*Abbildung 17:* Zu prüfendes modifiziertes umweltpsychologisches Verhaltensmodell im Bereich Finanzdienstleistungen

## Messmodell für die Informationsrate

Für die Messung der Informationsrate wurde die vielfach empirisch geprüfte Operationalisierung von Mehrabian/Russell[751] und insbesondere Bost[752] angewendet.

Betrachtet man die Ergebnisse der Item-Gesamtwert-Korrelationsanalyse, so können für das
Konstrukt der Informationsrate sehr gute Ergebnisse dokumentiert werden. Alle Indikatoren
erreichen für die Korrelationen weit über dem Grenzwert von 0,5 liegende Werte, so dass eine
Elimination von Items nicht erforderlich ist. Alle sieben Indikatoren gemeinsam erreichen für
die Reliabilität einen mit α = 0,88 hervorragenden Wert.

---

[751] Vgl. Mehrabian/Russell, 1974.
[752] Vgl. Bost, 1987.

```
R E L I A B I L I T Y   A N A L Y S I S   -   S C A L E   (A L P H A)


   1.      F_8_7_1           lebendig
   2.      F_8_6_1           überraschend
   3.      F_8_9_1           vielfältig
   4.      F_8_8_1           abwechslungsreich
   5.      F_8_10_1          neuartig
   6.      F_8_13_1          beeindruckend
   7.      F_8_12_1          interessant


Item-total Statistics

                    Corrected
                    Item-            Alpha
                    Total            if Item
                    Correlation      Deleted

F_8_7_1             ,6152            ,8633
F_8_6_1             ,5968            ,8655
F_8_9_1             ,7319            ,8479
F_8_8_1             ,7127            ,8514
F_8_10_1            ,5704            ,8693
F_8_13_1            ,6879            ,8539
F_8_12_1            ,6868            ,8541


Reliability Coefficients
N of Cases =      451,0                    N of Items =   7
Alpha =      ,8759
```

*Abbildung 18:     Item-Gesamtwert-Korrelationsanalyse für das Messmodell der Informationsrate*

## Messmodell für die Orientierungsfreundlichkeit

Für das Konstrukt der Orientierungsfreundlichkeit erfolgte die Operationalisierung mit den beiden Indikatoren „orientierungsfreundlich" und „vertraut". Auch hier weisen die Korrelationen gute Werte oberhalb des definierten Schwellenwertes auf. Gleichsam liegt Cronbachs Alpha mit 0,72 über dem geforderten Wert, so dass insgesamt von einer reliablen Messung des Konstruktes ausgegangen werden kann.

```
R E L I A B I L I T Y     A N A L Y S I S     -     S C A L E     (A L P H A)


    1.      F_8_16_1           orientierungsfreundlich
    2.      F_8_11_1           vertraut


Item-total Statistics

                   Corrected
                     Item-            Alpha
                     Total            if Item
                   Correlation        Deleted

F_8_16_1             ,5629                .
F_8_11_1             ,5629                .


Reliability Coefficients
N of Cases =        451,0                      N of Items =   2
Alpha =         ,7203
```

*Abbildung 19:      Item-Gesamtwert-Korrelationsanalyse für das Messmodell der Orientierungsfreundlichkeit*

**Messmodell für das bankspezifische Involvement**

Das Konstrukt des bankspezifischen Involvements wurde im Modell mit einem Indikator (denke ich an Zinsen und Konditionen) erhoben. Daher sind keine Aussagen bezüglich der Korrelationswerte des Konstruktes mit Hilfe der Item-Gesamtwert-Korrelationsanalyse möglich. Auch der Reliabilitätswert Alpha kann nicht zur Überprüfung der Messung herangezogen werden.

**Messmodell für die Persönlichkeit (persönliche Reizaufgeschlossenheit)**

Die durch persönlichkeitsbedingte Prädispositionen unterschiedliche Wahrnehmung bzw. Bewertung verschiedener Reizkonstellationen der Umwelt stellt eine der Grundaussagen des umweltpsychologischen Verhaltensmodells von Mehrabian/Russell (1974) dar. Im Rahmen dieser Arbeit war interessant, wie Individuen ihre persönliche Aufgeschlossenheit gegenüber bankuntypischen Angeboten (erlebnisorientierte Gestaltung) in Banken selbst einschätzen. Im Modell wurde die „Persönlichkeit" über drei persönlichkeitsbezogene Aussagen erhoben. Die Werte der Item-Gesamtwert-Korrelationsanalyse und des Cronbachschen Alpha erreichen auch für dieses Messmodell mit $r_i \geq 0{,}5$ und $\alpha = 0{,}79$ gute Werte, so dass eine reliable Messung vorliegt.

```
R E L I A B I L I T Y    A N A L Y S I S   -   S C A L E   (A L P H A)

    1.   F_10_4_1          Verbindung Banking/Shopping
    2.   F_10_1_3          nicht nur Geldgeschäfte
    3.   F_10_2_1          bankuntypische Leistungen

Item-total Statistics

                   Corrected
                   Item-            Alpha
                   Total            if Item
                   Correlation      Deleted

F_10_4_1              ,7006           ,6414
F_10_1_3              ,5623           ,7925
F_10_2_1              ,6610           ,6855

Reliability Coefficients
N of Cases =       451,0               N of Items =   3
Alpha =     ,7912
```

*Abbildung 20:    Item-Gesamtwert-Korrelationsanalyse für das Messmodell der Persönlichkeit*

**Messmodell für die Emotionale Reaktion**

Die Dimension Lust/Aktivierung (Entspannung) wurde in Anlehnung an Mehrabian/Russell (1974) und die späteren Untersuchungen von Russell/Pratt (1980), Bost (1987) sowie Gröppel-Klein (1998) mit drei Indikatoren operationalisiert. Die Ergebnisse der Item-Gesamtwert-Korrelationsanalyse belegen auch hier eine zuverlässige Messung des Konstruktes. Sowohl die Werte für die Korrelation als auch Cronbachs Alpha ($\alpha = 0{,}78$) können überzeugen.

```
R E L I A B I L I T Y    A N A L Y S I S   -   S C A L E   (A L P H A)

    1.   F_8_1_1          locker
    2.   F_8_4_1          gelassen
    3.   F_8_5_1          heiter

Item-total Statistics

                   Corrected
                   Item-            Alpha
                   Total            if Item
                   Correlation      Deleted

F_8_1_1              ,5779           ,7360
F_8_4_1              ,6512           ,6578
F_8_5_1              ,6106           ,7008

Reliability Coefficients
N of Cases =       451,0               N of Items =   3
Alpha =     ,7764
```

*Abbildung 21:    Item-Gesamtwert-Korrelationsanalyse für das Messmodell Lust/Aktivierung (Entspannung)*

## Messmodell für Gesamteindruck/Gefallen

Der Gesamteindruck/Gefallen einer bankuntypischen Filialgestaltung wurde durch zwei Fragen operationalisiert. Gerade im Finanzdienstleistungsbereich ist die Bewertung des Gesamteindrucks bzw. des Gefallens mit einem relativ hohen Anteil an kognitiven Reaktionen verbunden, da die Bewertung immer im Hinblick auf die Eignung des Konzeptes zur Erledigung von Bankgeschäften erfolgt. Daher wurde bei der Operationalisierung sowohl die Bewertung der Attraktivität als auch ein subjektiver Vergleich mit anderen Filialkonzepten herangezogen. Auch hier sprechen die Ergebnisse der Korrelationsanalyse für eine gute Messung des Konstruktes. Beide Korrelationen liegen oberhalb des Grenzwertes. Cronbachs Alpha erreicht mit $\alpha = 0,75$ ebenfalls einen guten Wert. Eine zuverlässige Messung des Konstruktes über beide Indikatoren ist somit gegeben.

```
R E L I A B I L I T Y    A N A L Y S I S   -   S C A L E   (A L P H A)


   1.      F_26_1_1        Attraktivität
   2.      F_26_3_1        Vorteil gegenüber anderen KI


Item-total Statistics


                    Corrected
                    Item-          Alpha
                    Total          if Item
                    Correlation    Deleted

F_26_1_1            ,5985           .
F_26_3_1            ,5985           .


Reliability Coefficients
N of Cases =     451,0                    N of Items =   2
Alpha =     ,7488
```

*Abbildung 22:*    *Item-Gesamtwert-Korrelationsanalyse für das Messmodell Gesamteindruck/Gefallen*

## Messmodell für die Beratungsnachfrage

Das Annäherungs- bzw. Meidungsverhalten kann durch sehr unterschiedliche situationsspezifische Verhaltensweisen zum Ausdruck kommen. Insbesondere zeigt es sich im Erkundungs- bzw. Suchverhalten, der Verweildauer oder Informationsnachfrage.[753] Im Bereich der Finanzdienstleistungen besonders relevant ist die tatsächliche Beratungsnachfrage. Das heißt: Wie oft im Jahr lassen Sie sich von Ihrem Betreuer beraten? Da die Beratungsnachfrage lediglich mit einem Indikator operationalisiert wird, kann keine Bestimmung der Korrelationswerte bzw. des Cronbachschen Alpha erfolgen.

---

[753] Vgl. Mehrabian/Russell, 1974; Bost, 1987; Donovan/Rossiter, 1982 und 1994. Ausführlich auch Abschnitt 3.1.4.2 (S. 67ff).

**Messmodell für die allgemeine Annäherungsabsicht**

Die allgemeinen Annäherungsabsichten wurden durch drei Indikatoren operationalisiert. Alle Fragen stellten darauf ab, das allgemeine Erkundungs- bzw. Informationsverhalten bei einem ganz alltäglichen Besuch in einem Kreditinstitut zu erfassen. Zwei Indikatoren decken die allgemeinen Beratungs- bzw. Informationsabsichten ab, die durch Veranstaltungen oder spezielle Produktpräsentationen geweckt werden („besuche Veranstaltungen", „Interesse für neue Angebote"). Der dritte Indikator untersuchte die Bereitschaft der Kunden, auch einfach so in der Filiale umherzuschauen, wenn es dort etwas Interessantes zum Schauen gibt.

Die Ergebnisse der Item-Gesamtwert-Korrelationsanalyse liegen auch für dieses Konstrukt im Rahmen der empfohlenen Grenzwerte. Alle Items korrelieren hinreichend hoch mit dem Summenwert der Items. Die Reliabilität erreicht mit einem Alpha von 0,72 ebenfalls einen guten Wert.

```
R E L I A B I L I T Y    A N A L Y S I S    -    S C A L E    (A L P H A)


   1.      F_23_1_2        Interesse für neue Angebote
   2.      F_23_2_1        Schaue mich um, wenn es etwas Interessan
   3.      F_23_1_1        besuche Veranstaltungen


Item-total Statistics


                    Corrected
                    Item-           Alpha
                    Total           if Item
                    Correlation     Deleted

F_23_1_2            ,5329           ,6380
F_23_2_1            ,5824           ,5745
F_23_1_1            ,5059           ,6677


Reliability Coefficients
N of Cases =      451,0                     N of Items =   3
Alpha =      ,7184
```

*Abbildung 23:*    *Item-Gesamtwert-Korrelationsanalyse für das Messmodell der allgemeinen Annäherungsabsicht*

## 4.3.2.2 Ergebnisse der explorativen Faktorenanalyse

Die explorative Faktorenanalyse dient dazu, die vorliegenden Indikatoren hinsichtlich ihrer zugrunde liegenden Faktorstruktur zu untersuchen. Dabei liegen zunächst keine Hypothesen über die Faktorzuordnung vor.[754] Sie wird demnach eingesetzt, um die im Rahmen der Konzeptualisierung vorab definierten Dimensionen empirisch zu bestätigen.[755] Anhand dieser Aussagen lassen sich erste Hinweise bezüglich der Konvergenz- sowie Diskriminanzvalidität ableiten, wobei die Höhe der Faktorladungen hierfür als Beurteilungskriterium gelten.[756] Die Indikatoren jedes Konstruktes werden einer exploratorischen Faktorenanalyse unterzogen und müssen auf einen Faktor laden (Faktorladung >0,4). Nur dann kann ein sinnvolles Maß an konvergenter Validität gegeben sein. Indikatoren, die sich nicht eindeutig einem Faktor zurechnen lassen, sollten aus der Indikatormenge eliminiert werden. Zusätzlich sollte der extrahierte Faktor mindestens 50 Prozent der Varianz der zugehörigen Indikatoren erklären.[757] Zur Prüfung der Eignung der Ausgangsdaten für faktoranalytische Auswertungen wird das Kaiser-Meyer-Olkin-Kriterium[758] (MSA) herangezogen. Es zeigt an, in welchem Umfang die Indikatoren zusammengehören und dient als Entscheidungsgrundlage dafür, ob eine Faktorenanalyse überhaupt sinnvoll erscheint. Der Wertebereich liegt zwischen 0 und 1, wobei ein MSA von 0,8 als „wünschenswert" angesehen wird.[759] Im Folgenden werden die Ergebnisse der Faktorenanalysen für die jeweiligen Messmodelle dargestellt.

**Messmodell für die Informationsrate**

Die Informationsrate wird durch sieben Indikatoren repräsentiert. Die explorative Faktorenanalyse zeigt, dass alle sieben Indikatoren auf einen Faktor (Informationsrate) laden. Somit kann das Konstrukt der Informationsrate als empirisch bestätigt angesehen werden. Auch die Eignung der Korrelationsmatrix für die Durchführung einer Faktorenanalyse hat sich mit einem sehr guten Wert von MSA (KMO) = 0,890 bestätigt.

---

[754] Vgl. Backhaus et al., 2006, S. 260ff; Homburg/Giering, 1996, S. 8.
[755] Vgl. Churchill, 1979, S. 69; Baier, 1999, S. 217.
[756] Vgl. Homburg/Giering, 1996, S. 8.
[757] Vgl. Churchill, 1979, S. 69; Homburg/Giering, 1996, S. 8.
[758] Auch als MSA-Kriterium (measure of sampling adequacy) bezeichnet.
[759] Vgl. Backhaus et al., 2006, S. 276.

**Komponentenmatrix [a]**

| | Kompone nte |
|---|---|
| | 1 |
| vielfältig | ,821 |
| abwechslungsreich | ,805 |
| beeindruckend | ,782 |
| interessant | ,781 |
| lebendig | ,723 |
| überraschend | ,710 |
| neuartig | ,679 |

Extraktionsmethode: Hauptkomponentenanalyse.

a. 1 Komponenten extrahiert

*Abbildung 24: Faktorenanalyse des Messmodells der Informationsrate*

## Messmodell für die Orientierungsfreundlichkeit

Für das Messmodell der Orientierungsfreundlichkeit kann die bei der Konzeptualisierung des Konstruktes definierte Struktur ebenfalls empirisch bestätigt werden. Beide Indikatoren laden auf einen gemeinsamen Faktor. Allerdings kann für das KMO-Kriterium nur ein „kläglicher"[760] Wert von 0,500 ermittelt werden. Dennoch soll der Indikator „vertraut" nicht aus dem Messmodell eliminiert werden, da neben einer orientierungsfreundlichen vor allem eine vertraute Umgebung gerade im Bereich Finanzdienstleistungen eine zentrale Bedeutung einnimmt.

**Komponentenmatrix [a]**

| | Kompone nte |
|---|---|
| | 1 |
| vertraut | ,884 |
| orientierungsfreundlich | ,884 |

Extraktionsmethode: Hauptkomponentenanalyse.

a. 1 Komponenten extrahiert

*Abbildung 25: Faktorenanalyse des Messmodells der Orientierungsfreundlichkeit*

## Messmodell für das bankspezifische Involvement

Das bankspezifische Involvement wurde mit nur einem Indikator operationalisiert, so dass hier keine Prüfung der Faktorstruktur mit Hilfe der exploratorischen Faktorenanalyse möglich ist.

---

[760] Vgl. Backhaus, 2006, S. 276.

**Messmodell für die Persönlichkeit (persönliche Reizaufgeschlossenheit)**

Für die persönliche Reizaufgeschlossenheit gegenüber einer bankuntypischen Filialgestaltung, die im Modell mit drei Indikatoren operationalisiert wurde, ergab die Faktorenanalyse eine eindeutige Zuordnung zu einem Faktor. Die grundsätzliche Eignung der Indikatoren für die Zwecke der Faktorenanalyse anhand des KMO-Kriteriums konnte ebenfalls mit einem guten Wert (0,683) bestätigt werden.

**Komponentenmatrix[a]**

| | Kompone nte |
|---|---|
| | 1 |
| Verbindung Banking/Shopping | ,878 |
| bankuntypische Leistungen | ,854 |
| nicht nur Geldgeschäfte | ,789 |

Extraktionsmethode: Hauptkomponentenanalyse.
a. 1 Komponenten extrahiert

*Abbildung 26:    Faktorenanalyse des Messmodells der Persönlichkeit*

**Messmodell für die Emotionale Reaktion**

Für das Messmodell Lust/Aktivierung (Entspannung) sind die Indikatoren „locker", „gelassen", „heiter" einer faktoranalytischen Prüfung zu unterziehen. Auch in diesem Fall wird die vorab definierte Konstruktdimension vollständig empirisch bestätigt. Das Eignungs-Kriterium KMO liegt bei einem guten Wert von 0,695.

**Komponentenmatrix[a]**

| | Kompone nte |
|---|---|
| | 1 |
| gelassen | ,856 |
| heiter | ,832 |
| locker | ,808 |

Extraktionsmethode: Hauptkomponentenanalyse.
a. 1 Komponenten extrahiert

*Abbildung 27:    Faktorenanalyse des Messmodells Lust/Aktivierung (Entspannung)*

**Messmodell für Gesamteindruck/Gefallen**

Das Messmodell für den Gesamteindruck bzw. das Gefallen umfasst zwei Indikatoren, die laut der faktoranalytischen Prüfung zu einer Konstruktdimension zählen. Allerdings weist

auch hier der Eignungstest für die Korrelationsmatrix mit einem Wert für das KMO-Kriterium
von 0,500 ein nicht ganz befriedigendes Ergebnis auf.

**Komponentenmatrix** [a]

|  | Kompone<br>nte |
|---|---|
|  | 1 |
| Vorteil gegenüber<br>anderen FDL | ,894 |
| würde an Attraktivität<br>gewinnen | ,894 |

Extraktionsmethode: Hauptkomponentenanalyse.

a. 1 Komponenten extrahiert

*Abbildung 28:      Faktorenanalyse des Messmodells Gesamteindruck/Gefallen*

**Messmodell für die Beratungsnachfrage**

Die tatsächliche Beratungsnachfrage wurde in diesem Modell mit nur einem Indikator operationalisiert, so dass für diesen Fall keine faktoranalytische Prüfung der Konstruktdimension
möglich ist.

**Messmodell für die allgemeine Annäherungsabsicht**

Für das Messmodell der allgemeinen Annäherungsabsicht sind drei Indikatoren auf Ihre Eignung für die Messung der Konstruktdimension zu überprüfen. Auch hier bestätigt die explorative Faktorenanalyse eine eindeutige Zuordnung der Indikatoren zu einem Faktor. Die
Ausgangsdaten können auch hier anhand des KMO-Kriteriums (0,671) als gut für die Zwecke
der Faktorenanalyse geeignet betrachtet werden.

**Komponentenmatrix** [a]

|  | Kompone<br>nte |
|---|---|
|  | 1 |
| Schaue mich um, wenn<br>es etwas Interessantes<br>gibt | ,832 |
| Interesse für neue<br>Angebote | ,795 |
| besuche Veranstaltungen | ,773 |

Extraktionsmethode: Hauptkomponentenanalyse.

a. 1 Komponenten extrahiert

*Abbildung 29:      Faktorenanalyse des Messmodells für die allgemeine Annäherungsabsicht*

Gleichzeitig kann für alle im Rahmen der explorativen Faktorenanalyse überprüften Messmodelle konstatiert werden, dass der durch den jeweils extrahierten Faktor erklärte Varianzanteil über 50 Prozent beträgt (siehe Tabelle 21). Damit ist für alle acht Konstruktdimensionen dieses Gütekriterium ebenfalls erfüllt.

### 4.3.2.3 Zusammenfassung der Prüfung der Messmodelle

Die oben ausführlich dargestellte Prüfung der Messmodelle hat gezeigt, dass alle Konstrukte der Anforderung der Reliabilität und Eindimensionalität genügen und somit von einer validen Messung ausgegangen werden kann. Es wurden alle Indikatoren des Modells bestätigt, so dass für die Erfüllung der Validitätsvoraussetzungen keine Elimination von Indikatoren erforderlich war.

In der nachfolgenden Tabelle sollen alle Ergebnisse nochmals überblicksartig zusammengefasst werden.

| Messmodell | Cronbachs Alpha | KMO-Kriterium | erklärte Varianz des Faktors |
|---|---|---|---|
| Informationsrate | 0,8759 | 0,890 | 57,6% |
| Orientierungsfreundlichkeit | 0,7203 | 0,500 | 78,1% |
| Involvement (bankspezifisch) | _ (*) | _ (*) | _ (*) |
| Persönlichkeit (Reizaufgeschlossenheit) | 0,7912 | 0,683 | 70,8% |
| Lust/Aktivierung (Entspannung) | 0,7764 | 0,695 | 69,2% |
| Gesamteindruck/Gefallen | 0,7488 | 0,500 | 79,9% |
| Beratungsnachfrage | _ (*) | _ (*) | _ (*) |
| Allgemeine Annäherungsabsicht | 0,7184 | 0,671 | 64,0% |

Für alle Indikatoren liegen die Korrelationen der Item-Gesamtwert-Korrelationsanalyse oberhalb des Grenzwertes von $r_i \geq 0,5$. Die einzelnen Werte können den jeweiligen Übersichten in Abschnitt 4.3.2.1 (S. 161ff) entnommen werden.

(*) keine Prüfung möglich, da das Messmodell mit nur einem Faktor operationalisiert wurde

*Tabelle 21:    Zusammengefasste Ergebnisse der vorbereitenden Modellprüfung*

### 4.3.3 Ergebnisse der kausalanalytischen Modellprüfung

#### 4.3.3.1 Hypothesen und Modellstruktur

Mit Hilfe der Kausalanalyse können vorab formulierte und theoretisch abgesicherte Hypothesen anhand eines vorhandenen empirischen Datensatzes geprüft werden.[761] Dabei ermöglicht dieses Verfahren die kausalanalytische Prüfung deutlich komplexerer Wirkungsbeziehungen als andere statistische Analyseverfahren. Kern des Ansatzes ist die simultane Analyse aller Hypothesen, so dass Interdependenzeffekte, welche in der Realität nahezu immer vorliegen, zwischen verschiedenen Variablen und Beziehungen berücksichtigt werden können.[762] Das dem Ansatz zugrunde liegende Hypothesensystem soll im Folgenden überblicksartig dargestellt werden. Die theoretische Herleitung der hier formulierten Hypothesen erfolgte im Abschnitt 3.4.2 (S. 103ff).

---

H1: Je höher die Informationsrate der Bankfiliale ist, desto aktivierender und lustvoller wird die durch Umweltreize ausgelöste Atmosphäre in der Bankfiliale wahrgenommen.

H2: Je orientierungsfreundlicher und vertrauter die Bankfiliale wahrgenommen wird, desto aktivierender und lustvoller wird die durch Umweltreize ausgelöste Atmosphäre in der Bankfiliale wahrgenommen.

H3: Je aktivierender und lustvoller die durch Umweltreize ausgelöste Atmosphäre in der Bankfiliale wahrgenommen wird, desto höher ist die Nachfrage nach Beratungsleistungen.

H4: Je aktivierender und lustvoller die durch Umweltreize ausgelöste Atmosphäre in der Bankfiliale wahrgenommen wird, desto besser gefällt den Bankkunden die Bankfiliale (Gesamteindruck).

H5: Je low-involvierter die Bankkunden sind, desto aktivierender und lustvoller wird die durch Umweltreize ausgelöste Atmosphäre in der Bankfiliale wahrgenommen.

H6: Je low-involvierter die Bankkunden sind, desto besser gefällt den Bankkunden die Bankfiliale (Gesamteindruck).

H7: Je höher das bankspezifische Involvement der Bankkunden, desto höher ist die Nachfrage nach Beratungsleistungen.

H8: Je reizaufgeschlossener die Bankkunden sind, desto besser gefällt den Bankkunden die Bankfiliale (Gesamteindruck).

---

[761] Vgl. Backhaus, 2006, S. 337ff; Hildebrandt/Homburg, 1998.
[762] Vgl. Homburg/Baumgartner, 1995b, S. 1092; Terlutter, 2000, S. 240.

| H9: | Je besser den Bankkunden die Bankfiliale gefällt (Gesamteindruck), desto stärker sind die allgemeinen Annäherungsabsichten. |
| --- | --- |
| H10: | Je aktivierender und lustvoller die durch Umweltreize ausgelöste Atmosphäre in der Bankfiliale wahrgenommen wird, desto stärker sind die allgemeinen Annäherungsabsichten. |

*Abbildung 30:     Übersicht der Hypothesen des Verhaltensmodells*

Da ein Hypothesensystem in der Regel sehr komplexe Wirkungsbeziehungen aufweist, ist die Überführung in ein Pfaddiagramm erforderlich.[763] Ein vollständiges kausalanalytisches Modell beinhaltet ein Strukturmodell und ein Messmodell. Im Strukturmodell werden Beziehungen zwischen latenten, d.h. nicht beobachtbaren Variablen abgebildet, denen im Messmodell direkt messbare Größen (Indikatoren) – im Pfaddiagramm durch Ellipsen dargestellt – zugeordnet werden. Die latenten Variablen werden in endogene ($\eta$) und exogene ($\xi$) Größen unterschieden.[764] Die Wirkung einer exogenen auf eine endogene Variable wird durch einen gerichteten Pfeil dargestellt und je nach Richtung des Zusammenhangs mit einem Plus oder Minus gekennzeichnet. Die den latenten Variablen zugeordneten Indikatoren werden als Rechtecke dargestellt.[765]

Aus dem oben dargestellten Hypothesensystem und den in Abschnitt 4.1 (S. 107ff) hergeleiteten Operationalisierungen wurde das folgende Kausalmodell entwickelt.[766]

---

[763] Vgl. Backhaus et al., 2006, S. 356; Forberger, 2000, S. 133.
[764] Vgl. Homburg/Baumgartner, 1998, S. 347f; Homburg/Giering, 1998, S. 121f; Backhaus et al., 2006, 348ff.
[765] Vgl. Baier, 1999, S. 229; Backhaus et al., 2006, S. 361.
[766] Zu den Konstruktionsregeln für Strukturgleichungsmodelle vgl. Backhaus et al., 2006, S. 359f.

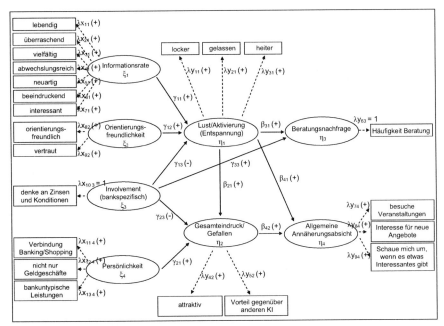

*Abbildung 31:    Pfaddiagramm zur kausalanalytischen Prüfung des Verhaltensmodells*

## 4.3.3.2   Grundlagen der Parameterschätzung

Die kausalanalytische Prüfung des Modells wurde mit Hilfe des Softwaresystems Amos 5 vorgenommen. Zunächst kann die Forderung der Identifizierbarkeit[767] des Modells aufgrund von 253 Freiheitsgraden bei 58 zu schätzenden Parametern als erfüllt angesehen werden.

Die am häufigsten für die Parameterschätzung angewandte Methode ist die Maximum Likelihood-Methode (ML)[768], die neben anderen Kriterien insbesondere an die Multinormalverteilung gebunden ist.[769] Die ML-Methode maximiert die Wahrscheinlichkeit dafür, dass die modelltheoretische Korrelationsmatrix die betreffende empirische Kovarianz- bzw. Korrelationsmatrix tatsächlich erzeugt hat.[770]

---

[767] Zur Problematik der Identifizierbarkeit von Kausalmodellen vgl. Backhaus et al., 2006, S. 366f; Hair et al., 1998, S. 608f; Baier, 1999, S. 157f.

[768] Während in der internationalen Marketingforschung die ML-Methode überwiegt, dominiert in der deutschen Marktforschung der ULS-Ansatz, (vgl. Homburg/Baumgartner, 1995b, S. 1102; Bauer, Falk, Hammerschmid, 2004, S. 54; Backhaus et al., 2006, S. 398).

[769] Vgl. Backhaus et al., 2006, S. 369.

[770] Vgl. Backhaus et al., 2006, S. 399.

Die Modellanpassung basiert auf der Unweighted Least Squares-Methode (ULS). Die Wahl dieser, im Vergleich zu anderen im Programmpaket angebotenen iterativen Schätzverfahren[771] weniger leistungsfähigen Methode, begründet sich aus der Tatsache der Nichterfüllung der Annahme einer Multinormalverteilung der manifesten Variablen.[772] Die Prüfung der Normalverteilungsannahme erfolgte mit Hilfe des Kolmogorov-Smirnov-Anpassungstests[773] – in dessen Ergebnis fast alle Ausgangsgrößen signifikant von einer Normalverteilung abwichen. Die weitestreichende Einschränkung der ULS-Methode wird in der reduzierten Verfügbarkeit von Gütemaßen gesehen. Nachteilig ist vor allem der notwendige Verzicht auf inferenzstatistische Maße, insbesondere $\chi^2$.[774]

### 4.3.3.3  Güte des Kausalmodells

Die Hypothesenprüfung auf Basis der Parameterschätzungen erfordert vorab die Bewertung der Güte des Kausalmodells. Anhand verschiedener Kriterien kann die Anpassung der theoretischen Modellstruktur an die empirischen Daten sowie die Güte einzelner Teilstrukturen des Modells beurteilt werden.[775] Die Modellbeurteilung vollzieht sich stufenweise. In einem ersten Schritt sollen formale Aspekte betrachtet werden, d.h. es wird die Plausibilität der Parameterschätzungen beurteilt. Im Weiteren erfolgt die Analyse der Anpassungsmaße des Kausalmodells, wobei zunächst eine Prüfung der globalen Anpassung des Modells vorgenommen wird bevor abschließend die lokalen Anpassungsmaße betrachtet werden sollen.[776]

**Plausibilität der Parameterschätzung**

Für das vorliegende Kausalmodell zur Prüfung des umweltpsychologischen Verhaltensmodells im Bereich Finanzdienstleistungen liegen durchweg plausible Parameterschätzungen vor. Unzulässige Parameterwerte, die sich durch negative Varianzen, standardisierte Koeffizienten größer als eins oder unverhältnismäßig hohe Standardfehler äußern und somit Anhaltspunkte für Identifikationsprobleme, Fehlspezifikationen im Modell oder Verletzung von Verteilungsannahmen liefern, wurden nicht festgestellt.[777] Außerdem ist die verwendete empirische Korrelationsmatrix positiv definit. Somit kann insgesamt auf eine relativ zuverlässige Schätzung geschlossen und das Modell formal akzeptiert werden.[778]

---

[771] Zu einem Vergleich der iterativen Schätzverfahren vgl. Backhaus et al., 2006, S. 368ff; Fritz, 1995, S. 118ff; Jöreskog/Sörbom, 1993a, S. 180.
[772] Vgl. Backhaus et al., 2006, S. 369.
[773] Zum Kolmogorov-Smirnov-Test vgl. ausführlich Bühl/Zöfel, 2005, S. 297f.
[774] Vgl. Backhaus et al., 2006, S. 369f.
[775] Ausführlich zu Gütekriterien von Kausalmodellen vgl. Backhaus et al., 2006, Homburg/Baumgartner, 1998; Fritz, 1995; Bagozzi/Yi, 1988; Bagozzi/Baumgartner, 1994.
[776] Vgl. Backhaus et al., 2006, S. 376ff; Homburg/Baumgartner, 1995a, S. 171.
[777] Vgl. Homburg/Hildebrandt, 1998, S. 23; Backhaus et al., 2006, S. 376.
[778] Vgl. Backhaus et al., 2006, S. 376.

**Anpassungsgüte des Gesamtmodells**

Zur Beurteilung der Anpassungsgüte des gesamten Modells stehen unterschiedliche Globalkriterien[779] zur Verfügung. Hier sollen zunächst grundlegende Kriterien, die in der Marketingforschung besondere Relevanz erlangt haben erläutert und im Weiteren zur Prüfung des Verhaltensmodells herangezogen werden. Von Bedeutung sind vor allem die in der Praxis allgemein anerkannten Anforderungsniveaus an globale Anpassungsmaße, die eine Entscheidung über Annahme oder Ablehnung des zu überprüfenden Kausalmodells stützen.[780] Eine ausführliche Erläuterung und Diskussion einzelner Gütemaße und ihrer Anforderungskriterien liefern beispielsweise Homburg/Baumgartner.[781]

Die folgende Tabelle gibt einen Überblick über die für die Beurteilung des Modells betrachteten Gütemaße, die geforderten Schwellenwerte sowie deren Wert für die Modellschätzung.

| Globale Anpassungsmaße | Anforderung | Wert des Modells |
|---|---|---|
| GFI | $\geq 0{,}9$ | 0,986 |
| AGFI | $\geq 0{,}9$ | 0,982 |
| NFI | $\geq 0{,}9$ | 0,959 |
| RFI | $\geq 0{,}9$ | 0,952 |
| RMR | $\leq 0{,}1^{*)}$ | 0,150 |

*) Vgl. Fritz, 1995, S. 126; Bagozzi/Yi, 1988, S. 12; Bagozzi, 1980, S. 105; Homburg/Rudolph, 1998, S. 255.

*Tabelle 22:    Globale Anpassungsmaße zur Beurteilung der Modellschätzung*

GFI (Goodness of Fit Index) und AGFI (Adjusted Goodness of Fit Index) sind den deskriptiven Anpassungsmaßen zuzuordnen und beurteilen die durch das Modell erklärte Varianz. Der AGFI berücksichtigt dabei zusätzlich die Zahl der Freiheitsgrade. Beide Gütemaße können Werte zwischen Null und Eins annehmen. Je mehr der Wert an Eins angenähert ist, desto besser erfolgte die Anpassung des Modells an die empirischen Varianzen und Kovarianzen. GFI/AGFI von Eins sprechen somit für eine perfekte Modellanpassung.[782]

Die Gesamtanpassung im vorliegenden Verhaltensmodell übertrifft mit einem GFI von 0,986 und einem AGFI von 0,982 die in der Literatur definierten Schwellenwerte von 0,9, das heißt, mit der Modellstruktur können 98,6 % bzw. 98,2 % der gesamten Ausgangsvarianz erklärt werden.

Mit NFI (Normed Fit Index) und RFI (Relative Fit Index) als inkrementelle Anpassungsmaße kann schließlich die Güte des Modells in Relation zu einem Basismodell (Independence Modell) beurteilt werden. Das Maß gibt an, inwieweit sich die Anpassungsgüte beim Übergang

---

[779] Vgl. Homburg/Giering, 1996; Homburg/Baumgartner, 1998; Fritz, 1995; Bagozzi/Yi, 1988.
[780] Vgl. Backhaus et al., 2006, S. 379; Homburg/Giering, 1996, S. 9/10; Fritz, 1995, S. 125ff.
[781] Vgl. Homburg/Baumgartner, 1998, S. 351ff.
[782] Vgl. Backhaus, 2006, S. 380f; Homburg/Giering, 1996, S. 10.

vom Basis- zum eigentlichen Modell verbessert. Für RFI wird wiederum die Zahl der Freiheitsgrade berücksichtigt.[783] Beide Maße sollten gleichfalls Werte größer 0,9 aufweisen, was
im vorliegenden Fall mit Werten von 0,959 (NFI) und 0,952 (RFI) gegeben ist.
Der RMR (Root Mean Square Residual) bezieht sich auf die Residualvarianzen, die durch das
Modell nicht erklärt werden können. Er stellt damit ein Maß für die durchschnittlich nicht
erklärten Varianzen und Kovarianzen dar. Der RMR geht bei einer sehr guten Modellanpassung gegen Null, da mit zunehmender Modellgüte, der Anteil nicht erklärter Varianz kleiner
wird.[784] Wünschenswert ist für den RMR ein Wert kleiner als 0,05.[785] In der Literatur werden
vielfach auch Werte bis 0,1 als kritische Schwellenwerte angegeben und sind in der Forschungspraxis allgemein etabliert.[786] Für das hier zu prüfende Kausalmodell ergab die Schätzung ein RMR von 0,150, was damit über dem geforderten Schwellenwert für den RMR liegt.

Somit stützen vier der fünf zur Prüfung herangezogenen Globalkriterien das Kausalmodell
und weisen auf einen guten Fit des Modells hin. Das heißt, es kann insgesamt auf eine relativ
gute Anpassung der empirischen Daten an die auf Basis theoriegeleiteter Überlegungen spezifizierte Modellstruktur geschlossen werden. Zusätzlich ist zu betonen, dass die geforderten
Schwellenwerte nicht als Falsifikationskriterium im strengen Sinne gelten, sondern vielmehr
allgemein etablierte Faustregeln darstellen. Dabei wird ein Kausalmodell zumeist erst dann
abgelehnt, wenn mehr als die Hälfte der Kriterien nicht erfüllt sind.[787] Somit sind geringfügi-
ge Unterschreitungen der Anspruchsniveaus bei einzelnen Globalkriterien annehmbar.[788] In
Anbetracht dieser Ergebnisse kann eine kausale Beziehung aufgrund der expliziten Annahmen im Kontext der Modellstruktur statistisch nicht zurückgewiesen werden.

Auf den üblicherweise zusätzlich zur Prüfung der globalen Modellstruktur eingesetzten nor-
mierten Chi-Quadrat-Test ($\chi^2$/df) als inferenzstatistisches Anpassungsmaß[789] muss für die
Auswertung dieser Daten verzichtet werden, da diese Prüfgröße ebenfalls an die hier nicht

---

[783] Vgl. Homburg/Baumgartner, 1995a, S. 168 und S.170; Backhaus et al., 2006, S. 381.

[784] Vgl. Fritz, 1995, S. 126.

[785] Vgl. Homburg/Baumgartner, 1998, S. 355 und S. 367.

[786] Vgl. Fritz, 1995, S. 126; Bagozzi/Yi, 1988; Bagozzi, 1980; Forberger, 2000, S. 147; Gröppel-Klein, S. 213.

[787] Vgl. Fritz, 1995, S. 141; Bauer/Falk/Hammerschmidt, 2004, S. 54; Homburg/Baumgartner, 1998, S. 363.

[788] Vgl. Schmitz, 2004, S. 24/25; Peter, 1999, S. 142; Rudolph, 1998, 146. Dies gilt insbesondere dann, wenn
eine hohe Modellkomplexität vorliegt (vgl. Homburg/Baumgartner, 1998, S. 363).

[789] Inferenzstatistische Anpassungsmaße ($\chi^2$) ermöglichen die Beurteilung eines Modells mit Hilfe eines statisti-
schen Tests. Dabei wird die Nullhypothese geprüft, dass die empirische der modelltheoretischen Varianz-
Kovarianzmatrix entspricht. Allerdings ist der Test zum Teil mit gravierenden Schwachpunkten behaftet, so
dass seine Eignung auch grundsätzlich in Frage zu stellen ist. Problematisch ist insbesondere die Prüfung der
absoluten „Richtigkeit" eines Modells, was niemals vollständig gegeben sein kann. Vielmehr kann nur die
bestmögliche Annäherung angestrebt werden (vgl. Homburg/Baumgartner, 1995a, S. 166; Bagoz-
zi/Baumgartner, 1994; Homburg/Giering, 1996, S. 10; Backhaus et al., 2006, S. 370). Die normierte Chi-
Quadrat-Teststatistik ($\chi^2$/df) berücksichtigt zusätzlich die Zahl der Freiheitsgrade, so dass ein Überparametri-
sierung des Modells bestraft wird (vgl. Hair et al., 1998, S. 658f).

erfüllte Normalverteilungsannahme gebunden ist. Eine sinnvolle Interpretation im Rahmen der eingesetzten ULS-Methode ist daher nicht möglich.[790] Zudem erfordert er für eine valide Anwendung eine Datenbasis, die auf einer Varianz-Kovarianzmatrix basiert, was im vorliegenden Fall nicht gegeben ist, da der Parameterschätzung eine Korrelationsmatrix zugrunde liegt.[791]

**Anpassungsgüte der Teilstrukturen**

Die Kriterien zur Prüfung der Gesamtstruktur des Modells können jedoch keinen Hinweis für die Anpassungsgüte der Teilstrukturen im Modell liefern, weshalb im Weiteren Gütekriterien zur Beurteilung der einzelnen Teilmodelle herangezogen werden müssen. Zum einen werden Größen betrachtet, die sich auf die Anpassungsgüte auf Ebene der **Messmodelle** beziehen. Hierbei werden insbesondere Reliabiltäts- und Validitätsaspekte der Messung der latenten Variablen durch die zugehörigen Indikatoren beurteilt. Neben der **Indikatorreliabilität**, die angibt, welcher Anteil der Varianz des Indikators durch den zugehörigen Faktor erklärt wird, gelten die **Faktorreliablität** sowie die durch den Faktor **erfasste Varianz** (beide Kriterien geben an, wie gut jeder einzelne Faktor durch die Gesamtheit seiner Indikatoren gemessen wird) als wesentliche Kriterien zur Prüfung der lokalen Anpassungsgüte des Modells.[792]

Auf der Ebene des **Strukturmodells** geben zum anderen die **quadrierten multiplen Korrelationskoeffizienten** für jedes endogene Konstrukt Auskunft über die Güte des Kausalmodells.[793] Sie geben den Anteil der Varianz eines endogenen latenten Konstruktes an, der durch die in Wirkbeziehung zu dem Konstrukt stehenden Konstrukte erklärt werden kann. Sie sollten einen Schwellenwert oberhalb 0,4 erreichen.[794]

Überwiegend werden in der Forschungspraxis Schwellenwerte von 0,4 für die Indikatorreliabilität, 0,6 für die Faktorreliabilität empfohlen. Für die durchschnittlich erfasste Varianz wird ein Wert von 0,5 gefordert. Für alle drei betrachteten lokalen Gütemaße gilt ein Wertebereich zwischen Null und Eins.[795] Dennoch wird die Angabe von Schwellenwerten auch kritisch diskutiert, weil sie von der Stichprobengröße und der Modellkomplexität insgesamt abhängig sind. Daher werden einzelne Unterschreitungen – insbesondere lokaler Anpassungsmaße – vielfach toleriert. Insbesondere erscheint eine zu geringe Indikatorreliabilität einzelner Indikatoren dann wenig problematisch, wenn für den zugehörigen Faktor eine ausreichende Faktor-

[790] Vgl. Jöreskog/Sörbom, 1993b, S. 28; Backhaus et al., 2006, S. 370.
[791] Vgl. Bagozzi/Baumgartner, 1994, S. 395ff; Backhaus et al., 2006, S. 379f.
[792] Vgl. Homburg/Giering, 1996, S. 10; Homburg/Baumgartner, 1995a, S. 170ff; Gerbing/Anderson, 1988, Homburg, 1995.
[793] Vgl. Homburg/Baumgartner, 1998, S. 361f; Backhaus et al., 2006, S. 377f.
[794] Vgl. Backhaus et al., 2006, S. 377f; Homburg/Baumgartner, 1998, S.361; Fritz, 1995, S. 139.
[795] Vgl. Homburg/Giering, 1996, S. 11; Homburg/Baumgartner, 1995a, S. 170; Bagozzi/Yi, 1988, S. 80; Fritz, 1995, S. 140.

reliabilität bzw. eine ausreichend hohe durchschnittlich erfasste Varianz dokumentiert werden kann.[796]

Die folgende Tabelle zeigt die lokalen Anpassungsmaße für das hier geprüfte Verhaltensmodell. Da Amos 5 diese Maße nicht direkt ausgibt, sind sie aus den durch das Programm zur Verfügung gestellten Daten zu berechnen.[797] In Klammern sind jeweils die Werte hervorgehoben, die nicht die oben angegebenen Anforderungsniveaus erfüllen.

| latente Variablen (Faktoren) mit Indikatoren | standardisierte Parameterschätzungen | | Reliablitäten der Indikatoren | Faktorreliabilitäten | Durchschnittlich erfasste Varianz | quadrierte multiple Korrelationskoeffizienten |
|---|---|---|---|---|---|---|
| | Faktorladungen ≥ 0,5 | Messfehlervarianzen | Anforderung: ≥ 0,4 | Anforderung: ≥ 0,6 | Anforderung: ≥ 0,5 | Anforderung: ≥ 0,4 |
| Informationsrate $\xi_1$ | | | | 0,88 | 0,51 | - |
| $x_1$ | $\lambda x_{11} = 0,69$ | 0,53 | 0,47 | | | |
| $x_2$ | $\lambda x_{21} = 0,65$ | 0,58 | 0,42 | | | |
| $x_3$ | $\lambda x_{31} = 0,77$ | 0,40 | 0,60 | | | |
| $x_4$ | $\lambda x_{41} = 0,77$ | 0,41 | 0,59 | | | |
| $x_5$ | $\lambda x_{51} = 0,60$ | 0,64 | (0,36) | | | |
| $x_6$ | $\lambda x_{61} = 0,72$ | 0,48 | 0,52 | | | |
| $x_7$ | $\lambda x_{71} = 0,77$ | 0,41 | 0,59 | | | |
| Orientierungsfreundlichkeit $\xi_2$ | | | | 0,73 | 0,58 | - |
| $x_8$ | $\lambda x_{82} = 0,86$ | 0,27 | 0,73 | | | |
| $x_9$ | $\lambda x_{92} = 0,65$ | 0,58 | 0,42 | | | |
| Involvement (bankspezifisch) $\xi_3$ | | | | - | - | - |
| $x_{10}$ | $\lambda x_{10\,3} = 1$[798] | - | - | | | |
| Persönlichkeit $\xi_4$ | | | | 0,80 | 0,57 | - |
| $x_{11}$ | $\lambda x_{11\,4} = 0,83$ | 0,32 | 0,68 | | | |
| $x_{12}$ | $\lambda x_{12\,4} = 0,64$ | 0,59 | 0,41 | | | |
| $x_{13}$ | $\lambda x_{13\,4} = 0,79$ | 0,38 | 0,62 | | | |
| Lust/Aktivierung (Entspannung) $\eta_1$ | | | | 0,75 | 0,50 | 0,68 |
| $y_1$ | $\lambda y_{11} = 0,69$ | 0,52 | 0,48 | | | |
| $y_2$ | $\lambda y_{21} = 0,69$ | 0,52 | 0,48 | | | |
| $y_3$ | $\lambda y_{31} = 0,74$ | 0,45 | 0,55 | | | |
| Gesamteindruck/ Gefallen $\eta_2$ | | | | 0,64 | (0,47) | 0,81 |
| $y_4$ | $\lambda y_{42} = 0,73$ | 0,47 | 0,53 | | | |
| $y_5$ | $\lambda y_{52} = 0,64$ | 0,59 | 0,41 | | | |
| Beratungsnachfrage $\eta_3$ | | | | - | - | (0,12) |
| $y_6$ | $\lambda y_{63} = 1$ | - | - | | | |
| Allgemeine Annäherungsabsicht $\eta_4$ | | | | 0,72 | (0,46) | 0,40 |
| $y_7$ | $\lambda y_{74} = 0,71$ | 0,49 | 0,51 | | | |
| $y_8$ | $\lambda y_{84} = 0,58$ | 0,66 | (0,34) | | | |
| $y_9$ | $\lambda y_{94} = 0,73$ | 0,46 | 0,54 | | | |

Tabelle 23:    Lokale Anpassungsmaße zur Beurteilung der Modellschätzung

---

[796] Vgl. Homburg/Baumgartner, 1995a, S. 170ff; Terlutter, 2000, S. 243.

[797] Zur Berechnung siehe Hair et al., 1998, S. 612.

[798] Die Ermittlung lokaler Anpassungsmaße setzt mindestens zwei Indikatoren für eine latente Variable voraus, weshalb hier keine Angaben gemacht werden können.

Zunächst ist festzuhalten, dass die durch die Faktoren erklärten Varianzanteile der Indikatoren (Indikatorreliabilität) ganz überwiegend sehr zufrieden stellende Werte aufweisen. Nur zwei Werte erreichen nicht den zuvor spezifizierten Wert von 0,4. Dennoch kann konstatiert werden, dass die Indikatoren die jeweils zugrunde liegenden Faktoren gut wiedergeben und die Prüfung auf interne Konsistenz insgesamt positiv ausfällt. Ebenso ergeben sich für die durch die Gesamtheit der Indikatoren erklärten Varianzanteile der Faktoren (Fakorreliabilität) durchweg sehr gute Ergebnisse. Für alle Konstrukte werden die geforderten Werte von 0,6 übertroffen. Auch die durchschnittlich erfassten Varianzen können überwiegend positiv bewertet werden, wobei sich hier jedoch ein zweigeteiltes Bild abzeichnet. Während die latenten exogenen Konstrukte gute Werte oberhalb des Schwellenwertes aufweisen, verfehlen zwei der latenten endogenen Konstrukte den geforderten Schwellenwert von 0,5 knapp – sind aber dennoch akzeptabel. Anhand beider Kriterien zeigt sich zusammenfassend, dass alle Faktoren durch die Gesamtheit ihrer Indikatoren gut gemessen werden.

Somit weisen die lokalen Anpassungsmaße insgesamt auf eine hohe Anpassungsgüte der Messmodelle hin.

Auf der Ebene des Strukturmodells bleibt zur Beurteilung des Erklärungsgehalts des Modells die Betrachtung der quadrierten multiplen Korrelationskoeffizienten der endogenen Konstrukte. Auch hierfür ergeben sich überwiegend positive Befunde.

Für die Konstrukte Lust/Aktivierung ($\eta_1$) sowie Gesamteindruck/Gefallen ($\eta_2$) liegen die quadrierten multiplen Korrelationkoeffizienten mit Werten von 0,68 bzw. 0,81 oberhalb des Anforderungsniveaus. Für das Konstrukt allgemeine Annäherungsabsicht ($\eta_4$) kann ein Wert von 0,40 konstatiert werden. Das heißt, es werden jeweils 68 %, 81 % bzw. 40 % der Varianz der endogenen latenten Konstrukte durch die latenten Konstrukte erklärt, die nach dem Modell in Wirkungsbeziehung zu dem Konstrukt stehen.[799] Lediglich das Konstrukt Beratungsnachfrage ($\eta_3$) kann durch das Modell mit nur 12% Varianzanteil nicht befriedigend erklärt werden. Dieser Befund weist darauf hin, dass die Beratungsnachfrage neben der emotionalen Reaktion und dem bankspezifischen Involvement von weiteren, im Modell nicht geprüften, Einflussfaktoren abhängt.[800]

---

[799] Vgl. Homburg/Baumgartner, 1998, S. 361.

[800] Homburg/Baumgartner weisen in diesem Zusammenhang zudem daraufhin, dass der geforderte Mindestwert von 0,4 für die quadrierten multiplen Korrelationen nicht immer sinnvoll ist. Dieser ist vielmehr nur dann anzuwenden, wenn das wissenschaftliche Erkenntnisziel der Untersuchung darin besteht, die jeweilige endogene Variable möglichst vollständig zu erklären. Geht es um die Prüfungen von Beziehungen zwischen den latenten Variablen, scheint zwar die Interpretation des Wertes sinnvoll, die Erfüllung von Mindestforderungen ist aber nicht zwingend notwendig (vgl. Homburg/Baumgartner, 1995a, S. 172; Schmitz, 2004, S. 25).

### 4.3.3.4 Schätzung der Parameter und Interpretation

Die mit dem ULS-Schätzverfahren ermittelten Koeffizienten können die theoretisch vermuteten Richtungszusammenhänge sowohl für die Schätzwerte des Messmodells ($\lambda$) als auch für die des Strukturmodells ($\gamma$, $\beta$) ganz überwiegend bestätigen. Neben den zuvor geprüften globalen und lokalen Anpassungsmaßen (Fit-Maße) stellen insbesondere die Regressionskoeffizienten des Strukturmodells ($\gamma$, $\beta$), die Auskunft über die Stärke der kausalen Beziehung zwischen den Konstrukten geben, die wichtigsten Prüfgrößen des Kausalmodells dar. Die nachfolgende Abbildung zeigt das Pfaddiagramm des Verhaltensmodells mit allen Schätzwerten.

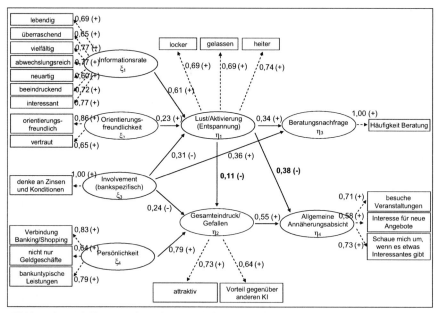

*Abbildung 32: Pfaddiagramm des Verhaltensmodells mit allen Schätzwerten*

Die empirischen Befunde bestätigen mit zwei Ausnahmen die in Abschnitt 3.4.2 (S. 103ff) formulierten Hypothesen. Die Informationsrate übt theoriekonform einen starken Einfluss auf die durch Umweltreize vermittelte Lust/Aktivierung (Entspannung) aus ($\gamma_{11} = 0{,}61$). Ebenso beeinflusst die Orientierungsfreundlichkeit einer Bankfiliale, wenn auch im kleineren Maße als die Informationsrate, die empfundene Aktivierung ($\gamma_{12} = 0{,}23$). Wie vermutet, geht auch von einem hohen bankspezifischen Involvement ein geringeres Aktivierungsniveau (im Sinne einer positiven, entspannenden Basisatmosphäre) aus ($\gamma_{13}$ = -0,31). Je low-involvierter[801] also ein Bankkunde ist, desto aktivierender und lustvoller wird die durch Umweltreize ausgelöste Atmosphäre in der Bankfiliale wahrgenommen. Gleichermaßen wird die Hypothese bestätigt, dass eine hohe Lust/Aktivierung (Entspannung) die Nachfrage nach Beratungsleistungen positiv beeinflusst ($\beta_{31}$ = 0,34). In gleichem Maße bestätigt sich mit einem Pfadkoeffizienten von $\gamma_{33}$ = 0,36 auch die positive Wirkung eines hohen bankspezifischen Involvements auf die Beratungsnachfrage. Betrachtet man den Zusammenhang zwischen dem Involvement eines Bankkunden und der Beurteilung des Gesamteindrucks/Gefallens einer Filiale, bestätigt sich die Hypothese einer negativen Beziehung zwischen beiden Konstrukten ($\gamma_{23}$ = -0,24). Das verdeutlicht, dass räumliche Gestaltungsaspekte für Kunden mit einem allgemein hohen bankspezifischen Involvement relativ unbedeutend sind und zu einer negativen Bewertung führen, während für low-involvierte Kunden eine Filiale durch Gestaltungsmaßnahmen an Attraktivität (Bewertung des Gesamteindrucks/Gefallens) gewinnt.

Demgegenüber übt die Persönlichkeit des Bankkunden in Hinblick auf seine Reizaufgeschlossenheit gegenüber bankuntypischen Angeboten eines Kreditinstitutes einen sehr stark positiven Einfluss darauf aus, ob die Filiale gefällt oder nicht ($\gamma_{21}$ = 0,79). Je stärker demnach erlebnisorientierte Prädispositionen (Persönlichkeit) ausgeprägt sind, desto positiver ist der Gesamteindruck. Der Gesamteindruck/Gefallen hat gleichzeitig mit einem Pfadkoeffizienten von $\beta_{42}$ = 0,55 auch einen starken positiven Einfluss auf die allgemeinen Annäherungsabsichten. Je besser also die Bankfiliale gefällt, desto ausgeprägter sind die Annäherungsabsichten – d.h. umso stärker ist beispielsweise das Interesse für neue Angebote bzw. die Nutzung von Veranstaltungsangeboten.

Der positive Zusammenhang zwischen der von Umweltreizen ausgelösten Lust/Aktivierung (Entspannung) und dem Gesamteindruck/Gefallen konnte dagegen in seiner Wirkrichtung nicht bestätigt werden. Statt des vermuteten positiven Effektes konnte nur ein schwach negativer Zusammenhang nachgewiesen werden ($\beta_{21}$ = -0,11). Gleichermaßen übt die durch Umweltreize der Bankfiliale vermittelte Lust/Aktivierung (Entspannung) zwar einen relativ starken Einfluss auf die allgemeinen Annäherungsabsichten aus, dieser ist aber entgegen der Hypothese negativ ($\beta_{41}$ = -0,38). Die Hypothesen H4 und H10 müssen demnach zurückgewiesen werden.

Die folgende Tabelle stellt die Ergebnisse der Hypothesenprüfung zusammenfassend dar.

---

[801] Der Kunde zeigt kein hohes prädispositionales bankspezifisches bzw. handlungsspezifisches Involvement.

| Hypothese | Pfad | Ergebnis |
|---|---|---|
| H 1 Je höher die Informationsrate der Bankfiliale ist, desto aktivierender und lustvoller wird die durch Umweltreize ausgelöste Atmosphäre in der Bankfiliale wahrgenommen. | 0,61 | Bestätigt |
| H 2 Je orientierungsfreundlicher und vertrauter die Bankfiliale wahrgenommen wird, desto aktivierender und lustvoller wird die durch Umweltreize ausgelöste Atmosphäre in der Bankfiliale wahrgenommen. | 0,23 | Bestätigt |
| H 3 Je aktivierender und lustvoller die durch Umweltreize ausgelöste Atmosphäre in der Bankfiliale wahrgenommen wird, desto höher ist die Nachfrage nach Beratungsleistungen. | 0,34 | Bestätigt |
| H 4 Je aktivierender und lustvoller die durch Umweltreize ausgelöste Atmosphäre in der Bankfiliale wahrgenommen wird, desto besser gefällt den Bankkunden die Bankfiliale (Gesamteindruck). | - 0,11 | Nicht bestätigt |
| H 5 Je low-involvierter die Bankkunden sind, desto aktivierender und lustvoller wird die durch Umweltreize ausgelöste Atmosphäre in der Bankfiliale wahrgenommen. | - 0,31 | Bestätigt |
| H 6 Je low-involvierter die Bankkunden sind, desto besser gefällt den Bankkunden die Bankfiliale (Gesamteindruck). | - 0,24 | Bestätigt |
| H 7 Je höher das bankspezifische Involvement der Bankkunden, desto höher ist die Nachfrage nach Beratungsleistungen. | 0,36 | Bestätigt |
| H 8 Je reizaufgeschlossener die Bankkunden sind, desto besser gefällt den Bankkunden die Bankfiliale (Gesamteindruck). | 0,79 | Bestätigt |
| H 9 Je besser den Bankkunden die Bankfiliale gefällt (Gesamteindruck), desto stärker sind die allgemeinen Annäherungsabsichten. | 0,55 | Bestätigt |
| H 10 Je aktivierender und lustvoller die durch Umweltreize ausgelöste Atmosphäre in der Bankfiliale wahrgenommen wird, desto stärker sind die allgemeinen Annäherungsabsichten. | -0,38 | Nicht bestätigt |

Tabelle 24:    Zusammenfassung der Ergebnisse der Hypothesenprüfung

Die Ursache für diese beiden nicht theoriekonformen Befunde könnte durch ein dennoch überwiegend rational bestimmtes Nutzungsverhalten im Bereich Finanzdienstleistungen begründet sein. Somit kann das durch erlebnisorientierte Gestaltungsmaßnahmen der Filiale vermittelte Aktivierungsniveau zwar relativ hoch sein, führt aber derzeit nicht zu einem besseren Gesamteindruck bzw. zu einem geänderten allgemeinen Annäherungsverhalten im Sinne eines gewachsenen allgemeinen Informationsbedarfs (z.B. auf der Produktebene), einer verstärkten (allgemeinen) Verweilabsicht („schaue mich um") bzw. zu einem erhöhten Interesse gegenüber Veranstaltungen. Die erhöhte Aktivierung führt jedoch zu einer verstärkten Nachfrage nach Beratungsleistungen (H3), was die Umsetzung von Erlebnisbank-Konzepten dessen ungeachtet rechtfertigt und sinnvoll erscheinen lässt. Gleichermaßen stützt gerade dieses Ergebnis die Vermutung, dass rationale Aspekte des Informations- und Entscheidungsverhaltens bei Finanzdienstleistungen zwar überwiegen – eine positive emotionale Aktivierung, die durch neue und überraschende Reize der Umwelt ausgelöst wird, jedoch positiv auf die direkte Beratungsnachfrage wirkt und damit aus Sicht der Kreditinstitute dennoch positive Effekte nach sich zieht. Es wird demnach vielmehr eine persönliche Kunde-Berater-Beziehung gesucht. Die angestrebte positive Basisatmosphäre trägt überdies dazu bei, Kreditinstitute allgemein sympathischer erscheinen zu lassen. Emotionale Aspekte, im Sinne positiver

Gefühlsregungen, können dabei auch Informationsaufnahme- und -verarbeitungsprozesse[802] während des Beratungsgesprächs positiv beeinflussen und so das Entscheidungsverhalten steuern.

Zudem könnte eine weitere Erklärung für die durch die emotionalen Reaktionen hervorgerufene verstärkte Beratungsnachfrage darin gesehen werden, dass die durch den Kunden wahrgenommene Atmosphäre in der Filiale gleichermaßen durch die Person der Mitarbeiter bzw. des Kundenbetreuers getragen wird. Häufig gehen erlebnisorientierte Gestaltungskonzepte mit einer Neuausrichtung des Betreuungskonzeptes einher, so dass Kunden auch in diesem Zusammenhang ein neuartiges und überraschendes Betreuungserlebnis wahrnehmen können. Verstärkte allgemeine Annäherungsabsichten (H10) können darüber jedoch nicht unmittelbar begründet werden, da Kreditinstitute dennoch vornehmlich für die Erledigung rational begründeter Bankgeschäfte aufgesucht werden. Gestaltungsaspekte der Umwelt spielen dabei eine insgesamt weniger gewichtige Rolle, was den leicht negativen Zusammenhang begründet (H4). Vor diesem Hintergrund erscheint die Ablehnung der Hypothesen durchaus plausibel.

### 4.3.3.5 Zusammenfassung der kausalanalytischen Betrachtung

Das hier untersuchte modifizierte umweltpsychologische Verhaltensmodell für den Bereich Finanzdienstleistungen sollte die Wirkung erlebnisorientierter Gestaltungsmaßnahmen für Kreditinstitute aufzeigen.

Das im theoretischen Teil der Arbeit spezifizierte Modell konnte in seinen Grundzügen kausalanalytisch bestätigt werden. Die Modellhypothesen wurden bis auf zwei Ausnahmen durch die empirische Analyse gestützt. Die Anpassungsgüte des Modells ist als gut einzuschätzen. Die wichtigsten Einzelergebnisse sollen im Folgenden nochmals zusammengefasst werden.

Zunächst ist eine positive Wirkung einer durch entsprechende Gestaltungsmaßnahmen erhöhten Informationsrate der Umwelt auf das wahrgenommene Aktivierungsniveau (im Sinne einer positiven Basisatmosphäre) zu konstatieren. Zudem konnten insbesondere Verhaltenswirkungen in Bezug auf eine erhöhte Beratungsnachfrage nachgewiesen werden, sofern durch Gestaltungsmaßnahmen ein allgemein erhöhtes Aktivierungspotenzial der Umwelt erreicht werden kann.

Die empfundene Aktivierung scheint hingegen für den Bereich der Finanzdienstleistungen nicht geeignet, einen positiven Einfluss auf ein stärker ausgeprägtes „Bummel- bzw. Verweilverhalten" in der Filiale auszuüben. Dieses Ergebnis muss hier vor allem auf die spezifischen

---

[802] Vgl. Kroeber-Riel/Weinberg, 2003, S. 239; siehe dazu auch die Ausführungen in Abschnitt 3.2.3 (S. 80ff).

Eigenschaften von Finanzdienstleistungen und das daraus folgende überwiegend rational geleitete Nutzungsverhalten zurückgeführt werden.

Eine Erhöhung des allgemeinen Aktivierungsniveaus führt zudem nicht automatisch zum Gefallen der Umwelt. Das Gefallen wird vielmehr von der Persönlichkeit des Bankkunden und seinem bankspezifischen Involvement bestimmt, und zieht verstärkte allgemeine Annäherungsabsichten nach sich. Dieser Untersuchung zu Folge kann demnach eine verstärkte allgemeine Annäherungsabsicht insbesondere in Folge einer positiven Bewertung des Gesamteindrucks/Gefallens erlebnisorientierter Maßnahmen realisiert werden. Das heißt, je besser dem Bankkunden die Filiale gefällt, desto stärker ist das Interesse gegenüber neuen Produkten oder Veranstaltungen ausgeprägt. Der Gesamteindruck/das Gefallen wird dabei ganz besonders von der Persönlichkeit determiniert. Je aufgeschlossener der Bankkunde gegenüber bankuntypischen Zusatzangeboten ist, desto besser gefällt ein solches Angebot und desto stärker sind die allgemeinen Annäherungsabsichten.

Gleichzeitig nehmen Kunden mit hohem bankspezifischen Involvement die durch Umweltreize vermittelte Lust/Aktivierung (Entspannung) weniger wahr. Jedoch wirkt hohes Involvement direkt positiv auf die Beratungsnachfrage – unabhängig der Einflüsse umweltgestalterischer Maßnahmen. Somit ist es gerechtfertigt zu argumentieren, zunächst das Filialumfeld durch (basis-)atmosphärische Gestaltungsmaßnahmen zu verbessern, somit die Nachfrage nach Beratungsleistungen insgesamt zu erhöhen und zusätzlich die Kompetenzwahrnehmung für Kunden mit hohem bankspezifischen Involvement durch geeignete Maßnahmen zur Verbesserung der Beratungsqualität zu stärken. Somit kann aus zwei Blickwinkeln (für erlebnisorientierte und konservativ-high-involvierte Kunden) unmittelbar Einfluss auf die Beratungsnachfrage genommen werden.

Damit konnte insgesamt nachgewiesen werden, dass das modifizierte Verhaltensmodell für den Bereich der Finanzdienstleistungen anzuwenden ist. Einschränkungen müssen jedoch hinsichtlich der Wirkungsbeziehungen zwischen dem Konstrukt Lust/Aktivierung (Entspannung) und Gesamteindruck/Gefallen sowie dem Konstrukt der allgemeinen Annäherungsabsicht anerkannt werden. Beide Hypothesen konnten durch das Modell nicht belegt werden und müssen daher zunächst für ihre Anwendung im Finanzdienstleistungsbereich verworfen werden.

# 5 Kritische Würdigung sowie Implikationen für die Gestaltung von Erlebnisbank-Konzepten

## 5.1 Theoretisches Forschungsziel

Das theoretische Ziel der Arbeit bestand darin, ein Modell zum Nachweis von Erlebniswirkungen im Bereich der Finanzdienstleistungen zu entwickeln. Dabei wurde eine integrative Darstellung und Anwendung von Erkenntnissen der kognitiven und emotionalen Umweltpsychologie sowie der Konsumentenverhaltensforschung angestrebt, die insbesondere die theoriegeleitete Formulierung von Hypothesen begründet.

Die Frage der Übertragbarkeit von Erlebniskonzepten des Einzelhandels auf den Bereich der Finanzdienstleistungen begründet die Notwendigkeit einer Wirkungsanalyse erlebnisorientierter Gestaltungsmaßnahmen in Filialbanken. Für den Bereich der Finanzdienstleistungen liegen bisher keine wissenschaftlich fundierten Ansätze zur Analyse von Erlebniswirkungen vor. Dennoch werden vielfach entsprechende Erlebnisbank-Konzepte entwickelt, die sich insgesamt an Konzepten des Einzelhandels orientieren, ohne die Besonderheiten im Umgang und der Nutzung von Finanzdienstleistungen explizit zu berücksichtigen. Gerade aufgrund dieser Besonderheiten scheint es jedoch angemessen, bank- und dienstleistungsspezifische Konzepte zu entwickeln, die den besonderen Anforderungen[803] gerecht werden. Für die Übertragbarkeit von Konzepten des Einzelhandels ist daher insbesondere eine Analyse von Wirkungen erlebnisorientierter Gestaltungskonzepte im Bereich der Finanzdienstleistungen unerlässlich. Das im Rahmen der Arbeit für den Anwendungsbereich der Finanzdienstleistungen modifizierte umweltpsychologische Verhaltensmodell greift diese Problematik auf und analysiert Einflussfaktoren und die Wirkung emotionaler Reize der Umwelt auf Verhaltensreaktionen von Bankkunden.

Damit wurde eine für den Bereich der Finanzdienstleistungen völlig neuartige Fragestellung umfassend diskutiert. Es ist gelungen, den Ansatz der Umweltpsychologie, der bislang hauptsächlich im Bereich des Einzelhandels Anwendung fand, für die Erklärung von Erlebniswirkungen in dem besonders beratungs- und vertrauensintensiven Bereich der Finanzdienstleistungen anwendbar zu machen. Mit der Erweiterung des Ansatzes um kognitive Größen, stellt das hier entwickelte Verhaltensmodell insbesondere auch eine weiterführende Arbeit im Bereich der umweltpsychologischen Forschung dar. Das Modell wird damit in besonderem Maße der Forderung nach einem bestimmten **Neuheitsgrad** und **Informationsgehalt** gerecht. Des Weiteren lässt sich das Modell, wie im Abschnitt 4 (S. 107ff) gezeigt, empirisch prüfen. Das theoretische Forschungsziel kann damit als erfüllt angesehen werden.

---

[803] Vgl. dazu insbesondere Abschnitt 2.3.2.2 (S. 41ff).

Besondere Bedeutung kam in diesem Zusammenhang auch dem Erlebnisbegriff zu, dem in Verbindung mit Finanzdienstleistungen ein besonderes Begriffsverständnis zugrunde liegt. Daher war es gleichermaßen Ziel der Arbeit, aus der interdisziplinären Betrachtung des Erlebnisphänomens, eine Definition von Bankerlebnissen abzuleiten, die der Arbeit als konzeptionelle und inhaltliche Basis dienen konnte. Damit wurde erstmals die Problematik, die sich aus der einfachen Übertragbarkeit von Erlebniskonzepten des Handels auf den Bereich der Banken ergibt, thematisiert und Lösungswege, die sich aus der Vermittlung bankspezifischer Erlebnisse ableiten, aufgezeigt. Aus der Herleitung eines umfassenden marketingtheoretischen Begriffsverständnisses von Erlebnissen, konnte unter Berücksichtigung (finanz-)dienstleistungsspezifischer Besonderheiten, eine allgemeine Definition von „Bankerlebnissen" entwickelt werden.

Rückblickend wurde auf der Grundlage des umweltpsychologischen Verhaltensmodells von Mehrabian/Russell ein Modell zur Erklärung von Erlebniswirkungen abgeleitet, das im Weiteren durch bankspezifische Modifikationen an den Untersuchungsgegenstand angepasst werden musste. Insbesondere wurde in diesem Zusammenhang auf die Berücksichtigung kognitiver Größen abgestellt, die den im Bereich Finanzdienstleistungen zu erwartenden rationalen Aspekten des Nutzungs- und Entscheidungsverhaltens Rechnung tragen. Erkenntnisse sozialpsychologischer sowie der Konsumentenverhaltensforschung aufgreifend, die die wechselseitige Beeinflussung von Emotionen und Kognitionen hervorheben, ergab sich die Notwendigkeit, kognitive Bewertungsprozesse über das Konstrukt des Gesamteindrucks/Gefallens in das Modell zu integrieren. Damit konnte im Modell eine parallele Berücksichtigung emotionaler und kognitiver Perspektiven der Wirkung erlebnisorientierter Gestaltungskonzepte erreicht werden. Die Annahme, dass insbesondere komplexe Finanzdienstleistungen mit hohem Involvement verbunden sind[804] begründet die Bedeutung des Involvementkonstruktes für den Untersuchungsgegenstand. Anhand theoretischer Überlegungen zeigte sich, dass das bankspezifische Involvement erstens einen Einfluss auf kognitive Bewertungsprozesse (Gesamteindruck/Gefallen) nimmt und zweitens emotionale Reaktionen (Aktivierung) auf Reize der Umwelt determiniert. Besonders wichtig war dabei die Berücksichtigung sowohl emotionaler als auch kognitiver Komponenten des Involvements.

Anschließend erfolgte die empirische Prüfung der im entwickelten Verhaltensmodell aufgestellten Hypothesen. Dabei konnte im Wesentlichen auf bewährte Messkonzepte der Umweltpsychologie (Konstrukte des Grundmodells) sowie der Konsumentenverhaltensforschung (Involvement, kognitive Bewertungsprozesse) zurückgegriffen werden. Gestützt durch eine eigene explorative Untersuchung (siehe Abschnitt 4.2.2.1; S. 154ff) wurden untersuchungs-

---

[804] Vgl. Foxall/Pallister, 1998, S. 183; Lohmann, 1997, S. 23.

spezifische Anpassungen der Messansätze vorgenommen. Die Prüfung ergab, dass wesentliche Teile des entwickelten Modells bestätigt werden konnten. Somit konnte gezeigt werden, dass Erlebniswirkungen grundsätzlich auch für den Anwendungsbereich der Finanzdienstleistungen nachweisbar sind. Zwar offenbarte sich auch, dass nicht alle Hypothesen unterstützt werden konnten. Für die nicht bestätigten Hypothesen (H4 und H10) lassen sich jedoch insbesondere aus theoretischer Sicht Gründe für die Ablehnung herleiten, so dass der Messansatz insgesamt als valide bezeichnet werden kann. In erster Linie ist anzuführen, dass das Nutzungsverhalten ungeachtet nachweisbarer emotionaler Wirkungen dennoch überwiegend rational determiniert wird. Entscheidend ist aber die Tatsache, dass die durch eine emotionale Ausrichtung von Kreditinstituten erhöhte Beratungsnachfrage, die Umsetzung von Erlebnisbank-Konzepten stützt. Zudem bestätigen Untersuchungen der Käuferverhaltensforschung die Wirkung emotionaler Reize auf das Informations- und Entscheidungsverhalten, was die Aussagen zusätzlich untermauert.[805]

Zusammenfassend wird das hier neu entwickelte Erklärungsmodell durch das umweltpsychologische Verhaltensmodell von Mehrabian/Russell, welches die unmittelbar zu untersuchenden Konstrukte abbildet, getragen. Damit werden zunächst emotionale Reaktionen auf Reize der Umwelt für die Erklärung des Verhaltens von Individuen herangezogen. Zudem leitet sich aus den spezifischen Besonderheiten von Finanzdienstleistungen die Berücksichtigung kognitiver Aspekte für die Verhaltensvorhersage ab. Insgesamt konnte mit der Auswahl der zu untersuchenden Konstrukte der Forderung nach einem **umfassenden Erklärungsmodell** für den Nachweis von Erlebniswirkungen im Bereich der Finanzdienstleistungen nachgekommen werden. Zum einen erfassen die Konstrukte des Modells die emotionalen (Erregung/Aktivierung) und kognitiven Reaktionen (Gesamteindruck/Gefallen) auf Reize der Umwelt (Informationsrate; Orientierungsfreundlichkeit) und deren Einfluss auf Verhaltensreaktionen (Beratungsnachfrage, Allgemeine Annäherungsabsicht). Zum anderen werden explizit intervenierende Variablen (Involvement, Persönlichkeit) einbezogen.

---

[805] Vgl. hierzu ausführlich Abschnitt 3.2.3 (S. 80ff); Kroeber-Riel/Weinberg, 2003, S. 239f.

## 5.2   Methodisches Forschungsziel

Das methodische Forschungsziel ist schließlich eng mit dem theoretischen Forschungsziel verknüpft. Ziel war es, ein Messinstrument für die Erfassung von Erlebniswirkungen, die durch – vorwiegend emotional-aktivierende – Umweltreize in Folge einer erlebnisorientierten Filialgestaltung ausgelöst werden, zu entwickeln. Für die Messung der im entwickelten Verhaltensmodell enthaltenen Konstrukte kann zunächst konstatiert werden, dass eine theoriegeleitete und sekundärstatistisch gesicherte Konzeptualisierung und Operationalisierung des Modells gelungen ist.

Für die empirische Prüfung des Verhaltensmodells wurde auf den Ansatz der Kausalanalyse zurückgegriffen. Dieses Verfahren ist insbesondere dann geeignet, wenn vorab formulierte und theoretisch fundierte Hypothesen geprüft werden sollen. Dabei wurde das Analyseprogramm AMOS 5 eingesetzt. Im Vorfeld wurden alle Konstrukte mit der Item-Gesamtwert-Korrelationsanalyse, dem Cronbachschen Alpha sowie explorativer Faktorenanalysen einer vorbereitenden Prüfung unterzogen.[806]

Allgemein muss ein Messinstrument verschiedene grundlegende Güteanforderungen (Objektivität, Reliabilität, Validität) erfüllen, die nachfolgend für das im Rahmen der Arbeit formulierte Modell geprüft werden sollen.[807] Dabei kommt der Reliabilität und Validität der empirischen Werte eine besondere Bedeutung zu.

**Objektivität der Messung**

Die Objektivität einer Messung ist dann gegeben, wenn die Untersuchungsergebnisse und deren Interpretation unabhängig von der Person des Forschers sind, verschiedene Personen also zu gleichen[808] Ergebnissen gelangen. Objektivität bezeichnet demnach den Grad der interpersonellen Übereinstimmung von Untersuchungsergebnissen. Dieser Forderung wird im Rahmen dieser Arbeit insbesondere dadurch Rechnung getragen, dass das Vorgehen der Untersuchung offen gelegt wird und gleichermaßen durch die schriftliche Erhebung eine weitgehende Standardisierung der Messung erreicht werden konnte. Dies gilt im Hinblick auf den gesamten Untersuchungsverlauf sowohl für die Durchführung der Untersuchung (Durchführungsobjektivität) als auch für die Auswertung der Untersuchung (Auswertungsobjektivität) und nicht zu letzt für die Interpretation der Ergebnisse (Interpretationsobjektivität).

---

[806] Vgl. Homburg/Giering, 1996; Homburg/Baumgartner, 1998; Fritz, 1995.
[807] Vgl. Bortz/Döring, 2002, S. 193ff; Berekoven/Eckert/Ellenrieder, 2004, S. 88ff; Kepper, 1996, S. 193ff.
[808] Üblicherweise wird hierunter die größtmögliche Freiheit von subjektiven Einflüssen verstanden (vgl. Kepper, 1996, S. 194).

## Reliabilität des Messinstrumentes

Die Reliabilität bzw. Zuverlässigkeit eines Messinstrumentes beschreibt die formale Genauigkeit und Stabilität mit dem das geprüfte Merkmal erfasst wird und stellt damit insbesondere auf die Vermeidung von Zufallsfehlern bei der Datenerhebung ab. Ein Messinstrument gilt unter der Maßgabe konstanter Bedingungen dann als reliabel, wenn bei wiederholter Messung stabile und präzise Messwerte erzeugt werden können.

Um den Grad der Zuverlässigkeit von Messungen zu bestimmen, werden unterschiedliche Verfahren eingesetzt, die jeweils einen anderen operationalen Zugang der Überprüfung wählen und damit insbesondere auf verschiedene Ursachen nicht reliabler Untersuchungsergebnisse abstellen.[809] Zur Beurteilung der Zuverlässigkeit werden verschiedene Korrelationskoeffizienten herangezogen (z.B. Reliabilitätskoeffizienten). Reliabilität des Messinstrumentes ist dabei immer dann gegeben, wenn die Korrelationen zwischen den Ergebnissen zweier Messungen möglichst hoch sind.

Für die vorliegende Untersuchung eignet sich aufgrund des untersuchungstechnischen Vorgehens (es liegt keine zweite Vergleichsmessung vor) für die Reliabilitätsprüfung insbesondere die Methode der Konsistenzanalyse. Geeignet ist hierfür die Prüfung des Cronbachschen Alpha. Dieses stellt ein Maß für die **interne Konsistenz** der Indikatoren dar und repräsentiert damit die Reliabilität einer Gruppe von Indikatoren, die einen Faktor messen.[810] Für alle Konstrukte des entwickelten Verhaltensmodells konnten für dieses Maß jeweils Werte $\alpha \geq 0{,}7$ konstatiert werden, so dass insgesamt von einer reliablen Messung ausgegangen werden kann.[811]

## Validität des Messinstrumentes

Die Validität des Messinstrumentes stellt schließlich das wichtigste Gütekriterium dar. Die Validität oder Gültigkeit eines Messinstrumentes ist dann gegeben, wenn der eigentlich interessierende Sachverhalt tatsächlich erfasst wird. Es ist damit zu prüfen, ob die Messansätze die zu untersuchenden Konstrukte tatsächlich gemessen haben. Die beiden vorgenannten Kriterien stellen dabei notwendige, jedoch keineswegs hinreichende Bedingungen für die Gewährleistung einer validen Messung dar. Die Prüfung der Validität ist, insbesondere bei der Erfassung hypothetischer Konstrukte, sehr viel schwieriger möglich als die Prüfung der Reliabilität, da im Prinzip ein Vergleich mit den tatsächlichen (jedoch nicht bekannten Merkmalen) gefordert wird. Demnach werden vor allem Plausibilitätsüberlegungen herangezogen.

---

[809] Vgl. ausführlich zu Verfahren der Reliabilitätsprüfung Kepper, 1996, S. 196ff sowie Berekoven/Eckert/Ellenrieder, 2004, S. 89f; Hildebrandt, 1998, S. 88ff.
[810] Vgl. Homburg/Giering, 1996, S. 8; Bortz/Döring, 2002, S. 198.
[811] Siehe zusammenfassend Tabelle 21, S. 172.

Hierfür wurden verschiedene Validitätskonzepte entwickelt[812], die nachfolgend eingesetzt werden sollen.

Für die Validitätsprüfung im vorliegenden Fall sind zunächst die drei Hauptarten der Validität, die Inhalts-, die Kriteriums- und die Konstruktvalidität zu unterscheiden und einer Prüfung zu unterziehen.[813]

Die **Inhalts- oder Augenscheinvalidität** wird durch subjektive Einschätzung erfasst und ist dann gegeben, wenn das zu messende Konstrukt durch das Messinstrument ausreichend repräsentiert wird. Die rein subjektive Einschätzung schränkt die Aussagekraft des Kriteriums jedoch ein, weshalb die Inhaltsvalidität kein Gütemaß im strengen Sinne darstellt.

Für das vorliegende Messinstrument kann die Inhaltsvalidität aufgrund der theoriegeleiteten Entwicklung der Konstrukte zunächst als gegeben angesehen werden. Dennoch muss einschränkend erwähnt werden, dass nicht auszuschließen ist, dass für bestimmte Konstrukte die zur Messung verwendeten Indikatoren nur einen Teils des Konstruktes abbilden.

Die **Kriteriumsvalidität** gibt an, ob ein für die Konstrukt-Messung gewählter Indikator mit einem das Konstrukt repräsentierenden Außenkriterium korreliert. Häufig handelt es sich hierbei um einen Beobachtungssachverhalt, der erst zu einem späteren Zeitpunkt gemessen werden kann (Prognosevalidität). Im Gegensatz dazu wird im Falle der Übereinstimmungsvalidität der Kriteriumswert zum gleichen Messzeitpunkt erfasst.

Die Anwendung der Kriteriumsvalidität ist jedoch dadurch eingeschränkt, dass häufig kein entsprechendes Außenkriterium vorliegt. Zudem stellt sich gleichfalls die Schwierigkeit der Operationalisierung dieses Kriteriums, das gleichermaßen den Anforderungen der Validität und Reliabilität gerecht werden muss.

Die Kriteriumsvalidität entzieht sich mangels eines gültigen Außenkriteriums im vorliegenden Fall einer Überprüfung.

Die **Konstruktvalidität** bietet hierfür einen Ausweg, weil für die Validitätsprüfung hierbei nicht ein manifestes Außenkriterium einzeln zu prüfen ist. Vielmehr stützt sich die Prüfung der Validität auf ein Hypothesensystem, das die theoretische Fundierung der Konstruktmessung sichert. Ein Messinstrument gilt demnach dann als valide, wenn Hypothesen ableitbar sind, die sich anhand empirischer Daten bestätigen lassen. Damit kann der vorliegenden empirischen Untersuchung Konstruktvalidität bescheinigt werden, obgleich, wie bereits angeführt,

---

[812] Vgl. Kepper, 1996, S. 198ff.
[813] Vgl. ausführlich zu den einzelnen Arten der Validität auch Bortz/Döring, 2002, S. 199ff.

zwei Hypothesen nicht bestätigt werden konnten. Hierfür lassen sich jedoch weitgehend plausible und theoretisch gestützte Begründungen anführen.[814] Um die Konstruktvalidität der Messung zusätzlich zu untermauern, lassen sich weitere Verfahren heranziehen. Dabei werden die einzelnen Hypothesen getrennt abgefragt und auf Konvergenz zum ausgewählten Konstrukt (**Konvergenzvalidität**) bzw. auf Diskriminanz zu anderen Konstrukten (**Diskriminanzvalidität**) untersucht. Konvergenzvalidität liegt vor, wenn verschiedene Messansätze, die das gleiche Konstrukt messen, übereinstimmende Ergebnisse liefern, das heißt, ausreichend stark miteinander korrelieren.

Für die vorliegende Arbeit kann die Konvergenzvalidität nicht bestimmt werden, da für die jeweiligen Konstrukte keine weiteren Messansätze vorliegen, die das gleiche Konstrukt messen. Daher muss auf Ersatzmaße der Konvergenzvalidität zurückgegriffen werden. Nach Fritz stellen die Faktorreliabilität sowie die durchschnittliche erfasst Varianz (DEV) geeignete Maße zur Bestimmung der Konvergenzvalidität dar. Dabei wird ein Schwellenwert von 0,6 bzw. 0,5 angegeben.[815]

| Konstrukt | Indikatoren | Faktor-reliabilität | DEV |
|---|---|---|---|
| Informationsrate | Lebendig | 0,88 | 0,51 |
| | Überraschend | | |
| | Vielfältig | | |
| | Abwechslungsreich | | |
| | Neuartig | | |
| | Beeindruckend | | |
| | Interessant | | |
| Orientierungs-freundlichkeit | Orientierungsfreundlich | 0,73 | 0,58 |
| | Vertraut | | |
| Bankspezifisches Involvement | Denke an Zinsen und Konditionen | - | - |
| Persönlichkeit | Verbindung Banking/Shopping | 0,80 | 0,57 |
| | Nicht nur Geldgeschäfte | | |
| | Bankuntypische Leistungen | | |
| Lust/Aktivierung (Entspannung) | Locker | 0,75 | 0,50 |
| | Gelassen | | |
| | Heiter | | |
| Gesamtein-druck/Gefallen | Attraktiv | 0,64 | 0,47 |
| | Vorteil gegenüber anderen Kreditinstituten | | |
| Beratungsnachfrage | Häufigkeit der Beratung | - | - |
| Allgemeine Annä-herungsabsicht | Besuche Veranstaltungen | 0,72 | 0,46 |
| | Interesse für neue Angebote | | |
| | Schaue mich um, wenn es etwas Interessantes gibt | | |

*Tabelle 25:*    *Faktorreliabilität und durchschnittlich erfasste Varianz (DEV) zur Prüfung der Konvergenzvalidität*

---

[814] Vgl. Abschnitt 4.3.3.4 (S. 182ff).
[815] Vgl. Fritz, 1995, S. 134.

Für die vorliegende Untersuchung erreichen die Faktorreliabilitäten aller Konstrukte den erforderlichen Schwellenwert. Lediglich für die Konstrukte Gesamteindruck/Gefallen sowie die allgemeine Annäherungsabsicht werden die Grenzwerte für die durchschnittlich erfasste Varianz nur leicht unterschritten, sodass dennoch für alle Konstrukte auf das Vorliegen von Konvergenzvalidität geschlossen werden kann.

Demgegenüber liegt Diskriminanzvalidität vor, wenn sich Messungen unterschiedlicher Konstrukte tatsächlich unterscheiden. Dabei gilt das Fornell-Larcker-Kriterium als sehr strenges Maß zur Beurteilung. Das Kriterium ist erfüllt, wenn die durchschnittlich erfasste Varianz eines Konstruktes größer ist als jede quadrierte Korrelation dieses Konstruktes mit einem anderen Konstrukt (DEV>R²).[816] Tabelle 26 zeigt die Ergebnisse zusammenfassend.

| Konstrukt | DEV > R² |
|---|---|
| Informationsrate | $0,51 < 0,78^{*)}$ |
| Orientierungsfreundlichkeit | 0,58 < 0,78 |
| Bankspezifisches Involvement | - |
| Persönlichkeit | 0,57 < 0,78 |
| Lust/Aktivierung (Entspannung) | 0,50 < 0,78 |
| Gesamteindruck/Gefallen | 0,47 < 0,78 |
| Beratungsnachfrage | - |
| Allgemeine Annäherungsabsicht | 0,46 < 0,78 |

*) größte quadrierte Korrelation zwischen den latenten Variablen

*Tabelle 26: Fornell-Larcker-Kriterium zur Prüfung der Diskriminanzvalidität*

Für die Prüfung der Diskriminanzvalidität anhand des Fornell-Larcker-Kriteriums muss für alle Konstrukte ein negativer Befund anerkannt werden. Insgesamt zeigt sich damit, dass für das Forschungsfeld der Wirkungsanalyse erlebnisorientierter Gestaltungskonzepte im Bereich Finanzdienstleistungen noch weitere intensive Bemühungen für die Entwicklung geeigneter Messkonzepte notwendig sind.

Schließlich basiert die **nomologische Validität** auf der Prüfung der Konstruktmessung im Netzwerk der Hypothesen. Zur Beurteilung wird die Anpassungsgüte auf der Ebene des Strukturmodells herangezogen, die sich anhand der quadrierten multiplen Korrelationskoeffizienten prüfen lässt.[817] In Tabelle 23 (S. 180) sind die hierfür ausgewiesenen Werte zusammengefasst. Dabei zeigt sich, dass allein für das Konstrukt der Beratungsnachfrage der erforderliche Schwellenwert von 0,4 nicht erreicht wird. Die Interpretation der Ergebnisse zur Güte des Kausalmodells in Abschnitt 4.3.3.3 (S. 176ff; insbes. Anpassungsgüte der Teilstrukturen) lieferten hierfür bereits wesentliche Erklärungsansätze.

---

[816] Vgl. Fornell/Larcker, 1981, S. 46; Homburg/Giering, 1996, S. 11
[817] Vgl. Hildebrandt, 1998, S. 94; Fritz, 1995, S. 138.

## 5.3 Praktisches Forschungsziel

Die vorangegangene Prüfung des im Rahmen der Arbeit entwickelten umweltpsychologischen Verhaltensmodells hat gezeigt, dass Erlebniswirkungen, die insbesondere durch emotionale Reize der Umwelt ausgelöst werden, auch für den Anwendungsbereich der Finanzdienstleistungen nachweisbar sind. In der Konsequenz können erlebnisorientierte Gestaltungskonzepte in Kreditinstituten als geeignetes Instrument angesehen werden, das Verhalten von Bankkunden stärker über emotionale Determinanten zu lenken. Die praktische Zielsetzung der Arbeit bestand damit vor allem darin, aus den gewonnenen theoretischen und empirischen Erkenntnissen konkrete Handlungsempfehlungen für Kreditinstitute abzuleiten.

Parallel zu den Erkenntnissen aus dem Einzelhandel, konnten für den Bereich der Finanzdienstleistungen gleichermaßen positive Verhaltensreaktionen aufgrund emotionaler Reize der Umwelt nachgewiesen werden. Insbesondere weisen die Befunde darauf hin, dass eine **emotionale Kundenansprache** die **Nachfrage** nach **Beratungsleistungen erhöht**. Demnach stützen erlebnisorientierte Gestaltungskonzepte das Bedürfnis der Kunden nach einer vertrauensvollen, auf persönlichen Beziehungen beruhenden Kunde-Bank-Beziehung. Vor allem eine sympathische und heitere Geschäftsatmosphäre (determiniert durch die Informationsrate) kann dazu betragen, die Kontaktaufnahme zu Kreditinstituten zu erleichtern.

Diese Ergebnisse sind zunächst besonders für Zielgruppen mit gering ausgeprägtem prädispositionalen bankspezifischen Involvement interessant.

Zudem ergeben sich für Kunden, die eine hohe Aufgeschlossenheit gegenüber bankuntypischen Angeboten zeigen, über die Filialgestaltung Möglichkeiten, gleichfalls die **allgemeinen Annäherungsabsichten positiv zu beeinflussen**. Die Wirkungen verstärkter allgemeiner Annäherungsabsichten sind dabei vor allem darin zu sehen, die persönliche Ansprache zu erleichtern und **Kontaktpunkte** zwischen Kunde und Berater herzustellen auf deren Basis vertrauensvolle und **regelmäßige Beratungssituationen** generiert werden können. Dies gilt insbesondere für diejenigen Zielgruppen, die Bankfilialen häufig nur für die Erledigung von SB-Geschäften nutzen und seltener auf Beratungsangebote aufmerksam werden. Hier können lebendige Gestaltungsaspekte durch eine moderne und heitere Ausstrahlung Neugier und Aufmerksamkeit wecken und damit verstärkte Annäherungsabsichten begründen.

Weiter konnte zunächst aus theoretischer Sicht gezeigt werden, dass häufig selbst bei rational determinierten Entscheidungen die spontan entstehenden emotionalen Eindrücke gegenüber dem Angebot, dessen rationale Bewertung entscheidend beeinflussen und daher auch das Verhalten diesen gegenüber bestimmen.[818] Im Hinblick auf die Entwicklung der Kundenbedürfnisse im Finanzdienstleistungsbereich und die positiven empirischen Ergebnisse dieser

---

[818] Vgl. Kroeber-Riel/Weinberg, 2003, S. 240ff und ausführlich Abschnitt 3.2.3 (S. 80ff).

Untersuchung erscheint es sinnvoll, diese Erkenntnisse gleichermaßen für den Anwendungs-bereich der Finanzdienstleistungen zu nutzen.

Um Entscheidungsprozesse gezielt zu befördern, sind Instrumente gefordert, die an emotionale Bedürfnisse von Kunden appellieren. Orientiert man sich an den **Erkenntnissen des Einzelhandels**, nimmt die Bedeutung emotionaler Wirkungen, die von der **räumlichen Atmosphäre** in Entscheidungssituationen ausgehen, eine besondere Rolle ein. In der vorliegenden Arbeit bleibt zwar die Untersuchung konkreter Entscheidungssituationen unberücksichtigt, da das Modell keine Aussagen darüber ermöglicht, inwiefern emotionale Prozesse direkt auf Informationsverarbeitungs- und Gedächtnisprozesse wirken. Dennoch können anhand der Erkenntnisse der sozialpsychologischen und Konsumentenverhaltensforschung in gleicher Weise positive Einflüsse auf Informationsverarbeitungs- und Gedächtnisprozesse unterstellt werden. Insbesondere kann davon ausgegangen werden, dass diese Prozesse gerade in Beratungssituationen relevant werden, da emotional determinierte Informationsverarbeitungssysteme eine positivere Bewertung des Angebotes sowie spontane Kaufentscheidungen bewirken.[819] Demnach erlangen auch bei primär rationalen Überlegungen, wie sie zumindest bei komplexen Finanzdienstleistungen häufig vorliegen, **emotionale Prozesse** – die im Fall der vorliegenden empirischen Untersuchung durch emotionale Reize der Umwelt (räumlich-atmosphärische Gestaltung von Bankfilialen) ausgelöst werden – maßgebliche **Bedeutung für das Entscheidungsverhalten**.

Damit ist das **Ziel** erlebnisorientierter Gestaltungskonzepte im Bereich der Finanz-dienstleistungen darin zu sehen, trotz überwiegend kognitiv determinierter Entschei-dungen, den **Einfluss emotionaler Aspekte des Entscheidungsverhaltens zu erhöhen**. Dies kann insbesondere über eine positive Basisatmosphäre erreicht werden, die Kreditinstitute allgemein sympathischer erscheinen lässt. Damit kann den Kunden in der Beratungssituation ein besseres „Gefühl" für die Richtigkeit ihrer Entscheidung dadurch vermittelt werden, dass sie der Erledigung von Bankgeschäften in einer ange-nehmen Atmosphäre mehr Vertrauen und Sympathie entgegenbringen können.

In diesem Sinne steht die **räumlich-atmosphärische Gestaltung** bei der Realisierung von Erlebnisbank-Konzepten im Mittelpunkt der handlungsorientierten Betrachtung der Ergebnis-se der empirischen Untersuchung.

Dabei ist den Ausführungen voran zu stellen, dass die definierten finanzdienstleistungsspezi-fischen Besonderheiten spezielle Anforderungen an die Gestaltung von Erlebnisbank-Konzepten implizieren. Insbesondere aus der Diskussion der notwendigen Abgrenzung von

---

[819] Vgl. Stöhr, 1998, S. 97; Donovan et al. 1994.

Bankerlebnissen im Abschnitt 2.3.3 (S. 45ff) muss geschlussfolgert werden, dass aufgrund der vorhandenen semantischen Netzwerke, die sich auf Kundenseite mit dem Erlebnisbegriff verbinden, eine direkte Kommunikation von „Erlebnissen" nicht uneingeschränkt zu empfehlen ist. Die Assoziation Bank – Erlebnis ist beim Kunden nicht unmittelbar verfügbar. Vielmehr sind Bankgeschäfte nach wie vor mit einem hohen Maß an Vertrauen, Seriosität und Kompetenz verbunden, die durch die Verwendung falscher Begrifflichkeiten (z.B. Erlebnis-Banking) leicht falsche, weil im Wesentlichen freizeitbezogene Erwartungen, wecken. Dies begründet sich vor allem aus dem bei Kunden verankerten Alltagsverständnis des Erlebnisbegriffs, das überwiegend mit dem Sport- und Freizeitbereich verbunden ist.

Dennoch ist damit nicht ausgeschlossen, Elemente des Erlebnismarketing aus Bereichen des Einzelhandels, des Sports oder Freizeitangeboten auf die Anwendung in Kreditinstituten zu übertragen und damit vor allem auf eine verstärkt emotionale Ansprache von Bankkunden abzustellen. Vielmehr ist über bankspezifische Maßnahmen die Ausbildung semantischer Verknüpfungen zwischen Erlebnissen und Banken anzustreben. Damit ist jedoch der inhaltliche Schwerpunkt erlebnisorientierter Maßnahmen verstärkt auf die **Differenzierung von Themen der Freizeit- und Konsumwelten** zu lenken.

Um schließlich konkrete Handlungsempfehlungen ableiten zu können, die für Kreditinstitute eine praxisorientierte Umsetzung der Untersuchungsergebnisse ermöglichen, kann grundsätzlich auf die in Abschnitt 2.3.3.2 (S. 51ff) identifizierten Erlebnis-Dimensionen, die branchenübergreifend als Determinanten von Erlebnisstrategien gelten können, zurückgegriffen werden. Dabei muss die Ausgestaltung der Dimensionen entsprechend der Erwartungen der Bankkunden erfolgen, die speziell für Kreditinstitute eine von bisher bekannten Konzepten des Handels differenzierte Betrachtung erfordern.

Aspekte der Raumgestaltung nehmen dabei, gleichfalls Konzepte des Einzelhandels, aufgrund ihrer atmosphärischen Erlebniswirkungen eine besondere Stellung ein, da sie einem bankbezogenen Verständnis von Erlebnissen – als Bündel von Emotionen, die Gefühlen des Wohlfühlens, emotionaler Nähe, Achtung und Anerkennung gerecht werden – in besonderer Weise entsprechen. Dabei steht der Anspruch an die Erfüllung grundlegender Standards wie Freundlichkeit, Kompetenz, Kundennähe, Erreichbarkeit sowie das Bedürfnis entsprechend der persönlichen Lebens- und Finanzsituation kompetent beraten und betreut zu werden, zumeist **vor** der Erwartung emotionaler Erlebnisse in der Bankfiliale. Demnach geht eine erlebnisorientierte und damit für Kreditinstitute neuartige und abwechslungsreiche Atmosphäre zwar ganz entscheidend von räumlich-atmosphärischen Wirkungen aus. Gleichfalls wird eine positive Basisatmosphäre ganz wesentlich von positiven persönlichen Emotionen des Kunden in der Kunde-Bank-Beziehung getragen.[820] In diesem Zusammenhang zeigt sich nochmals deutlich die Notwendigkeit, emotionale und rationale Bedürfnisse von Kunden auf der handlungsorientierten Ebene der Entwicklung von Erlebnisbank-Konzepten zu verknüpfen.

## Implikationen aus Erkenntnissen der Umweltpsychologie

Ausgangspunkt für die Ableitung konkreter Hinweise einer erlebnisorientierten Gestaltung von Bankfilialen bilden zunächst die Erkenntnisse der Umweltpsychologie, wobei vor allem die emotionalen Ansätze der umweltpsychologischen Forschung für den Untersuchungsgegenstand von besonderer Bedeutung sind. Wie im Abschnitt 3.1.4 (S. 61ff) theoretisch begründet werden konnte, werden emotionale Reaktionen auf Reize der Umwelt vor allem von der Informationsrate determiniert. Reizstarke Umwelten sind über eine hohe Informationsrate charakterisiert und bestimmen sich insbesondere über Aspekte der **Neuartigkeit** und **Komplexität**. Je abwechslungsreicher, neuartiger, überraschender und lebendiger eine Umwelt erlebt wird, desto höher ist deren Informationsrate. Zugleich definiert die wahrgenommene Reizstärke das Aktivierungspotenzial der Umwelt.

Für die Gestaltung räumlicher Umwelten in Bankfilialen lässt sich daraus ableiten, dass hier vor allem für Banken ungewöhnliche, den klassischen Schemavorstellungen widersprechende Gestaltungsmerkmale geeignet sind, ein hohes Aufmerksamkeits- und Aktivierungsniveau zu erreichen. Gleichermaßen führt das hohe Maß an Erfahrungs- und Vertrauenseigenschaften dazu, dass die Bewertung der Leistungsfähigkeit eines Finanzdienstleisters häufig über Elemente der physischen Umwelt erfolgt (vgl. hierzu insbesondere Abschnitt 3.2.3, S. 80ff). Auch in diesem Zusammenhang darf der Einfluss emotionaler Reaktionen, die durch Gestaltungsparameter der Umwelt ausgelöst werden, keineswegs unterschätzt werden. Vielmehr prägen emotional aktivierende (erlebnisorientierte) Umweltmerkmale das Image und die Einstellung gegenüber einem Dienstleister und können dessen Differenzierung gegenüber anderen Anbietern befördern.[821]

---

[820] Vgl. zur Bedeutung (persönlicher) Emotionen in der Kunde-Bank-Beziehung beispielsweise Griese, 2002 sowie Lohmann, 1997, S. 29f.
[821] Vgl. die Untersuchungsergebnisse von Darden/Babin, 1994.

Für die Gestaltung von Bankfilialen ergeben sich daraus folgende Anforderungen:

-   Umsetzung von für Banken ungewöhnlichen räumlich-atmosphärischen Gestaltungskonzepten, die über positive emotionale Reaktionen das Verhalten von Bankkunden lenken. Die identifizierten Erlebnis-Dimensionen bilden dafür die inhaltliche Grundlage.
-   Berücksichtigung persönlicher Präsdispositionen von Bankkunden
-   Erfüllung von Anforderungen an die Beratungs- und Betreuungskompetenz – Aufbau einer persönlichen Beziehungsebene zum Kunden
-   Nutzung von Differenzierungspotenzialen, die von der Gestaltung von Umwelten ausgehen – dabei sind vor allem sinnlich wahrnehmbare Elemente relevant[822]

Wie im Abschnitt 4.2.2 (S. 154ff) bereits erwähnt, erfolgte im Rahmen sowohl der qualitativen als auch der quantitativen Datenerhebung gleichfalls eine Bewertung konkreter Parameter von Erlebnisbank-Konzepten, um schließlich empirisch gestützte Handlungsempfehlungen einer räumlich-atmosphärischen Gestaltung von Kreditinstituten ableiten zu können. Wesentliche Anhaltspunkte können insbesondere aus dem Vergleich der Bewertung zweier Gestaltungskonzepte – einer Erlebnisbank und einer klassisch banktypischen Filiale – gezogen werden.[823]

Der Vergleich beider Gestaltungskonzepte zeigt, dass eine Bankfiliale durchaus nicht banktypisch gestaltet sein muss, vielmehr offene, emotional anmutende Konzeptionen ihre Berechtigung haben und besonders bei Kunden, die emotional aktivierenden Angeboten aufgeschlossen gegenüber stehen (persönliche Reizaufgeschlossenheit) ein lebendiges Image transportieren können, das durch Eigenschaften wie Leichtigkeit, Flexibilität und Modernität zum Ausdruck kommt. Besonders positiv kann dieses Ergebnis vor dem Hintergrund gesehen werden, dass eine bankuntypische Gestaltung bei reizaufgeschlossenen Kunden in Bezug auf die Beurteilung klassischer Bankwerte wie Sicherheit, Diskretion, Vertrauen und Seriosität nicht schlechter abschneidet. Selbst neuartige und überraschende Gestaltungskonzepte knüpfen demnach eine Verbindung zu klassischen Schemavorstellungen von Finanzdienstleistern und eignen sich für eine verstärkt emotionale Kundenansprache in Kreditinstituten.

Im Mittelpunkt der Entwicklung erlebnisorientierter Gestaltungskonzepte steht damit zunächst die Schaffung einer positiven Basisatmosphäre. Diese trägt überdies dazu bei, Kreditinstitute allgemein sympathischer erscheinen zu lassen. Bisherigen, häufig rational-kühlen Gestaltungskonzepten von Banken ist dagegen die oft nachweisbare Abneigung gegenüber Finanzdienstleistungen zuzuschreiben. Zugleich verstärken banktypische Filialkonzepte viel-

---

[822] Vgl. Kotler, 1973, S. 64; Bühler, 1999, S. 249ff; Zeithaml/Bitner, 2000, S. 257; Fisk et al.; 2000, S. 106ff.
[823] Vgl. dazu die Ausführungen zum Design der empirischen Erhebung im Abschnitt 4.2.2.2 (S. 156ff).

fach die der Erledigung von Bankgeschäften beigemessene Bedeutung und Risikowahrnehmung und unterdrücken emotionale Aspekte des Entscheidungsverhaltens.[824]

Im Hinblick auf das Umfeld und die Gestaltung von Erlebnisbank-Konzepten kommt daher
Elementen, die eine **angenehme, heitere und zugleich freundliche Atmosphäre** in die Filialen tragen, eine besondere Bedeutung zu, da sie letztlich die Basis für positives Erleben bilden. Für die Gestaltung von Filialräumen spielen dabei **Farben und Formen** eine Rolle, die
durch eine **offene und transparente Raumaufteilung** unterstützt werden und neuartige Um-
gebungen in Filialräumen entstehen lassen.

In diesem Zusammenhang sind insbesondere Entwürfe geeignet, die dem Wunsch der Kunden
nach **warmen, freundlichen und sonnigen Farben** entsprechen. Eine „wohnliche" Atmosphäre, in der sich Kunden und Mitarbeiter gleichermaßen wohl fühlen, kann dabei besonders
über gelb-orange Töne erreicht werden, die durch **Holztöne** (z.B. Parkett für die Bodengestal-
tung) ergänzt werden. Das angestrebte positive Raumgefühl kann sich im Weiteren auch in
**runden** und **harmonischen Formen** wieder finden, die für Sitzmöbel und Beratungsinseln
eingesetzt werden. Das insgesamt freundliche Gesamtbild lässt sich zusätzlich durch Bilder,
Blumen und Pflanzen sowie warme Beleuchtungseffekte weiter unterstützen. Dabei ist diese
Gestaltung vor allem für Warte- oder Kurzberatungszonen geeignet (Abbildung 33, Bild A).
Die folgenden Abbildungen veranschaulichen beispielhaft wünschenswerte atmosphärische
Elemente. Die Collagen entstanden im Rahmen eines Workshops, bei dem Bankkunden Er-
lebnisbank-Konzepte entwerfen konnten.[825]

---

[824] Foxall/Pallister, 1998; Schramm, 2002, S. 75 sowie Abschnitt 3.3.1 (S. 87ff).
[825] Der Workshop war Bestandteil der qualitativen Forschungsphase und diente der Erfassung wünschenswerter
Gestaltungsaspekte bei der Umsetzung von Erlebnisbank-Konzepten.

Bild A

Bild B

*Abbildung 33:    Beispiel einer emotional aktivierenden Raumgestaltung für Warte- und Kurzberatungszonen (A) sowie Beratungsbereiche (B) in Bankfilialen*

Um den „Wohlfühl-Charakter" neuer Filialkonzepte zusätzlich zu unterstreichen, ist auch die Integration eines kleinen Cafés bzw. eines Kaffeeautomaten im Bereich der Wartezone zu empfehlen. Aufgrund der offenen und freundlichen Atmosphäre laden neu gestaltete Wartebereiche zum Verweilen ein, schaffen Kontaktpunkte zwischen Kunde und Berater und bieten damit die Möglichkeit, Beratungsgespräche in angenehmer Atmosphäre anzubahnen und vorzubereiten. Dabei ist die direkte Integration in die Filiale anzustreben, da nur so die positiven emotionalen Wirkungen der räumlich-atmosphärischen Gestaltung auf das Image des Finanzdienstleisters übertragen werden.

Demgegenüber eignen sich für den **Beratungsbereich** stärker **banktypische Gestaltungselemente**, um den Erwartungen der Bankkunden nach einer seriösen und individuellen Beratungssituation zu entsprechen (Abbildung 33, Bild B). Dennoch empfiehlt sich auch hier die sonstige Farbgebung der Filiale aufzugreifen, um eine einheitliche atmosphärische Gesamtwirkung zu erreichen, die Vertrauen und ein gutes Gefühl in der Beratungssituation befördern. Wesentlich ist dabei insbesondere auch die **persönliche Beziehungsebene** zwischen Kunde und Berater, die letztlich die **Basis für ein positives Dienstleistungserlebnis** in der Bank darstellt. Somit können auch komplexe Finanzdienstleistungen über eine emotionale Ebene kommuniziert werden, die durch atmosphärische Reize zusätzlich unterstützt wird.

Um die **Offenheit der Gestaltung** nicht nur über Farben und Formen zu transportieren und die persönliche Beziehung zwischen Kunde und Berater zusätzlich zu betonen, eigenen sich besonders Gestaltungskonzepte, die sich von bisherigen Tresen- und Schalterlösungen differenzieren. Die bisher von Kunden häufig wahrgenommene Distanz wird durch offene Gestaltungselemente und **Beratungsinseln** aufgebrochen. Damit wird in den Filialen die Realisierung völlig neuartiger Raumkonzepte möglich.

Zusätzlich ist die Integration branchenfremder Anbieter sinnvoll. Dadurch kann zunächst aus Sicht der Kreditinstitute eine effiziente Nutzung der Filialfläche erreicht werden. Die Notwendigkeit der Umfeldentwicklung ist dabei oftmals eng damit verknüpft, dass gerade Hauptfilialen in Innenstadtlagen Überkapazitäten an Filialfläche aufweisen. Diese Situation kann sich aufgrund der zunehmenden Akzeptanz elektronischer Vertriebswege, insbesondere für einfache Zahlungsverkehrleistungen, in den kommenden Jahren weiter verschärfen. Dennoch stellen Filialen nach wie vor den wichtigsten Vertriebsweg innerhalb der Multi-Kanal-Strategie dar. Damit muss allerdings die **inhaltliche Ausrichtung** von Filialen an den Bedürfnissen der Kunden nach **persönlicher Beratung** und **individuellen Problemlösungen** insgesamt stärker in den Vordergrund rücken, weil genau diese Bedürfnisse von Direktbanken kaum ausreichend zu bedienen sind. Zugleich müssen Filialen durch eine interessante atmosphärische Raumgestaltung sowie durch eine sinnvolle Um- bzw. Zusatznutzung attraktiver werden, damit die Kunden auch weiterhin den Weg in die Filiale finden. Dabei bieten sich insbesondere **Kooperationen mit dem Einzelhandel** oder dem **Gastronomiebereich** an, die die Filialen mit ihrer Offenheit ausstrahlenden Atmosphäre gestalten und die bisher banktypische, rational-kühle Anmutung beleben. Je nach **persönlicher Präsdisposition** (Reizaufgeschlossenheit) stehen die Kunden der Verbindung von Bankgeschäften mit Shopping-Angeboten durchaus aufgeschlossen gegenüber und **bewerten** diese **Gestaltung positiv.**

Die Ergebnisse der empirischen Untersuchung haben deutlich gemacht, dass mit einer neuartigen, interessanten und abwechslungsreichen **Gestaltung** von Bankfilialen **positive emotionale Reaktionen verbunden** sind, die eine erhöhte **Nachfrage nach Beratungsleistungen** zur Folge haben. Ein attraktives und gegenüber anderen Kreditinstituten differenzierendes Angebot ist dabei insbesondere geeignet, die **allgemeinen Annäherungsabsichten zu erhöhen**. Die Ergebnisse stützen damit die aus Sicht der Kreditinstitute angestrebte Erhöhung der Besuchsfrequenz in den Filialen.

Wichtig ist zudem, dass bei der Umsetzung von Erlebnisbank-Konzepten ein **einheitliches Dienstleistungserlebnis** angeboten wird. Im Hinblick auf den Untersuchungsgegenstand sind die Anforderungen der Kunden an die Seriosität und die Kompetenz des Finanzdienstleisters von ganz entscheidender Bedeutung. Alle angebotenen Zusatzleistungen müssen mit dem Angebot eines Finanzdienstleisters verankert werden. Misslingt die inhaltliche Integration bankfremder Anbieter, entstehen beim Kunden widersprüchliche Eindrücke, die zu Unverständnis und Reaktanz führen[826] und das Image des Anbieters nachhaltig schädigen können. In diesem Zusammenhang ist auch die Beachtung eines für die Kunden angenehmen Reizvolumens wichtig, um letztlich eine positive Emotionalisierung des Angebotes zu erreichen.[827]

In dieser Hinsicht gewinnen zugleich Aspekte der **kognitiven Umweltpsychologie** an Bedeutung, deren Kern in der gedanklichen Strukturierung der Umwelt liegt. Dabei dienen vor allem **desaktivierende Reizstrukturen**, die über die Orientierungsfreundlichkeit von Umwelten erreicht werden, der Reduzierung der Komplexität und damit des Reizvolumens der Umwelt.[828] Für die Gestaltung von Bankfilialen sind daher Elemente erforderlich, die trotz der zunächst ungewohnten offenen Gestaltungssituation (z.B. Beratungsinseln) die Orientierung erleichtern. Dies könnte beispielsweise durch einen Empfangsbereich oder über farbliche Absetzung verschiedener Bereiche realisiert werden.

Auf der Grundlage einer positiven Basisatmosphäre, die einen zentralen Einfluss auf die Stimmung der Kunden ausübt, können weitere Elemente ausgestaltet werden, die den Besuch der Bankfiliale mit Erlebnissen gestalten und damit ein stärker emotionales Entscheidungsverhalten unterstützen. So können **Veranstaltungen und Events**, die in der Filiale stattfinden, einen weiteren Rahmen für Erlebnisse schaffen.[829] **Ausstellungen, Galerien** oder andere Veranstaltungen mit vorwiegend kulturellem Charakter eignen sich dabei besonders für eine stärker erlebnisorientierte Ausrichtung von Bankfilialen und können die Verweildauer in den Filialen positiv beeinflussen.

Zudem bieten **Events** die Möglichkeit, Kunden gezielt in die Filialen zu lenken. Empfehlenswert sind hier persönliche Einladungen entsprechend der Kundeninteressen. Events sind allerdings nur dann Erfolg versprechend, wenn Erlebnisse angeboten werden, die als **einzigartig** und **besonders** wahrgenommen werden, die für den Kunden **bedeutsam** sind, die stark **aktivieren** und **emotionalisieren** und über diese Ebene die **emotionale Bindung** der Kunden an das Kreditinstitut nachhaltig unterstützen. Die Einlösung dieses Anspruchs erfordert intensive Vorbereitungs- und Organisationsarbeit, da sie oft eine räumlich-atmosphärische Anpassung der Filiale voraussetzen. Beispielsweise sind Licht, Stoffe und Farben geeignete Mittel, Räume entsprechend der jeweiligen Situation zu gestalten. Die zeitweilige Integration von Events kann gleichfalls durch eine vom sonstigen Boden erhabene

---

[826] Vgl. Weinberg, 1992, S. 55.
[827] Vgl. Mehrabian, 1978, S. 26ff; Kroeber-Riel/Weinberg, 2003, S. 430.
[828] Vgl. Bost, 1987, S. 52.
[829] Vgl. hierzu insbesondere die Erlebnistheorie der Verarbeitung, wonach es für „Erlebnisanbieter" möglich ist, erlebnisorientierte Rahmenbedingungen zu schaffen (z.B. durch die Gestaltung räumlicher Umwelten, Events), die Ereignisse und Situationen nach subjektiver Interpretation zu Erlebnissen werden lassen (vgl. Schulze, 1998, S. 307).

Bühne unterstützt werden, die im „normalen" Filialbetrieb für Produktpräsentationen (z.b. Aktionsprodukte) oder Kurzberatungen zur Verfügung steht. Je nach Zielgruppe und Art des Events schaffen Bilder, Farben, vielleicht auch Düfte die richtigen Situationen und Stimmungen, um emotionale Aspekte des Entscheidungsverhaltens zu unterstützen und Kaufanreize zu generieren.[830]

In diesem Zusammenhang ist vor allem die sorgfältige Wahl der Stimuli zu beachten, um einheitliche Erlebnisse zu inszenieren, die zwar im Einklang mit den Erwartungen an Finanzdienstleister (z.B. Kompetenz, Vertrauen) stehen müssen, dennoch über Aspekte der Neuartigkeit überraschende Reize schaffen, die klassischen schematheoretischen Vorstellungen entgegenstehen und so Neugier und Interesse wecken und das Image des Anbieters positiv verändern. So zeigen Untersuchungen einen signifikanten Zusammenhang zwischen der Beurteilung der Passfähigkeit eines Events und dem Eventobjekt sowie der Beurteilung des Images des Eventobjektes.[831] Das bedeutet für den Anwendungsbereich der Kreditinstitute, dass durch den Einsatz ungewöhnlicher Reize, die eine gewisse Distanz zu bisherigen Erfahrungen von Bankkunden aufweisen, eine Modifikation des Images klassischer Finanzdienstleister bewirkt werden kann. Werden also Events und damit verbundene atmosphärische Raumgestaltungen als neuartig und **passend** zu Kreditinstituten wahrgenommen, so können insgesamt positive Wirkungen für Finanzdienstleister erwartet werden.

Für die Konzeption von Events besteht damit die Notwendigkeit, die Passfähigkeit von Eventinhalten zielgruppenspezifisch zu erheben und dementsprechend zu planen.[832] Aufgrund der unterschiedlichen Zielgruppen, die sich insbesondere in Bezug auf ihr Involvement gegenüber Finanzdienstleistungen sowie der persönlichen Reizaufgeschlossenheit gegenüber einer erlebnisorientierten Ausrichtung von Kreditinstituten allgemein unterscheiden, ist eine sehr differenzierte Ansprache von Kunden, insbesondere im Hinblick auf die Integration von Events, anzustreben.

Insgesamt ist zu betonen, dass der Schwerpunkt eines Erlebnisbank-Konzeptes in der Schaffung einer angenehmen, heiteren und freundlichen Basisatmosphäre zu sehen ist, die die Grundlage einer stärker emotionalen Kunde-Bank-Beziehung bildet. Dabei wird die Atmosphäre sowohl über die räumliche Gestaltung als auch über eine persönliche Kommunikationsebene zu den Kundenbetreuern und Mitarbeitern des Kreditinstitutes getragen. Somit ist insbesondere eine **kontinuierliche Lebendigkeit** in der Filiale erforderlich, die nur zeitweilig

---

[830] Vgl. Reimann, 1999, S. 62.
[831] Vgl. Drengner, 2003, S. 205ff und 243.
[832] Vgl. Drengner, 2003, S. 246.

durch eine Aktionsorientierung ergänzt werden sollte, um Inflationstendenzen im Ausstellungs- und Eventbereich zu begegnen.

**Implikationen aus Erkenntnissen der Emotions- und Kognitionsforschung**

Die Erkenntnisse hinsichtlich der räumlichen Gestaltung von Erlebnisbank-Konzepten und die daraus abgeleiteten Handlungsempfehlungen stehen in engem Zusammenhang zu Erkenntnissen der Emotions- und Kognitionsforschung. Wie in Abschnitt 3.2.3 (S. 80ff) erläutert wurde, wird vor allem bei augenscheinlich kognitiv determinierten Entscheidungsprozessen im Dienstleistungsbereich die Wirkung emotionaler Vorgänge auf kognitive Prozesse vielfach unterschätzt. Für den Untersuchungsgegenstand wurden daher die Wirkungen positiver Emotionen (ausgelöst durch Reize der Umwelt) auf Bewertungsprozesse untersucht. Dieses Vorgehen kann dabei vor allem durch Untersuchungsergebnisse begründet werden, die zunächst einen positiven Zusammenhang zwischen der aktuellen Stimmung und der **Beurteilung von Personen oder Umwelten**[833] nachweisen. Darden/Babin untersuchten dagegen speziell den Einfluss emotionaler Reaktionen auf die **Wahrnehmung und Bewertung von Umwelten** im Bereich der **Dienstleistungen** und konnten zugleich einen Einfluss emotionaler Prozesse auf das Image bzw. die Einstellung gegenüber dem Dienstleister belegen. Über die Gestaltung von Umwelten ist damit auch eine für den Kunden wahrnehmbare Differenzierung gegenüber anderen Anbietern zu erreichen.[834]

Zwar konnte in dieser empirischen Untersuchung der erwartete positive Zusammenhang zwischen **emotionalen Reaktionen** auf Reize der Umwelt (Informationsrate) und der **Beurteilung** des Filialkonzeptes **nicht bestätigt werden**. Vielmehr ergab sich ein schwach negativer Zusammenhang. Die in der Filiale wahrgenommene Basisatmosphäre (z.B. locker, gelassen, heiter), die als emotionale Reaktion auf die physische Gestaltung der Umwelt zustande kommt, führt demnach für den Anwendungsbereich der Finanzdienstleistungen nicht unmittelbar zu einer positiven Bewertung (Gefallen) der Umwelt. Wie schon erwähnt, kann dieser Effekt darauf zurückgeführt werden, dass rationale Aspekte des Entscheidungsverhaltens zunächst dennoch überwiegen und Bewertungsaspekte, das heißt das Gefallen der Umwelt, insgesamt zunächst eine geringere Bedeutung einnehmen. Positive Wirkungen einer emotional aktivierenden Umgebung kommen anfangs vielmehr dadurch zum Tragen, dass ausgehend von emotionalen Reaktionen ein **direkter Einfluss** auf die **Beratungsnachfrage** konstatiert werden kann und die Umsetzung von Erlebnisbank-Konzepten inhaltlich stützen. Zugleich kann vermutet werden, dass positive emotionale Reaktionen im Sinne einer angenehmen Basisatmosphäre nicht ausschließlich über physische Gestaltungselemente hervorgerufen wer-

---

[833] Vgl. Bower, 1991; Clark/Williamson, 1989; Morris, 1989.
[834] Vgl. Darden/Babin, 1994; Baker et al., 1994.

den, sondern ebenso über die Person des Kundenbetreuers und die entstehende zwischenmenschliche Beratungsatmosphäre transportiert werden. In der Konsequenz nimmt die Nachfrage nach Beratungsleistungen zu.

Demgegenüber wird die **kognitive Bewertung** des Gesamteindrucks/Gefallens der Filiale ganz entscheidend von der **persönlichen Reizaufgeschlossenheit (Persönlichkeit)** des Bankkunden gegenüber ungewöhnlichen Konzepten bestimmt. Die kognitiven Reaktionen führen in der Folge zu verstärkten **allgemeinen Annäherungsabsichten**. Hier kann auf handlungsorientierter Ebene neben einem allgemein neuartigen Raumkonzept insbesondere eine Verbindung zu Aspekten des Ausstellungs- und Eventbereiches gesehen werden. Diese Maßnahmen können die Verweildauer, den Besuch von Veranstaltungen oder das Interesse für neue Angebote und Produkte wesentlich beeinflussen und schaffen Kontaktpunkte zwischen Kunde und Beratern, die die emotionale Bindung an das Kreditinstitut stärken. Ein verstärktes Bummel- und Verweilverhalten in der Filiale ist dabei im Wesentlichen nur dann zu erreichen, wenn die Umgebung attraktive und für den Kunden interessante und neuartige Reize bietet. Eine **positive kognitive Bewertung** der Gestaltungsaspekte gilt nach den Ergebnissen der empirischen Untersuchung als entscheidender **Parameter** für **verstärkte allgemeine Annäherungsabsichten**. Diese Erkenntnisse unterstreichen zusammenfassend die Notwendigkeit der oben exemplarisch abgeleiteten Empfehlungen für die Gestaltung von Filialräumen.

Wie im Abschnitt 4.1.2.3 (insbes. S. 149) erwähnt, wird eine positive Bewertung der Umwelt vor allem dann erfolgen, wenn sich der Kunde in der Umgebung wohl fühlt und die Umgebung attraktiv und geeignet scheint, Bankgeschäfte zu erledigen.

Für die Umsetzung entsprechender Erlebnisbank-Konzepte ist deshalb auf das Vorhandensein gedanklicher Verbindungen zwischen Kundenerwartungen und Elementen des Erlebniskonzeptes zu achten. Die Beurteilung der Übereinstimmung ist ein subjektiver Prozess, und greift auf die bereits vorhandenen assoziativen Strukturen (Bedeutung von Lerntheorien) zurück.[835] Aus diesem Zusammenhang heraus kann schließlich über persönliche Erfahrungen, der Aufbau assoziativer Strukturen befördert werden. Diese Gewöhnungseffekte stützen das Gefallen und die Akzeptanz neuartiger Gestaltungskonzepte.

**Implikationen aus Erkenntnissen der Involvementforschung**

Wie im Abschnitt 3.3.3 (S. 95ff) theoretisch begründet, determiniert im Zusammenhang mit Finanzdienstleistungen vor allem das prädispositionale Involvement, das über ein allgemein vorhandenes Interesse für Banken und Bankprodukte gekennzeichnet ist, das Verhalten gegenüber Kreditinstituten. Handlungsspezifisch kann zudem gleichermaßen von einem erhöh-

---

[835] Vgl. Drengner, 2003, S. 109f sowie ausführlich Abschnitt 2.3.3 (S. 45ff).

ten Involvement ausgegangen werden. Verschiedene Untersuchungen weisen jedoch verstärkt daraufhin, dass das Ausmaß des Involvements auch in Bezug auf Finanzdienstleistungen stark von der Bedeutung der jeweiligen Entscheidungssituation für den Bankkunden abhängt.[836] Entscheidungen von grundsätzlicher Natur motivieren demnach stärker zu einer intensiven Auseinandersetzung. Standardisierte Transaktionen oder weitgehend habitualisierte Bankgeschäfte sind dagegen häufig dem Low-Involvement-Bereich zuzuschreiben.[837]

Diese Erkenntnisse aufgreifend, gewinnt die emotionale Ansprache von Kunden für Kreditinstitute zunehmend an Bedeutung. Allgemein lassen sich low involvierte Kunden insbesondere über emotionale Reize erreichen, die über Farben, Bilder, Düfte u. ä. transportiert werden.[838] Die vorn diskutierten Aspekte einer erlebnisorientierten Ausrichtung von Filialen sind damit auch aus dieser Perspektive für Finanzdienstleister relevant. Je low-involvierter die Bankkunden sind, desto höher ist die Aktivierung, die aufgrund der erlebnisorientierten Gestaltung (hohe Informationsrate) erreicht werden kann.

Zu beachten ist, dass für den Anwendungsbereich der Finanzdienstleister die Bedeutung des handlungsspezifischen (Kauf-)Involvements eine relativ hohe Bedeutung erlangt. Steht ein sonst low involvierter Kunde vor der Entscheidung einen Vertrag zur Altersvorsorge abzuschließen, rücken Informationsbedürfnisse stark in den Mittelpunkt, die gleichermaßen befriedigt werden müssen. Aufgrund des nun hohen Involvements ist mit einer intensiven Verarbeitung und kritischen Auseinandersetzung mit dem Entscheidungsgegenstand zu rechnen.[839] Zudem bedienen Bankfilialen ein breites Spektrum von Zielgruppen, so dass die Filialen unterschiedlichsten Anforderungen gerecht werden müssen. Kunden mit einem **hohen prädispositionalen Involvement** müssen daher insbesondere über geeignete Maßnahmen zur Erhöhung der Beratungsqualität an die Filiale gebunden werden. Unabhängig der Einflüsse umweltgestalterischer Maßnahmen liegt bei diesem Segment eine **hohe Nachfrage nach Beratungsleistungen** vor. Insbesondere Maßnahmen, die den Aufbau persönlicher Kunde-Berater-Beziehungen unterstützten, können bei dieser Zielgruppe positive Emotionen im Zusammenhang mit Bankgeschäften auslösen. Diese gehen beispielsweise von der Sympathie zwischen Kunde und Berater[840] bzw. der Kompetenzwahrnehmung des Institutes aus.

Aus dem Zwiespalt zwischen Low- und High-Involvement erwächst die Gefahr, dass vor allem hoch involvierte Kunden eine erlebnisorientierte Ausrichtung von Filialen ablehnen.

---

[836] Vgl. Lohmann, 1997, S. 23; Foxall/Pallister, 1998, S. 183; Beckett et al., 2000, S. 16.
[837] Vgl. Lohmann, 1997, S. 89.
[838] Vgl. Trommsdorff, 2004, S. 57; Kroeber-Riel/Weinberg, 2003, S. 92ff.
[839] Vgl. Jeck-Schlottmann, 1987, S. 76; Drengner, 2003, S. 237.
[840] Vgl. Lohmann, 1997, S. 29.

Reaktanz und Verschlossenheit auf vermeintlich teure Konzepte könnten in der Folge die Einstellung gegenüber dem Institut negativ beeinflussen. Zu bedenken bleibt daher, dass zur erfolgreichen Umsetzung von Erlebnisbank-Konzepten die Berücksichtigung der steigenden Anforderungen der Kunden an die Beratungs-, Betreuungs- und Servicekompetenz der Mitarbeiter an erster Stelle stehen müssen.

Wie im Abschnitt 3.3.3 (insbes. S. 97) erläutert, schließt das in der vorliegenden Untersuchung erfasste prädispositionale Involvement auch Aspekte eines handlungsspezifischen Involvements ein, das gleichermaßen eine stärkere Auseinandersetzung mit dem Entscheidungsgegenstand auslöst. Im Hinblick auf die Aufgeschlossenheit gegenüber Erlebnisbank-Konzepten lassen sich anhand von Plausibilitätsüberlegungen unterschiedliche Wirkungen der beiden Ausprägungen des Involvements anführen.

Während ein allgemein hohes bankspezifisches Involvement überwiegend eine geringere Aufgeschlossenheit gegenüber bankuntypischen Gestaltungskonzepten impliziert und die Abneigung gegenüber der Erledigung von Bankgeschäften insgesamt weniger ausgeprägt scheint, zeigen sich Kunden mit einem hohen handlungsspezifischen (Kauf-)Involvement einer emotionaleren Kundenansprache gegenüber aufgeschlossener. Eine sympathische und freundliche Ausstrahlung ist dabei eher geeignet, allgemeine Annäherungsabsichten auszulösen und die häufig ablehnende Haltung in Zusammenhang mit Banken aufzubrechen. Modernität, Flexibilität, Aufgeschlossenheit und Lebendigkeit sowohl in der Kunde-Berater-Beziehung als auch bei der Umsetzung eines neuen umweltgestalterischen Filialkonzeptes unterstützen die Kontaktaufnahme zu Kreditinstituten gerade für Zielgruppen mit üblicherweise geringem bankspezifischem Involvement. Emotionale Aspekte des Entscheidungsverhaltens, die mit einem stärker emotionalen Involvement einhergehen, gewinnen an Bedeutung.

Aus handlungsorientierter Perspektive ergeben sich damit folgende Konsequenzen für die Umsetzung erlebnisorientierter Filialkonzepte.

Da Kunden mit **hohem bankspezifischen Involvement** unabhängig von Maßnahmen der Umweltgestaltung eine hohe Nachfrage nach Beratungsleistungen aufweisen, können Erlebniswirkungen (im Sinne eines positiven Erlebens der Beratungssituation) insbesondere über die persönliche Kunde-Bank-Beziehung erreicht werden. Maßnahmen, die der Verbesserung der **Beratungsqualität** sowie der **Kompetenzwahrnehmung** dienen, scheinen in besonderem Maße geeignet, die Einstellung gegenüber dem Kreditinstitut zu beeinflussen. Um negative Einflüsse einer erlebnisorientierten Ausrichtung zu vermeiden, ist vorerst auf die weitestgehende Übereinstimmung der Gestaltung mit klassischen Schemavorstellungen – häufig konservativ eingestellter Kunden – zu achten. Persönliche Erfahrungen mit neuen Konzepten (ungewöhnliche Umweltreize) sowie geeignete Kommunikationsmaßnahmen können jedoch auch in diesem Segment zu Gewöhnungs- oder sogar Akzeptanzeffekten führen.[841]

Dagegen führen Erlebnisbank-Konzepte, welche die vorn angeführten Gestaltungsaspekte aufgreifen, bei Kunden mit **allgemein geringem** oder **hohem handlungsspezifischen Involvement**, zunächst aufgrund der lockeren, heiteren und gelassen Basisatmosphäre[842] zu einer erhöhten Beratungsnachfrage. Zeigt sich der Kunde aufgrund seiner Persönlichkeit zudem aufgeschlossen gegenüber bankuntypischen Angeboten (z.B. Integration von Einzelhändlern, Gastronomie), bewertet er die Gestaltung attraktiv und als Vorteil gegenüber anderen Anbietern, so können zusätzlich allgemeine Annäherungsabsichten abgeleitet werden, so dass die Zahl der Kontaktpunkte zwischen Kunde und Bank erhöht wird. Die den klassischen Schemavorstellungen widersprechende Gestaltung kann ein neues und modernes Image befördern und die Einstellung gegenüber dem Kreditinstitut positiv beeinflussen. Zudem sollten, den Hinweisen zur räumlichen Umsetzung von Erlebnisbank-Konzepten folgend, je nach Beratungsbedürfnis verschiedene Gestaltungskonzepte und Filialbereiche realisiert werden. Demnach können vor allem Kurzberatungen in Verbindung mit Standardbankprodukten in lockerer Atmosphäre – vielleicht im Cafébereich – durchgeführt werden, während langfristige Anlage- oder Vorsorgeentscheidungen in ruhiger Beratungsatmosphäre stattfinden sollten.

Dem scheinbaren Zielkonflikt zwischen high- und low-involvierten Kunden kann zunächst mit einem differenzierten Vorgehen, das eine zielgruppenspezifische Ausrichtung von Filialkonzepten anstrebt, begegnet werden. Demnach können mit Erlebnisbank-Konzepten überwiegend low-involvierte Kunden angesprochen werden, welche jedoch bei der Erledigung komplexer Beratungsbedürfnisse gleichermaßen ein hohes Involvement zeigen. In diesem Fall scheint aufgrund der insgesamt sympathischeren Wahrnehmung des Finanzdienstleisters die erlebnisorientierte Ausrichtung nicht nachteilig. Vielmehr befördert diese gerade die stärkere Aufgeschlossenheit und das Vertrauen in den Anbieter und schafft ein gutes Gefühl für die Richtigkeit der Entscheidung. Gerade um neue und jüngere Zielgruppen gezielt anzusprechen,

---

[841] Vgl. Drenger, 2003, S. 112ff (insb. S. 114).

[842] Dabei kann die positive Basisatmosphäre sowohl von der physischen Raumgestaltung als von der persönlichen Kunde-Beraterbeziehung ausgehen. Dies begründet sich aus der Tatsache, dass Erlebnisbank-Konzepte häufig auch mit Maßnahmen zur Verbesserung der Kundenorientierung einhergehen.

kann ein zielgruppenspezifisches Vorgehen empfohlen werden. Die oben angesprochenen Gewöhnungseffekte unterstreichen den Vorteil einer schrittweisen Implementierung.

Zusammenfassend zeigen die Erkenntnisse, dass im Hinblick auf den Untersuchungsgegenstand, das Involvement einen wesentlichen Einfluss auf die Verhaltenswirkungen von Erlebnisbank-Konzepten nimmt und damit die Berücksichtigung im Rahmen des für den Anwendungsbereich der Finanzdienstleistungen modifizierten Umweltmodells von zentraler Bedeutung ist.

### 5.4 Abschließende Kritik und Forschungsausblick

Ausgehend von Erkenntnissen des Einzelhandels konnte die vorliegende Arbeit sowohl aus theoretischer als auch aus empirischer Sicht die Wirkung einer erlebnisorientiert ausgerichteten Kundenansprache im Bereich der Finanzdienstleistungen belegen. Demnach führen Maßnahmen der Umfeldgestaltung im Sinne einer angenehmen und sympathischen Basisatmosphäre insbesondere zu einer verstärkten Beratungsnachfrage, was erlebnisorientierte Gestaltungskonzepte für Kreditinstitute besonders attraktiv erscheinen lässt. Zudem kann für Kunden mit einem prädispositional hohen Produktinvolvement unabhängig umfeldgestalterischer Maßnahmen eine hohe Nachfrage nach Beratungsleistungen konstatiert werden. Dagegen konnten unmittelbare Wirkungen der atmosphärischen Umfeldgestaltung auf das allgemeine Annährungsverhalten (z.B. Umschauen, Veranstaltungen besuchen) nicht nachgewiesen werden. Vielmehr bestimmen persönliche Prädispositionen (Reizaufgeschlossenheit), ob eine Bankfiliale gefällt und lenken damit das allgemeine Annäherungsverhalten. Besonders reizaufgeschlossene Bankkunden zeigen ein ausgeprägtes Annäherungsverhalten.

Damit sind Erlebnisbank-Konzepte für Kreditinstitut in zweierlei Hinsicht interessant:

- Durch (basis-)atmosphärische Gestaltungsmaßnahmen kann die Nachfrage nach Beratungsleistungen insgesamt erhöht werden. Für Kunden mit hohem bankspezifischen Involvement können zusätzlich Maßnahmen zur Verbesserung der Beratungsqualität die Beratungsnachfrage erhöhen.
- Für reizaufgeschlossene, erlebnisorientierte Kunden, die Erlebnisbank-Konzepte positiv bewerten (Gefallen), konnten zudem allgemeine Annäherungsabsichten dokumentiert werden, womit sich für Kreditinstitute zusätzliche Kontaktmöglichkeiten zum Kunden erschließen.

Insgesamt konnte mit der Arbeit gezeigt werden, dass ein erlebnisorientierter Marketingansatz, insbesondere vor dem Hintergrund der Erkenntnisse der Wirkung emotionaler auf kognitive Prozesse,[843] auch für Finanzdienstleister eine interessante Option darstellt. Die Umsetzung erlebnisorientierter Gestaltungskonzepte kann damit durch eine wissenschaftlich fundierte Wirkungsanalyse konzeptionell und inhaltlich gestützt werden.

Dennoch müssen für die hier vorliegende Untersuchung auch Einschränkungen anerkannt werden, die sich insbesondere aus der **Konzeption des Messinstrumentes** ergeben. Vor allem die eindimensionale Messung des bankspezifischen Involvements erlaubt keine Aussagen, aus welchen Komponenten sich ein hohes bankspezifisches Involvement zusammensetzt. So gibt die Messung **keine Hinweise** darauf, ob ein **prädispositionales** bankspezifisches Involvement oder ein **handlungsspezifisches** (Kauf-)Involvement vorliegt. Gerade diese Aussage wäre aber im Hinblick auf die Ausrichtung von Banken interessant und stellt eine wichtige Forschungsfrage für weitere Untersuchungen in diesem Feld dar. Dies vor allem deshalb, da davon ausgegangen werden kann, dass handlungsspezifisch involvierte Kunden insgesamt aufgeschlossener gegenüber Erlebnisbank-Konzepten sind. Darum bietet es sich auch an, aussagefähige **Kundentypologisierungen** zu bilden, die Kreditinstituten eine stärker segmentspezifische Ansprache von Kunden ermöglichen.

Ein wichtiger Ausgangspunkt für die Messung der Verhaltenswirkungen erlebnisorientierter Gestaltungskonzepte im Bereich der Finanzdienstleistungen war in diesem Zusammenhang in besonderem Maße die Berücksichtigung emotionaler sowie kognitiver Komponenten des Involvements, da sich aus dieser Perspektive unterschiedliche, prädispositional begründete, Verhaltensreaktionen (allgemeines Annäherungsverhalten) erklären lassen.

Zudem lässt der geringe Erklärungsbeitrag für das Konstrukt der Beratungsnachfrage darauf schließen, dass neben den hier geprüften umweltgestalterischen (physischen) Einflussfaktoren und dem bankspezifischen Involvement weitere Größen die Nachfrage nach Beratungsleistungen bestimmen. Hier kommen insbesondere soziale Faktoren in Betracht. Die durch die Kunden in der Filiale wahrgenommene angenehme und heitere Basisatmosphäre könnte demnach gleichermaßen durch **soziale Kompetenzen** der Mitarbeiter beeinflusst werden. Dies insbesondere deshalb, weil gerade Erlebnisbank-Konzepte häufig mit einer Neuausrichtung des Betreuungskonzeptes einhergehen. Die Operationalisierung der **Informationsrate** im Rahmen der empirischen Untersuchung erlaubte jedoch keine Differenzierung zwischen umwelt- und beraterbezogenen Ursachen der emotionalen Reaktion. Daran anknüpfend sollten

---

[843] Kroeber-Riel/Weinberg, 2003, S. 239ff; Darden/Babin, 1994; Baker et al., 1994.

zukünftige Forschungsarbeiten eine zweidimensionale[844] Erfassung der Informationsrate erwägen.

Zudem könnte in weiteren Untersuchungen die Berücksichtigung kognitiver Wirkungen auf emotionale Reize im Verhaltensmodell nicht ausschließlich auf die Erfassung von Bewertungsprozessen beschränkt bleiben, sondern ebenso das **konkrete Entscheidungs- und Risikoverhalten** von Bankkunden einbeziehen. Dies ist insbesondere vor dem Hintergrund relevant, dass das insgesamt hoch wahrgenommene Risiko bei Kaufentscheidungen für komplexe Finanzdienstleistungen über emotional wirkende Reize der Umwelt reduziert werden kann.[845] Hierfür wäre es denkbar, die Verhaltensreaktion von Bankkunden in einer konkreten Entscheidungssituation zu erfassen. Auf diesem Wege ließen sich unmittelbare Wirkungen für das Verkaufsergebnis von Finanzprodukten ableiten, während die vorliegende Untersuchung zunächst auf die Erfassung des Annäherungsverhaltens, im Sinne des Suchens nach einer Beratungs- bzw. Kontaktsituation, abstellte.

Zusammenfassend hat auch die Prüfung des Modells auf Diskriminanzvalidität gezeigt, dass für das junge Forschungsfeld der Wirkungsanalyse von erlebnisorientierten Gestaltungskonzepten in Kreditinstituten insgesamt noch weiterer Forschungsbedarf, besonders im Hinblick auf die Präzisierung des vorliegenden Messinstrumentes und der Beseitigung methodischer Probleme, besteht. Zudem bietet sich eine theoretische Weiterentwicklung an, um letztlich die Erklärungsbeiträge einzelner Einflussfaktoren der Umwelt (z.B. physisch, sozial) und deren Verhaltenswirkungen (z.B. Entscheidungs- und Risikoverhalten) in Folgeuntersuchungen noch umfassender abbilden zu können.

Insgesamt hat die vorliegende Untersuchung erste grundlegende Erkenntnisse zur Wirkungsanalyse erlebnisorientierter Gestaltungskonzepte für Finanzdienstleister geliefert. Die abschließenden Ausführungen zeigen jedoch zahlreiche Ansatzpunkte für weitere Forschungsbemühungen auf, die eine Verbesserung des im Rahmen dieser Arbeit entwickelten Verhaltensmodells und dessen empirische Prüfung anstreben und daraus differenzierte und weiterführende Handlungsempfehlungen für eine praxisorientierte Umsetzung ableiten können.

---

[844] Baker, 1986 entwickelte ein dreidimensionales Messinstrument zur Erfassung von Umweltreizen. Dieses umfasst ambient factors (music, scent), design factors and social factors. Baker et al., 1994 unterscheiden in atmosphärische und soziale Faktoren.
[845] Vgl. Kroeber-Riel/Weinberg, 2003, S. 250f.

Unabhängig vom spezifischen Anwendungsfeld für Kreditinstitute wäre eine **Übertragbarkeit** des erweiterten umweltpsychologischen Ansatzes auch auf **andere Branchen** denkbar. Hierfür würden sich insbesondere **Versicherungen** anbieten, die gleichfalls in hohem Maße vertrauens- und beratungsintensive Bereiche betreffen und daher für den entwickelten Ansatz besonders geeignet scheinen. In diesem Zusammenhang ist auch eine weitere **Differenzierung des Erlebnisbegriffs** für andere Bereiche interessant, wobei jeweils schematheoretische Verankerungen einzubeziehen sind. Besonders aufschlussreich wäre im Hinblick auf die „erlebnisorientierte" Gestaltung von Dienstleistungsprozessen beispielsweise die Betrachtung des Business-to-Business-Bereiches. Die hier gewonnen Erkenntnisse der Wirkung emotional gestalteter Kundenkontakte zeigen Ausgangspunkte für die Entwicklung neuer Vermarktungskonzepte beispielsweise für technische Produkte auf. Auch hier wären Maßnahmen der Umfeldgestaltung (z.B. auf Messen) bzw. die Berücksichtigung sozialer Einflussfaktoren (z.B. soziale Kompetenz der Mitarbeiter im Kundengespräch) für die Vermittlung von Erlebnissen relevant.

Die Möglichkeiten der breiten Anwendbarkeit des im Rahmen der Arbeit entwickelten Verhaltensmodells zeigt zusammenfassend die Bedeutung umweltpsychologisch determinierter Erklärungsmodelle auf. Die vorliegende Arbeit unterstreicht dabei im Besonderen die Notwendigkeit der Integration emotionaler und kognitiver Ansätze, um Umwelt- bzw. Erlebniswirkungen umfassend abbilden zu können.

# Literaturverzeichnis

## A

*Ajzen, I.* (1988): Attitudes, Personality, and Behavior, Milton Keynes 1988.

*Ajzen, I.* (1985): From intention to actions: A theory of planned behavior, in: Kuhl, J.; Beckmann, J. (eds.): Action control, Berlin 1985, S. 11-39.

*Ajzen, I.* (1991): The Theory of Planned Behavior, in: Organizational Behavior and Human Decisions Processes, Vol. 50, 1991, S. 179-211.

*Ajzen, I., Fishbein, M.* (1977): Attitude-behavior-relations: A theoretical analysis and review of empirical research, in: Psychological Bulletin, Vol. 84, 1977, S. 888-918.

*Ajzen, I.; Fishbein, M.* (1980): Understandig attitudes and predicting social behavior, New York 1980.

*Ajzen, I.; Madden, T. J.* (1986): Prediction of goal-directed behavior: Attitudes, intentions, an perceived behavioral control, in: Journal of Experimental Social Psychology, Vol. 22, 1986, S. 453-474.

*Ahlert, D.; Schröder, H.* (1990): „Erlebnisorientierung" im stationären Einzelhandel: Eine Aufgabe des evolutionären Handelsmanagements, in: Marketing ZFP, 12. Jg., 1990, Nr. 4, S. 221-229.

*Aldlaigan, A. H.; Buttle, F. A.* (2001): Consumer involvement in financial services: an emprical test of two measures, in: International Journal of Bank Marketing, Vol. 19, 2001, No. 6, S. 232-245.

*Antil, J. H.* (1984): Conzeptualization and Operationalization of Involvement, in: Kinnear, T. C. (ed.): Advances in Consumer Research, Vol. 10, 1984, S. 203-209.

*Areni, C.; Kim, D.* (1993): The Influence of Background Music on Shopping Behavior: Classical Versus Top Forty Music in a Wine Store, in: Advances in Consumer Research, Vol. 20, 1993, S. 336-340.

*Areni, C.; Kim, D.* (1994): The Influence of In-Store Lighting on Consumers' Examimatin of Merchandise in a Wine Store, in: International Journal of Research in Marketing, Vol. 11, 1994, S. 117-125.

*Arnold, M. B.* (1950): An excitatory theory of emotion, in: Reymert, M. L. (ed.): Feelings and emotions, New York 1950, S. 11-33.

# B

*Backhaus, K.; Erichson, B.; Plinke, W.; Weiber, R.* (2006): Multivariate Analysemethoden. Eine anwendungsorientierte Einführung, 11. Auflage, Berlin 2006.

*Baier, G.* (1999): Qualitätsbeurteilung innovativer Softwaresysteme. Auswirkungen des Neuheitsgrades, Wiesbaden 1999.

*Bagozzi, R. P.* (1980): Causal Models in Marketing, New York 1980.

*Bagozzi, R. P.; Baumgartner, H.* (1994): The Evaluation of Structural Equation Models and Hypothesis Testing, in: Bagozzi, R. P. (1994) (ed): Principles of Marketing Research, Cambridge 1994, S. 386-422.

*Bagozzi, R. P.; Yi, Y.* (1988): On the Evaluation of Structural Equation Models, in: Journal of of the Academy of Marketing Science, 1988, No. 1, S. 74-94.

*Baker, J.* (1986): The Role of Environment in Marketing Services: the Consumer Perspective, in: Cepeil, J. A.; Congram, C. A.; Shanahan, J. (eds): The Services Challange, Chicago 1986, pp. 79-84.

*Baker, J.; Grewal, D.; Levy, M.* (1992): An Experimental Approach to Making Retail Store Environmental Decisions, in: Journal of Retailing, Winter 1992, S. 445-460.

*Baker, J.; Grewal, D.; Parasuraman, A.* (1994): The Influence of Store Environment on Quality Inferences and Store Image, in: Journal of the Academy of Marketing Science, 1994, No. 4, S. 328-339.

*Baker, J.; Parasuraman, A.; Grewal, D.; Voss, G.* (2002): The Influence of Multiple Store Environment Cues on Perceived Merchandise Value und Patronage Intentions, in: Journal of Marketing, April 2002, S. 120-141.

*Bamberg, S.; Schmidt, P.* (1993): Verkehrsmittelwahl – eine Anwendung der Theorie des geplanten Verhaltens, in: Zeitschrift für Sozialpsychologie, Vol. 24, 1993, S. 25-37.

*Bamberg, S.; Bien, W.; Schmidt, P.* (1995): Wann steigen Autofahrer auf den Bus um? Oder: Lassen sich aus sozialpsychologischen Handlungstheorien praktische Maßnahmen ableiten?, in: Diekmann, A.; Franzen, A. (Hrsg.): Kooperatives Umwelthandeln. Modelle, Erfahrungen, Maßnahmen, Chur, Zürich 1995, S. 89-111.

*Bamberg, S.* (1996): Allgemeine oder spezifische Einstellungen bei der Erklärung umweltschonenden Verhaltens? Eine Erweiterung der Theorie des geplanten Verhaltens um Einstellungen gegenüber Objekten, in: Zeitschrift für Sozialpsychologie, 27. Jg., 1996, S. 47-60.

*Bank&Zukunft* (2005): Innovationsforum „Bank & Zukunft" – Innovative Geschäftsmodelle und IT-Infrastrukturen für die Bank der Zukunft, Frauenhofer Institut Arbeitswissenschaft und Organisation, Stuttgart 2005.

*Bauer, F.* (1986): Datenanalyse mit SPSS, 2. Auflage, Berlin 1986.

*Bauer, H. H.; Falk, T.; Hammerschmid, M.* (2004): Messung und Konsequenzen von Servicequalität im E-Commerce. Ein empirische Analyse am Beispiel des Internet-Banking, in: Marketing ZFP, 26. Jg.; Spezialausgabe „Dienstleistungsmarketing" 2004, S. 45-57.

*Beatty, S. E.; Kahle, L. R.; Homer, P.* (1988): The Involvement-Commitment Model: Theory and Implications, in: Journal of Business Research, Vol. 16; March 1988, No. 2, pp. 149-167.

*Becker, U.; Mutschler, R.; Christl, B.* (2002): Bankkanäle effizient managen, Forrester Research Ltd., Frankfurt am Main 2002.

*Beckers, U.* (1993): Erleben – Ausdruck – Verstehen. Anmerkungen zum Erlebnisbegriff, in: Erleben und Lernen, 1993, Heft 5, S. 20-21.

*Beckett, A.; Hewer, P.; Howcroft, B.* (2000): An exposition of consumer behavior in the financial services industry, in: International Journal of Bank Marketing, 18. Jg., 2000, No. 1, S. 15-26.

*Bellizzi, J. A.; Crowley, A. E.; Hasty, R. W.* (1983): The Effects of Color in Store Design, in: Journal of Retailing, Vol. 59, Spring 1983, S. 21-45.

*Bellizzi, J. A.; Hite, R. E.* (1992): Environmental Color, Consumer Feelings, and Purchase Likelihood, in: Psychology & Marketing, Vol. 9, 1992, S. 347-363.

*Behrens, G.* (1988): Konsumentenverhalten: Entwicklung, Abhängigkeiten, Möglichkeiten, Heidelberg 1988.

*Behrens, G.* (1991): Konsumentenverhalten: Entwicklung, Abhängigkeiten, Möglichkeiten, Heidelberg 1991.

*Berekoven, L.* (1995): Erfolgreiches Einzelhandelsmarketing, 2. Auflage, München 1995.

*Berekoven, L.; Eckert, W.; Ellenrieder, P.* (2004): Marktforschung. Methodische Grundlagen und praktische Anwendung, 10. Auflage, Wiesbaden 2004.

*Berlyne, D. E.* (1971): Aesthetics and Psychobiology, New York 1971.

*Berlyne, D. E.* (1960): Conflict, Arousal and Curiosity, New York 1960.

*Bernet, B.* (2000): Technologie an der Schwelle zum 21. Jahrhundert: Von der Prozess- zur Systemtransformation, in: Belz, C.; Bieger, T. (Hrsg.): Dienstleistungskompetenz und innovative Geschäftsmodelle, St. Gallen 2000, S. 36-50.

*Bethke-Jaenicke, A.* (2004): Aspekte der Differenzierung bankbetrieblicher Marktleistungen durch Value-Added Services. Ein wettbewerbsorientierter Ansatz zur Ausgestaltung und Entwicklung bankbetrieblicher Value-Added Serviceleistungen im Privatkundengeschäft traditioneller Universalkreditinstitute, Frankfurt am Main 2004.

*Bitner, M.* (1990): Evaluating Service Encounters: The Effects of Physical Surroundings and Employee Responses, in: Journal of Marketing, April 1990, S. 69-82.

*Bitner, M.* (1992): Servicecapes: The Impact of Physical Surroundings on Customers and Employees, in: Journal of Marketing, April 1992, S. 57-71.

*Birbaumer, N.; Schmidt, R. F.* (1996): Biologische Psychologie, 3. Auflage, Berlin 1996.

*Bohner, G.* (1990): Einflüsse der Stimmung auf die kognitive Verarbeitung persuasiver Botschaften und auf nachfolgendes Verhalten, Heidelberg 1990.

*Bollnow, O. F.* (1955): Dilthey. Eine Einführung in seine Philosophie, 2. Auflage, Stuttgart 1955.

*Bortz, J.; Döring, N.* (2002): Forschungsmethoden und Evaluation: Für Human- und Sozialwissenschaftler, 3. Auflage, Berlin 2002.

*Bost, E.* (1987): Ladenatmosphäre und Konsumentenverhalten, Heidelberg 1987.

*Bower, G. H.* (1991): Mood congruity of social judgements, in: Forgas, J. P. (ed.): Emotion and social judgements, Oxford 1991, pp. 31-53.

*Bower, G. H.; Cohen, P. R.* (1982): Emotional Influences in memory and thinking: Data and theory, in: Clark, M. S.; Fiske, S. T. (eds.): Affect and cognition, Hillsdale, NJ 1982.

*Bower, G. H.; Gilligan, S. G.; Monteiro, K. P.* (1981): Selectivity of learning caused by affective states, in: Journal of Experimental Psychology: General, Vol. 110, 1981, S. 451-473.

*Braunstein, C.* (2001): Einstellungsforschung und Kundenbindung. Zur Erklärung des Treueverhaltens von Konsumenten, Wiesbaden 2001.

*Bruhn, M.* (1997): Der Strukturwandel im deutschen Einzelhandel – Lerneffekte für Banken und Sparkassen, in: Rolfes, B., Schierenbeck, H.; Schüller, S. (Hrsg.): Das Privatkundengeschäft – Achillesferse deutscher Kreditinstitute, Band 14 der Schriftenreihe des ZEB, Münster 1997, S. 15-42.

*Bruhn, M.* (2005): Kommunikationspolitik. Systematischer Einsatz der Kommunikation für Unternehmen, 3. Auflage, München 2005.

*Bühl, A.; Zöfel, P.* (2005): SPSS Version 12 – Einführung in die moderne Datenanalyse unter Windows, 9. Auflage, München 2005.

*Bühler, C.* (1999): Kommunikation als integrativer Bestandteil des Dienstleistungsmarketing, Bern 1999.

*Bundesverband deutscher Banken* (2004): Banken 2004. Fakten, Meinungen, Perspektiven, Berlin 2004.

*Büschgen, H. E.* (1998): Bankbetriebslehre: Bankgeschäfte und Bankmanagement. 5. Auflage, Wiesbaden 1998.

**C**

*Cannon, W. B.* (1929): Bodily changes in pain, hunger, fear and range, New York 1929.

*Celsi, R. L.; Olson; J. C.* (1988): The role of Involvement in attention and comprehension processes, in: Journal of Consumer Research, 1988, S. 210-224.

*Churchill, G. A.* (1979): A Paradigm for Developing Better Measures of Marketing Constructs, in: Journal of Marketing, Vol. 26, February 1979, S. 64-73.

*Clark, M. S.; Williamson, G. M.* (1989): Moods and social judgements, in: Wagner, H.; Manstead, A. (eds.): Handbook of social psychophysiology, Chichester 1989, S. 347-370.

*Cohen, J. B.; Areni, C. S.* (1991): Affect and Consumer Behavior, in: Robertson, T. S.; Kassarjian (Hrsg.): Handbook of Consumer Behavior, NJ 1991, S. 188-240.

*Commerzbank* (1999): Kundenbarometer „Commerzbank-Shops 1999".

*Corsten, H.* (1998): Ansatzpunkte für ein integratives Dienstleistungsmanagement, in: Bruhn, M.; Meffert, H. (Hrsg.): Handbuch Dienstleistungsmanagement: Von der strategischen Konzeption zur praktischen Umsetzung, Wiesbaden 1998, S. 73-92.

*Costley, C.* (1988): Meta Analysis of Involvement Research, in: Advances in Consumer Research, Vol. 15, 1988, No. 1, S. 554-562.

*Cox, D.* (1967): The Sorting Rule Model of the Consumer Product Evaluation Process, in: Cox, D. (ed.): Risk Taking and Information Handling in Consumer Behavior, Boston 1967, S. 324-369.

*Crowley, A. E.* (1993): The Two Dimensional Impact of Color on Shopping, in: Marketing Letters, 1993, No. 1, S. 59-69.

*Csikszentmihalyi, M.* (1991): Das flow-Erlebnis und seine Bedeutung für die Psychologie des Menschen, in: Csikszentmihalyi, M.; Csikszentmihalyi, I. (Hrsg.): Die außergewöhnliche Erfahrung im Alltag. Die Psychologie des flow-Erlebnisses, Stuttgart 1991, S. 28-49.

**D**

*Darby, M.; Karni, E.* (1973): Free Competition and the Optimal Amount of Fraud, in: Journal of Law and Economics, April 1973, S. 67-88.

*Darden, W. R.; Babin, B. J.* (1994): Exploring the Concept of Affective Quality: Expanding the Concept of Retail Personality, in: Journal of Business Research, Vol. 29, February 1994, S. 101-109.

*Deimel, K.* (1992): Wirkungen der Sportwerbung: Eine verhaltenswissenschaftliche Analyse, Frankfurt am Main 1992.

*Demiri, A.* (2004): Bestimmungsfaktoren der Kundenbindung im Bankensektor – Eine theoretische und empirische Untersuchung, Aachen 2004.

*Dewey, J.* (1900): School and Society, Chicago 1900.

*Diehl, S.* (2002): Erlebnisorientiertes Internetmarketing. Analyse, Konzeption und Umsetzung von Internetshops aus verhaltenswissenschaftlicher Perspektive, Wiesbaden 2002.

*Diller, H.* (1994): Geschäftsbeziehungen als Gegenstand der Konsumentenforschung, in: Forschungsgruppe Konsum und Verhalten (Hrsg.): Konsumentenforschung, München 1994, S. 201-214.

*Diller, H.; Kusterer, M.* (1986): Erlebnisbetonte Ladengestaltung im Einzelhandel – Eine empirische Feldstudie, in: Trommsdorff, V. (Hrsg.): Handelsforschung 1986: Jahrbuch der Forschungsstelle für den Handel, Wiesbaden 1986, S. 105-123.

*Dilthey, W.* (1957): Das Erlebnis und die Dichtung, 13. Auflage, Göttingen 1957.

*Dilthey, W.* (1961): Der Aufbau der geschichtlichen Welt in den Geisteswissenschaften, Gesammelte Schriften, Band VII, 3. Auflage, Göttingen 1961.

*Dilthey, W.* (1990): Die geistige Welt: Einleitung in die Philosophie des Lebens: 1. Hälfte, Abhandlungen zur Grundlegung der Geisteswissenschaften, Gesammelte Schriften, Band V, 8. Auflage, Göttingen 1990.

*Dilthey, W.* (1978): Die geistige Welt: Einleitung in die Philosophie des Lebens: 2. Hälfte, Abhandlungen zur Poetik, Ethik und Pädagogik, Gesammelte Schriften, Band VI, 6. Auflage, Göttingen 1978.

*Dmoch, Th.* (1999): Das Graphische Differential: Ein Instrument zur internationalen Messung emotionaler Erlebnisse, in: planung & analyse, 26. Jg., 1999, Nr. 2, S. 58-63.

*Dmoch, Th.* (1997): Interkulturelle Werbung – Verhaltenswissenschaftliche Grundlagen für die Standardisierung erlebnisbetonter Werbung, Aachen 1997.

*Drengner, J.* (2003): Imagewirkungen von Eventmarketing: Entwicklung eines ganzheitlichen Messansatzes, Wiesbaden 2003.

*Donovan, R. J.; Rossiter, J. R.* (1982): Store Atmosphere: An Environmental Psychology Approach, in: Journal of Retailing, Vol. 58, 1982, No. 1, S. 34-57.

*Donovan, R. J.; Rossiter, J. R.; Marcoolyn, G.; Nesdale, A.* (1994): Store Atmosphere and Purchasing Behavior, in: Journal of Retailing, Vol. 70, 1994, No. 3, S. 283-294.

# E

*Ebster, C.; Jandrisits, M.* (2003): Die Wirkung kongruenten Duftes auf die Stimmung des Konsumenten am Point of Sale, in: Marketing ZFP, 25. Jg., 2003, Nr. 2, S. 99-106.

*Ennew, C.; McKechnie, S.* (1998): The financial services consumer, in: Gabbott, M.; Hogg, G. (eds): Consumers and Services, Chichester, pp. 185-207.

*Eroglu, S. A.; Machleit, K. A.; Davis, L. M.* (2003): Empirical Testing of a Model of Online Store Atmospherics and Shopper Responses, in: Psychology & Marketing, Vol. 20, 2003, No. 2, S. 139-150.

*Esch, F.-R.* (2005): Aufbau starker Marken durch integrierte Kommunikation, in: Esch, F.-R. (Hrsg.): Moderne Markenführung, Grundlagen – Innovative Ansätze – Praktische Umsetzungen, 4. Auflage, Wiesbaden 2005, S. 707-745.

*Esch, F.-R.* (2005): Markenpositionierung als Grundlage der Markenführung, in: Esch, F.-R. (Hrsg.): Moderne Markenführung, Grundlagen – Innovative Ansätze – Praktische Umsetzungen, 4. Auflage, Wiesbaden 2005, S. 131-163.

*Esch, F.-R.* (1998): Wirkungen integrierter Kommunikation, Teil 1: Theoretische Grundlagen, in: Marketing ZFP, 26. Jg., 1998, Nr. 2, S. 73-89.

*Esch, F.-R.; Meyer, S.* (1995): Umsetzung erlebnisbetonter Positionierungskonzepte in der Ladengestaltung von Handelsunternehmen, in: Trommsdorff, V. (Hrsg.): Handelsforschung 1995/96, Jahrbuch der Forschungsstelle für den Handel, Wiesbaden 1995, S. 287-312.

*Esch, F.-R.; Thelen, E.* (1997): Ein konzeptionelles Modell zum Suchverhalten von Kunden in Einzelhandelsunternehmen, in: Trommsdorff, V. (Hrsg.): Handelsforschung, Wiesbaden 1997.

*Ewert, O.* (1983): Ergebnisse und Probleme der Emotionsforschung, in: Thomae, H. (Hrsg.): Theorien und Formen der Motivation, Band 1, Enzyklopädie der Psychologie, Göttingen 1983.

# F

*Faehsler, B.* (1986): Emotionale Grundhaltungen als Einflussfaktoren des Käuferverhaltens. Eine empirische Analyse der Beziehungen zwischen Grundhaltungen und ausgewählten Konsumstrukturen, Frankfurt am Main 1986.

*Finke, B.* (2005): Bankfilialen kämpfen ums Überleben. Mit Kaffeehaus-Flair und Veranstaltungen wollen Geldhäuser ihre Kunden zurückgewinnen, in: Süddeutsche Zeitung, Nr. 300, 29. Dezember 2005, S. 18.

*Fischer, T.; Ziegenspeck, J. W.* (2000): Handbuch Erlebnispädagogik. Von den Ursprüngen bis zur Gegenwart, Bad Heilbrunn 2000.

*Fischer, D.; Klawe, W.; Thiesen, H.-J.* (1991): (Er-)Leben statt Reden. Erlebnispädagogik in der offenen Jugendarbeit, 2. Auflage, Weinheim 1991.

*Fisk, R.; Grove, S.; John, J.* (2000): Interactive Services Marketing, Boston 2000.

*Forberger, D.* (2000): Emotionale Determinanten der Dienstleistungsqualität. Entwicklung und Prüfung eines Messkonzeptes, Wiesbaden 2000.

*Fornell, C., Larcker, D.* (1981): Evaluating Structural Equation Models with Unobservable Variables and Measurement Error, in: Journal of Marketing Research, 18. Jg., February 1981, S. 39-50.

*Foxall, G. R.; Pallister, J. G.* (1998): Measuring purchase decision involvement for financial services: comparison of the Zaichkowsky and Mittal scales, in: International Journal of Bank Marketing, 16. Jg., 1998, No. 5, S. 180-194.

*Frijda, N. H.* (1986): The emotions, Cambridge 1986.

*Frijda, N. H.; Manstead, S. R.; Bem, S.* (2000): Emotions and Beliefs. How Feelings influence Thoughts, Cambridgs 2000.

*Fritz, W.* (1995): Marketing-Management und Unternehmenserfolg, 2. Auflage, Stuttgart 1995.

*Funderburk, L.* (1971): Erlebnis, Verstehen, Erkenntnis. Theodor Litts System der Philosphie aus erkenntnistheoretischer Sicht, Bonn 1971.

**G**

*Gardner, P.* (1985): Mood States and Consumer Behavior: A Critical Review, in: Journal of Consumer Research, Vol. 12, 1985, S. 281-300.

*Gaus, H.* (2001): Entwicklung eines Bezugsrahmens zur Untersuchung des ökologieorientierten Mobilitätsverhaltens, Wirtschaftswissenschaftliches Diskussionspapier (WWDP) 34/01, Fakultät für Wirtschaftswissenschaften, Technische Universität Chemnitz.

*Gaus, H.* (2006): Werthaltung, Autokauf und Mobilitätsverhalten, in: Pries, L.; Bosowski, C. (Hrsg.): Europäische Automobilindustrie am Scheideweg. Harte globale Herausforderungen und weiche lokale Erfolgsfaktoren, München und Mering 2006, S. 115-135.

*Gerbing, D.; Anderson, J.* (1988): An Updated Pardigm for Scale Development Incorporating Unidimensionality and its Assessment, in: Journal of Marketing Research, Vol. 25, May 1988, S. 186-192.

*Gierl, H.; Helm, R.; Stumpp, S.* (1999): Erklärung des Konsumentenverhaltens durch die Optimum Stimulation Level Theorie, in: Marketing ZFP, 21. Jg., 1999, Nr. 3, S. 217-235.

*Graumann, C. F.; Schneider, G.* (1988): Theorien und Methoden der Umweltpsychologie, in: Report Psychologie, Oktober 1988, S. 16-21.

*Griese, K.-M.* (2002): Der Einfluss von Emotionen auf die Kundenzufriedenheit: Ansätze für ein erfolgreiches Consumer Relationship Marketing mit 18- bis 25-jährigen Bankkunden, Wiesbaden 2002.

*Groeben, N.; Scheele, B.* (1983): Emotionen in einer Psychologie über subjektive Theorien, Diskussionspapier, Universität Heidelberg 1983.

*Gröppel, A.* (1991): Erlebnisstrategien im Einzelhandel, Heidelberg 1991.

*Gröppel-Klein, A.* (1998): Wettbewerbsstrategien im Einzelhandel. Chancen und Risiken von Preisführerschaft und Differenzierung, Wiesbaden 1998.

*Gröppel-Klein, A.; Germelmann, C. C.* (2002): Die Bedeutung von Wahrnehmungs- und Gedächtnisbildern von Einkaufszentren, in: Möhlenbruch, D.; Hartmann, M. (Hrsg.): Der Handel im Informationszeitalter: Konzepte – Instrumente – Umsetzung, Wiesbaden 2002, S. 511-534.

*Grossbart, S. L.; Rammohan, B.* (1981): Cognitive Maps and Shopping Convenience, in: Advances of Consumer Research, Vol. 8, 1981, S. 128-134.

*Grunert, K. G.* (1982): Informationsverarbeitungsprozesse bei der Kaufentscheidung: Ein gedächtnispsychologischer Ansatz, Frankfurt am Main 1982.

**H**

*Hair, J. F.; Anderson, R. E.; Tatham, R. L.; Black, W. C.* (1998): Multivariate Data Analysis, 5. Auflage, New Jersey 1998.

*Hagenmüller, K. F.; Jakob, A.-F.* (1987): Der Bankbetrieb, Band I, 5. Auflage, Wiesbaden 1987.

*Harrison, T.* (1997): Mapping customer segments for personal financial services, in: Meidan, A.; Lewis, B.; Moutinho, L. (eds.): Financial Services Marketing: A Reader, London 1997.

*Hartmann, H. A.; Haubl, R.* (1996): „Erlebe Dein Leben!" – Eine Einführung, in: Hartmann, H. A.; Haubl, R. (Hrsg): Freizeit in der Erlebnisgesellschaft – Amüsement zwischen Selbstverwirklichung und Kommerz, Opladen 1996, S. 7-18.

*Heckmair, B.; Michl, W.* (2004): Erleben und Lernen. Einführung in die Erlebnispädagogik, 5. Auflage, München 2004.

*Hellbrück, J.; Fischer, M.* (1999): Umweltpsychologie: Ein Lehrbuch. Göttingen 1999.

*Herrington, J.; Capella, L.* (1996): Effects of Music in Service Environments: A Field Study, in: The Journal of Services Marketing, 1996, No. 2, S. 26-41.

*Herrington, J.; Capella, L.* (1994): Practical Applications of Music in Service Settings, in: Journal of Services Marketing, 1994, No. 3, S. 50-65.

*Hildebrandt, L.* (1998): Kausalanalytische Validierung in der Marketingforschung, in: Hildebrandt, L.; Homburg, Ch. (Hrsg.): Die Kausalanalyse – Ein Instrument der empirischen betriebswirtschaftlichen Forschung, Stuttgart 1998, S. 85-110.

*Hilke, W.* (1989): Grundprobleme und Entwicklungstendenzen des Dienstleistungs-Marketing, in: Hilke (Hrsg.): Dienstleistungs-Marketing, Wiesbaden 1989, S. 5-44.

*Hilke, W.* (1984): Dienstleistungsmarketing aus Sicht der Wissenschaft, Diskussionsbeiträge des Betriebswirtschaftlichen Seminars der Universität Freiburg, Freiburg 1984.

*Holbrook, M. B.; Batra, R.* (1987): Assessing the Role of Emotions as Mediators of Consumer Responses to Advertising, in: Journal of Consumer Research, Vol. 14, 1987, No. 3, S. 404-419.

*Holbrook, M. B.; Schindler, R.* (1989): Some Exploratory Findings on the Development of Musical Tastes, in: Journal of Consumer Research, June 1989, S. 119-124.

*Homburg, Ch.* (1995): Kundennähe von Industriegüterunternehmen, Wiesbaden 1995.

*Homburg, Ch.; Baumgartner, H.* (1995a): Beurteilung von Kausalmodellen – Bestandsaufnahme und Anwendungsempfehlungen, in: Marketing ZFP, 17. Jg., 1995, Nr. 3, S. 162-176.

*Homburg, Ch.; Baumgartner, H.* (1998): Beurteilung von Kausalmodellen – Bestandsaufnahme und Anwendungsempfehlungen, in: Hildebrandt, L.; Homburg, Ch. (Hrsg.): Die Kausalanalyse – Ein Instrument der empirischen betriebswirtschaftlichen Forschung, Stuttgart 1998, S. 343-369.

*Homburg, Ch.; Baumgartner, H.* (1995b): Die Kausalanalyse als Instrument der Marketingforschung. Eine Bestandsaufnahme, in: Zeitschrift für Betriebswirtschaft, 65. Jg., 1995, Nr. 10, S. 1091-1108.

*Homburg, Ch.; Giering, A.* (1996): Konzeptualisierung und Operationalisierung komplexer Konstrukte: Ein Leitfaden für die Marketingforschung, in: Marketing ZFP, 18. Jg., 1996, Nr. 1, S. 5-25.

*Homburg, Ch.; Giering, A. (1998):* Konzeptualisierung und Operationalisierung komplexer Konstrukte – Ein Leitfaden für die Marketingforschung, in: Hildebrandt, L.; Homburg, Ch. (Hrsg.): Die Kausalanalyse – Ein Instrument der empirischen betriebswirtschaftlichen Forschung, Stuttgart 1998, S. 111-146.

*Homburg, Ch.; Hildebrandt, L.* (1998): Die Kausalanalyse: Bestandsaufnahme, Entwicklungsrichtungen, Problemfelder, in: Hildebrandt, L.; Homburg, Ch. (Hrsg.): Die Kausalanalyse – Ein Instrument der empirischen betriebswirtschaftlichen Forschung, Stuttgart 1998, S. 15-43.

*Homburg, Ch.; Rudolph, B.* (1998): Die Kausalanalyse als Instrument zur Messung der Kundenzufriedenheit im Industriegütermarketing, in: Hildebrandt, L.; Homburg, Ch. (Hrsg.): Die Kausalanalyse – Ein Instrument der empirischen betriebswirtschaftlichen Forschung, Stuttgart 1998, S. 237-264.

*Hupp, O.* (1998): Das Involvement als Erklärungsvariable für das Entscheidungs- und Informationsverhalten von Konsumenten, Forschungsgruppe Konsum und Verhalten, Arbeitspapier Nr. 22, Saarbrücken 1998.

*Hupp, O.* (2000): Seniorenmarketing: Informations- und Entscheidungsverhalten älterer Konsumenten, Hamburg 2000.

*Hüttner, M.* (1997): Grundzüge der Marktforschung, 5. Auflage, München 1997.

**I**

*Inglehart, R.* (1998): Modernisierung und Postmodernisierung: Kultureller, wirtschaftlicher und politischer Wandel in 43 Gesellschaften, Frankfurt am Main 1998.

*Inglehart, R.* (1977): The Silent Revolution: Changing Values and Political Styles Among Western Publics, Princeton 1977.

*Isen, A. M.; Means, B.; Patrick, R.; Nowicki, G.* (1982): Some Factors Influencing Decision-Making Strategy and Risk Taking, in: Clark, M. S.; Fiske, S. T. (Hrsg.): Affect ad Cognition, NJ 1982, S. 243-261.

*Isen, A. M.; Means, B.* (1983): The influence of positive affect on decision making strategy, in: Social Cognition, Vol. 2, 1983, S. 18-31.

*Ittelson, W. H.; Proshansky, H. M.; Rivlin, L. G.; Winkel, G. H.* (1977): Einführung in die Umweltpsychologie, Stuttgart 1977.

*Izard, C. E.* (1992): Basic emotions, relations among emotions, and emotion-cognition relations, in: Psychological Review, Vol. 99, 1992, S. 561-565.

*Izard, C. E.* (1999): Die Emotionen des Menschen: Eine Einführung in die Grundlagen der Emotionspsychologie, 9. Auflage, Weinheim 1999.

*Izard, C. E.* (1977): Human Emotions, New York, 1977.

*Izard, C. E.* (1991): The Psychology of Emotions, New York 1991.

**J**

*Jain, K.; Srinivasan, N.* (1990): An Empirical Assessment of Multiple Operationalisations of Involvement, in: Goldberg, M. E. et al. (eds.): Advances in Consumer Research, Vol. 17, 1990, S. 594-602.

*James, W.* (1890): Principles of Psychology, New York 1890 (Neuauflage 1950).

*Janke, W.; Debus, G.* (1978): Die Eigenschaftswörterliste EWL. Eine mehrdimensionale Methode zur Beschreibung von Aspekten des Befindens, Göttingen 1978.

*Jayanti, R.* (1996): Affective Responses towards Service Providers: Implications for Service Encounter Satisfaction, in: Health Marketing Quarterly, Vol. 14, 1996, No.1, S. 49-65.

*Jeck-Schlottmann, G.* (1988): Anzeigenbetrachtung bei geringem Involvement, in: Marketing ZFP, 10. Jg., 1988, Nr. 1, S. 33-43.

*Jeck-Schlottmann, G.* (1987): Visuelle Informationsverarbeitung bei wenig involvierten Konsumenten. Eine empirische Untersuchung zur Anzeigenbetrachtung mittel Blickaufzeichnung, Saarbrücken 1987.

*Johnson, E.; Tversky, A.* (1983): Affect, generalization, and the perception of risk, in: Journal of Personality and Social Psychology, Vol. 45, 1983, S. 20-31.

*Johnson, E.; Zinkhan, G.* (1991): Emotional Responses to a Professional Service Encounter, in: Journal of Services Marketing, Vol. 5, 1991, No. 2, S. 5-15.

*Jöreskog, K. G.; Sörbom, D.* (1993a): Lisrel 8: Structural Equation Modeling with the SIMPLIS Command Language, Chicago 1993.

*Jöreskog, K. G.; Sörbom, D.* (1993b): Lisrel 8: User's Reference Guide, Chicago 1993.

**K**

*Kanther, V.* (2001): Facetten hybriden Kaufverhaltens. Ein kausalanalytischer Erklärungsansatz auf Basis des Involvement-Konstruktes, Wiesbaden 2001.

*Kapferer, J.-N.; Laurent, G.* (1985): Consumers' Involvement Profile: New Empirical Results, in: Hirschmann, E. C.; Holbrook, M. B. (eds.): Advances in Consumer Research, Vol. 12, 1985, S. 290-295.

*Kapferer, J.-N.; Laurent, G.* (1993): Further Evidence on the Consumer Involvement Profile: Five Antecedents of Involvement, in: Psychology & Marketing, Vol. 10, 1993, No. 4, S. 347-355.

*Kaufmann, S.* (2002): Multi Channel Management im Retailbanking. Eine Analyse des Distributionsmanagements und des Kundenverhaltens im Multi Channel Banking, Aachen 2002.

*Kenhove van, P.; Desrumaux, P.* (1997): The relationship between emotional states and approach or avoidance responses in a retail environment, in: The International Review of Retail, Distribution and Consumer Research, Vol. 7, 1997, No. 4, S. 351-368.

*Kepper, G.* (1996): Qualitative Marktforschung: Methoden, Einsatzmöglichkeiten und Beurteilungskriterien, 2. Auflage, Wiesbaden 1996.

*Kihm, L.* (2004): Determinanten der privaten Nachfrage nach Finanzdienstleistungen: Analyse, Modelle und Prognose des Nachfragerverhaltens, Bamberg, 2004.

*Kim, C. K.* (1991): Testing the Independence of Cognitive and Affective Involvement, in: King, R. (ed.): Developments in Marketing Science, S. 71-75.

*Klages, H.* (1984): Wertorientierungen im Wandel: Rückblick, Gegenwartsanalyse, Prognose, Frankfurt am Main 1984.

*Kleinaltenkamp, M.* (1998): Begriffsabgrenzungen und Erscheinungsformen von Dienstleistungen, in: Bruhn, M.; Meffert, H. (Hrsg.): Handbuch Dienstleistungsmanagement: Von der strategischen Konzeption zur praktischen Umsetzung, Wiesbaden 1998, S. 29-52.

*Kleinginna, P. R.; Kleinginna, A. M.* (1981): A categorized list of emotion definitions, with suggestions for a consensual definition, Vol. 5, 1981, No. 4, S. 345-379.

*Knasko, S.* (1989): Lingering Tinm in a Museum in the Presence of Congruent and Incongruent Odors, in: Chemical Senses, October 1993, S. 581.

*Koffka, K.* (1935): Principles of Gestalt Psychology, London 1935.

*Konert, F.-J.* (1986): Vermittlung emotionaler Erlebniswerte, Eine Marketingstrategie für gesättigte Märkte, Heidelberg, 1986.

*Kotler, P.* (1973): Atmospherics as a Marketing Tool, in: Journal of Retailing, 1973, No. 4, S. 48-64.

*Kroeber-Riel, W.* (1986): Erlebnisbetontes Marketing, in: Belz, C. (Hrsg.): Realisierung des Marketing, Band 2, St. Gallen, S. 1137-1151.

*Kroeber-Riel, W.; Weinberg, P.* (2003): Konsumentenverhalten, 8. Auflage, München 2003.

*Krugman, H. E.* (1965): The Impact of Television Advertising: Learning without Involvement, in: Public Opinion Quarterly, Vol. 29, Fall 1965, S. 349-356.

*Kuhl, J.* (1983): Emotion, Kognition und Motivation: I. Auf dem Weg zu einer systemtheoretischen Betrachtung der Emotionsgenese, in: Sprache und Kognition, 1983, Band 2, Heft 1, S. 1-27.

*Kühlmann, K.; Käßler-Pawelka, G.; Wengert, H.; Kurtenbach, W. W.* (2002): Marketing für Finanzdienstleistungen. Mit Besonderheiten für Banken, Versicherungen, Bausparkassen und Investmentfonds, Frankfurt am Main, 2002.

## L

*Laakmann, K.* (1995): Value-Added Services als Profilierungsinstrument im Wettbewerb: Analyse, Generierung und Bewertung, Frankfurt am Main 1995.

*Lam, S. Y.* (2001): The Effects of Store Environment on Shopping Behaviors: A Critical Review, in: Advances in Consumer Research, Vol. 28, 2001, S. 190-197.

*Lamnek, S.* (1995): Qualitative Sozialforschung. Methoden und Techniken, Band 2, 3. Auflage, Weinheim 1995.

*Lange, C.* (1887): Über Gemütsbewegungen, Leipzig 1887.

*Lazarus, R. S.* (1990): Constructs of the mind in adaption, in: Stein, N. L.; Leventhal, B.; Trabasso, T. (eds.): Psychological and biological approaches to emotion, Hillsdale, NJ 1990, S. 3-19.

*Lazarus, R. S.* (1991): Progress on a cognitive-motivational-relational theory of emotion, in: American Psychologiest, Vol. 46, 1991, S. 819-834.

*Lazarus, R. S.* (1966): Psychological stress and the coping process. New York 1966.

*Lazarus, R. S.* (1982): Thoughts on the relations between emotion and cognition, in: American Psychologist, Vol. 37, 1982, S. 1019-1024.

*Lersch, P.* (1966): Aufbau der Person, 10. Auflage, München 1966.

*Leventhal, H.* (1980): Toward a comprehensive theory of emotion, in: Berkowitz, L. (ed.): Advances in Experimental Social Psychology, 1980, S. 139-207.

*Lewin, K.* (1951): Field Theory in Social Science, New York 1951.

*Liebmann, H.-P.; Zentes, J.* (2001): Handelsmanagement, München 2001.

*Lohmann, F.* (1997): Loyalität von Bankkunden. Bestimmungsgrößen und Gestaltungsmöglichkeiten, Wiesbaden 1997.

*Lynch, K.* (1960): The Image of the City, Cambridge 1960.

**M**

*Maas, J.* (1995): Visuelle Schemata in der Werbung. Grundlagen und Anwendungen in einem computergestützten Suchsystem zur Bildideenfindung, Aachen 1996.

*Maier, M.* (1999): Markenmanagement bei Kreditinstituten, München 1999.

*Maleri, R.* (1991): Grundzüge der Dienstleistungsproduktion, 2. Auflage, Berlin 1991.

*Mandl, H.; Huber, G. L.* (1983): Theoretische Grundpositionen zum Verhältnis von Emotion und Kognition: in: Mandl, H.; Huber, G. L. (Hrsg.): Emotion und Kognition, München 1983, S. 1-60.

*Marcus, H.; Zajonc, R. B.* (1985): The Cognitive Perspective in Social Psychology, in: Lindzey, G.; Aronson, E. (eds.): Handbook of Social Psychology, 3. Auflage, New York 1985, S. 137-230.

*Martenson, R.* (1985): Consumer Choice Criteria in Retail Bank Selection, in: International Journal of Bank Marketing, Vol. 3, 1985, No. 2, S. 64-74.

*Mattenklott, A.; Schimansky, A.* (2002) (Hrsg.): Werbung – Konzepte und Strategien für die Werbung, München 2002.

*Mattila, A. S.; Enz, C. A.* (2002): The role of Emotions in Service Encounters, in: Journal of Service Research, Vol. 4, 2002, No. 4, S. 268-277.

*Matzler, K.* (1997): Kundenzufriedenheit und Involvement, Wiesbaden 1997.

*Mayring, P.* (1990): Einführung in die qualitative Sozialforschung: Eine Anleitung zu qualitativem Denken. München 1990.

*McGoldrick, P. J.; Pieros, C. P.* (1998): Atmospherics, Pleasure and Arousal: The influence of Response Moderators, in: Journal of Marketing Management, Vol. 14, 1998, No. 1-3, S. 173-197.

*McKechnie, S.* (1992): Consumer buying behaviour in financial services: an overview, in: International Journal of Bank Marketing, Vol. 19, 1992, No. 5, S. 4-12.

*McQuarrie, E. F.; Munson, J. M.* (1987): The Zaichkowsky Personal Involvement Inventory: Modification and Extension, in: Anderson, P.; Wallendorf, M. (eds.): Advances in Consumer Research, Vol. 14, 1987, S. 36-40.

*Meffert, H.; Bruhn, M.* (2003): Dienstleistungsmarketing, Grundlagen, Konzepte, Methoden. 4. Auflage, Wiesbaden 2003.

*Mehrabian, A.* (1978): Räume des Alltags oder wie die Umwelt unser Verhalten bestimmt, Frankfurt 1978.

*Mehrabian, A.; Russell, J. A.* (1974): An Approach to Environmental Psychology, Cambridge 1974.

*Meyer, A.* (1994): Dienstleistungs-Marketing, 6. Auflage, Augsburg 1994.

*Meyer, A.; Blümelhuber, C.; Pfeiffer, M.* (2000): Der Kunde als Co-Produzent und Co-Designer – oder: die Bedeutung der Kundenintegration für die Qualitätspolitik von Dienstleistungsanbietern, in: Bruhn, M.; Stauss, B. (Hrsg.): Dienstleitungsqualität: Konzepte, Methoden, Erfahrungen, 3. Auflage, Wiesbaden 2000, S. 49-70.

*Meyer, S.* (2001): Produkthaptik: Messung, Gestaltung und Wirkung aus verhaltenswissenschaftlicher Sicht, Wiesbaden 2001.

*Meyer, W.-U.; Schützwohl, A.; Reisenzein, R.* (1997): Einführung in die Emotionspsychologie, Band 1, Bern 1997.

*Miller, R.* (1998): Umweltpsychologie – Eine Einführung, Stuttgart 1998.

*Milliman, R. E.* (1986): The Influence of Bachground Music on the Behavior of Restaurant Patrons, in: Journal of Consumer Research, Vol. 13, September 1986, S. 286-289.

*Milliman, R. E.* (1982): Using Background Music to Affect the Behavior of Supermarket Shoppers, in: Journal of Marketing, Vol. 46, Summer 1982, S. 86-91.

*Mitchell, D. J.; Kahn, B. E.; Knasko, S. C.* (1995): There's Something in the Air: Effects of Congruent or Incongruent Ambient Odor on Consumer Decision Making, in: Journal of Consumer Research, Vol. 22, September 1995, S. 229-238.

*Mittal, B.* (1987): A Framework for Relating Consumer Involvement to Lateral Brain Functions, in: Wallendorf, M.; Anderson, P. (eds.): Advances in Consumer Research, Vol. 14, 1987, S. 41-45.

*Mittal, B.* (1989): A Theoretical Analysis of Two Recent Measures of Involvement, in: Skrul, T. K. (ed.): Advances in Consumer Research, Vol. 16, 1989, S. 697-702.

*Mittal, B.; Lee, M.-S.* (1989): A Causal Model of Consumer Involvement, in: Journal of Economic Psychology, Vol. 10, 1989, No. 3, S. 363-389.

*Moormann, J.* (2001): Bankvertrieb im digitalen Zeitalter, in: Moormann, J.; Rossbach, P. (Hrsg.): Customer Relationship Management in Banken, Frankfurt am Main 2001, S. 3-20.

*Morrin, M.; Ratneshwar, S.* (2003): Does it Make Sense to Use Scents to Enhance Brand Memory?, in: Journal of Marketing Research, February 2003, S. 10-25.

*Morris, W. N.* (1989): Mood: The frame of mind, New York 1989.

*Mühlbacher, H.* (1983): Die Messung des Produktinvolvement im Rahmen des „Involvement-Modells" der Werbewirkung, in: Mazanec, J.; Scheuch, F. (Hrsg.): Marktorientierte Unternehmensführung, Wien 1983, S. 707-728.

*Müller, H.; Khazaka, D.* (1995): Stimmungseinflüsse auf die Wirkung informativer und emotionaler Werbung, in: Marketing ZFP, 1995, Nr. 3, S. 186-194.

*Müller, W.* (2001): Erlebnismarkt und Menschenbild: Rahmenbedingungen von Erlebnismärkten und Konsequenzen für die Führungskultur in Unternehmen, Düsseldorf 2001.

**N**

*Nader, G.* (1995): Zufriedenheit mit Finanzdienstleistungen: Erfolgswirksamkeit, Messung und Modellierung, Wien 1995.

*Nelson, P.* (1970): Information and Consumer Behavior, in: Journal of Political Economy, 1970, No. 4, S. 311-329.

*Neubert, W.* (1990): Das Erlebnis in der Pädagogik, Göttingen 1925, Neuauflage Lüneburg 1990.

*North, A.; Hargreaves, D.* (1996): The Effects of Music on Responses to a Dining Area, in: Journal of Environmental Psychology, Vol. 16, 1996, S. 55-64.

**O**

*Olson, J.* (1972): Cue Utilization in the Quality Perception Process: A cognitive Model and an Empirical Test, Purdue University 1972.

*Opaschowski, H. W.* (2001): Deutschland 2010: Wie wir morgen leben und arbeiten - Voraussagen der Wissenschaft zur Zukunft unserer Gesellschaft, 2. Auflage, Hamburg 2001.

*Opaschowski, H. W.* (1993): Freizeitökonomie. Marketing von Erlebniswelten, Opladen 1993.

*Opaschowski, H. W.* (2000): Kathedralen des 21. Jahrhunderts. Erlebniswelten im Zeitalter der Eventkultur, Hamburg 2000.

*Opaschowski, H. W.* (1998): Vom Versorgungs- zum Erlebniskonsum: Folgen des Wertewandels, in: Nickel, O. (Hrsg.): Eventmarketing: Grundlagen und Erfolgsbeispiele, München 1998, S. 25-38.

*Osgood, Ch. E.; Suci G. J.; Tannenbaum, P. H.* (1957): The Measurement of Meaning, Urbana, 1957.

*Ouellette, J. A.; Wood, W.* (1998): Habit and intention in everyday life: The multiple processes by which past behavior predicts future behavior, in: Psychological Bulletin, Vol. 2, 1998, S. 54-74.

**P**

*Parasuraman, A.; Zeithaml, V.; Berry, L.* (1988): SERQUAL: A Multiple-Item Scale for Measuring Consumer Perceptions of Service Quality, in: Journal of Retailing, Spring 1988, S. 12-40.

*Parasuraman, A.; Berry, L.; Zeithaml, V.* (1991): Refinement and Reassessment of the SERQUAL Scale, in: Journal of Retailing, Winter 1991, S. 420-450.

*Park, C. W.; Mittal, B.* (1985): A Theory of Involvement in Consumer Behavior: Problems and Issues, in: Sheth, J. N. (ed.): Research in Consumer Behavior, Vol. 1, 1985, S. 201-231.

*Pauluhn, B.* (1997): Die Bank kommt zum Kunden – Supermarkt-Banking – Vertriebswege ohne Tabus, in: FAZ, Verlagsbeilage zur Frankfurter Allgemeinen Zeitung, 1997, Nr. 29 vom 04.02.1997, S. B7.

*Pekrun, R.* (1988): Emotion, Motivation und Persönlichkeit, München 1988.

*Pepels, W.* (1996): Qualitätsconrolling bei Dienstleistungen, München 1996.

*Peter, S. I.* (1999): Kundenbindung als Marketingziel: Identifikation und Analyse zentraler Determinanten, 2. Auflage, Wiesbaden 1999.

*Piontkowski, U.* (1982): Psychologie der Interaktion, 2. Auflage, München 1982.

*Plutchik, R.* (1984): Emotions and Imagery, in: Journal of Mental Imagery, Vol. 8, 1984, No. 1, S. 105-112.

*Plutchik, R.* (1991): The Emotions, New York 1991.

*Plutchik, R.* (1996): The Psychology and Biology of Emotions, 2. Auflage, New York 1996.

*Polan, R.* (1995): Ein Messkonzept für die Bankloyalität. Investitionen in Bank/Kunde-Beziehungen unter Risikoaspekten, Wiesbaden 1995.

**R**

*Radecki, L. J.; Wenninger, J.; Orlow, D. K.* (1996): Bank Branches in Supermarkets. Federal Reserve Bank of New York, Current Issues in Economics and Finance, Vol. 2, 1996, No. 13.

*Raju, P. S.* (1980): Optimum Stimulation Level: It's Relationship to Personality, Demographics, and Exploratory Behavior, in: Journal of Consumer Research, Vol. 7, December 1980, pp. 272-282.

*Rapoport, A.* (1977): Human Aspects of Urban Form, Oxford 1977.

*Reimann, E.* (1999): Event-Marketing: Mit Farben und Düften zum Multimediaterminal, in: Bankmagazin, 1999, Nr. 9, S. 60-62.

*Reimer, A.* (2004): Die Bedeutung des Dienstleistungsdesign für den Markterfolg, Bern 2004.

*Reimer, A.; Meyer, J.* (2003): Duftmarketing für Dienstleistungsunternehmen; Eine empirische Studie zur Wirkung von Duftstoffen in Banken, Arbeitspapier Nr. 34 des Institutes für Marketing und Unternehmensführung, Universität Bern 2003.

*Reiners, A.* (1995): Erlebnis und Pädagogik: Praktische Erlebnispädagogik – Ziele, Didaktik, Methodik, Wirkungen, München 1995.

*Rodgers, W. C.; Schneider, K. C.* (1993): An Emprical Evaluation of the Kapferer-Laurent Consumer Involvement Profile Scale, in: Psychology & Marketing, Vol. 10, 1993, No. 4, S. 333-345.

*Rodi, F.* (2003): Das strukturierte Ganze. Studien zum Werk von Wilhelm Dilthey, Göttingen 2003.

*Rogowski, D.* (2002): In-Store Banking. Eine Analyse der Erfahrungen von Banken in den USA und Möglichkeiten der Übertragung auf deutsche Kreditinstitute, Frankfurt am Main 2002.

*Rousseau, J. J.* (1991): Emile oder über die Erziehung (1762), 10. Auflage, Paderborn, 1991.

*Röthlin, A.* (1999): Neue Wege der Filialgestaltung: Filiale 2000 Plus – wohin geht der Trend?, in: Geldinstitute, 1999, Nr. 7-8, S. 74-77.

*Rudolph, B.* (1998): Kundenzufriedenheit im Industriegüterbereich, Wiesbaden 1998.

*Rummelhart, D. E.* (1980): Schemata: The Building Blocks of Cognition, in: Spiro, R. J.; Bruce, B. C.; Brewer, W. F. (eds.): Theoretical Issues in Reading Comprehenson: Perspectives from Cognitive Psychology, Linguistics, Artifcial Intelligence, and Education, NJ 1980, s. 33-58.

*Rushton, A.; Carson, D.* (1989): The Marketing of Services: Managing the Intangibles, in: European Journal of Marketing, 1989, No. 8, S. 23-44.

*Russell, J. A.* (1980): A Circumplex Model of Affect, in: Journal of Personality and Social Psychology, Vol. 39, 1980, No. 6, pp. 1161-1178.

*Russell, J. A.; Mehrabian, A.* (1977): Evidence for a Three-Faktor Theory of Emotions, in: Journal of Research in Personality, Vol. 11, 1977, No. 11, pp. 273-294.

*Russell, J. A.; Pratt, G.* (1980): A Discription of the Affective Quality Attributed to Environments, in: Journal of Personality and Social Psychology, Vol. 38, 1980, No. 2, S. 311-322.

*Russell, J. A.; Ward, L.* (1982): Environmental Psychology. Annual Review of Psychology, Vol. 33, 1982, S. 651-688.

**S**

*Sauerland, K.* (1972): Diltheys Erlebnisbegriff. Entstehung, Glanzzeit und Verkümmerung eines literaturhistorischen Begriffs, Berlin 1972.

*Schachter, S.; Singer, J. E.* (1962): Cognitive, social, and physiological determinants of emotional state, in: Psychological Review, Vol. 69, 1962, S. 379-399.

*Scherer, K. R.* (1988): Criteria for emotion-antecedent appraisal: A review, in: Hamilton, V.; Bower, G. H.; Frijda, N. H. (eds.): Cognitive perspectives on emotion and motivation, Dordrecht 1988, S. 89-126.

*Scherer, K. R.* (1984): On the nature and functions of emotion: A component process approach, in: Scherer, K. R.; Ekman, P. (eds.): Approaches to emotion, Hillsdale, NJ 1984.

*Scherer, K. R.* (1990): Theorien und aktuelle Probleme der Emotionspsychologie, in: Scherer, K. R. (Hrsg.): Psychologie der Emotionen, Enzyklopädie der Psychologie, Göttingen 1990, S. 2-38.

*Scherer, K. R.* (1981): Wider die Vernachlässigung der Emotionen in der Psychologie, in: Michaelis, W. (Hrsg.): Bericht über den 32. Kongress der DGfPs in Zürich, 1980, Göttingen 1981, S. 304-317.

*Scheuch, F.* (2002): Dienstleistungsmarketing, 2. Auflage, München 2002.

*Scheuch, M.* (2001): Verkaufsraumgestaltung und Ladenatmosphäre im Handel, Wien 2001.

*Schmidt-Atzert, L.* (1981): Emotionspsychologie, Stuttgart 1981.

*Schmidt-Atzert, L.* (1996): Lehrbuch der Emotionspsychologie, Stuttgart 1996.

*Schmitt, G. A.* (1917): Das Erlebnis in der Philosophie Wilhelm Diltheys, Borna-Leipzig 1917.

*Schmitz, G.* (2004): Organizational Citizenship Behavior Intention des Kundenkontaktpersonals in Dienstleistungsunternehmen – Theoretische Grundlagen und empirische Befunde, in: Marketing ZFP, 26. Jg.; Spezialausgabe „Dienstleistungsmarketing" 2004, S. 15-32.

*Schöndorf, H.* (1995): Erlebnis und Wirklichkeit, in: Heckmair, B.; Michl, W.; Walser, F. (Hrsg.): Die Wiederentdeckung der Wirklichkeit – Erlebnis im gesellschaftlichen Diskurs und in der pädagogischen Praxis, Bobingen 1995.

*Schott, Th.* (2000): Anmerkungen zum Erlebnisbegriff bei Dilthey, in: Zeitschrift für Erlebnispädagogik, 2000, Nr. 11, S. 3-23.

*Schott, Th.* (2003): Kritik der Erlebnispädagogik, Würzburg 2003.

*Schramm, Ch.* (2002): Kaufverhalten bei Bankdienstleistungen, Wiesbaden 2002.

*Schüller, S.* (1998): Der Finanzshop – neue Impulse für das Filialsystem?, in: Die Bank, 1998, Nr. 1, S. 4-8.

*Schulz, W.; Espe, H.* (1982): Der Einfluss von Stimmungs- und Persönlichkeitsfaktoren auf das Raumerleben, in: Psychologie & Praxis, 26. Jg., 1982, S. 99-108.

*Schulze, G.* (2005): Die Erlebnisgesellschaft. Kultursoziologie der Gegenwart, 2. Auflage (Neuausgabe), Frankfurt am Main 2005.

*Schulze, G.* (1998): Die Zukunft der Erlebnisgesellschaft, in: Nickel, O. (Hrsg.): Eventmarketing: Grundlagen und Erfolgsbeispiele, München 1998, S. 301-316.

*Schwarz, K.* (1968): Die Kurzschulen Kurt Hahns. Ihre pädagogische Theorie und Praxis. Ratingen 1968.

*Schwarz, N.* (1987): Stimmung als Information. Untersuchungen zum Einfluss von Stimmungen auf die Bewertung des eigenen Lebens, Heidelberg 1987.

*Schwarz, N.* (1988): Stimmung als Information. Zum Einfluss von Stimmungen und Emotionen auf evaluative Urteile, in: Psychologische Rundschau, Vol. 39, 1988, S. 148-159.

*Schweizer, M. P.* (2005): Consumer Confusion im Handel. Ein umweltpsychologisches Erklärungsmodell, Wiesbaden 2005.

*Sherif, M.; Cantril, H.* (1947): The Psychology of Ego Involvement, New York 1947.

*Sherman, E.; Mathur, A.; Belk Smith, R.* (1997): Store Environment and Consumer Purchase Behavior: Mediating Role of Consumer Emotions, in: Psychology & Marketing, July 1997, S. 361-378.

*Shiv, B.; Fedorikhin, A.* (1999): Heart and Mind in Conflict: The Interplay of Affect and Cognition in Consumer Decision Making, in: Journal of Consumer Researcht, Vol. 26, 1999, S. 278-292.

*Siefke, A.* (1998): Zufriedenheit mit Dienstleistungen: ein phasenorientierter Ansatz zur Operationalisierung und Erklärung von Kundenzufriedenheit auf empirischer Basis, Frankfurt am Main 1998.

*Silberer, G. (1999):* Stimmungen als Werbewirkungsfaktor, in: Marketing ZFP, 21. Jg., 1999, Nr. 2, S. 131-148.

*Silberer, G.; Jaeckel, M.* (1996): Marketingfaktor Stimmungen: Grundlagen, Aktionsinstrumente, Fallbeispiele, Stuttgart 1996.

*Sirgy, M.; Grewal, D.; Mangleburg, T.* (2000): Retail Environment, Self-Congruity, and Retail Patronage: An Integrative Model and a Research Agenda, in: Journal of Business Research, Vol. 49, 2000, S. 127-138.

*Sommer, R.; Aitkens, S.* (1982): Mental Mapping of two Supermarkets, in: Journal of Consumer Research, Vol. 9, 1982, No. 2, S. 211-216.

*Spangenberg, E. R.; Crowley, A. E.; Henderson, P. W.* (1996): Improving the Store Environment: Do Olfactory Cues Affect Evaluations and Behaviors?, in: Journal of Marketing, Vol. 60, April 1996, S. 67-80.

*Spies, K.; Hesse, F. W.* (1986): Interaktion zwischen Emotion und Kognition, in: Psychologische Rundschau, 37. Jg., 1986, S. 75-90.

*Spies, K.; Hesse, F. W.; Loesch, K.* (1997): Store atmosphere, mood and purchasing behavior, in: International Journal of Research in Marketing, Vol. 14, 1997, S. 1-17.

*Spremann, K.* (1997): Ist die Bank der Zukunft noch eine Bank? – Von der Entzauberung der Kreditinstitute, in: FAZ, Verlagsbeilage zur Frankfurter Allgemeinen Zeitung, 1997, Nr. 29 vom 04.02.1997, S. B1/B2.

*Stauss, B.* (1998): Dienstleistungen als Markenartikel – etwas Besonderes?, in: Tomczak, T.; Schögel, M.; Ludwig, E. (Hrsg.): Markenmanagement für Dienstleistungen, St. Gallen 1998, S. 10-23.

*Steffenhagen, H.* (1996): Wirkungen der Werbung: Konzepte – Erklärungen – Befunde, Aachen 1996.

*Sterk, Th.* (1996): Kundenorientierung und Effizienzsteigerung, in: Sparkasse, 113. Jg., 1996, Nr. 2, S. 60-64.

*Stihler, A.* (1998): Die Entstehung des modernen Konsums: Darstellung und Erklärungsansätze, Berlin 1998.

*Stöhr, A.* (1998): Air-Design als Erfolgsfaktor im Handel: Modellgestützte Erfolgsbeurteilung und strategische Empfehlungen, Wiesbaden 1998.

*Süchting, J.* (1972): Die Bankloyalität als Grundlage zum Verständnis der Absatzbeziehungen von Kreditinstituten, in: Kredit und Kapital, 5. Jg., 1972, S. 269-300.

*Süchting, J.; Paul, S.* (1998): Bankmanagement, 4. Auflage, Stuttgart 1998.

*Swoboda, U. C.* (1997): Privatkundengeschäft der Kreditinstitute: Marketingstrategien und Managementprozesse, 2. Auflage, Frankfurt am Main 1997.

*Szallies, R.* (1997): Auf den Spuren der Zauberlehrlinge – Finanzverhalten im Zeitalter von Direct- und Electronic-Banking, in: FAZ, Verlagsbeilage zur Frankfurter Allgemeinen Zeitung, 1997, Nr. 29 vom 04.02.1997, S. B1/B2.

**T**

*Taylor, S.; Todd, P.* (1997): Understanding the determinants of consumer composting behavior, in: Journal of Personality and Social Psychology, Vol. 27, 1997, pp. 602-628.

*Teerling, A.; Nixdorf, R.; Köster, E.* (1992): The Effect of Ambient Odours on Shopping Behavior, in: Chemical Senses, 1992, S. 886.

*Terlutter, R.* (2000): Lebensstilorientiertes Kulturmarketing: Besucherorientierung bei Ausstellungen und Museen, Wiesbaden 2000.

*Thoreau, H. D.* (1968): Über die Pflicht zum Ungehorsam gegenüber dem Staat (1849), Zürich 1968.

*Thoreau, H. D.* (1971): Walden oder über das Leben in den Wäldern (1854), Zürich 1971.

*Tomczak, T.; Brockdorff, B.* (2000): Bedeutung und Besonderheiten des Markenmanagements für Dienstleistungen, in: Belz, C.; Bieger, T. (Hrsg.): Dienstleistungskompetenz und innovative Geschäftsmodelle, St. Gallen 2000, S. 486-502.

*Trommsdorff, V.* (2004): Konsumentenverhalten, 6. Auflage, Stuttgart 2004.

*Turley, L. W.; LeBlanc, R. P.* (1993): An exploratory investigation of consumer decision making in the service sector, in: Journal of Services Marketing, Vol. 7, 1993, No. 4, pp. 11-18.

*Turley, L. W.; Milliman, R. E.* (2000): Atmospheric Effects on Shopping Behavior: A Review of the Experimental Evidence, in: Journal of Business Research, Vol. 49, 2000, S. 193-211.

**U**

*Ulich, D.* (1995): Das Gefühl – Eine Einführung in die Emotionspsychologie, 3. Auflage, München 1995.

*Ulich, D.; Mayring, P.* (1992): Psychologie der Emotionen, Stuttgart 1992.

**V**

*Veitch, R.; Arkkelin, D.* (1995): Environmental Psychology: An Interdisciplinary Perspective, New Jersey 1995.

**W**

*Wakefield, K.; Baker, J.* (1998): Excitement at the Mall: Determinants and Effects on Shopping Response, in: Journal of Retailing, 1988, No. 4, S. 515-539.

*Wakefield, K.; Blodgett, J.* (1999): Customer Response to Intangible and Tangible Service Factors, in: Psychology & Marketing, January 1999, S. 51-68.

*Wall, E.; Berry, L.* (2001): Designing the Service Factory for Customers and Employees, in: Bruhn, M.; Stauss, B. (Hrsg.): Dienstleistungsmanagement, Jahrbuch 2001: Interaktionen im Dienstleistungsbereich, Wiesbaden 2001, S. 521-531.

*Walter, G.* (2003): Kundenmanagement im Privatkundengeschäft von Banken - Wertorientierte Kundenpflege nach Push-Prinzipien im Multikanal-Vertrieb, Regenburg 2003.

*Ward, J.; Bitner, M.; Barnes, J.* (1992): Measuring the Prototypicality and Meaning of Retail Environments, in: Journal of Retailing, Vol. 68, Summer 1992, S. 194-220.

*Weinberg, P.* (1992): Erlebnismarketing, München, 1992.

*Weinberg, P.; Nickel, O.* (1998): Grundlagen für die Erlebniswirkungen von Marketingevents, in: Nickel, O. (Hrsg.): Eventmarketing: Grundlagen und Erfolgsbeispiele, München 1998, S. 61-75.

*Weiner, B.* (1980): Human Motivation, New York 1980.

*Weiner, B.* (1972): Theories of Motivation: From Mechanism to Cognition, Chicago 1972.

*Wiswede, G.* (1990): Der „neue" Konsument im Lichte des Wertewandels, in: Szallies, R.; Wiswede, G. (Hrsg.): Wertewandel und Konsum: Fakten, Perspektiven und Szenarien für Markt und Marketing, Landsberg am Lech 1990, S. 11-40.

*Witzel, A.* (1982): Verfahren der qualitativen Sozialforschung. Überblick und Alternativen. Frankfurt am Main 1982.

*Wyer, R. S.; Carlston, D.* (1979): Social cognition, inference, and attribution, Hillsday, N. J. 1979.

**Y**

*Yalch, R.; Spangenberg, E.* (1990): Effects of Store Music on Shopping Behavior, in: Journal of Consumer Marketing, Spring 1990, S. 55-63.

*Yalch, R.; Spangenberg, E.* (1993): Using Store Music for Retail Zoning: A Field Experiment, in: Advances in Consumer Research, 1993, S. 632-636.

**Z**

*Zaichkowsky, J. L.* (1985): Measuring the Involvement Construct, in: Journal of Consumer Research, Vol. 12, December 1985, S. 341-352.

*Zaichkowsky, J. L.* (1987): The emotional Aspect of Product Involvement, in: Advances in Consumer Research, Vol. 14, 1987, pp. 32-35.

*Zaichkowsky, J. L.* (1994): The Personal Involvement Inventory: Reduction, Revision, and Application to Advertising, in: Journal of Advertising, Vol. 23, December 1994, S. 59-70.

*Zajonc, R. B.* (1980): Feeling and thinking: Preferences need no inferences, in: American Psychologist, Vol. 35, 1980, S. 151-175.

*Zajonc, R. B.* (1984): On the primacy of affect, in: American Psychologist, Vol. 39, 1984, S. 117-123.

*Zanger, C.; Klaus, K.* (2004): Erlebnisorientierte Filialgestaltung. Grundlagen – Analysen – Konzepte für Kreditinstitute, Stuttgart 2004.

*Zeithaml, V. A.* (1981): How Consumer Evaluation Processes Differ between Goods and Services, in: Donelly, J.; George, W. (eds): Marketing of Services. Proceedings Series, American Marketing Association, Chicago 1981, pp. 186-190.

*Zeithaml, V. A.* (1991): How consumer evaluation processes differ between goods and services, in: Lovelock, C. H. (ed): Services Marketing, 2. Auflage, Englewood Cliffs, S. 39-47.

*Zeithaml, V. A.; Bitner, M.* (2000): Services Marketing: Integrating Customer Focus across the Firm, 2. Auflage, Boston 2000.

*Zeithaml, V. A.; Parasuraman, A.; Berry, L.* (1990): Delivering Quality Service, New York 1990.

*Zeithaml, V. A.; Parasuraman, A.; Berry, L. L.* (1985): Problems and Strategies in Services Marketing, in: Journal of Marketing, Vol. 49, Spring 1985, pp. 33-46.

*Zentes, J.* (1988): Grundbegriffe des Marketing, 2. Auflage, Stuttgart 1988.